非洲华人社会经济史

李安山 著

The Social and Economic History of the Chinese Overseas in Africa

·中·

江苏人民出版社

目　录

第十一章　非洲华侨之经济发展（1911—1949年）

赁居律之危机爆发在即，祸变无穷，隐忧曷极。敝会特于即日开紧急会议，敦请贵会一面据理力争，一面催促领馆加紧交涉。而本洲总领职位虚悬已久，兹生死关头，亟须急电中央玄派能员履任，以解倒悬。诸公之于侨界，扶颠持危，非自今日始，此后领导抗争亦惟贵会是赖。上述数端，敬希速办，以维大局，以孚众望，万勿放弃。迫切陈词，即希鉴察。

南非洲青年自治会约翰堡总会叩

——《侨务月报》，第9期（1934年9月）

所有零售商店，操于华侨之手者，莫不以朗姆酒为生命线，故华商总会之设立，亦因开办酒廊为起因。其后成绩甚佳，时西人已无压迫之势力，而侨胞得买酒之自由，价格适中，取自息丰厚，此为华侨之幸福也。

——[毛里求斯]《中华日报》1947年12月27日

从20世纪初起，非洲华侨的商业可谓“水银泻地，无孔不入”。华商在非洲的经营方式，确实为非洲特别是华侨较为集中的毛里求斯、留尼汪、马达加斯加和南非等地带来了革命性变化。这种变化表现在以下方面。华商经营的地域分布广，覆盖面大，从城市到乡村，遍布销售网络，可谓人们生活的“中枢神经”。华商的经营手段灵活，面对普通民众。更重要的是，赊账和小额销售的方式既方便了广大的低收入人群，也通过互信关系的建立培养了稳定的顾客群。在绝大部分地区，华侨的主要职业是经商。当然，华侨的经济活动并不止于此。他们有的创新精进，在当地从事的其他经营活动尤其是轻工业促进了经济的多元化，从而为当地发展带来了巨大的动力。

一、华侨经济的拓展(1911—1929年)

(一) 非洲华侨的经商活动

1. 毛里求斯与留尼汪

非洲华侨的职业仍以经商为主，他们或为店主，或为店员。店主中绝大部分为小店主或小商人。毛里求斯华侨的职业在这一期间有一些变化。如第三章所示，直至19世纪末，毛里求斯的大部分华侨都是经商的。然而，经过40多年的变化，华人经商的比例已大大下降。根据李卓凡和莫次南的统计，1901年，毛里求斯的华人有3 515人，其中有2 858人为商人，占总数的81.3%；到1921年，华商占华人的比例下降到56%；1929年的华侨人口已达6 747，其中经商者有2 816人，占华侨总数的41.7%；到了1931年，华人经商比例继续下降，为41.1%；到1944年，毛里求斯华人经商的只占整个华侨人口的33.2%。①

留尼汪的华侨在第一次世界大战期间获得了极好的发展机会。这一方面是因为糖价上涨，另一方面是因为岛上的物质生产因战时困难而得以发展。这对以经商为主要职业的华侨来说，当然是求之不得的。到战争结束时，他们中的一些人大大加强了自己的经济地位，“在岛上博得

① 方积根编：《非洲华侨史资料选辑》，第7,132—133页。

令人羡慕的地位”,华侨在岛上已拥有大约250家店铺。① 十年后,即莫次南到非洲视察时,华人的商店达到近498家,已经翻了一番。当然,绝大部分华侨的创业过程是十分艰辛的。一位于1922年来到留尼汪的西方人这样描述华人的谋生手段:

一个中国人来留尼汪,靠的是已经安顿在那儿的一个亲戚或一个朋友的帮助。这个朋友替他预支路费,并雇他到自己的店里做生意。中国人是坐底舱旅行的,有时甚至在途中受雇干活,这样花费就可以更少些。他们来留尼汪时几乎没带什么东西,一来马上就干活。每天上班的时间相当紧张:从早上6点干到中午11点,从下午1点干到晚上7点或8点。新来的人受雇一至二年,然后按他个人打算去安居。②

留尼汪华人的职业状况(1926年)

区	华人人数	
	经商	非经商
Saint-Paul 圣保罗	169	4
Saint-Pierre 圣皮埃尔	168	11
Saint-Louis 圣路易	80	3
Saint-Denis(1er ar.)圣但尼	59	1
Saint-André 圣安德烈	21	1
Saint-Benoit 圣伯努瓦	95	2

资料来源:“ADR, 8M, taxe de séjour, état des Asiatiques,”in Edith Wong-Hee-Kam, *La Diaspora Chinoise aux Mascareignes*, p. 169.

① 李卓凡:《西印度洋华侨史》,载方积根编:《非洲华侨史资料选辑》,第185页。

② 多米尼克·迪朗、让·亨顿:《留尼汪华侨史》,载方积根编:《非洲华侨史资料选辑》,第482页。

圣皮埃尔华人职业分类(1926 年)

种类	数量	
	商业	其他
伙计	27	
店员	63	
管理	16	
经商	46	
厨师		7
农民		2
无职业		2
总计	152*	11

资料来源：Edith Wong - Hee-Kam, *La Diaspora Chinoise aux Mascareignes*, p. 182.

* 原文为 162，有误。

2. 马达加斯加

1928—1929 年，上海侨务协进会派遣非洲特派员莫次南经由新加坡到非洲大陆对华侨经济社会情况进行一次大面积摸底调查。1929 年马达加斯加的成年华侨共有 1 728 人，从事商业的共有 1 658 人(其中商人 579 人，店员 1 079 人)，占华侨人数的 96%。在留尼汪岛，早在 1911 年，1 160 名华人中即有 957 名经商，占 82 5%。[①] 到 1929 年，成年华侨共有 1 557 人，从事商业的为 984 人(其中商人为 490 人，店员为 494 人)，占 63%，比 1911 年下降了近 20 个百分点。毛里求斯和南非的情况也极为相似。

① 参见多米尼克・迪朗、让・亨顿《留尼汪华侨史》，载方积根编：《非洲华侨史资料选辑》，第 480—481 页。

非洲华人经商人数统计表(1929)

地名	华侨人数	男侨	商人(商店)	店员
马达加斯加	2 403	1 563	579(680)	1 079
毛里求斯	6 747	4 124	490(920)	2 326
留尼汪	1 988	1 396	490(498)	494
塞舌尔	273	141	51(40)	51
约翰内斯堡	1 704	1 186	500(418)	556
伊丽莎白港	596	318	180(200)	82
德班	52	27	12(12)	15
东伦敦	140	49	40(42)	9
开普敦	76	70	16(8)	
金伯利	133	70	38(40)	32
布拉瓦约	80	38	20(20)	18
索尔茨伯里	20	20	12	8
南非其他地区	80		30(30)	20
达累斯萨拉姆	54	47		
桑给巴尔	10	10	1	4
英属东非其他地区	30	30		
洛伦索-马贵斯	460	330	15(10)	30
贝拉港	577	515	39(32)	40
葡属东非其他地区	70	70		

资料来源:谷川编:《亚非利加洲华侨概况》,《南洋研究》,1930 年第 3 卷第 2 期,第 45—56 页。

马达加斯加的华侨在这一时期大大增加,这种移民潮引起了当地政府的注意。当局制定的限制移民法令虽然起了作用,但并未改变华人增加的趋势。华人的经商方式灵活多变,大多数店铺所采取的以货易货的经营形式深受当地农民的欢迎。此外,也有一些华人经营农场,并雇佣一些农业工人。

非洲华侨店员月平均工资一览表

地名	上等	中等	下等
马达加斯加	500 法郎	300 法郎	200 法郎
留尼汪	400 法郎	300 法郎	150 法郎
毛里求斯	80 卢比①	25 卢比	10 卢比
塞舌尔	40 卢比	30 卢比	20 卢比
约翰内斯堡	15 英镑	10 英镑	7 英镑
伊丽莎白港	15 英镑	10 英镑	7 英镑
布拉瓦约	15 英镑	12 英镑	10 英镑
桑给巴尔	15 英镑	12 英镑	10 英镑
洛伦索-马贵斯	10 英镑		3 英镑

资料来源：谷川编：《亚非利加洲华侨概况》，《南洋研究》，1930 年第 3 卷第 2 期，第 45—46 页。

3. 南非

华侨在南非的境况比较艰难。由于华侨经商的人数比较突出，引起了一些地区白人商人的反感。1913 年 9 月，比勒陀利亚的市民协会反对将营业执照发给 27 名中国商人，他们的理由是已经将 657 个营业执照发给了亚洲商人，这一数目过大。他们以健康等为理由反对将执照发给中国人。1913 年开始在约翰内斯堡出现反对将营业执照发给华人的意见。1919 年，约翰内斯堡发给华人的饮食店执照只有 19 个。然而，很多华人开的店或是以白人的执照营业，或是无执照营业。他们的主要服务对象是黑人工人，因此他们的店铺也称为“卡菲尔人饮食店”。这些店铺供应的各种饮料尤其受人欢迎。到 1924 年，约翰内斯堡只给 8 家饮食店发了营业执照。1930 年，一个由约翰内斯堡市府执照部递交的报告表明，在 1929 年，已发给华人 262 个营业执照，续延 57 个。②

① 根据刘新粦的文章，高级店员的工资每月为 40 卢比左右。他是于 1936 年抵达毛里求斯的。
② Melanie Yap and Dianne Leong Man, *Colour, Confusion and Concessions*, pp. 197 - 198.

根据莫次南1929年非洲之行的调查结果，全非华侨商店有3 032间，10 194名男性华侨中商人为2 976人，店员4 828人。华人经商的情况在南非尤显突出。约翰内斯堡的华商有500人，华人商店有418家。从事商业的华人占整个华侨人数的71.2%。在1929年，伊丽莎白港有男性华侨318人，其中商人为180，商店达200间，商店店员为82人。换言之，此地的男性华侨半数以上有自己的店铺。在德班和东伦敦，所有的男性华侨均从事商业。①

4. 作为重要服务网络的华人商店

在华侨华人人数最多的毛里求斯、留尼汪、马达加斯加和南非，中国人经营的商店几乎成了他们的标志，也成为当地的重要联系网络，甚至是一种“神经中枢”。这些商店从早到晚为顾客(特别是工人)提供各种物品，每到傍晚，做完一天活的工人总是喜欢在这里歇歇脚，喝上一杯酒，或抽一根烟。因此，这些商店的作息时间往往要比其他商店的要长。然而，比起被罚款的危险，它们为普通民众提供的服务却赢得了大家的认可。顾客可以在这里的水龙头上喝上免费的水，也可以喝上一杯啤酒，香烟论根卖，“卡夫”牌奶酪可以切成40多片出售，每片只需5分钱。难怪一位毛里求斯的作者是这样评价的：“在长达一个多世纪的时间里，中国商店给毛里求斯提供了大量帮助：允许顾客赊账；为创业者出谋划策；为手工作坊提供资金支持，助其出售产品；还时常为穷人提供衣食。中国商店甚至扮演着村委会的角色，直至官方村委会成立。”2005年，一篇有关华人店铺的文章是这样赞扬的：“如果没有中国商店提供赊账服务，一桩婚事就无法操办。即使店主知道很多新婚夫妇在第一个孩子出生后也无力还债，却依然有求必应。”②

华人店铺的经营风格和各种场景不仅为华人赢得了名声，也给当地孩子们的童年留下了美好的记忆。

---

① 谷川编：《亚非利加洲华侨概况》，《南洋研究》，1930年第3卷第2期，第45—56页。

② Pascale Siew：《唐人街：毛岛往事》，第64—65页。

那时我们个头还没柜台高，但中国商店里那些琳琅满目的商品对于我们就是全世界：装米的布袋、装油的大铁桶、小捆的木麻黄、装满糖果的玻璃罐子、放油炸虾片和其他零售的铁盒，当然还有秤和算盘！我们兴奋地竖起耳朵听老板和老板娘交谈，企图听懂只言片语。只是他们讲的都是中国话！等来了客人，他们又会用滑稽的口音讲起克里奥尔语。

还是孩子的我们总喜欢目不转睛地盯着摆满货物的玻璃柜台：塑料口哨、水果味橡皮、做风筝用的彩纸、花花绿绿的彩票，那些宝贝让我们心驰神往，总盘算着下一次生日什么时候到来。柜台的一角摆放着旁氏护肤霜、古龙水一类的奢侈品，它们都有一个超凡脱俗的名字：啄木鸟、蓝丝带、3F、Rolo、薰衣草等等。每当我们走进商店，嗅觉就变得异常灵敏：印度鱼干和腌鳕鱼的海味儿混合着米面的香气，还有铁桶里的汽油味儿在空气中弥漫。老板忙着准备我们要买的东西时，常常会给我们塞点小零嘴，比如麻圆、蛋糕或者是甜饼干，这可就是一场味的狂欢！最后结账也是令人惊叹的时刻，顾客赶时间买点零碎商品时，老板不出几秒就能算出总价，不由让人暗自叫绝；买的东西多，就要用到算盘，老板手指在算盘上噼里啪啦上下飞舞，看得我们目瞪口呆。总之，每周六，我们都盼着去中国商店，这是无与伦比的幸福时光。①

（二）非洲华侨经济的多元化

莫次南的调查表明，虽然非洲华侨绝大部分从事经商活动，但也有例外。例如，技术工人有 492 人，农场工人有 495 人，还有洗衣工 20 人。② 在英属东非和葡属东非，华侨经商的极少。在达累斯萨拉姆，华侨中无一人经商。47 名男子中有 40 人为工程工人，1 人耕作，1 人捕海参。

① Pascale Siew：《唐人街：毛岛往事》，第 63 页。

②《中央侨务月刊》，第 5—6 号合刊（1930 年 2 月）。

在桑给巴尔,华侨中经商的只有1人,有工程工人10人,卖山东绸的流动商贩4人。在英属东非的其他地区,经商的也极少,采海参者20人,卖山东绸的流动商贩20人。这种无人经商或经商者甚少的情况是英属东非华侨的一大特色,在海外侨胞中可以说是绝无仅有。这一方面与当地的需求有关,因为印度人已基本占据了当地的销售业网点;同时也与华侨本身的工种有关,移民该地的华侨多为工程技术人员。

葡属东非的华侨有自己的特点。他们中的工程工人和经营农场的人不少。在洛伦索-马贵斯,商人只有15人,经营农场的则有20人。在贝拉,商人只有39人,工程工人有312人。此外还有建筑师5人,耕作者70人。而在葡属东非的其他地区,共有华侨男子70人,全部是靠采集海参为业。第一次世界大战结束后,葡萄牙政府一方面奖励本国人民移殖葡属东非,一方面大兴土木,把葡属东非首府洛伦索-马贵斯从前破旧矮陋的房屋全部拆除,代之以立体欧式楼房。贝拉港扼英属罗得西亚①及尼亚萨兰②等大陆交通之咽喉。英国人为了开发这些地区,以贝拉港作为货物出入口岸。这种需求刺激了贝拉铁路及码头的建设,港口的工商业也十分繁荣,尤以建筑业为最。这种工程需要大量的建筑工人,当时只有华人工匠在工价和技巧方面均比较合适,于是葡政府在澳门招雇华工并订立合同。20世纪20年代初,在当地投资蔗糖业的霍尔隆在劳动力已有保障的情况下,决定在鲁瓦波地区开办蔗糖联合企业。经过约30个月的建设,这一联合企业于1924年开工,此地已不仅是一个公司,也同时成了一个城镇。为了建设这一联合企业,该公司从中国引进了一些建筑工人,主要从事木工、砌砖、铺设管道和基本维修等工作。③ 到葡属东非的华人日渐增多,尤以1928年间为最,人数约达700之众。工人的

① 即现在的赞比亚和津巴布韦。

② 即现在的马拉维。

③ L. Vail & Landeg White, *Capitalism and Colonialism in Mozambique, A Study of Quelimane District*, Minnesota: University of Minnesota Press, 1980, pp 216-217, 377. 到20世纪50年代,此地迁有4名当时招到此地的中国工人。

月收入平均每人 15—20 英镑,技术较高的月收入可达 40 英镑。正是由于这一原因,洛伦索-马贵斯和贝拉的华人中以从事木匠者为多。①

非洲华侨中从事工业和制造业的也有,规模一般不大,但他们起到了重要的引领作用。

毛里求斯华侨在毛里求斯现代技术和工业化过程中起到了重要作用。我们在前章提到,早在 19 世纪他们就成为各种轻工业的先驱。在后来的岁月里,他们仍然率先进行了各种现代技术的尝试。一位名叫陈金(Maxime Chan Kin)的华人在南非学习了发酵技术,回到毛里求斯后,他首先研究并开发了用香蕉酿酒的技术。1925 年,他创办了"圣路易工厂",用毛里求斯的水果生产出来的酒在当地很受欢迎。1927 年他建立的"中央酒厂"最初为了降低成本,计划用香蕉和木瓜代替苹果来酿酒,但最终决定用葡萄作为原料,并先后于 1935 年和 1936 年推出了"好运"(Good Luck)和"钟牌"(Le Cloche)两种葡萄酒,成为当地著名品牌,受到顾客的喜爱。随后,当地华人吴国发(Ahlo)、林铁登(Lim Fat)、黎承干(Lai Chin Kon)、温少志(Wan Min Kee)和 Chong Kwan 等均加入葡萄酒酿造行业。1936 年,吴德财创办的酒厂拥有 55 个葡萄酒和啤酒品牌。Lee Shim 还创立了白兰地酒厂。此外,Lar Wan Chut 还开了一家糖果饼干厂,其生产的"小黄油"(Petit Beurre)和"船舱牌"(Cabine)甜点受到消费者的欢迎。

前章提到,早在 1874 年,华人公司(如 Affoo Brothers & Co., Chousiom & Co.)成为毛里求斯有名的卷烟厂。随后,Venpin, Ng Cheng Hin, Chan Lai, Sim Yan, Chan Tin, Ng Cheong 等其他华人先后加入卷烟行业,不断将"蒙可可牌"(Mon Coco)、"理想牌"(Ideal)、"摩托车牌"(Motocyclette)、"狮子牌"(Lion)、"鸽子牌"(Pigeon)、"太阳牌"(Soleil)、"蝉牌"(La Cigale)、"鸵鸟牌"(Ostrich)等品牌推向毛里求斯市场。Leong Shin Chun 的公司成立于 1923 年,该公司从 1931 年起实现

① 《东非啤埠华侨概况》,《南大与华侨》,第 12 卷第 1—2 期(1934 年 1 月)。

现代化生产,先后推出了“欧洲”(Euro)、“观察者”(Observatoire)、“足球”(Football)、“红圈”(Cercle Rouge)、“堡垒”(Fortress)、“皇家”(Royal)、“小男孩”(Ti Gamin)等品牌。这种由华人企业控制卷烟市场的局面直到1931年才被打破,世界烟草巨头——英美烟草公司的到来在毛里求斯“宣告华人小卷烟厂的末日”。此外,Chan Pong家族在火柴制造方面颇有名气,Wong You Chong在肥皂制造方面独领风骚,后来由Savonnerie de Belle Rose与Lising肥皂厂生产的“蓝钟牌”(Blue Bell)小蓝块洗衣皂深受顾客喜爱。① 可以说,华人企业在毛里求斯引领了轻工业诸多行业生产。

洛伦索-马贵斯也有两个华人制造厂。在华侨中也有经营小作坊的。在毛里求斯的罗帝利岛,华侨多在开小店铺之余,还经营面包作坊。在留尼汪也有一家华侨开的面包厂,专为全岛华侨供应面包。在约翰内斯堡,公共洗衣事业一直未能实现,因此,华人洗衣店的生意一直很好,1914年华人洗衣店仍有46家。在其他的城市里,华人经营的洗衣店随处可见,但并未引起人们的注意。

(三) 华侨经营的成功案例

1. 刘氏家族的烟草业

留尼汪的侨领刘文波先生(法文名为Maurice Akwon Lawson)的经商历史曾在前章提及。他在1921年开始制造本土香烟,扩展了经营领域,并于1925年在圣但尼开设了一家“印第安那卷烟厂”,该厂生产的卷烟是留尼汪岛最流行、最畅销的卷烟之一。他还收购了圣但尼一家蒸馏朗姆酒厂,并投资火柴生产。他的公司日益壮大。他的一个儿子后来回忆在数年内为了发货和调查销路跟着父亲踏遍了岛内各个角落。在这一创业过程中,他在佛山的家人在货源、产品制造和工艺上都为他提供了切实的帮助。他的妻子是同乡,两人育有10个孩子。1932年刘文波

---

① Pascale Siew:《唐人街:毛岛往事》,第78—79页。

在妻子去世后回到留尼汪，他于1933年将生意和商会都交付给了儿子刘锡辉(Raymond)，然后带着其他孩子们回了中国，在那里安葬了自己的妻子，并在故乡终老。第二次世界大战期间，刘文波一家有三个儿子从军。刘锡辉在马达加斯加服役，在巴黎学医的刘锡光(Maurice)服役当了担架员，另一个儿子乔治从河内回来后被派往弗雷瑞斯和摩洛哥。从这家人的行为中我们可以看出中国人积极参与了移入国的社会生活，并为其做出了应有的贡献。

在父亲离开后，刘锡辉继承了家业。他于1905年1月29日出生在广东顺德，但在留尼汪长大。他在圣但尼的法文学校完成中学学业，并成为这个学校第一位毕业的中国学生。随后，他就读于巴黎的法律学院，获得商业高等学校的毕业证，并拿到了法学博士学位。1932年回到留尼汪后不久，他成为广刘信有限公司和留尼汪大型商场公司的总裁。生产香烟和火柴是该公司的重要举措，它发展了烟草生产，每年产量达到300吨，即20支包装盒的1 500万盒，雇用了30名工人，这一规模在当时已非常可观。所有老一代的留尼汪人、毛里求斯人和马达加斯加人都记得广刘信香烟和火柴。可能是出于精心的谋划，刘锡辉在战争爆发之前就囤积了大量原材料。从1939年到1945年，他已经可以为马达加斯加的“自由法国”军队提供烟草。当时，他的公司生产的香烟销量很大，尽管战争时期存在海上封锁，但毛里求斯、马达加斯加和留尼汪的顾客都抽着他的公司生产的香烟。①

2. “吴森祥街”

在留尼汪，1906年出生于毛里求斯路易港的吴森祥(Michel Ha-Sam)是一位享有崇高荣誉的华商。17岁来到留尼汪后，凭着吃苦耐劳、创新精神和信守承诺，他很快赢得了当地社团的信任。28岁那年，吴森祥工作的毛里求斯威庭公司将烟草加工厂的管理权交给他，任期直到1964年。后来，他又在圣皮埃尔开了一家制革厂，并与两个兄弟一起开

---

① Edith Wong-Hee-Kam, *La Diaspora Chinoise aux Mascareignes*, pp. 449 - 450.

了一家商店。他的一系列商业活动为当地华人的商业贸易打下了基础。由于他的卓越贡献，留尼汪的一条名为“利米物”的街道(Limites)被更名为“吴淼祥街”(Rue Michel Ha-Sam)，为当地华裔赢得了崇高的荣誉。正如留尼汪华人联谊总会秘书长评价：“他(吴淼祥，Michel Ha Sam)不仅是我们华人社区的荣誉，也是整个留尼汪的荣誉，因为他曾帮助无数其他民族的人。他的名字将成为本岛历史遗产的一部分。”吴淼祥的所作所为也赢得了留尼汪当地政府的赞赏，圣但尼市政府文化事务负责人雷内·路易斯·裴斯特尔表示：“在那个处境艰难的时代，吴淼祥一直致力于文化和经济的发展，在这个城市各领域的活动中，他都出类拔萃。”①

3. 陈氏集团的“白鸫”之梦

陈氏集团曾是留尼汪农产品加工业中的领军企业之一。两代陈氏人建立起了拥有八个公司的集团，形成一个小型的工商业帝国，是留尼汪岛上最重要的集团之一。陈焕南在留尼汪的法文名字是安托万(Antoine)。他出生于1908年，1919年到达留尼汪。和很多新移民一样，他从伙计做起。刚到朗德(L'Entre Deux)的最初几年，他叔叔建议他读夜校学习法文阅读和写作，因为叔叔认为这有助于融入当地，推动生意。他从1921年流行的黑死病中幸存下来，继续辛勤工作。每周，他都要步行去锡拉奥(Cilaos)，在两天内带回来牲畜，用于店里的肉类生意。

1924年，经过几年的劳苦和积蓄，在叔叔的建议和支持下陈焕南到圣约瑟夫自立门户。1927年，他娶了母亲为他选定的妻子，在圣约瑟夫的店铺的后面又开了一家面包房，他的后代都保持了这个传统。1933年，他买下了位于圣皮埃尔中心好孩子街(BONS ENFANTS)上的一家店铺。当时，他已经有了四个女儿和一个儿子。儿子陈绍宏(Raphael)出生于1934年。1937年，他带着家人回到中国，留下第三个女儿在家乡照顾他的母亲，他为她们在家乡买了一座大房子。他在回留尼汪的途中在新加坡停留，听到了中日战争爆发的消息。战争期间，他在顺德的房

① 汤曼莉编著：《海上传奇：留尼汪华人华侨志》，第70页。

子被日本人征用，他的女儿也在战争末期去世了。

陈焕南在留尼汪的生意进行得很顺利。他有六个女儿、四个儿子，对孩子的管教非常严格。他打算让孩子们叶落归根，希望他们接受中文教育，并为此开办了一家小私塾，请了一位中国先生来教在法国学校上课的孩子们学中文。后来，他还将大儿子送到圣安德烈的中法双语学校去深造。1949 年，他叫回了 15 岁的儿子陈绍宏，让他去管理集市对面的店铺，自己回到中国的家人身边。

集团现任总裁陈绍宏曾说："在那个年代，中国人出发前往马达加斯加、毛里求斯或者留尼汪，离开的时候经常并不知道最终的目的地是哪里。"陈绍宏在店中开了一个柜台，出售或出租他在毛里求斯购买的中文杂志和小说。后来，他又去好孩子街的店里工作，当时这个 50 平米的店因为糕点而声名远扬。陈绍宏后来说："在拥有第一辆汽车之前，我们定期要坐往返于圣皮埃尔和圣但尼之间的火车。到达每个车站时我都很开心，大约要坐 5 个小时。我们从圣但尼的进口商那里买货，然后在我们的店里零售，或者半批发给南部的其他商人。"商店招牌从此变成——"白鸫"。①

二、欧洲殖民地招募契约华工的尝试

值得提及的是，在 20 世纪 20 年代末和 30 年代，西方国家有过三次在华招募契约华工的经历或企图。

（一）西班牙在华招募华工

1928 年，西班牙政府为了开发其非洲殖民地费尔南多波岛，也在打契约华工的主意。他们派出博希（Joaguin Poch）为代表，到中国来谈判招募之事。此人善于言辞，先是极力称赞费尔南多波岛的自然环境，"地

① 主要资料来自黄素珍所著《马斯克林群岛的华人移民社群——以留尼汪为例》中的案例。进入 21 世纪后，陈绍宏在一次投资中失败。为此，专门有人写了一本有关他奋斗历程的传记《白鸫》。

极温和,每年气候均在六七十度,绝无冷暖之苦,出产丰富,甲于全非”。同时,“土地极丰肥,种豆十余日即可食。出产以香蕉波罗蜜咖啡等为最”。他承认西班牙缺乏人手,复以“该地黑人过于粗笨,不能工作”为借口,而中国移民国外者甚多,“世界上作工之佳者,厥为贵国之工人”。西班牙准备招募工人往该处发展工业和农业。因此,西班牙政府“决意邀集华工二千人前往”。为了宣扬此事的合法性,他还指出,“一面虽为西班牙发展殖民地,一面贵国亦可发展殖民,故此次之举动,全为两国平等友谊上之共同发展,与从前收买华工任意虐待者不同。且募集之工人,其体魄道德思想均须选其高尚者。敝国以极诚恳之意举办此事,自信将来必有极良好之结果。在贵国人口过多,殖民外地。敝国手工缺乏,得此帮忙。是得有交换之利益。预料两国殖民实业之发展,可计日而待也,云云”。为了吸引华工前往,西班牙方面还表示华工均可与家眷同去,“男女共同作工,使生活上均能安定。而政府批准后,其条件亦本使两国相互有利益而订”。①

此风一放,在国内报刊引发各种议论。由于契约华工在世界各地的境况都不好,对南非洲契约华工的恶劣待遇也时有所闻,故各方面阻力较大。为了进一步方便招工,西班牙方面又提出了具体的招工合同。

西班牙政府保证凡能杜波岛招募华工合同(原合同系法文——国民政府侨务委员会译)

西班牙政府,特派驻沪总领事,向中华民国证明,赵坚先生确系由西班牙政府特派来华招募中国农夫二千名,送往西班牙属地凡能杜波岛从事农业工作,(二)本合同由西班牙政府保证,其一切条文分述如左:

第一条　合同期间为五个年。满期后不愿续继者,应于满期前三个月声明,否则本合同自动继续有效。

第二条　应募工人之出国川资,由招募者负担,至于满期后,华

① 《西班牙在沪募集华工赴非开垦》,《申报》,1928年9月29日。

工回国川资，由西班牙政府保证，由雇主负担。

第三条　每日工作时间为九小时，额外工作，当照劳资双方协定之工资计算。

第四条　在合同有效期间，西班牙政府保证，雇主供给华工个人及团体地皮一方以便播种生活上必须之食品，但须于工作时间外耕种之。

第五条　满期后，西班牙政府，准给一公顷土地（约十三亩）与在合同期间内品行方正之华工家长或独身华工。

中華民國十八年元月

西班牙商人私招華工赴斐洲
凡能杜波島開墾一案續編

國民政府行政院僑務委員會編印

第六条　华工得享受在属海或属河捕鱼之权。

第七条　在合同期间，雇主当供给华工以卫生完备之住宅，但其生计即由华工自理之。

第八条　华工因工作致生疾病或损伤，其医药费应由雇主资助之。

第九条　华工根据西班牙政府保证，照下列工资支领。

（一）满十八岁之工人从事于土木劳工者月薪美金十二元

（二）满十八岁之工人从事于农业者月薪美金十元

（三）满十八岁女工月薪美金五元

（四）满十二岁之童工月薪美金二元半

以上工资系由美国国币为标准每月支薪时以美西汇兑行情计算之。

第十条　工人及其妻子有信教之自由，其礼拜由西班牙政府保障之。

第十一条　华工除享现在所特许全部利益外，并享受将来特许与其他属地工人之权益，惟须遵守西班牙政府之劳工法。

第十二条 华工在西班牙管辖地方,对于公立学校,有免费读书之权。

第十三条 招工人自愿于轮船开驶时,赠送各工人工服两件。

第十四条 工人于临行时,得先借中国国币二十元安家,但工人到目的地后,六个月内,须将薪水扣还。

西班牙政府特派那纳蒂麦钉两氏代签此合同。①

当时,国内舆论界正就契约华工在北美等地惨遭虐待之事进行评论,对西班牙招工一事颇多微词。主要认为手续不全,地方太远,条件太差,待遇过低。上海市市教育会会长刘铨治等因西班牙此次招工手续欠妥,特别呈请商埠局,切实交涉,以保民命。呈文如下:

为呈请命,窃据报载西班牙招募华工运往南非洲工作等情,查此次招募华工,对于将来保障,似欠妥。以我安土重迁之国民,一旦远入夷荒,气候相殊,水土各异,政府之保护莫及,烟瘴之厉害可畏,诚恐流[离]失所,疾病丛生,甚或葬骨异域,竟作望乡之鬼,埋恨黄泉,永无生还之期。伏惟我华,年来兵连祸结,哀鸿遍地,啼饥号寒,情实可怜。以人之工,代我之赈,未始非保民之策。第念逃死不啻赴死,求生未必得生,与其饱暖而死蛮荒,毋宁饥寒而生故土。况此次招工,各埠均经当道拒绝,素仰我总办关怀桑梓,爱民心切,用敢不揣冒昧,备文呈请鉴核,或严与该国代表切商保障办法;或即严词拒绝,禁止招募,以重人道而保民命,实为德便云云。②

---

①《西班牙政府保证凡能杜波岛招募华工合同》(原合同系法文——中华民国政府侨务委员会译),中华民国侨务委员会:《本会对于西班牙代表在华招工赴非洲凡能杜波岛开垦一案之经过》,铅印,无出版地,无出版日期。

②《申报》,1928年9月29日;《新中国报》,1928年10月8日;《南大与华侨》,第7卷第1期(1928年10月)。还可参见中华民国侨务委员会《本会对于西班牙代表在华招工赴非洲凡能杜波岛开垦一案之经过》;《南大与华侨》,第7卷第2期(1928年12月)。李长傅指出:"1919年西班牙为凡能多波岛招募华工未果。"此处应为1928年。李长傅:《中国殖民史》,台北:商务印书馆,1983年[1936年],第350页。此外,中华民国政府行政院侨务委员会于中华民国十八年元月编印了《西班牙商人私招华工赴斐洲凡能杜波岛开垦一案续篇》(铅印,无出版地,现存国家图书馆)。

在舆论的一致反对下，西班牙未能在公开场合实现其招工计划。

(二) 法国招募华工修建铁路

20 世纪 20 年代初，法国殖民政府决定修建布拉柴维尔—黑角铁路（亦称"刚果—大洋铁路"）。工程于 1921 年动工兴建，1934 年建成。它横亘刚果南部，东起布拉柴维尔，西至黑角港，全长 520 公里。为了修建这条铁路，法国政府在法属非洲各殖民地招募了大批劳工。这条铁路要从非洲内陆修到沿海，穿越马永贝山脉和高原山地，沿途布满峡谷、险滩和赤道丛林，许多地段为人迹罕至的地带。由于道路崎岖险恶，气候环境恶劣，加上白人工头的残酷虐待，大批修路的非洲人在工地上死去。根据当时的民间说法："铁路上有多少根枕木，就有多少人死亡。"由于劳工缺乏，1929 年法国决定从中国输入一批劳工。

刚开始，法国专门派人到中国与官方谈判招募劳工的条件，被中国政府拒绝。此举虽一直遭到中国政府的查禁，但法国人一意孤行，在广州湾一次诱骗华工 800 余人（一说 786 人），其中包括 4 名妇女，并逃脱了中国政府所派轮船的追捕。华工签约工作时间为两年，每日工作 9 小时，每月薪金男子为 30 元①，女子为 24 元。工作环境十分恶劣，华工的待遇极差。筑路工程异常艰巨，而那些重体力和复杂的工种，都是由华工承担的，他们在铁路建设中起着重要的作用。由于劳动强度高，吃住条件差，加上对热带的高温气候不适应，许多华工抵达刚果后不久就病倒了。

根据当时因病被遣送回国的谭佳所言，"该处遍地森林，怪石壁立。工作终日，不见天日。而恶兽之多，瘴气之浓，不可言喻。所饮食者，皆山坑之水，其水中大虫细菌，不可以指数。华工初到，服食之后，其体不壮者，周身立即肿大。数日之后，大虫成条，吐出即行毙命。"一些华工由于得不到及时治疗，死于恶性疾病和昏睡病。这种恶劣的工作

① 每元以 12 法郎计算。

环境和白人工头的虐待激起了华工的强烈反抗。他们或是举行罢工,成是采取一些破坏手段,有的则以一种"傲慢的惰性"与工头对抗。有的华工忍受不了这种奴隶般的折磨,冒险出逃。他们向着太阳升起的东方拼命奔跑,原以为这样就可以返回祖国,但是后来都在无边无际的密林中失踪了。

契约华工的这些行动给一起做工的非洲工人以某种鼓励。他们从华工的反抗行动中认识到:除了使用传统的躲避和逃跑等消极抵抗手段外,与白人工头进行面对面的对抗也同样有效。当时,铁路工地出现了"一系列罢工和不服从监工的行为"。法国殖民者对所发生的一切十分恐惧,只得增派警察部队,给守卫士兵发放弹药。后来,为了瓦解契约华工的斗志,殖民当局将190名契约华工中的头目遣送回中国。① 另外,13名患病的华工被遣返回国。更为悲惨的是,一些华工因受瘴气所害,抱病身亡者达200余人。②

在刚果河中央有个鸭蛋形的岛屿与布拉柴维尔隔水相望,名叫姆巴姆。当华工刚刚来到刚果时,对非洲人和当地环境都十分生疏,加之语言不通,生活非常艰难。那时候,有许多被骗来到此地修路的华工居在姆巴姆岛上。他们在岛上盖起了中国式房屋,种植中国的蔬菜,有时还哼唱着家乡的民谣,姆巴姆岛变得像是一个"中国村"。于是刚果人谈到这个岛时,不再叫"姆巴姆",而都高兴地称它"希纳"(Chine,法文意为"中国")。当时,刚果人经常乘船渡河来到希纳岛上做客、乘凉,和华工一起进餐。实际上,现在这里的刚果人种白菜、萝卜、菠菜的熟练种植技

① Giles. Sautter,"Notes Sur Ia construction du chemin de fer Congo-Ocean(1921—1934)", *Cahier d'etudes africaines*, *VII*, 26 (1967), pp. 219 - 99.

②《非洲华工之惨状》,《南大与华侨》,第8卷第5期(1930年6月)。G. Boussenot, *Construction of the Congo - Ocean*, Paris: La presse coloniale illustrée, 1930; Julia T. Martinez, "'Unwanted Scraps' or 'An Alert, Resolute, Resentful People'? Chinese Railroad Workers in French Congo", University of Wollongong Research Online, 2017, file:///C:/Users/user/AppData/Local/Packages/Microsoft. MicrosoftEdge_8wekyb3d8bbwe/TempState/Downloads/Unwanted%20Scraps%20or%20An%20Alert%20Resolute%20Resentful%20People_%20Chin%20(1). pdf

术，就是当年他们的前辈跟华工学会以后传下来的。善良好客的刚果人用手势代替语言，耐心地帮助华工学习地方语和法语，主动为华工提供种种方便。他们还把自己种的木薯、香蕉、芒果、木瓜等送给华工。当有华工不幸去世的时候，他们就按照刚果的风俗，隆重地送葬。每年刚果的扫墓日（相当于中国的清明节）到来的时候，他们也总是要给华工的坟墓送鲜花、加新土。直到今天，在黑角市东郊的陵园里还保留着几座华工的坟迹。① 铁路完工后，这些劳工有的回国，有的客死异域。当时有一位名叫刘永顺（有的译为“刘万三”或“罗广生”）的华工，后来留下来当了铁路管理员，娶了非洲太太，生育了六个子女。刚果取得独立后，他在布拉柴维尔市当了公务员。为了表彰他的工作，刚果政府还给予他嘉奖。刘广顺 1970 年时还健在。②

（三）意大利的招工尝试

1935 年 6 月 21 日，香港路透社报道意大利打算在广东招募华工 7 000人，运到意属索马里修建道路。当时的消息表明，意大利政府原拟在荷属东印度招募工人，但因当地政府反对，致未果。③ 意大利当时对埃塞俄比亚的野心已是路人皆知，其战略目标是尽快对埃塞俄比亚采取军事行动。意大利人苦于山路崎岖，交通不便，一直未能下手，其在华招工的目的也正是为了扫除障碍，及早行动。

然而，当时是大批侨胞被迫返国的时候，意大利却要在广东招募工人，此事迅速引起舆论界的重视，一位署名“国纲”的记者提醒：“现在这事还没有实现，但是却值得政府和地方当局注意的。”尽管当时的经济恐慌笼罩着中国，劳动民众只要有一线的生机，都会不顾一切地去争取。

---

① 孙星文：《记兴建刚果—大洋铁路的华工》，《华声报》，1984 年 8 月 19 日。

② 商岳衡：《在非洲的中国人》，《侨务月报》，第 217 期，1970 年 9 月 16 日；腾伟：《华工开赴刚果修筑铁路》，《华声报》，1987 年 7 月 24 日；彦非：《华工与刚果—大洋铁路》，《非洲研究资料》，第 9 辑，1984 年。

③《意政府拟在粤募华工七千人》，《晨报》，1935 年 6 月 22 日。

“恐怕任何的工作,谁都愿意去干。以前不辞劳瘁远涉重洋的侨胞,大都也是因为生活所迫,否则酷爱故土的国人,怎样会肯远离桑梓呢?现在前往他国求生的自由,业已断绝,见到招募的机会,更要趋之若鹜了”。然而,关怀国民的幸福是政府的职责,假使意大利真正要在广东招募华工的7 000人,这事可以听其进行吗?

国纲首先从国际形势上分析这种工作的危险性和非正义性。他认为,意大利招募华工目的在运往东非意属索马里建筑道路。该地属山区,土地瘦瘠,气候炎热。中国工人虽然以能耐劳著名,但是到了这种地区,生存是成问题。此外,意大利与埃塞俄比亚素来不和,在19世纪末曾在阿杜瓦战役中被埃塞俄比亚人打败,对该国一直怀恨在心,占领埃塞俄比亚的野心已昭然若揭。意大利之所以不愿意立刻对埃塞俄比亚采取军事行动,就是因为交通不便,不容易在短时期内征服顽强的埃塞俄比亚民族。国纲认为,现在埃塞俄比亚与意大利之间尚未宣战,如果中国的工人前往索马里修筑道路,即使是军用的,也不得说是破坏了中立国的义务。然而,从道义的角度看,我国难道还愿意将人力供给具有侵略野心的欧洲强国,帮助意大利来毁灭弱小的民族吗?

接着国纲分析了中国的侨务:

至于侨胞在国外的痛苦,真非笔墨所能形容的。因为国势的衰弱,就是在设置着我国使领馆的地方,侨胞也不能享受当有的保护。东非意属索玛里伦,我国没有领事馆,将来这些工人去了以后,试问他们受到了意外的痛苦,有谁可诉,他们的安全,有谁保护?假使事前不加以阻止,让他们前往,这真是把他们的生命作为儿戏了。关于侨务,以前是很少注意的。自从国民政府成立以来,却有专门管的机会了。现在国外的侨胞,当局很有竭力保护的心愿,可是能力不足,未能达到目的。这是可以原谅的。但是对于此后出国求生的,再不稍尽责职,使他们流离失所,未免要受尸位之讥了。况且这次意大利的招募工人,原拟在荷属东印度举行的。因为该地政府反对,所以才移到广东。荷政府尚且爱护该属地的土人,我政府能漠视国人的幸福吗?这事还未实现,并且上海意总领事馆曾有一度的否认,来说这些话未免过早。但是国外工作机会的引诱力,却是非常的大,侨民的痛苦,也是非常的深。希望当局在事前就有坚决反对的态度,不使这种事情有丝毫实现的可能。①

由于意大利招募华工这一举动在中国引起极大的反感,最后也未能成功。

三、世界经济危机后的华人经济生活(1930—1949 年)

(一)“减压阀”与“替罪羊”

1929 年的世界经济危机虽然对非洲各地影响的程度有轻有重,影响的时间有长有短,但没有一个地方可以幸免。笔者曾在《双重国籍问题与海外侨胞权益保护》一书中指出:每当一个国家或民族面临经济危机、社会动乱或政治威胁时,一些异己的弱势群体便会自然而然地成为替罪羊。“当一个社会受到某种困扰(经济危机、政治斗争或对外战争)时,社会成员往往会将矛头转向同一社会的异己分子,即移民、少数民族、某种弱势群体或集团的成员。换言之,这些集团异己分子的身份在平时可能并不重要,但一到危机时刻,对他们的‘族体认同’就成为缓解社会矛盾的‘减压阀’,他们也就成了转移社会矛盾的‘替罪羊’。以美国社会为例,黑人、华人、日本人和现在的阿拉伯人均在不同历史阶段成为一种矛盾的焦点和政治经济困境时的牺牲品。印尼的华人在印尼经济困难时也成为牺牲品。我将这种现象称为‘替罪羊现象’——在国内危机或国际矛盾激化时将社会的某一有关联的非主流群体作为责怪和发泄的

① 国纲:《意在粤招募华工说》,《东方杂志》,第 32 卷第 14 期(1935 年 7 月 16 日)。

对象”。①

在历史上,这种现象曾在很多国家发生过,如美国、墨西哥、印度尼西亚、越南等。第一次经济危机时,非洲的一些地区也发生了这种现象。由于华商的特殊地位,他们可以扮演的是互相矛盾的双重角色。一方面,他们可以成为替民众排忧解难的直接服务者,可以成为解除饥饿的最后一个希望;另一方面,他们也可以成为身处困境而满怀悲愤的民众发泄怨气的出气筒。以毛里求斯为例。当时的报纸杂志上不断出现攻击华人的文章和报道,特别对于那些新抵达的中国移民尤其如此。他们带来的资本很少,却揣着赚大钱的梦想。当地报纸对中国移民的指责主要是两个方面:一是当新来的移民将自己的一小笔钱花光后,可能卷入盗窃案件;二是中国商人和企业只雇用中国人。② 这场危机给华侨经济带来的危害主要是一种十分不利的生存环境。根据莫次南对非洲的视察,当时非洲华侨人数为15 692人,其中失业华侨数为1 505人,占大约1%。这对移居他国的中国侨民来说,比例已相当低,是十分正常的。

(二) 危机后的复苏

由于非洲华侨大部分都在从事商业,危机对他们的影响主要表现在购买力上。可以这样说,对非洲华侨而言,真正影响他们的是危机后的萧条时期。20世纪30年代的非洲华侨面临着三重困难。第一,萧条时期,商业普遍进入困境,而以经商为其主要职业的华侨更是首当其冲;第二,居留国政府在经济危机时期,多对移民进行各种限制,以保护本国或本地人的利益;第三,当地的非洲人经过一段时期的耳闻目睹,对经商事宜已有所熟悉,他们(以及欧洲人和印度人)的崛起对华侨的生存构成了新的竞争。

---

① 李安山等:《双重国籍问题与海外侨胞权益保护》,第4—5页。
② Marina Carter and Jame Ng Foong Kwong, *Abacus and Mah Jong*, pp. 89 - 90,211.

毛里求斯蔗糖产量与世界市场(1840—1939年)

年份	平均年产量(吨)	占世界甘蔗产量(%)	占世界蔗糖产量(%)	平均价格先令/英担*
1840—1849	45 388	4.8	4.5	34
1850—1859	97 407	7.8	6.5	24
1860—1869	115 778	7.8	5.6	22
1870—1879	112 184	6.2	3.7	22
1880—1889	116 016	5.3	2.5	16
1890—1899	132 663	4.3	1.8	12
1900—1909	182 848	3.1	1.4	10
1910—1919	225 775	2.2	1.3	20
1920—1929	225 808	1.5	1.0	20
1930—1939	251 792	1.5	0.9	6

资料来源:Richard. B. Allen, "The Slender, sweet thread: Sugar, capital, and dependence in Mauritius, 1860—1936", *Journal of Imperial and Common wealth History*, 16:2(January, 1988), pp. 177-200.

* 此为伦敦市场的粗糖价格。一英担等于50.802公斤。

在毛里求斯、留尼汪和马达加斯加,蔗糖生产均占有重要地位。特别是在留尼汪和毛里求斯,甘蔗的收成和蔗糖的价格直接影响到当地华侨的生意。第一次世界大战可以说大大促进了各地的经济发展。当时生产甜菜的欧洲地区沦为敌占区,国际市场的蔗糖价格大涨。素有"蔗糖殖民地"之称的毛里求斯生产的甘蔗曾在国际市场上占有一席之地。从上表即可看出,这种地位早在19世纪已经确立。然而,虽然毛里求斯的甘蔗总产量逐年上升,但其在国际蔗糖市场所占的百分比却在逐年下降。

在第一次世界大战期间,蔗糖的价格比战前上涨了100%,从每英担10先令涨到每英担20先令,并一直维持到1929年。然而,这种国际市场价格的提高并未给当时以蔗糖业为基础的毛里求斯经济带来多少好处。这主要是因为毛里求斯蔗糖业的技术落后,设备老化。1929年进行的一次调查表明,当时的毛里求斯蔗糖工业正在亏损。随之而来的经济危机可谓雪上加霜。1930—1939 年,蔗糖的价格大幅度下降,每英担从 20 先令降到 6 先令。这对毛里求斯经济的打击可想而知。美国学者鲍曼认为,到 30 年代中期,毛里求斯的经济已经衰退了 75 年。[①] 李卓凡曾指出,"由于这场经济危机,全岛各经济部门都渐渐陷于瘫痪。基本以商为生的华侨,受到了严重打击。店铺倒闭,伙计失业。"1932 年起,移民保证金增加到 500 卢比。这种政策与世界经济危机密切相关,政府决定用增加保证金的办法限制移民入境。

危机后的毛里求斯,市场疲软,购买力极低。"连年时势严劣,商极凋残,大有难于谋生之慨。侨商之待救护,已迫在眉睫。"为了招徕顾客,一些华侨店主开始忍痛杀价出售商品,这自然给其他侨商带来危机。针对这种以邻为壑的愚蠢做法,《华侨商报》主笔黄叔优先生发表了题为《改造华侨事项》的文章,鼓吹侨商联合起来,共度危机。他的文章在侨胞中引起共鸣。以李利堂为首的有识之士,出面组织护商总会(即"侨商自救合作会")。特别是李利堂先生,"以至诚至意,自愿牺牲精神与时间,不惮风尘之跋涉,忍饥耐渴,费尽许多唇舌,躬到各处相劝我侨商须团结一致,以图合作之利益"。[②] 随后,侨胞李百呈、王文根、胡岳彬、黎泽芸及邓军凯等人积极协助,成立各区分会。这些华侨中的先进分子以全体侨胞利益为己任,"日夜奔走,毫无倦容",在各区组织护商总会,团结侨众,提高货价,以挽救商场的危机。尤其是邓军凯先生,以"号召各山区侨众组织护商区分会的苦干精神,挽救起小资本于水深火热之中"。除了奔波出力外,他还时常写文章,在《华侨商报》上刊登,唤醒侨胞勿再贱卖,以免害人害己。当时,护商总会的口号是"在商言商,护商救国"。护商总会的具体做法是:

(1) 拟定章程十四条,主旨以小本经济接济同侨之周转;

(2) 在毛里求斯岛联络东、西、中三区,专靠"信用"二字以汇集款项,

---

① Larry W. Bowman, *Mauritius, Democracy and Development in the Indian Ocean*, p. 26.

② 模里斯:《救护侨商声应气求》,《华侨周报》,第 44 期 (1933 年 9 月 20 日)。

补救商业,以期收合作之效;

(3) 制定统一价格,使零售商有划一的货价,以避免侨商在全局经济不景气的情况下因贱卖而互相伤害。

(贰)

新商報

紀念第一屆全國人民代表非洲區華僑代表鄧軍凱先生逝世三週年特刊

(三)

新商報

紀念第一屆全國人民代表非洲區華僑代表鄧軍凱先生逝世三週年特刊

永遠不能磨滅的功績

毛里求斯华文报纸刊登的纪念邓军凯的文章

毛里求斯华侨护商总会的出现,可以说是在遭受经济危机的打击下,华侨团结起来以社区的集体力量战胜困难的具体体现。在毛里求斯华文报纸《新商报》1957 年纪念邓军凯先生逝世三周年的特刊上,侨胞们回忆邓军凯当年在这场运动中所做的努力:“聪明的侨胞,响应了他的号召而团结合作进来,真得了不少利益。"①

经过二战的物质匮乏时期,毛里求斯的经济在战后逐步恢复。如前所述,毛里求斯华侨大部分经商,几乎在每个店铺,白酒(rum,罗姆酒,又译为朗姆酒)的销售都占其利润的主要部分。正如《中华日报》所言:"所有零售商店,操于华侨之手者,莫不以朗姆酒为生命线,故华商总会之设立,亦因开办酒廊为起因。"在早期,酒的销售权均掌握在欧洲移民手中,侨胞受尽了白人的压迫。侨领古文彬先生遂倡议侨胞团结起来,建立自己的组织,以抵抗白人的欺诈。"其后成绩甚佳,时西人已无压迫之势力,而侨胞得买酒之自由,价格适中,取息丰厚,此为华侨之幸福也"。②

1947年,毛里求斯殖民政府下令限制售酒牌照,并大大降低了华侨商人赖以为生的朗姆酒的销售份额。这种紧缩措施在华侨商人中间引起了极大的混乱,酒庄或店铺之间为争配额你夺我抢,批发商与零售商之间互不相让,大号酒庄与小号店铺之间矛盾重重。有的酒庄的配额被其他酒庄冒领,有的侨商以欺骗手段领取白酒配额。这种情况引起了广大侨商的心理恐慌,华侨又一次面临新的危机。华侨中的有识之士陈逸堂、吴洪定等人在侨商大会或当地中文报纸上忠告各位华侨商人,必须"以维持侨胞福利为目标",一定要团结一致,共渡难关。

1947年12月3日,毛里求斯华商总会召开侨商大会,专门讨论白酒联合会在面临白酒分配问题时是否应该继续存在。在会上,有的侨商认为白酒联合会全部由批发商组成,又有个别酒庄未参加,更有联合会成员冒领他人酒额,因此实无存在之必要。有的则认为如果联合会解散,无人协调控制,有钱人尽可以抢买以囤积居奇;而资本小者则无路可走,故认为白酒联合会实有继续存在之必要。虽然有种种不同意见,但各位侨商都认识到,为对待白酒配额问题,应该成立一个研究委员会,由零售

① 甜露:《忆往事,念亡友》;一叶:《永远不能磨灭的功绩》,[毛里求斯]《新商报》,1957年11月15日。邓军凯先生热心为侨胞服务,曾两度出任毛里求斯新华学校校长,并负责编辑《华侨商报》。1954年,他被选为全国人民代表大会非洲区代表,在中国开会期间因病逝世。

②《上商务研究委员会》,[毛里求斯]《中华日报》,1947年12月27日。

商自己负责。① 这一商务研究委员会后来成立了,并推定钟永栗为主任委员,专门负责办理白酒的分配事宜。② 在大家的一致努力下,华侨才基本上渡过了白酒配给和销售的危机。

留尼汪从蔗糖生产中收益颇丰。1915 年留尼汪的蔗糖收入是 1 300 万,1917 年为 1 800 万,1918 年即达到 2 200 万。③ 战争年代从国外进口消费品十分困难,这又促进了本地生产的发展,进一步刺激了本地贸易。如前所述,这对华人来说正是提高经济地位的良好机会。然而,好景不长,在世界经济危机的冲击下,留尼汪也陷入了 20 世纪 30 年代的萧条之中。在随之而来的二战中,留尼汪因归顺维希政府而遭到英国海军的封锁。为了保证粮食作物的生产,甘蔗园被用来种植玉米和薯类。一些重要的出口商品如蔗糖和华尼拉的产量大幅度减少,"整个经济在战争中全然崩溃",④华侨经济也因此受到影响。

战后法国于 1946 年将留尼汪变为海外省,留尼汪的经济恢复很快,华侨经济又一次得以迅速发展,有的华侨甚至利用先进的技术开始从事制造业。1947 年,一位华侨开始经营汽水制造业。他从一位名叫苏莱尔的博士那里买来一台机器。汽水厂刚开始营业时,每天生产 500—600 瓶汽水。根据他的回忆:"我记得我们半天用一大包糖,重七十五公斤。现在每小时做五吨汽水。"⑤何静之的研究表明,留尼汪在战时当店铺伙计的华侨,战后多数能够独自开业,成为杂货店的老板。"这些新开的华侨商店生意都很兴旺,最低限度也可维持一个小家庭各人的生活"。⑥

在 20 世纪 30 年代中期的南非,受世界经济危机的影响,"各地之营

---

① [毛里求斯]《中华日报》,1947 年 12 月 4 日。关于各白酒批发商的白酒分配情况,可参见相关表格。[毛里求斯]《中华日报》,1947 年 12 月 10 日。

② [毛里求斯]《中华日报》,1947 年 12 月 23 日。

③ 原译文无货币单位,应为法郎。参见李卓凡《西印度洋华侨史》,载方积根编:《非洲华侨史资料选辑》,第 185 页。

④ 李卓凡:《西印度洋华侨史》,载方积根编:《非洲华侨史资料选辑》,第 186 页。

⑤ 多米尼克·迪朗、让·亨顿:《留尼汪华侨史》,载方积根编:《非洲华侨史资料选辑》,第 491 页。

⑥ 何静之编著:《留尼旺岛华侨志》,第 37 页。

业，日趋于下，其情势为数十年来所罕见”。影响最甚者为一般华侨。在此之前，不论是从事杂货店、饮食业，还是洗衣店，都可有比较稳定的收入。经营小商业的侨胞，只要有些积蓄，便可租铺开店，所经营的商品，可以是中国出产的土产(如茶叶、鸡蛋)，由于价格便宜，黑人或白人均乐于购买，营业收入颇为稳定。其他经营洗衣店的侨胞境况也不错。当然，当店员或侍者的也有，还有少数侨胞在矿井工作。萧条时期，小商人因黄金时代已经失去，中国货的人口税增高，而当地黑人也开始自行经营土货买卖。这些因素使南非华侨商业每况愈下。矿场方面，因出产销路滞弱，所雇工人减少 3/5，华侨矿工失业者比比皆是。① 伊丽莎白港中华会馆 1935 年关于当地华人各种问题的一份报告中提到，该地有华人 658 人，他们拥有 162 家商店，主要是杂货店，少数是水果店和咖啡店，除了商人以外，有些华人是洗衣工，有些是农夫，失业者不在少数。②

南非政府的各种种族歧视政策对当地华侨的经济发展造成了极大的障碍，特别是在 20 世纪 30 年代初和 40 年代后期尤其如此。这一点我们将在后面章节论及。

(三) 马达加斯加华侨的双重困境

在马达加斯加，这一时期发生的两件事对华侨经济生活的影响颇深。第一，殖民政府对华侨所征的特别税不断增加。从 1895 年起，法国殖民政府就开始对华人征收特殊税(包括固定税和商业税)，随后愈来愈高。1923 年 10 月 24 日(一说 10 月 22 日)的法令进一步规定，固定税(Droit Fixe)每人每年仍为 25 法郎，商业牌照附加税增至一、二等 1 600 法郎，三等 1 200 法郎，四、五等 750 法郎，六等 250 法郎。这种类似累进税的税收对愈是成功的商人征收的税愈高，实际上是企图将华人局限在中间商的位置。1932 年 11 月 19 日，马达加斯加政府又将固定税增至

---

①《南非华侨经济衰退》,《侨务月报》,1936 年 9 月号。

② Melanie Yap and Dianne Leong Man, *Colour, Confusion and Concessions*, p. 219.

200 法郎，商业牌照附加税特等定为 3 000 法郎，一、二等 2 000 法郎，三等 1 500 法郎，四等 1 000 法郎。1945 年 12 月 1 日修正固定税，增至 300 法郎，商业牌照附加税特等 4 500 法郎，一、二等 3 000 法郎，三等 2 500 法郎，四等 1 500 法郎。

这种固定税和商业牌照附加税，只对亚洲及非洲各民族征收。换言之，华人如果经商（他们的主要职业是经商），除了每人每年较白人（主要是法国人、英国人、美国人、澳大利亚人、南非人等）多负担 300 法郎的固定税外，店主还须依商业牌照的等级多负担数千法郎不等。这种不平等竞争一直在持续。1946 年 11 月 5 日，对亚、非民族所征收的固定税又增至 600 法郎，商业牌照附加税特等增至 9 000 法郎，一、二等 6 000 法郎，三等 4 500 法郎。如果以侨居马达加斯加华侨的总数为 6 000 人计，他们缴纳的固定税达 360 万法郎。如果华侨商店以 1 200 家计算，每年平均以二等商业牌照附加税 6 000 法郎计算，他们共缴纳 720 万法郎。马岛的华侨商人就是在这种歧视法令下求生存、求发展。在当地华人和中国领事馆的力争下，这些法令后来终于得以废除。①

第二，1947 年爆发的马达加斯加民族起义对华人经济破坏很大。1947 年 3 月 29 日，马达加斯加民族独立运动的武装起义开始。华侨商人在这一起义中处境尴尬。民族主义者将他们看作法国殖民者的帮凶，而法国人将他们看作起义者的同盟。在起义的过程中，确实有一些华人向马达加斯加民族主义者提供了各种帮助，因而遭到了法国殖民政府的怀疑或迫害。② 在山区的华人商店很多不是被起义者焚烧就是遭到法国军队的抢掠。一位名叫曾沧海的马达加斯加华侨在致《侨声报》的信中这样描述了当时的情景：

说也可怜，而且令人意想不到的：那些土人党众们，竟是斩木为

① 《马达加斯加取消亚、非洲人特别税之本末》，《华侨通讯》，第 9 期（1948 年 1 月 31 日）；[南非]《侨声报》，1948 年 2 月 8 日。

② Leon M. S. Slawecki, *French Policy Towards the Chinese in Madagascar*, pp. 165 – 167.

兵,用竹竿、木棒和缺了口的钝刀,折了柄的标枪,甚至赤手空拳,就直冒法军最新武器之锋镝……说也可笑,而且令人难以置信的,法政府驻军对于这些竹、木、刀枪之进袭,竟往往手足无措起来。……以目前情势观察,法军如不大量增援,不特是进剿没有把握,连防守都成问题。……他们的给养,除了向我们华侨强征硬要之外,还向平日生活已极困苦的土人摊派,每人每日多至数十法郎。这岂不是逼"良"从"乱"! 真令人大惑不解。……说起来真是痛心,我们许多侨胞在这些动乱地区里,除了受土人党众之祸害外,还要受法政府官兵无纪律的骚扰,劫夺,甚至是有意的仇视,摧残。据悉,在几千侨胞的店户,曾被官兵据作临时营盘,因此被土人暴党所恨,声言要找这些侨胞来杀;又有些侨店是被暴党、官兵及其他党人轮番洗劫。摩利芒站某侨店,就被官兵将人赶走,把货物劫去后,更付之一炬! 滑多文山站的许多侨店,就被官兵连衣服也劫了去。

在这次起义中,华人商店损失惨重。用这位目睹同胞遭受蹂躏的华侨的话来说,"动乱以来,吾侨各山区店户,被暴党徒及法军洗劫焚毁者,不胜其数"。[①] 不过,由于华侨商人的经营哲学是"和气生财",对当地非洲人一直是平等相对,因而在这次起义中主要是受到法军士兵(包括法国兵和塞内加尔士兵)的侵害,有的还受到马达加斯加起义军的保护。[②]

(四) 葡属东部非洲华侨的发展

在葡属东非,经济危机的影响先在贝拉显现出来。此地的华侨木匠、商人、农人和渔民从20世纪初起均有相当发展,但都是小本经营,无大规模组织。华人侨居此埠,一向自由贸易,与其他外籍人一样受到平等待遇。然而,从1929年起,葡人开始限制华人营业,首先,"间典拿"

① 曾沧海:《马岛侨胞在危难中》,[南非]《侨声报》,1947年6月3日;曾沧海:《马岛侨胞备受危难》,[南非]《侨声报》,1947年9月23日。

② 英国学者斯诺指出:华人因平时的行动而受到回报,起义者大部分未骚扰华商,甚至将受到法军骚扰的华人拯救出来。Philip Snow, *The Star Raft*, p. 61.

(系一种商业执照名称)被撤销。其次,在1932年和1933年又先后有一些地方的华人商业执照被停发。最后,与贝拉港毗连的地方开始禁止华侨商人涉足。这样,所有华侨商人,“皆倨促于埠中一隅之地,大有粥少僧多之叹”。

此外,从1932年起,葡殖民当局为了保证本地葡籍工人就业,规定了外资企业的“雇佣”条例,即凡外商企业所雇工人,须75%为葡籍。此项规定在当时主要是针对美、英等外商而言,他们对铁路、码头、货栈、船务、航空等大的行业均有投资。虽然这一法令当时对华侨商人未构成直接威胁,却促使一些外国巨商停止投资,或缩小经营规模。“埠情一落千丈。华人失业者十之七八。于是回国过埠,或其他减少之人数过半。现在所余者仅三、四百名间,十之二为妇孺”。当时华人木工常有工做者约20人,续断无定者约50人;商户40家约可容纳80人;大农场二区,约容纳50人;小农场十余区,约容纳30余人,渔场8区约容纳10人。除这些人可以勉强维持生活外,其余都是失业者。①

洛伦索-马贵斯的萧条期来得稍晚一些。如前所述,中国木工在此经营已久,此地的木器,大部分是中国工人的产品。华侨木工手工之精细亦多为白人所称道。20世纪30年代初,各地均受到经济危机的冲击,而洛伦索-马贵斯则一片繁荣。“从亚洲运往南非洲的货物,都由罗连士麦起卸,由火车转运。码头的起重机,扎扎的声,日夜不停。建筑屋宇,整顿市容,也在这时候着手动工。所有华侨木匠,大昌其运,每日可得一、二金镑的代价,生活富裕,为空前未有之机会”。然而,好景不长,在欧洲木匠和本地木匠的竞争下,华人木匠开始改行,有的开始经商,有的办起了农场。②

当时,该地的华人经商者约有30%。店铺大小共有50余家,占该地店铺的1/5。在黑人居住区则有4/5,除了三家资本较雄厚及卖杂货外,其余都是做当地黑人生意,如“土人餐馆”“土人酒水馆”“土人伙食馆”。

---

①《东非啤埠华侨概况》,《南大与华侨》,第12卷第1—2期(1914年1月)。

② 子渔:《东非洲罗连士麦埠华侨一瞥》,《侨务月报》,1936年11—12月合刊号。

开始时,这些店铺很兴旺,因为黑人不计较,生意比较好做。后来,黑人学会了讨价还价,而印度人也开始卷入黑人地区的各种生意。加之当地政府对营业时间有一定限制,若在非营业时间做买卖而被缉私员发觉,“轻则罚三、五金镑了事,重则可罚至二百金镑之多”。这些因素对以经商为业的华人而言,颇为不利。殖民政府还设立一些苛捐杂税,如招牌税(亚洲人的店铺为了免此税,均无招牌)、衡量税、伙计税及各种营业牌照税等,甚至还有旗杆税。一支升旗的旗杆,每年也须纳税三金镑。

洛伦索-马贵斯比较有希望的是经营农业的华人。这有多方面的原因:其一,华人本身勤苦耐劳。其二,当地政府对闲置荒地有处罚措施,①致使地主们纷纷将土地便宜出租,一块约1 000公顷的地每月仅需五六金镑租金。其三,当地黑人工价便宜,每天工作,每月工钱不到12先令。其四,当地土质肥沃,种子埋下地后,无需下肥加水,便自然会结出很甜的果实。这些农场均以种植香蕉为大宗,平均每园每月有200箱香蕉出产。当时香蕉价格为每箱29先令左右,每箱可赢利15—16先令。园内所种植的粟米则可供给黑人园工食用,蔬菜是以香蕉和粟米的余地种植。洛伦索-马贵斯居民所需要的蔬菜,完全由华人农场供给。这些收入又可作为黑人园工每月的工钱。由此看来,此地的华侨农场主的经营比其他职业更有保障。

根据子渔的统计,当时在洛伦索-马贵斯有16个华侨经营的农场。

葡属非华侨农场统计表(1936年)

园名	资本	出产品	附属品	性质
合利园	1 000镑	香蕉	粟与蔬菜	合股
祥荣园	2 000镑	香蕉	粟与蔬菜	合股

① 1934年,葡殖民政府发布通告“凡荒地地主,第一年来开垦者,每年每亩纳地税一金镑,第二年纳税二金镑,余照此类推。若开垦种植者,每年每亩交纳一金镑。”见子渔:《东非洲罗连士麦埠华侨一瞥》。

续　表

园名	资本	出产品	附属品	性质
浩利园	500 镑	香蕉	粟与蔬菜	合股
东利园	500 镑	香蕉	粟与蔬菜	合股
振利园	1 000 镑	香蕉	粟与蔬菜	合股
权利园	1 000 镑	香蕉	粟与蔬菜	合股
福生园	1 000 镑	香蕉	粟与蔬菜	合股
民安园	1 000 镑	香蕉	粟与蔬菜	合股
保利园	1 000 镑	香蕉	粟与蔬菜	合股
永利园	2 500 镑	香蕉	粟与蔬菜	合股
南生园	2 500 镑	香蕉	粟与蔬菜	合股
桥利园	1 000 镑	香蕉	粟与蔬菜	合股
金利园	1 500 镑	香蕉	粟与蔬菜	合股
生园	1 000 镑	香蕉	粟与蔬菜	合股
景利园	1 500 镑	香蕉	粟与蔬菜	合股
炉利园	1 000 镑	香蕉	粟与蔬菜	合股

在布拉瓦约，华侨的主要职业是经商。此地的“孙逸仙金矿”曾在当地华侨中颇负盛名。1931 年，华侨林炳乾向当地政府申请了金矿开采权。据说此矿藏量虽不算丰富，但矿层含金量极高。开办之初，由林炳乾、张谦麟两位华人及一位欧洲人三人共同合作经营。林炳乾具有采矿知识，负责业务，那位欧洲人主事。后来，该欧洲人利欲熏心，私自开采金矿得利 9 000 英镑后提议将矿权出让，华侨便将其产权全部买下，由华侨投资经营。整个金矿分为 30 股，林炳乾一人占 13 股，并主持矿务。他将此矿命名为“孙逸仙金矿”，以纪念国父孙中山先生。当时每股的价格为 50 英镑。第二次世界大战爆发后，林炳乾于 1939 年返国，后逝于老家梅县。“孙逸仙金矿”因无人主事，各位股东苦心经营了六年后，于 1945 年以 40 000 英镑的价格卖给了欧洲人。从这一价格可以看出此矿的利润十分丰厚。这一金矿虽然易主，但在当地仍以“孙逸仙金矿”为

名,后来产金量也颇为可观。很明显,如果当年不将此矿卖给欧洲人,继续由懂技术的华侨经营,其后果一定会大不相同。①

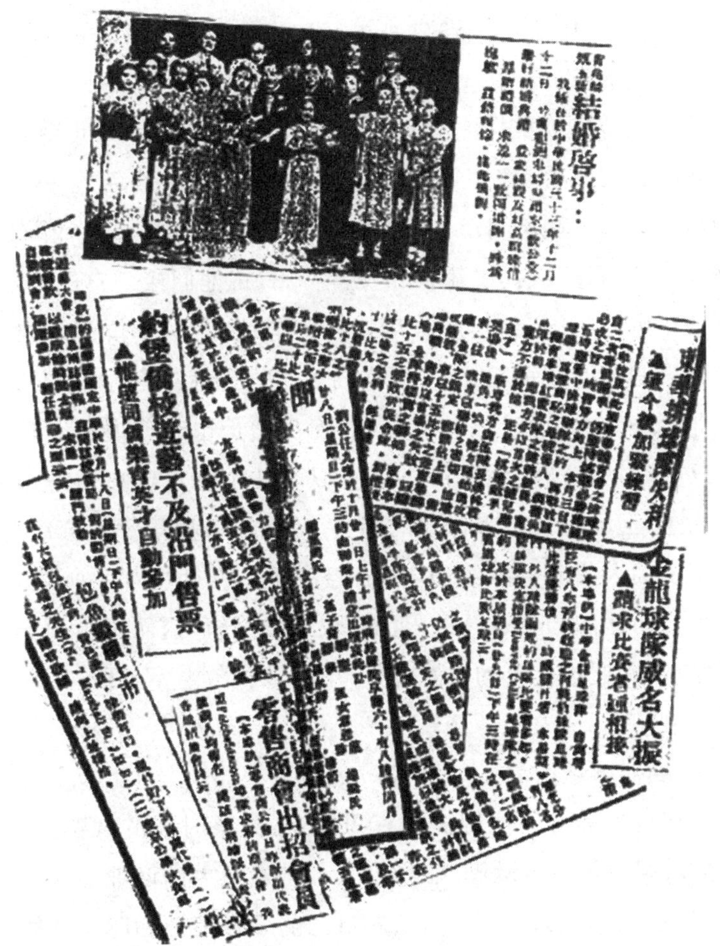
結婚啓事

約堡僑校遊藝不及沿門售票

金龍球隊威名大振

非洲华文报纸上的社会新闻

① 萧次尹编著:《非洲华侨经济》,第69页;华侨经济年鉴编纂委员会:《华侨经济年鉴》,第720页;Philip Snow, *The Star Raft*, p. 57.

四、结论

综上所述，从中华民国建立到第二次世界大战结束，华人经济在非洲得到了较快的发展。在1911年到1929年这一时期，非洲各地的华人经历了他们经济发展的“蜜月”。一部分华人利用第一次世界大战时期各种货物匮乏的机会，大大发展了自己的商业，并在战后抢占了各地小商业的地盘。为了接济自己在国内的亲戚朋友，已定居的华侨或提供各种所需证明和信息，或提供船票和安置费用，将他们接到自己的居留国。老一辈的华侨或回国定居，或在居留国终老；新来的华侨先在自己的接济者或亲戚朋友的店铺里干活，积累了一笔资金后，便开始经营自己的商店。非洲华侨人数在这一时期内的稳步增长也充分说明了这种良性循环。这一时期非洲华侨经济发展有以下几个特点：第一，华侨职业仍以经商为主，但已呈现出多样化的趋势。第二，各种华侨商会纷纷成立，以维护华侨商人的利益。第三，华人经济已呈良性循环。所谓“良性循环”，并不是指他们的事业已进入良性快速发展轨道，而是指他们的生活已开始稳定，并通过自己的辛勤劳作，不断地积敛财富，开起了小商店或办起了自己的企业。

然而，面对席卷世界各地的经济危机的打击，以经商为主要职业的华人又一次首当其冲。他们面对三重困难：萧条时期的低购买力、居留国政府的歧视政策以及欧洲人、印度人和当地黑人的商业竞争。非洲华人华侨依靠中国文化的凝聚力，依靠自己的顽强精神和聪明才智以及华人社区的集体力量，勇敢地面对新的挑战。

第十二章　华侨人口与社会：性别、分层与侨团（1911—1949年）

政府是否在任何时候都援助陷于困境的中国人，这一点还不得而知。即使得到同情的那些人，也都是由华人社会救济的。为此目的，华人社会在路易港建立了一所医院。

——毛里求斯华商总会主席致警察总局的信（1925年）

毛里求斯那时是英国直属的殖民地，主要种植甘蔗用以榨糖。在一万人左右的华侨中，大多数为广东梅县地区的客家人，少数为南海、顺德人。另外有十个八个山东人是卖绸布的，他们骑着自行车到较富有的人家兜售绸布，而同其他华侨很少接触。少数华侨在路易港经营批发生意，个别人开中药店、餐馆、酒厂、裁缝店等。在从商的华侨当中自然只是少数人为老板，大多数人是店员。华侨或其子女只有极个别的人受过高等教育，从事医生、律师、教师等项工作。有一位陈海生医师是第一个考取官费留学英国的华侨子弟（一九二六年），他不认识中文，只会说一点客家话，但却要求找他治病的侨胞不要跟他说外国话，否则他是会生气的。

——毛里求斯归侨刘新彝的回忆

1911年到1949年，非洲华侨社会经历了两次人口增长高潮。一次是从民国初年持续到 20 世纪 20 年代初，这是由中国的内乱所致；另一次是在 30 年代后期到 40 年代，这是由于日本侵略中国所带来的灾难而引起的难民外流。如前章所述，这一时期的非洲华侨经济发生了很大的变化。从 1911 年到世界经济危机爆发前可以说是非洲华侨经济正常发展的 20 年，一些早期来到非洲的华侨已在居留地稳定下来。1929 年的经济危机特别是随之而来的萧条期给以经商为主要谋生手段的华侨以极大的打击。正是在这一阶段，华侨社区的社会分化开始日益明显。为了应对新的局势，中华商会开始在各地出现，以保障华侨社会的整体利益，一些社会团体也开始涌现。

一、华侨社会的人口变化：持续增长与两次高潮

华侨的人口增长很快是这一时期的一个特点。有的学者在 1939 年曾认为，华侨流向海外可以分为几个阶段：清朝末年至民国初年为“初盛时期”；民国初年至民国十五年前后为“最盛时期”；民国十五年以后为“衰退时期”。[①] 然而，非洲华侨的人口变化有自己的特点。这种变化表现出一种持续增长的势头，同时有两次高潮：民国初年至 20 世纪 20 年代初是第一次高潮；抗日战争时期是第二次高潮。

（一）非洲华侨人数的增长

毛里求斯的华人是增长最快的，几乎每年增加 200 人左右。南非华侨的人口增长在 1904—1921 年比较反常。在 1904 年华侨为 2 457 人，为什么到 1921 年反而减少到只有 1 828 人呢？这有两个原因。第一，在 1904 年时，契约华工已开始进入南非，这些劳工的到来为各种小商小贩和服务业提供了很多机会。这些契约华工回国以后，无疑对当地的经济特别是服务业产生了一些负面影响。第二，1918 年，西班牙流感首先开

① 李少美：《全球华侨人数之详密统计》，［北京］《侨声》，第 1 卷第 3 期（1939 年 3 月 1 日）。

始在伊丽莎白港一带肆虐，仅在这一年的10—12月，就有2 000多人死于流感，而中国人和印度人是受伤害最严重的。① 在随后的15年间，华人增加了1 100多人；到1946年，南非华人已达4 340人，比1921年增加了2 512人，每年大约增加100人左右。

马达加斯加的华侨人口也保持着增长势头。从1921年到1929年，华侨人口增加了一倍多。在随后的两年里，又增加了近300人。从1931年到1933年，华侨人口减少了。这种人口变化与当地政府的移民政策直接相关。当时，马达加斯加的法国商人与亚洲移民商人的竞争相当激烈，为了控制移民迅速增长的势头，法国殖民政府于1932年6月21日做出规定，凡未经事先批准的外国人，一律不得谋求职业。马达加斯加政府从1903年5月6日颁布法令，鼓励法国国民和外国劳工来马达加斯加做工，1932年法令意味着这一政策的改变。② 这种变化使移居此地的华人一度减少。

马达加斯加华侨人数(1921—1941年)

年份	华侨人数
1921	956(935)
1926	1 208
1929	2 225
1931	2 516(1 805)
1933	2 246
1936	2 785(2 780)
1944	3 637(3 630)

资料来源：Leon M. S. Slawecki, *French Police Towards the Chinese in Madagascar*, pp. 49-52；李卓凡《西印度洋华侨史》，方积根、李秀华《马达加斯加华侨的历史与现状》，载方积根编：《非洲华侨史资料选辑》，第72,221页。

① Melanie Yap and Dianne Leong Man, *Colour, Confusion and Concessions*, p. 217.

② 李卓凡：《西印度洋华侨史》，载方积根编：《非洲华侨史资料选辑》，第216—217页；Leon M. S. Slawecki, *French Policy Towards the Chinese in Madagascar*, pp 126-127.

在1933—1936年，马达加斯加华侨人口又一次猛增，三年内增加了500多人，平均每年增加180人。从1936年到1941年，马岛的华侨人口再次出现增长高潮，五年时间内增加了852人，平均每年增加170人。

留尼汪的华侨人数也一直呈现出稳步增长的趋势，每年约增加100多人。然而，在1936—1941年这五年，留尼汪华侨从2 845人增加到3 853人，增长了35%。南非华侨的增长在抗日战争期间也很明显。从1921年到1936年的15年里，华侨从1 828人增加到2 944人，平均每年增加74人。从1936年到1946年这十年里，南非华侨增加了1 396人，平均每年增加140人。毛里求斯华侨的人口增长比较稳定，在抗战期间也是如此。很多华人抵达非洲的第一站就是毛里求斯，然后再从这里向其他地区转移。

中国政府官方侨务书刊关于非洲华侨的统计数字

年份	数字	资料来源
1907	7 000	《外交报》，第173期，1907年4月27日
1912	1 827	《东方杂志》，第9卷第3期，1912年9月(内务部调查数)
1924	12 000	《侨声》，第1卷第3期，1939年3月1日(农商部调查数)
1929	15 692*	《中央侨务月刊》，第5—6号合刊，1930年2月
1931	17 600	《中央侨务月刊》，第9号，1931年4月
1933	20 000	《侨务月报》，第2期，1933年11月30日
1934	9 500	《侨务月报》，侨务委员会二周年纪念刊，1934年4月30日
1934	9 500	《侨务月报》，侨务委员会三周年纪念刊，1935年5月30日
抗战时期	14 893	《侨务十五年》，1947年

* 此为莫次南的统计数，不包括混血儿600人(男93人，女507人)。

非洲华侨人口变化的特点之一是华侨的职业虽仍然以小商人为主，但已开始呈现出多元化。这将在下面一章进一步分析。

(二) 非洲华侨人口的三次统计

在这一时期，中华民国外交部、中央侨务委员会和农商部等分别对非洲华侨进行过多次统计,但其结果并不精确。在以前的学术著作中,一般只对南非(有时包括马达加斯加、留尼汪和毛里求斯等地)的华侨人数有所涉及。例如何汉文曾指出,南非华侨人数在 1911 年有 1 900 人,1920 年有 1 240 人。[①]

在这一期间,关于整个非洲的华侨人数统计大约有过三次。第一次是在 1928—1929 年。当时外交部委派莫次南到非洲进行调查,他是转道新加坡赴非洲的。据当时报载,"国府对于侨务,最近非常注意,欲解侨胞疾苦,为谋侨胞福利,国府外交部调查非洲特派员莫次南氏,兹莫氏已于八月四日抵叻,……莫次[南]籍粤省,少年英俊,此行对于偏僻之旅非华侨,必有相当之贡献也"。[②] 这是中国第一次对非洲华侨的系统调查。1929 年的调查报告表明,非洲华侨的总人口为 15 692 人,其中法属南非洲海岛(马达加斯加和留尼汪)有 4 391 人,英属南非洲岛屿(毛里求斯、塞舌尔和其他海岛)有 7 173 人,南部非洲(南非、布拉瓦约和索尔兹伯里)有 2 907 人,英属东非有 114 人,葡属东非有 1 107 人。[③]

第二次是在 1935 年。当时外交部特派员梁宇皋到南非洲进行视察。[④] 他的调查远没有莫次南的细致,其调查结果中的华侨人口数也基本上是估计数。

非洲华侨人口统计表

地区	华侨人数	统计日期	资料来源
南非联邦	4 153	1946 年 1 月 15 日	《侨声报》1946 年 1 月 15 日
葡属东非	1 342	同上	同上
英属东非	261	同上	同上
罗得西亚	151	同上	同上
比属刚果	10	同上	同上

① 何汉文:《华侨概况》,上海:神州国光社,1931 年,第 32 页。
② 《南大与华侨》,第 7 卷第 1 期 (1928 年 10 月)。
③ 《中央侨务月刊》,第 7—8 号合刊(1930 年 4 月)。
④ 《梁专员视察南非记略》,《外部周刊》,第 81 期(1935 年 9 月 30 日)。

续 表

地区	华侨人数	统计日期	资料来源
留尼汪	3 853	1941 年	Edith Wong①
毛里求斯	10 882	1944 年	李卓凡
马达加斯加	5 378	1949 年	《华侨人口参考资料》②
塞舌尔	200③	1950 年	同上
埃及	64	1947 年	《侨务五十年》
黄金海岸	1	1931 年	库钦斯基
尼日利亚	4	1921 年	同上④
罗帝利	400	1950 年	《华侨人口参考资料》
其他地区*	约 200*		估计(40—50 年代)
共计	26 889		

* 如科摩罗、北非和法属西非等地。

他的调查结果显示:华侨人数已大量增加,毛里求斯华侨已达 8 000 人,法属留尼汪岛为 3 000 人,马达加斯加为 3 000 人,南非为 3 000 人,⑤共计 1.7 万人。

第三次主要是由驻约翰内斯堡总领事馆进行的,其统计范围只限于总领事馆的管辖区域,包括南非联邦、葡属东非、英属东非、南罗得西亚和比属刚果,华侨人数为 5 917 人。这次统计结果并不精确。尽管总领事馆为这次调查发了通告,但根据报道,一些华侨不相信总领事馆的调

① Edith Wong - Hee - Kam, *La Diaspora Chinoise aux Mascareignes*, p. 93.

② 华侨问题研究会编:《华侨人口参考资料》,第 135—141 页。

③ 1931 年的统计数字为 335。李卓凡:《西印度洋华侨史》,载方积根编:《非洲华侨史资料选辑》,第 169 页。

④ R. R. Kuczynski, *Demographic Survey of the British Colonial Empire*, Vol,1, London: Oxford University Pree, 1948, pp. 441-442,612.

⑤ 李少美:《全球华侨人数之详密统计》。

查目的。[①] 根据叶慧芬的资料,1946年南非华侨人数为4 340人。1947年出版的中华民国侨务委员会《侨务十五年》中统计的非洲华侨人数为14 893人。根据笔者所收集的资料,在20世纪40年代后期,非洲华侨总人口约为2.7万人。

(三) 非洲华侨人数增长的原因

非洲华侨人口增长的原因有三个。第一,从国内逃难而来的侨胞人数不断增加。从统计表中可以看出,每次人口的增长都与国内的政局变化有直接关系。第二,妇女人数的增加使非洲华侨人口逐渐趋于自然增长。另一方面,华侨人口的增加也与中国人传统的生育观念有很大的关系。尽管在海外,中国人还是坚守"养儿防老""多子多福"的人生哲学。在马达加斯加和留尼汪,华侨的生育率相当高。根据莫次南的统计,在马达加斯加,女子人数为165,儿童共有675人。在留尼汪,女子人数为161人,儿童人数为431人。换言之,每个家庭至少有3—4个孩子。在其他地区,也有同样的情况。例如在20世纪20年代早期从中国来到东开普地区与丈夫团聚的海伦·阿岳就生了13个孩子。[②]

这一时期非洲华侨人口变化的另一个特点是,华侨人数在抗日战争期间增长很快。可以说,这是华人移民非洲的又一个高峰期。根据斯拉威斯基的统计,在抗日战争期间,马达加斯加华侨人数增长有一个高潮。从1926年到1929年,华侨人数增长了84%。我们知道,自"济南惨案"以后,日本对中国的蚕食一步步进逼,中国再一次进入多事之秋。1937年移民马达加斯加的华人为573人;从1938年1月1日到11月22日,华人的抵达数为427名。从1939年初到该年5月份,共有240名华人来到马达加斯加,6月20日,73名华人在塔马塔夫

---

① 根据"驻约翰尼斯堡总领事馆通告(三十四年第十五号)",人口调查的主要目的,"完全在调查男女侨胞人数,及职业状况,以备本馆参考,而资保护",当时有人造谣,谓此次调查的目的,"不在押丁,即为征税",[南非]《侨声报》,1945年10月27日;[南非]《侨声报》,1946年1月15日。

② Melanie Yap and Dianne Leong Man, *Colour, Confusion and Concessions*, p. 218.

登岸，7 月 5 日又有 130 名华人抵达。这种移民浪潮引起了马达加斯加政府的注意，一方面是入境的华人数量明显增多，另一方面是这些登岸的华人都没有马达加斯加移民当局所要求的品行证明。虽然马达加斯加殖民当局在 1938 年开始对华人经商执照的发放严加控制，但在 1936—1941 年这一期间，马达加斯加的华侨人口数从 2 785 增加到 3 637，增长了 852 人。①

二、华侨社会的人口变化：妇女人数的增加

中华民国建立后，接踵而来的是一系列的军阀混战。国内民不聊生的直接后果之一是大量移民流向海外。毫无疑问，这是非洲华侨人数迅速增加的时期。在这一个时期，非洲华侨人口的变化有以下几个特点：第一，妇女的比例迅速增加；第二，非洲华侨人口大大增加；第三，非洲华侨人口的增长在抗日战争时期特别明显；第四，华侨的职业虽仍然以小商人为主，但已开始呈现出多元化。

(一) 毛里求斯华侨性别比例的变迁

早期来到非洲的华人都是一些“打工仔”，他们对所去的地方毫无概念，有的甚至将南非德兰士瓦的金矿误认为加利福尼亚的金矿。他们孤身一人来到非洲的唯一目的就是赚钱。从非洲华侨人口较多的毛里求斯、马达加斯加、留尼汪和南非等地的人口统计即可看出，早期的华侨妇女人数可以说是微乎其微。在一些殖民地，政府当局为了达到男女比例的平衡曾采取过各种鼓励妇女移民的措施。如早在 1853 年，一位名叫詹姆斯·怀特的人在写给毛里求斯殖民地移民委员会官员的信中曾表示，必须采取贩卖妇女的方式才能达到男女平衡。

要想获得妇女，只有采用直接或间接购买的办法，别的办法是

① Leon M. S. Slawecki, *French Policy Towards the Chinese in Madagascar*, pp. 157 - 159.

缺乏远见的。如果政府授权我为此垫付一笔钱,定能取得功。用四十元就可得到一个十至十五岁的体面姑娘。我打算接着这个款数付给少数几个尊贵的移民,让他们在开船之前完结婚事。①

为此,毛里求斯当局还与英国驻香港总督建立了联系。后来,因种种原因,这一办法一直未能奏效。妇女人数的增加是缓慢而持续的。到了 20 世纪 40 年代,华侨妇女往往已占华侨总数的 30%—40%左右。

在毛里求斯,华人移民的历史虽然早已开始,但一直到 1861 年才有华侨妇女的记录。当年的人口统计表明,该岛共有华侨 1 552 人,女华侨只有 2 人,到 20 世纪初,华侨妇女占华侨人口总数的约 16‰。1911 年,妇女已占华侨人口总数的近 10%;到 1944 年,妇女的比例已上升为 37%。这些华侨中,出生在毛里求斯的逐年增多。1944 年,华侨中出生在毛里求斯的男人为 3 096 人,出生在中国的为 3 712 人;然而,出生在毛里求斯的女人为 2 893 人,已大大超过了出生在中国的女人 1 181 人。② 在塞舌尔群岛,华人的总数在 1891 年为 45 人,其中妇女只有 1 人;到 1901 年,华人已有 110 人,妇女人数仍然只有 2 人。但是,到了 1931 年,华人的人数为 335 人,其中妇女已占 41%,有 138 人。

毛里求斯华侨男女人口比较表(1911—1944 年)

年份	男侨	女侨	华侨总数	女侨百分比(%)
1911	3 313	355(349)	3 668(3 662)	9.6
1921	5 233	1,521	6 754	22.5
1929	4 124	678	4 802③	14
1931	6 343	2 580	8 923	28.9
1944	6 808	4,074	10 882	37.4

① 李卓凡:《西印度洋华侨史》,载方积根编:《非洲华侨史资料选辑》,第 297 页。

② 同上书,第 160 页。

③ 未包括男童 1 048 人,女童 897 人。

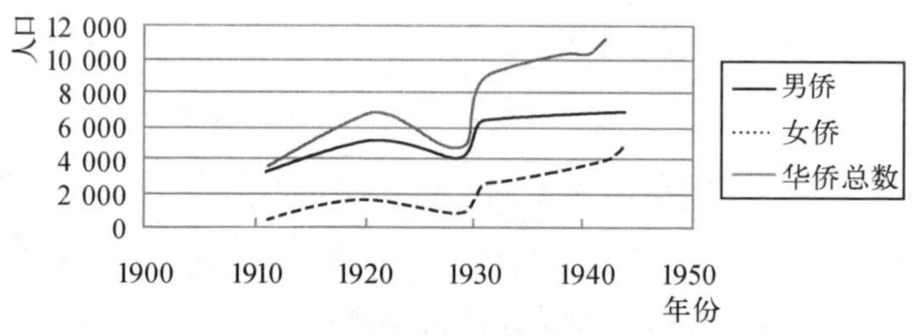

毛里求斯华侨男女人口比较图(1911—1944年)

资料来源:李卓凡:《西印度洋华侨史》(李卓凡书中数据不一致的地方已用括号标出),谷川编:《亚非利加洲华侨概况》,《南洋研究》,1930年第3卷第2期,转引自方积根编:《非洲华侨史资料选辑》,第13—17,51,160页;[毛里求斯]《新商报》,1958年8月14日;[法]奥古斯特·图森:《马斯克林群岛史》,第598页。

不言而喻,中国妇女的到来给当地华侨的生活带来了极大的变化。首先,她们选择到远离中国的非洲来与丈夫团聚,使家庭生活得以稳定,从而促进了整个社会经济的正常发展。其次,她们不仅操持着家庭的各种杂务,还积极参与商业或企业的经营,成为丈夫的好帮手。第三,妇女持家还从生活习俗以及行为举止上保持了中国文化的继承性。很多作者都认识到非洲华侨中的女性的作用。《唐人街》的作者将这些女性移民称为"无名英雄",还记载了一个名叫管翠兰的女性的经历:

> 管翠兰(Koon Choi Lan)在梅县的村庄里长大。尽管从未听说过毛里求斯,她却在那里生了三个孩子,度过了她的一生。命运的转折点发生在1928年的一场包办婚姻。那一年她15岁,她的丈夫名叫Wan Fong。1930年春天,为了与在毛里求斯的丈夫团聚,管翠兰独自一人去香港等候轮船。她对在香港发生的一件事记忆犹新。那时负责办理移民的人告诉她在毛里求斯不许留长发,并不顾她的反对,操起剪刀强行剪去她乌黑的长辫子。后来她把这条辫子放在家中抽屉的最底层,珍藏多年。她的一个女儿说,母亲最爱的两件事就是园艺和烹饪。她还有一件痴迷的事,就是学习客家话以外的语言,当时她到毛里求斯时只会说客家话。她坚持让在新华中

学上学的孩子们每天教她一个汉字。管翠兰还喜欢采用中医来治疗一些小毛病，并定期给亲朋好友送一些药酒和滋补酒。管翠兰去世时享年 88 岁。①

（二）其他地区华侨人口性别比例的变迁

马达加斯加的华侨的男女比率也经历了一个由悬殊到比较平衡的过程。塔马塔夫是华人的集中区域。1901 年此地有华人 182 人，其中妇女只有 5 人。1904 年，马达加斯加进行了全国第一次人口普查。当时全岛共有华人 452 人，其中妇女只有 3 人。1921 年，马达加斯加有华人 956 人，其中妇女有 29 人，约占 3%。根据 1929 年的估计数，当时马岛的华人增至 2 225 人，其中妇女有 191 人，所占比例已明显上升，达 8.6%。1931 年，华人的人数达 2 516 人，其中女性比例已近 9.4%，为 237 人。1949 年华侨人数为5 378人，其中妇女数为 524 人，约占总人口的9.7%。1951 年马达加斯加进行的人口普查是内容最为翔实的一次，当时华人已达 4 900 人，妇女为 1 434 人，占华人总数的 29%。②

年份	华侨总数	妇女	妇女占总数(%)
1904	452	3	0.6
1921	956	29	3
1929	2 225	191	8.6
1931	2 516	237	9.4
1949	5 378	524	9.7
1951	4 900	1 434	29

① Pascale Siew:《唐人街：毛岛往事》，第 44 页。

② Leon M. S. Slawecki, *French Policy Towards the Chinese in Madagascar*, p. 49 – 52；华侨问题研究会编：《华侨人口参考资料》，北京，1956 年 3 月，第 139 页。

留尼汪华侨人数统计表(1911—1941年)

年份	华侨总数	女华侨数	女华侨占华侨总数百分比(%)
1911	884	33	3.7
1921	1 052	53	5.1
1926	1 626	128	7.8
1931	2 242	260	11.5
1936	2 845	321	11.7
1941	3 853	534	13.8

资料来源:Edith Wong-Hee-Kam, *La Diaspora Chinoise aux Mascareigne*, p. 93.

南非华侨男女人口比较表(1904—1944年)

年份	男华侨	女华侨	华侨总数	女华侨所占百分比(%)
1904	2 434	23	2 457	0.93
1921	1 487	341	1 828	18.6
1936	1 882	1 062	2 944	36.1
1944	2 463	1 877	4 340	43.2

资料来源:Melanie Yap and Dianne Leong Man, *Colour, Confusion and Concessions*, p. 208.

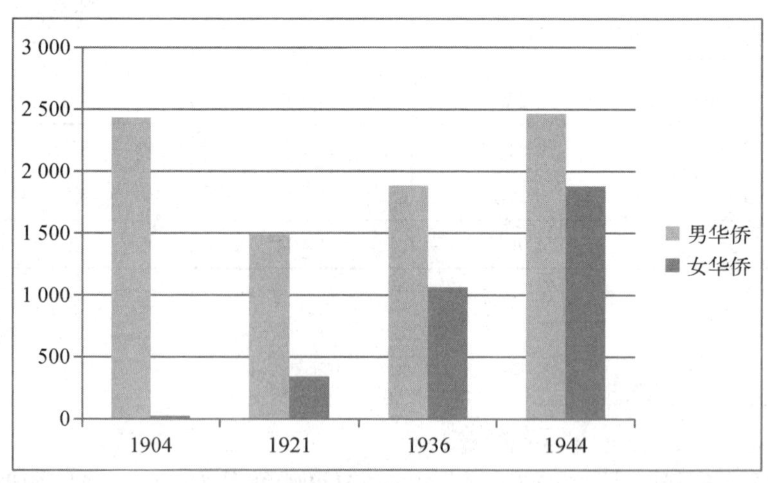

南非华侨男女人口比较图(1904—1944年)

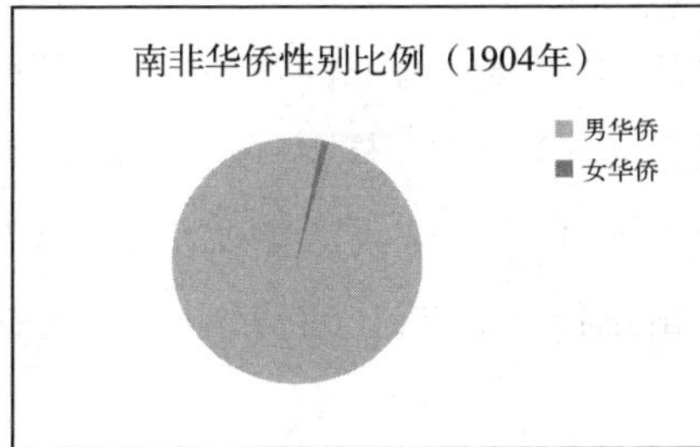

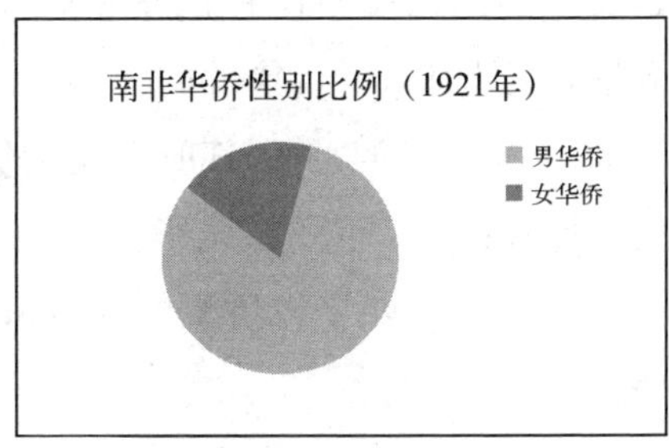

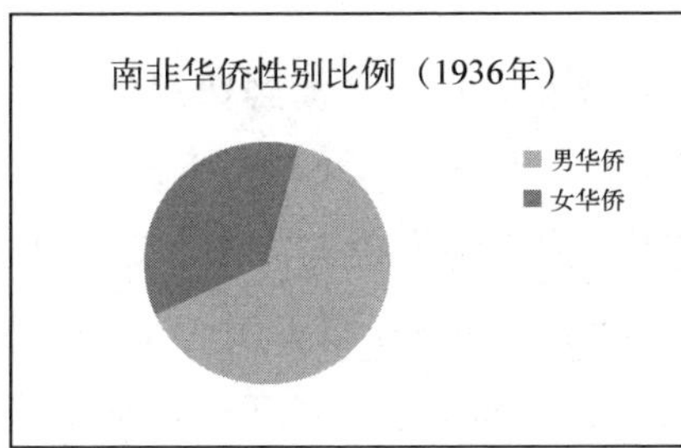

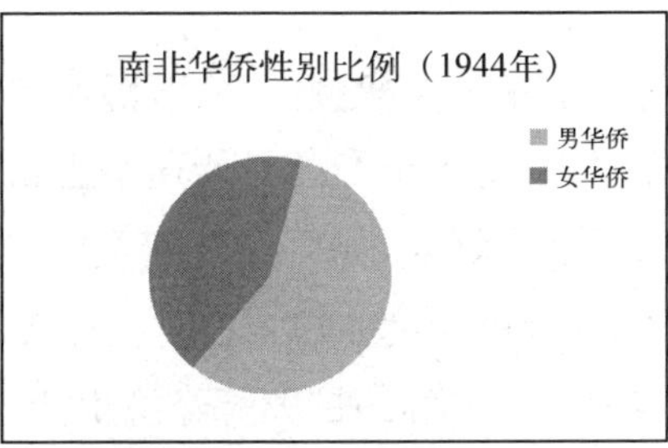

南非各地华侨人口统计表(1936 年)

地名	华侨总数	男侨数	女侨数
开普敦	102	64	38
纳塔尔	82	—	—
金伯利	140	94	46
东伦敦	117	78	39
伊丽莎白港	705	419	286
德兰士瓦	1 618	1 054	564
其他地区	190	—	—
南非联邦	2 954	—	—

资料来源:Melanie Yap and Dianne Leong Man, *Colour*, *Confusion and Concessions*, pp. 207-230.

从上面各居留地的华侨人口统计可以看出，两个英属殖民地的华侨妇女比例比法属殖民地的华侨妇女的比例要高。南非华侨中妇女的比例最高，到1946年，华侨妇女的比例已达43.2%。留尼汪华侨中的妇女比例最低，到1941年，其所占比例仍然只有13.8%。其中一个重要的因素是计算问题，即留尼汪华侨总数将侨童也包括在内，这样就压低了妇女们的比例。如果将侨童的人数减去，留尼汪华侨妇女的比例则上升为16.6%。

(三) 混血家庭的出现

由于男女比例的失调，混血家庭开始出现。前章已提到留尼汪的混血家庭，毛里求斯的异族通婚也相对普遍。这种异族婚姻给一个家庭带来了诸多好处，如男女之间生活的常态化，后代的繁殖与抚养，幸福、快乐、和睦的家庭氛围，还有华人融入当地社会的便利，如买卖土地、开设店铺和顾客群的扩大等经济生活上的优势。然而，这种家庭也带来了诸多矛盾，这主要体现在文化习俗的不同上。为了一个家庭的和谐，夫妇往往是以互相妥协的方式解决矛盾。例如，华侨男人一直习惯于在店铺里生活甚至睡觉，这一方面是为了节省开支，另一方面也是为了方便，有时工作和生活的场所同为一体。而克里奥尔妻子或是坚持在工作与生活空间之中划一条明显的界线(如挂一个布帘或挡一块木板)，或是将二者彻底分开。华侨丈夫总是希望小孩接受中文、家乡话或中国式教育，以了解中国文化。他们往往会将一个儿子送回中国接受教育，克里奥尔妻子则总是坚持让孩子接受洗礼。根据毛里求斯的文字记载，1927年，386名孩子出生于中国父亲和克里奥尔母亲组成的家庭，148名孩子出生于中国父亲和印度母亲组成的家庭。[①] 当然，这种异族通婚往往出现在男女人口比例不平衡的时代。在马达加斯加，混血儿在华人社会的认可度相对较高。在南非，1897年有关有色人种婚姻的法律就明确禁止其

① Pascale Siew:《唐人街：毛岛往事》，第42页。

与白人结婚，当时的有色人种包括亚洲人。[①] 这一法律一直延续到 1949 年，即种族隔离制确立后的第二年。《禁止异族通婚法》(*Prohibition of Mixed Marriages Act*, no. 55 of 1949)的发布传递了更明确的信息。因此，与其他种族通婚的华侨不仅会受到当地法律的制裁，也会受到华侨社会的歧视。在这种情况下，尽管爱情有时会使年青人不顾一切，但他们的命运往往是离开南非，移民其他国家。

三、非洲华侨的社会分层

这里所指的“社会分层”是比较狭义的，指华侨这个群体内部的分化，即该集团的社会成员因社会资源占有不同而产生的层化或差异现象。社会分层主要因对经济资源、政治资源和文化资源占有的不同而不同。在这一阶段，对经济资源的占有主要还是通过辛勤劳动所得，加上某种禀赋如对商机的敏感和对时机的把握甚至冒险精神，加上一些机遇，使一些华人的成功率比其他人更高，成就更大。

(一) 华侨社会中的经济分层

华侨每到一地，总是竭尽全力打拼，首先是为了生存。他们在极其艰苦的条件下挣扎，严酷的工作条件、陌生的语言文化、不友好的生活环境、严格的法律制度等，这一切都使他们的生存变得极为重要。经过一段时间的打拼，他们的生活逐渐稳定下来，储存下一点积蓄，便开始自己的事业。这种事业往往始于一个挑担或一个小摊，或一个木屋，从小买卖做起。

在整个奋斗过程中，他们首先要面对殖民政府的歧视政策，来自各方面特别是占统治地位的白人种族的竞争，以及来自当地生存环境的挑战。其次，他们也在解决华侨社会的内部问题，这里的广府人、福建人和客家人，各自的利益有时导致冲突和分裂。最后，整个华侨社会会慢慢分化，一

---

① Melanie Yap and Dianne Leong Man, *Colour, Confusion and Concessions*, p. 464, Note 124.

部分人开始先富起来。这种社会分层在下表中体现得非常明显。

非洲华侨职业经济状况调查表(马达加斯加和留尼汪)

职业	人数	年中或月中入息	百分比(%)	备注
商业 洋货 90% 其他 10%	1 069	上 35 000—45 000 法郎	10	年计
		中 9 000—13 000 法郎	45	
		下 3 500—4 500 法郎	45	
店员	1 573	上 400—500 法郎	30	月计
		中 300 法郎	40	
		下 150—200 法郎	30	
农场工人	200	上 400—500 法郎	20	月计
		中 300 法郎	50	
		下 150—200 法郎	30	

资料来源:何汉文:《华侨概况》,第 288—291 页,转引自方积根编:《非洲华侨史资料选辑》,第 19 页。

以上两个地区是法属殖民地。华侨抵达留尼汪早于马达加斯加两个多世纪,在留尼汪的根基也要深许多。然而,马达加斯加是这一地区的最大岛屿,各方面的潜力要大许多。因此,后来从留尼汪移居马达加斯加的华侨不少。从以上统计看,华侨中的富裕阶层已达 100 人左右。

非洲华侨职业经济状况调查表(英属南非洲海岛:毛里求斯、塞舌尔等)

职业	人数	年中或月中入息	百分比(%)	备注
商业 洋货 90% 其他 10%	985	上 1 500—3 000 卢比	20	年计
		中 800—1 200 卢比	30	
		下 350—600 卢比	50	
店员	2527	上 40—80 卢比	30	月计
		中 25—30 卢比	40	
		下 10—20 卢比	30	

续　表

职业	人数	年中或月中入息	百分比(%)	备注
农场工人	125	上 40—60 卢比	20	月计
		中 30 卢比	30	
		下 15—20 卢比	50	

资料来源:何汉文:《华侨概况》,第 288—291 页,转引自方积根编:《非洲华侨史资料选辑》,第 20 页。

毛里求斯一直是华侨移民非洲的第一站,华侨抵达此地很早,因此分化也更为明显。莫次南将毛里求斯和塞舌尔放在一起明显是因为它们都是英国的殖民地。与毛里求斯不同,塞舌尔群岛的华侨在当地的融合度远比其他非洲地区为高。"华人容易适应塞舌尔的环境,是显而易见,肯定无疑的。那里的社会沉醉于秀丽的岛国风光之中,摆脱了繁文缛礼,不论是非洲人后裔,还是欧洲、印度或中国人后裔,都作为人民的一员,按着塞舌尔人的方式思考和行动。整个社会浑然一体,共同生活,不像毛里求斯那样,把人分为三六九等。因此,华人很快就和当地居民融为一体"。① 难怪,具有华人血统的陈文咸(James Mancham,詹姆斯·曼卡姆,一译陈文锦)能在塞舌尔独立后的第一次选举中当选为总统。② 从上表可以看出,当时在毛里求斯等岛屿的华侨间的贫富悬殊是比较严重的。这一方面与移民时间的长短有很大关系,另一方面也说明华人在当地社会中的经济实力逐渐显现。

① 李卓凡:《西印度洋华侨史》,载方积根编:《非洲华侨史资料选辑》,第 166 页。

② 塞舌尔于 1976 年从英国的殖民统治下独立,陈文咸成为第一任总统。不幸的是,他在第二年即在一场由时任总理领导的政变中被推翻。现在他仍活跃于各种政治活动中。笔者有幸于 2016 年 12 月 6 日在毛里求斯参加"海上丝路与毛里求斯"的国际研讨会时见到他,并得到了他签名的专著(Sir James R. Mancham, *Seychelles, The Saga of a Small Nation Navigating the Cross-Currents of a Big World*, St. Paul: Paragon House, 2015.)

非洲华侨职业经济状况调查表(南非)

<table>
<tr><th>职业</th><th>人数</th><th>年中或月中入息</th><th>百分比(%)</th><th>备注</th></tr>
<tr><td rowspan="3">商业
洋货 90%
其他 10%</td><td rowspan="3">860</td><td>上 600—700 英镑</td><td>15</td><td rowspan="3">年计</td></tr>
<tr><td>中 350—400 英镑</td><td>55</td></tr>
<tr><td>下 150—250 英镑</td><td>30</td></tr>
<tr><td rowspan="3">店员</td><td rowspan="3">748</td><td>上 15 英镑</td><td>9*</td><td rowspan="3">月计</td></tr>
<tr><td>中 10—12 英镑</td><td>30</td></tr>
<tr><td>下 7—10 英镑</td><td>50</td></tr>
<tr><td rowspan="3">农场工人</td><td rowspan="3">120</td><td>上 15 英镑</td><td>20</td><td rowspan="3">月计
与洗衣工人
合计</td></tr>
<tr><td>中 10 英镑</td><td>20</td></tr>
<tr><td>下 8 英镑</td><td>40**</td></tr>
<tr><td rowspan="3">洗衣工人</td><td rowspan="3">20</td><td>上 15 英镑</td><td></td><td rowspan="3">月计
与农场工人
合计</td></tr>
<tr><td>中 12 英镑</td><td></td></tr>
<tr><td>下 8 英镑</td><td></td></tr>
</table>

资料来源:何汉文:《华侨概况》,第 288—291 页,转引自方积根编:《非洲华侨史资料选辑》,第 20 页。

*原书为 90,有误。 **原文如此,合计为 80%,而非 100%。

南非华侨的社会分层情况比马达加斯加、留尼汪和毛里求斯等地的情况似乎好一点,主要原因应该是南非的种族歧视政策。种族歧视政策对华侨设有多种限制,因此当时华侨在南非的制造业等方面涉足极少,几乎全部集中在商业领域。这些歧视政策无疑阻碍了华人的经济发展。

非洲华侨职业经济状况调查表(英属东部非洲)

<table>
<tr><th>职业</th><th>人数</th><th>年中或月中入息</th><th>百分比(%)</th><th>备注</th></tr>
<tr><td rowspan="3">商业
山东绸 66.6%
洋货店 33.3%</td><td rowspan="3">3</td><td>上 700 英镑</td><td>33.3</td><td rowspan="3">年计</td></tr>
<tr><td>中 650 英镑</td><td>33.4</td></tr>
<tr><td>下未详</td><td>33.3</td></tr>
<tr><td rowspan="3">店员</td><td rowspan="3">8</td><td>上 10—15 英镑</td><td>25</td><td rowspan="3">月计</td></tr>
<tr><td>中 8—12 英镑</td><td>37.5</td></tr>
<tr><td>下 7—10 英镑</td><td>37.5</td></tr>
</table>

续　表

<table>
<tr><th>职业</th><th>人数</th><th>年中或月中入息</th><th>百分比（%）</th><th>备注</th></tr>
<tr><td>技术工人</td><td rowspan="3">50</td><td>上 25—30 英镑</td><td>20</td><td rowspan="3">月计</td></tr>
<tr><td>铣工 20 人</td><td>中 20—25 英镑</td><td>40</td></tr>
<tr><td>土木工 30 人</td><td>下 17—20 英镑</td><td>40</td></tr>
</table>

资料来源：何汉文：《华侨概况》，第 288—291 页，转引自方积根编：《非洲华侨史资料选辑》，第 20—21 页。

英属东部非洲的技术工人较多。根据长期在坦桑尼亚生活的曲拯民先生了解的情况，一些老华侨早在北伐时期就在东部非洲做木工。同时，当时修建铁路的契约华工也有 20 余名被德国殖民政府留用。[①] 这些人在此长期生活，一直从事技术工作，他们中有的转行经商。技术工人的收入虽然比不上经商的华侨，但差距不像南非和西印度洋群岛的华侨那样大。值得注意的是，中国货（山东绸）在这一地区有一定销量，这大概与华侨在这里生活时间较长有关。

非洲华侨职业经济状况调查表（葡属东部非洲）

<table>
<tr><th>职业</th><th>人数</th><th>年中或月中入息</th><th>百分比（%）</th><th>备注</th></tr>
<tr><td rowspan="3">商业
洋货 93.2%
其他 6.9%*</td><td rowspan="3">59</td><td>上 400—450 英镑</td><td>6.8</td><td rowspan="3">年计</td></tr>
<tr><td>中 250—300 英镑</td><td>51</td></tr>
<tr><td>下 150—200 英镑</td><td>42.2</td></tr>
<tr><td rowspan="3">店员</td><td rowspan="3">70</td><td>上 10—15 英镑</td><td>20</td><td rowspan="3">月计</td></tr>
<tr><td>中 7—12 英镑</td><td>35</td></tr>
<tr><td>下 3—8 英镑</td><td>45</td></tr>
<tr><td rowspan="3">技术工人</td><td rowspan="3">442</td><td>上 30 英镑</td><td>10</td><td rowspan="3">月计</td></tr>
<tr><td>中 20—25 英镑</td><td>45</td></tr>
<tr><td>下 10—20 英镑</td><td>45</td></tr>
</table>

① 曲拯民：《中国人在东非洲造铁路》，《明报月刊》，1981 年 11 月（总第 191 期），第 69—75 页。

续　表

职业	人数	年中或月中入息	百分比(%)	备注
农场工人	50	上 10 英镑	20	月计
		中 6 英镑	40	
		下 3 英镑	40	

资料来源：何汉文：《华侨概况》，第 288—291 页，转引自方积根编：《非洲华侨史资料选辑》，第 21 页。

＊原文如此。

第一次世界大战后，德国在东部非洲的领地划归葡萄牙版图，葡萄牙政府一方面奖励其本国人民移殖该地，另一方面大兴土木，将从前的旧楼屋宇悉数拆除，修筑带有欧式风格的立体式洋楼。由于大兴土木，需要各种技术工人，因此相当部分的华侨来到此地从事市政设施建设。华侨不仅在技巧、尽职和耐劳方面非常突出，工资也相对较低。后来，世界经济萧条，"不景气的浪潮，正在汹涌的时候，而罗连士麦并未见有何影响"。后来，欧籍木匠增多，本地人木匠技能也有进步，加之工资低微，于是，一般木匠便改行从事商业，或经营农业。后来，城市建设又需要木匠，当地只好再从澳门引进一些华人工匠。①

(二) 伙计—店员—老板

从以上各表可以看出，在华侨中当店主和老板的毕竟是少数，绝大多数人是店员。尽管店铺工作人员都被称为店员，但他们还是分为不同的社会层次的。刚来的年轻人往往是先当学徒，经过一段时间的历练，才可上升为伙计，即上表所说的下等店员。他们多由亲戚带到非洲，帮着打理各种杂务，如负责家务、帮厨、打杂等。华侨店员的工作是非常辛苦的，他们每天从早干到晚，晚上送走最后一个顾客后，还要清理货物，打扫卫生，准备第二天的营业，往往要忙到 11—12 点才能上床休息。平

① 子渔：《东非洲罗连士麦埠华侨一瞥》，《侨务月报》，1936 年 11—12 月合刊号。

时没有星期天和假日,吃饭也是挤时间,更谈不上什么业余文化生活。只有春节才有几天休息,但遇有顾客敲门,也要开店售货。有的店员还要自己动手做各种糖果,如薄荷糖、椰子糖、水果糖等。

毛里求斯的华侨店员的要求不高,“日求三餐,夜求一宿”。他们的伙食由店主提供,店主和店员一般吃同样的饭菜。伙食不错,吃的是印度巴特那地方产的好米(华侨叫“八那米”),而不是比较便宜的西贡米。菜也比较好,每顿离不开猪肉或牛肉、鲜鱼或咸鱼、蛋等,有时还能吃上鸡、龙虾、鳗鱼和野味。一般店员的工资都很微薄,每月只能拿到二三十卢比。刘新粦先生16岁当店员时,每天要售货、扫地、做饭、煮糖,无所不干,而每月工资才12卢比(不到1英镑)。① 这种工作一般要做1—2年的时间。随后,他可能成为伙计,即所谓的“中等店员”,负责分装货物、制作纸漏斗以及打扫柜台和铜秤。为了接待顾客和应付工作,他们必须逐渐学会克里奥尔语。他们是店铺的主力,往往要承担更多的工作。为了省钱和方便,他们一般都住在店铺里,有时也住在库房、亲戚家或唐人街的同乡会馆里。

一位毛里求斯的华人伙计是这样描述自己在杂货店的生活的:

> 刚来毛岛的时候,我跟商店老板学习克里奥尔语,他教我用中文标注所有最基本单词的读音:东西、数字、当地货币以及个别日常用语。至于俚语、俗语等,则是我和客人打交道过程中逐渐学习的。我也与印裔顾客用旁遮普语交流。白天我卖力干活,尽量不说得罪人的话。关门以后,我开始做大扫除,把瓶瓶罐罐上的灰尘都撞掸干净,码货架,刨好做蛋糕用的椰丝,做麦芽糖,然后花几个小时做小纸漏斗。完成所有工作后,我才可以倚着柜台迷瞪几个小时,因为次日清早,我还得给工人发面包。②

这里有两点需要解释一下。纸漏斗干什么用的?小纸漏斗是用来

---

① 刘新粦:《我在毛里求斯的见闻》,《广东文史资料》,第47辑(1986年),第53,59页。

② Pascale Siew:《唐人街:毛岛往事》,第69页。

装小分量食品的，例如孜然、茴香、西米、大麦、罗勒籽、藏红花、咖喱粉、淀粉、辣椒粉、丁香或是肉桂。大号的纸漏斗可以用来装大米、面粉、扁豆、木豆、大豆和玉米等干货。这些纸漏斗是用旧报纸废物利用做的，但必须用米粉与干辣椒粉混合制成的糨糊来粘，以防止蟑螂、蚂蚁或生虫。华人为了方便顾客，专门备了分成小份的各种商品，例如糖或是盐都用这种小漏斗包着。① 给工人发面包又是什么意思？原来，尽管各地都有规定的店铺作息时间，但华人店铺往往应顾客的要求而冒着被警察罚款的危险提前开门和推迟关门。一些工人早上 6 点起就需要买面包，老板往往通过商店的窗口将面包递给他们。② 熬过了一般店员的阶段，他们中的极少数可以上升到高等店员或“老伙计”的地位。这时，他成为老板的得力助手，帮助老板打理各种业务，主要是管理员工和店内工作及开拓业务，例如分发店员工资、负责仓库和分装货物、管理顾客账户、负责各种往来文件以及店员的护照和签证的更新。重要的是，由于他们已有了多年经验，对顾客的需求有一定了解，他们有权订购货物。每当老板有事外出或回到中国时，由于外出时间比较长，他们会通过公证将店铺的业务委托给高级店员。这种人往往是老板的亲友或极为信任的家人，他们全权负责店铺的运作、管理和业务的拓展。

然而，相当多的店员在经过几年的奋斗后往往能积蓄一点小本钱，便可在亲戚的帮助下经营起自己的生意来，成为杂货店零售商。这一类商人为数颇多，大多是自己家人经营，资本额也多少不等。根据 1929 年莫次南的调查，当时马达加斯加的华商最多的年中入息达 4.5 万法郎，在留尼汪，最高入息为 3.5 万法郎。在毛里求斯，一年最高收入为 3 000 卢比，南非的最高入息数为每年 600 镑。③ 毛里求斯的林满登爵士(Edouard Lim Fat)的父亲 1900 年来到毛里求斯，他的母亲十年后来到毛岛与父亲团聚。经过 20 多年的努力，他们在 1937 年时在毛里求斯拥

---

① Marina Carter and James Ng Foong Kwong, *Abacus and Mah Jong*, p. 88.

② Pascale Siew:《唐人街：毛岛往事》，第 74—75 页。

③ 谷川编：《亚非利加洲华侨概况》，《南洋研究》，1930 年第 3 卷第 2 期，第 45—56 页。

有了 37 家店面。1939 年，他们将这些店铺交给三个儿子管理，自己到香港养老。①

留尼汪的侯氏家族也有类似的经历。20 世纪初移民到毛里求斯的侯天嗣(音译)出生于广东梅县。他先是在路易港的一家商店工作了三四年，在 1911 年曾短暂地返回过国内。1912 年在重返毛里求斯的路程中，他所搭乘的船在路易港抛锚之前停靠在了留尼汪岛。正是这次中途停靠彻底改变了他的命运。他利用这一机会走访了一些当时居住在格朗布瓦(Grand-Bois)的亲戚，亲戚告诉这位年轻人在岛上可以找到合适的工作，劝说他留下来。侯天嗣便留在他的一位叔父那里打工，一直到 1918 年北上迁居到首府圣但尼。此后，他开始在一家食品零售店工作。他具有坚持不懈的精神和极其敏锐的商业头脑，并逐渐扩大经营规模。1922 年，在原配夫人去世之后，他与一位由广东的家人帮他挑选的新娘成婚。这位年轻女子从梅县来到留尼汪岛，后来与侯天嗣有了四个孩子。儿子侯兴长(亚历山大，Alexandre)、侯元长(卡米尔，Camille)以及两个女儿。侯天嗣于 1931 年逝世。随后，他的妻子决定重返广东故乡以便使孩子们接受中文教育，并把在圣但尼的店铺托付给了侯天嗣的一位同族兄弟管理。中文教育在孩子们身上取得了显著的成功。侯兴长在中国学习了七年后回到留尼汪，这段经历为他后来的成功打下了基础。②

(三) 老板—批发商

百货批发商或称"大批发商"是早期华人奋斗的目标。他们往往需要的资金数额大，雇用的员工多，往往在十余人左右。以南非为例，这里的华人批发商往往资本额在数万镑或十万镑以上。尽管达到这种阶层的人数极少，但它仍然是华商的梦想。在留尼汪，这些大批发商也称为

---

① Pascale Siew：《唐人街：毛岛往事》，第 43 页。

② Edith Wong - Hee - Kam, *La Diaspora Chinoise aux Mascareignes*, p. 441.

“大手”，他们负责将商品批发到岛上的中国商店。在现实中，也确实有人实现了自己的梦想。例如，在毛里求斯，1901年，五家华人商号（Ah-Koon et Cie，Atoye，Chan Kaw，Atchin et Co.，Venpin et Co.）已经跻身全岛87个大商家之列。1930年，华人“大批发商”数量增至22个。①

商业的发展是建立在各种因素的组合之中的。除了进货和出货之外，老板的精心操持和细心管理、店员的热心服务和一个稳定的顾客群都至关重要。一些店员经过一段时间的磨炼，逐渐成为当地的进口商。留尼汪的霍长义（Fock-Yee）经过二十余年的艰苦奋斗，成为当地的一位“大手”。1927年，年仅15岁的霍长义来到留尼汪。刚来时，他与其他人一样在商店里当伙计。每天早上4点起床，晚上10点才能睡觉。一年唯一的休息日就是春节。他怀揣着留尼汪政府发给他的居留证（每年更新一次），小心谨慎，时刻担心有一天会因过错被遣送回国。虽然他的工资很低，但他总是省吃俭用，将钱存起来。1936年，他带着积蓄的一小笔钱，回到家乡结婚。妻子陈就俄（Chan Chin Gnor）是佛山附近乐从镇一位五金商店老板的女儿。陈就俄跟着自己的丈夫来到留尼汪，相信他赚够了钱会带着自己回故乡当老板。1949年底，霍长义开始从事进口贸易，从一个默默无闻的小伙计变为留尼汪的少数大批发商之一，负责将商品批发到岛上五百余家中国店铺。②

我们发现，在此阶段，华侨中社会分层的现象或对资源的占有主要体现在经济资源上。这在华侨移民他国的发展期比较正常。当然，就占有政治资源或参与政治的热情度而言，中国历史上长期形成的文化习惯可能对华侨有一定的影响。他们不喜欢出头露面，也不太关心政治。当然，这也与他们当时的融合度有密切的关系。这种经济上存在着的社会差异一方面确实影响了华侨社会的内聚力，但一些占有相对较多经济资源的华侨却能站出来为整个华侨社团的利益服务。这在非洲华侨社会

① Pascale Siew：《唐人街：毛岛往事》，第67页。

② 汤曼莉编著：《海上传奇：留尼汪华人华侨志》，第48页。

早期社团成立的例子中可以找到典型。

四、非洲各地的中华商会

各地的中华会馆或中华商会逐渐成为侨众的代表团体。早在1908午,毛里求斯的华侨即成立了华商总会,1909年获得当地政府批准。留尼汪的中华商会成立于1916年。在南非各地,中华会馆实际上起着商会的作用,这些组织为广大侨胞提供了一种对南非种族歧视政策进行自卫的手段。马达加斯加的塔马塔夫华人于1917年8月8日提出成立“华人互助会”。虽然法国殖民政府未批准,但这一组织始终在华人中开展活动。[①] 由于其他组织多带有地域性或宗亲性,因而缺乏广泛的代表性,只有中华会馆(中华商会或华商总会)可以代表全体侨胞的利益,在那些没有设立领事馆的地区尤其如此,如毛里求斯、葡属东非的贝拉港和洛伦索-马贵斯等地。中华会馆不仅负责华侨中的各种事务,诸如提供各种证明、从事慈善事业、管理生老病葬等,它们还在当地承担起领事馆的职能,因而对当地政府来说能起到政治组织的作用。中华商会是帮助早期华侨在外立身的重要机构,这种机构的设立离不开一些华侨领袖的努力,时势造英雄的事例几乎发生在每一时代的每个地方。华侨社会总是会出现一些出类拔萃的领袖,在做好自己事业的同时,为侨社出钱出力。我们这里举两个例子。一位是毛里求斯的管仕荣,一位是留尼汪的刘文波。他们的共同之处是创立了当地的中华商会。

(一) 毛里求斯的华商总会

毛里求斯的华侨社团起源很早,前文已涉及。华侨首领亚方·唐文于1900年逝世后,毛里求斯的华侨曾一度处于各派自立阶段。然而,形

① Leon M. S. Slawecki, *French Policy Towards the Chinese in Madagascar*, pp. 130 - 134, 143 - 145.

势的发展使得华侨清醒地认识到:必须有一个能代表整个华商利益的人来协助组织一个华商团体。管仕荣承接了这个角色。

管仕荣的外文名叫 Adrien Konfortion(中文有时译成孔福雄)。①他于1888年出身于一个混血家庭,父亲是早期的中国移民,母亲是毛里求斯当地人,家里开了一家店铺。18岁时,他随父母亲回到中国,接受了中式教育。他聪明好学,很快学会了中文。在中国待了大约两年后回到了毛里求斯。他先给位于路易港皇家大街上的著名华人商店"源隆号"(Ng Cheng Hin & Ng Chang Hin)当雇员。② 由于管仕荣通晓英文、法文和中文,他不像毛里求斯其他商家那样从批发商那里订货,而是直接从欧洲厂家进货,从而大大降低了成本,使公司的业务发展迅速。在担任商业经理的过程中,他与路易港的各大公司建立了良好的信誉关系,善于进行商业谈判,慢慢在华人和克里奥尔人中积累了人脉,也赢得了大家的信任。1908年,36家华商经过协商,决定成立华商总会(Chinese Chamber of Commerce),吴韵琴也在创始成员之列。为了协调广东人与客家人两派之间的矛盾并保障所有华商的利益,商会决定每年由两派轮流选出自己的华商领袖担任主席,常务由秘书长负责。管仕荣担任秘书长达29年之久。华商总会与当地政府保持着良好的关系。由于岛上的零售商店大部分都是商会的成员,当地政府在战时的特殊情况下有时也依靠商会来分配生活物资。例如,在1945年3月,当地媒体报道,下一船盐鱼抵达后将由所有的零售商负责分配,各商贩可与华商总会办公室联系。③ 管仕荣在毛里求斯华侨中留下了极好的名声。

(1) 他通过自己对中西方文化的理解,运用英文、法文、克里奥尔语和中文与各方沟通,全力推动华侨社会融入当地。他将"源隆号"的一部

① 国内有的学者误将其译为"孔福雄"。笔者在此感谢刘新粦教授提供的资料和毛里求斯青年侨领冯景广的确认。有的书将他译为"管少康"。参见 Pascale Siew:《唐人街:毛岛往事》,第89页。

② Marina Carter and James Ng Foong Kwong, *Abacus and Mah Jong*, pp. 84 – 86. 这是吴增兴(吴贤兴)和吴松兴(吴韵琴)兄弟俩开的店。吴贤兴后来回到中国。

③ Marina Carter and James Ng Foong Kwong, *Abacus and Mah Jong*, p. 90.

分改为图书馆，自掏腰包购买了法语、英语和汉语图书，供大家阅读。

(2) 他利用自己华人和克里奥尔人双重身份，鼓励华侨家长将孩子送到学校学习，并作为孩子的负责人为他们的学习报告签字。

(3) 1921年疾病流行时，在几名华商成员的帮助下，他建立了“中华医院”，华侨可以在那里看病，贫穷的华侨死者也可以得到妥善的安葬。

(4) 1946年，毛里求斯政府决定任命一名华人社会的成员为当地立法议会的成员，总督推荐他出任，他却指定华商总会执行主席朱梅彝担任这一职务。①

(二) 留尼汪的中华商会

留尼汪华侨刘文波先生也是先行者之一。他看到留尼汪的华商日益增多，便倡导在留尼汪圣但尼市组织留尼汪中华商会。这一建议获得了全岛华侨的赞同，大家一致推举刘文波负责中华商会的组织筹备工作。他办事公正，效率极高，不仅在华侨中威信很高，当地政府对他也颇有好感。前章已经谈到了他在商界的作为。商业上的成功一方面表现出他的卓越才能，同时也使他具备了领导者的地位。1915年，他着手申请成立留尼旺中华商会(Chambre de Commerce Chinoise de l'île de la Réunion)。

1915年10月6日，他将成立商会之事正式向总督提出申请，在给政府官员的信中写道：“要模仿海外的法国人那样，比如他们在伦敦的著名商会，或者像英国人那样，比如他们在巴黎同样知名的英国商会那样，在留尼汪成立中华商会。”商会的章程规定：其宗旨是研究和保障殖民地及中国移民的经济和贸易利益；调节各成员的商业活动并使其活动正规化；鼓励与中华民国的贸易往来，保护商会成员的一般利益、个别利益与特殊利益；保护华人团体的经济与贸易利益；鼓励和推动各团体与法国

① Marina Carter and James Ng Foong Kwong, *Abacus and Mah Jong*, pp. 124 - 125, 184；李卓凡：《西印度洋华侨史》，载方积根编：《非洲华侨史资料选辑》，第223—225页；Pascale Siew：《唐人街：毛岛往事》，第88—89页。

的贸易往来。商会专门由华人组成——无论他们是否保留了中国国籍，或者是否加入了法国国籍，或者由于法律好处而成了法国人。然而，1915 年 12 月 4 日，总督经与圣但尼商会磋商后，做出了不利于华商的决定。1916 年 1 月 8 日，总督将这一决定告知华商："一个商会被命名为具有官方性质的团体，并因此使外国相信它具有这种性质"，他很难同意。

尽管遭到圣但尼商会的反对和当地政府的拒绝，刘文波还是坚持不懈。他于 1916 年 1 月 28 日又提出了一个经过修改的章程，但并未改变商会名称。经过多次的磋商和妥协，1916 年 6 月 24 日，这一章程被通过，"留尼汪中华商会"办理了登记，成为在留尼汪成立并为当地政府所承认的第一个中国人团体，刘文波担任首任会长。（在历史文献和著述中，多用"中华总商会"，偶尔亦称"中华会馆"）中华商会成立不久即得到南京政府的承认，很快成为中华全国商业联合会（l'Association Nationale des Chambres de Commerce de Chine）的合作成员，从而扮演起中国在留尼汪的官方领事馆的角色。商会由 35 位选举产生的华商领导人管理，成立四年后就达到了将近 400 名成员。商会与留尼汪政府保持着良好关系，也在当地发挥了积极作用。中华商会作为进口资讯委员会（Commit éCosultatif des Importateurs）的成员，从而使其在殖民政府的贸易决策中具有相当重要的作用。1923 年 12 月 5 日，商会向 Léon Dierx 博物馆的历史部捐赠了"20 件青花瓷，这些来自中国广东的瓷器是 1730—1765 年间印度公司时期引进波旁岛的"。① 刘文波之所以能得到留尼汪华侨的拥戴和当地政府的信任，主要与他的为人和贡献有关。

（1）在申请成立中华商会的整个过程中，他扮演着华侨与政府之间的重要角色。他既是中国社团的代表，又是法国政府青睐的翻译，这为他日后代表当地华侨社团争取相关权益打下了基础。

（2）在吸引新的中国移民到留尼汪岛这个问题上，他成了顾问。中华商会也承担着相应的责任，并与政府保持了良好的关系。

① 多米尼克·迪朗、让. 亨顿：《留尼汪华侨史》，载方积根编：《非洲华侨史料选辑》，第 485 页。

(3) 1922年,他当选为圣但尼市参议员,成为当地华侨参与留尼汪政治活动的先例。

(4) 1927年,他为了推动当地的华文教育,聘请陈荣格先生在国民党分部里创办中文学校,成为留尼汪华校的开端。①

(三) 非洲其他地区的中华商会

特派员莫次南1928—1929年非洲之行的一个重要贡献是对非洲华人的社团组织进行了较为系统的调查。根据莫次南对非洲各地华侨社团的统计,非洲的华侨团体共计115个(谷川文章中的统计数为111个,与实际数目不符)。② 如果加上他未统计的埃及华侨社团及漏算的一些南非华侨社团,非洲华侨社团在1929年至少有123个。莫次南的统计主要涉及社会团体(国民党③除外)。随着抗日战争的开始,华侨的注意力主要集中到了抗战后援组织上。抗战胜利之后,华人中则兴起了建立文体组织的高潮。

非洲华侨社团一览表(1929年)

地名	侨团数	各地主要华侨团体	主要侨领
马达加斯加	9	国民党、华商会馆、本仁别墅、利群公社、华农商会、海外青年社、自治会、华民商会	陈远标、岑浩安、何金泉、陈郁齐、陈畅云、陈苏云、刘玲
毛里求斯	72	国民党、中华总会、仁和会馆、南顺会馆	霍耀湘、侯光华、陈炳森、黎祥光、吴伯谋、吴小垣、霍友生、李任南
留尼汪	10	国民党、中华商会	刘文波、韦醒民、陈丽埠、刘焕文、扬子昌

① Edith Wong - Hee - Kam, *La Diaspora Chinoise aux Mascareignes*, pp. 449 - 450;何静之编著:《留尼旺岛华侨志》,第75—76页。

② 谷川编:《亚非利加洲华侨概况》,《南洋研究》,1930年第3卷第2期,第56页。

③ 从严格的意义上说,国民党在大部分地区仍然起着一种社会组织的功能,如积极参与或组织对各地华文学校的建立或扩建。

续 表

地名	侨团数	各地主要华侨团体	主要侨领
塞舌尔	1	广福商会，后改为华侨联合会	李瑞琼、陈锦瑞
约翰内斯堡	5	国民党、德兰士瓦华侨商会、联卫会、维益社、致公堂	梁禄元、朱轰、陆子明
伊丽莎白港	5	中华会馆、梅县侨商公会①、广府人共济会②、国民党*、华人慈善会*	陈理辉、黄新民、钟传元、关其昌、霍壁瑜、刘任白
德班	2	中华会馆、国民党*	李天良
东伦敦	2	中华会馆、国民党*	李成根、黄英明
开普敦	3	中华会馆、国民党*、中华会馆*	谭松、李登芳、梁先
金伯利	2	国民党、嘉应会馆	梁国忠、何迪鳌
埃滕哈赫	1	中华会馆*	
布拉瓦约	1	国民党	黄永强、黄星南
索尔茨伯里	1	国民党	金耀华、黄庸光
达累斯萨拉姆	1	国民党	谭国辉、劳天赐、陈天齐
洛索伦-马贵斯	3	国民党、致公党、中华会馆	区依、黄星生、甄焜光
埃及	1*		
总计	123		

资料来源：谷川编：《亚非利加洲华侨概况》，《南洋研究》，1930 年第 3 卷第 2 期，第 45—56 页；Melanie Yap and Dianne Leong Man, *Colour, Confusion and Concessions*, pp. 207-243；《侨务月报》，侨务委员会四周年纪念专号（1936 年 4 月）。

* 莫次南未统计的侨团。

① 一称嘉应会馆。

② 即广属共济会。

南非华侨社团在这一时期的一个显著特点是组织上趋于规范化。伊丽莎白港、开普敦和埃滕哈赫等地的中华会馆虽然早已存在,但并不正规。正是在这一时期,这些组织均正式制定了会馆章程。在1920年,开普殖民地中华总会馆主席声称代表850名居住在开普的成员。在一封请愿书中,这个组织声称:尽管居住在当地的华人可能永远也不能得到公民权,但“他们必须为整个国家(指南非)的利益服务,这也是为了他们自己的利益。他们在这个国家的权利越多,他们的利益越多,他们会更努力地为这个国家服务”。[①] 此外,开普敦的中华会馆虽然早在1902年已开始活动,但却是在1921年4月才确定自己的正式名称——Chinese Republic United Association,并订立了章程。会员费每月10先令。伊丽莎白港的华人比较集中,来自梅县的客家人和广府人都有。该地的中华会馆与南非其他地区的华人社团相比,有三个特点:第一,这一组织对居住在南非其他各地的华侨开放。第二,由于成员的来源比较广泛,1919年制定的伊丽莎白港中华会馆章程明确规定:在执委会中,梅县人和广府人各占半数。第三,该会的会员费比其他各地会馆的会员费都要便宜,个人每月1先令,各种店铺每月会费2先令。此地的梅县侨商公会(Moi Yean Commercial Association) 20世纪初已在活动。与中华会馆一样,这一组织也对南非各地的客家人开放。梅县侨商公会于1918年进行了重组,并制定了新的章程。1918年1月1日,当地的广府人成立了广府人共济会(Cantonist United Benefit Society)。[②]

马达加斯加的塔马塔夫是华人聚集区。为了维护全岛华商的利益,塔马塔夫的华人决定仿效留尼汪华人商会的做法,成立一个包容性更大、成员更为广泛的组织——“华人互助会”(Societed Assistance Chinoise,很可能就是有的书中提到的“广联社”)。虽然马达加斯加政府当局未批准这一组织,但它一直保持活动。国民党支部成立后,负责党

① Melanie Yap and Dianne Leong Man, *Colour, Confusion and Concessions*. p. 210.

② *Ibid.*, p. 219,

务工作的陈明沃一直居于幕后策划。1929年,他派人指导将“广联社”改为华商总会。斯拉威斯基曾认为,面对法国殖民当局针对他们的各种政策,马达加斯加华人做出的直接或间接的挑战均告失败。① 从上述活动看,这种观点值得商榷。

在洛伦索-马贵斯,病侨入医院或是新侨到埠,一概由中华会馆当事人签字证明。如果华侨在居留地做了违背法律的事情,当地政府一般都直接要求中华会馆处理;当地政府对华侨的有关事务,也均向当地的中华会馆征求意见。因此有学者将中华会馆比喻为中国国内的“乡村公所”。② 在留尼汪,中华商会从1916年成立以来,不断就各种有关华人的权益与殖民当局交涉。法国学者在《留尼汪华侨史》中指出:“实际上,它已经成为中华民国在留尼汪的名符其实的大使馆。”③马达加斯加则是通过华人协会代表与当地政府沟通的。毛里求斯的华商总会不仅为当地侨商服务,而且起着类似领事馆的作用。1932年6月29日,毛里求斯华商总会的主席在致总警察局的信中对这一作用表述得十分清楚:“请免许我冒昧地指出,本商会曾不止一次为遣返中国移民提供了服务。在这类事情上,指导本商会的原则始终是,在没有设立中国使馆的情况下,本商会所处的地位,也许与代表此地中国侨民的代表机构的地位相同。请允许我再补充一句,本商会始终履行了与其地位相当的所有职责。”④华商总会的这一作用也可从1936年6月当地警察局监察长给华商总会主席的一封短信中看出:“先生:我荣幸地通知您,2月17日(译文为7日,根据原文改为17日)被宣判的×××,当其服刑期满后,即1936年7月12日,即予驱逐。谨请做必要安排。”⑤

可以看出,当地政府已经将华商总会看作华人的当然代表,即使在

① Leon M. S. Slawecki, *French Police Towards the Chinese in Madagascar*, p. 134.

② 子渔:《东非洲罗连士麦埠华侨一瞥》,《侨务月报》,1936年11—12月合刊号。

③ 多米尼克·迪朗、让.亨顿:《留尼汪华侨史》,载方积根编:《非洲华侨史资料选辑》,第485页。

④ 李卓凡:《西印度洋华侨史》,载方积根编:《非洲华侨史资料选辑》,第318—319页。

⑤ 同上书,第152页。

处理刑满释放犯的事情上也要请求它的合作。1948 年，毛里求斯殖民当局订立了新的法律，规定每个侨民社区在立法委员会中有一个代表名额。这名代表既可由侨民社区选举产生，亦可由当地政府委任。从此以后，华商总会的很多职能由这位代表取代，华商总会的活动也大大减少了。

五、非洲各地的其他华侨社团

(一) 国民党的发展与华侨参政的肇始

值得注意的是，在这一时期，中国国民党在非洲的发展十分迅速。20 世纪 20 年代可以说是国民党的兴盛时期。在南部非洲，国民党已经在约翰内斯堡、伊丽莎白港、金伯利、开普敦、德班、东伦敦、布拉瓦约、索尔兹伯里等地都建立了支部；在英属东非的坦噶尼喀也建立了支部。在葡属东非的洛伦索-马贵斯和贝拉这两个城市均有国民党支部。在洛伦索-马贵斯，国民党党员差不多已占全埠华侨的半数。国民党的党部是租赁的一间洋楼，内部布置极其堂皇，颇具东方色彩。洛伦索-马贵斯为葡属东非的首府，当地政府的高级人员也时常访问国民党党部，与党部人员关系很好。马达加斯加、毛里求斯和留尼汪等地国民党党务的发展也相当快。这一点已在前文论及。

(二) 马达加斯加的华侨社团

在这一时期里，非洲华侨华人中有两位正式进入了当地的政治生活。一位是前面提到的留尼汪的刘文波先生。他于 1920 年加入法国国籍，并于 1922 年当选为圣但尼市的参议员。这是华侨华人参与留尼汪政治生活的第一例。① 另一位是毛里求斯的朱梅麟。朱梅麟于 1911 年

---

① 何静之编著：《留尼旺岛华侨志》，第 76 页。

2月22日出生在毛里求斯，其父亲是一位客家侨商。朱梅彝自幼受到父亲的熏陶，很早就表现出商业天分。在抗日战争期间，他分别担任毛里求斯“供应委员会”和“战时保险委员会”的委员，为保障当地物资供应尽到了自己的责任。1948年，朱梅彝在另一位侨领、曾任华商总会中英文秘书的管仕荣的推荐下，成为毛里求斯立法议会中华人社会的代表。①

随着非洲华侨人数的增多，所经营的商业和工业也日益渐发展。这引起了一些当地欧洲商人的反感，同时也引起了当地政府的担心。一些针对华侨商人(有的则是针对亚洲商人)的歧视性政策应运而生。

马达加斯加的法国商人对华人成功的商业活动既忌妒又恐惧，他们向殖民政府提出各种建议，要求对华人采取严厉措施。殖民政府为偏袒当地法国商人而颁布的一系列歧视政策，导致华人极有效地组织起来，将各种歧视政策的影响力尽量降低到最低限度。他们于1917年8月8日提出的“华人互助会”由除迭戈苏瓦雷斯以外的马岛全体华侨所组成，成员必须具有中国血统，不论其是否保留中国国籍或是已加入法国籍。其宗旨为：

(1) 研究并保护本殖民地的经济活动；

(2) 规定本会会员在本殖民地、法国大陆或其他国家的经商活动；

(3) 一方面鼓励法国与其所辖殖民地之间进行产品交换或其他任何形式的贸易往来，另一方面鼓励法国与中华民国之间开展贸易往来；

(4) 捍卫和保护本会集体利益，如有必要也对每个会员的个人利益和特殊利益予以保护。

(5) 凡因经济困难不能缴纳居留税的会员，经管理委员会核实情况后，可由协会代付。凡贫困会员生病或死亡，经管理委员会审查核实，确认其自身和家庭均无财力承担所需费用，协会可以为其提供紧急救济或负担医疗和安葬费；

① 关于管仕荣和朱梅彝的传记，可参见李卓凡《西印度洋华侨史》，载方积根编：《非洲华侨史资料选辑》，第325—327页。

(6) 在塔马塔夫墓地购买一块地皮,以专门作为华人的墓地。[①] 虽然法国殖民政府未批准华人互助会的成立,但这一组织始终在华人中开展活动。这一点,斯拉威斯基自己也注意到了。[②] 这不能不说是一种间接挑战策略的成功。

(三) 地方性侨团

莫次南的统计还对非洲华侨的籍贯进行了分析。根据他的调查,非洲华侨共有 15 692 人,绝大多数来自广东省,共 15 263 人,其中来自南海、番禺和顺德的有 8 426 人,来自新会、台山、开平、恩平等四县(即四邑)的华侨共有 866 人;来自梅县一带的客家侨胞有5 971人。此外,还有福建侨胞 235 人,山东侨胞 11 人,剩下的 183 人来自中国的其他地区。[③] 由于华侨的来源相对集中,很多在较早时期成立的社团都是地域性的组织,它们有的以地区为单位,有的则以县甚至乡为单位。例如,在洛伦索-马贵斯的来自广东的华侨在 20 世纪 30 年代初成立了联安社和四邑会馆。这两个团体都带有地域性的特点。四邑会馆为新会、台山、开平、恩平四县来的侨胞建立的组织,联安社为南海、顺德侨胞的组织。这两个组织成立的时间不分先后,其宗旨主要是联络乡谊,互相帮助。两个组织的经费,也是靠各个会员月捐。[④] 留尼汪的社团组织也明显带有地域性特点。1932 年元旦,留尼汪圣安德烈的华侨成立了华侨互助社。该组织的宗旨在于增进当地侨胞的商业互助精神。华侨互助社在当地侨胞中颇有号召力,在抗战时期起到了重要的凝聚作用。[⑤]

---

① Leon M. S. Slawecki, *French Policy Towards the Chinese in Madagascar*, p. 143 - 145.

② *Ibid.*, p. 130 - 134.

③《中央侨务月报》,第 5—6 期(1930 年 2 月)。

④ 子渔:《东非洲罗连士麦埠华侨一瞥》,《侨务月报》,1936 年 11—12 月合刊号。

⑤ 萧次尹编著:《非洲华侨经济》,第 152 页。

留尼汪华侨社团组织(1911—1924年)

名称	成立日期	宗旨	负责人	地址
中华商会	1916年	代表留尼汪全岛华侨利益	刘文波(第一任会长)	圣但尼市
南顺堂	1919年	联络广东南海、顺德两县侨胞乡谊	陈宗汉(20世纪60年代初)	圣皮埃尔市方树华马至尔路
新隆旅馆	1919年	联络广东顺德新隆乡陈氏侨胞乡谊	陈权(20世纪60年代初)	圣但尼市圣安妮路
联义堂	1919年	联络广东南海、顺德两县各姓侨胞乡谊	陈润珠(20世纪60年代初)	港口市
联胜堂(一说联义堂)	1924年	联络广东南海、顺德两县各姓侨胞乡谊	黎荣沃(20世纪60年代初)	圣保罗市沙打加里加路

资料来源:Edith Wong - Hee - Kam, *La Diaspora Chinoise aux Mascareignes*, pp. 11,234-239;何静之编著:《留尼旺岛华侨志》,第52页。

(四)具有广泛代表性的华侨组织

一些华侨移居较早的地区在20世纪20年代已开始出现具有更广泛代表性的华侨组织。例如,毛里求斯的华侨于1925年成立了"华人俱乐部",只接纳华人。在1927年,毛里求斯华人又成立了"中国书报社",其宗旨一是建立以讲授中文和中国文化为主要课程的学校;二是建立供成年人阅读的图书馆;三是建筑会议大厅,传播中国文化。① 不过,这种包容性较大的华侨组织当时还是非常少的,绝大多数是宗亲组织。带有地域或宗亲观念的组织直到第二次世界大战期间才逐渐为新的一代华侨文化社团所取代。新文化组织的兴起是这一时期的另一个特点,这种组织有利于联络感情、丰富文化生活,同时也能更好地为抗战出力。比勒陀利亚华侨公学是当地青年自治会创办的,有人将二者称为"母子之相依"。青年自治会成

① 李卓凡:《西印度洋华侨史》,载方积根编:《非洲华侨史资料选辑》,第289页。

立于1932年10月26日,推举关和玉、罗璋宝、何源广、何显佩四人负责制定章程、筹措经费,寻觅会址委员会由关和玉、刘胜熙、霍永照、刘胜锐、何启信五人组成。因为南非的种族歧视政策,青年自治会在寻找会址的过程中经历了极大的困难:有的明言不愿意租给华人,有的以高价的方式拒绝,有的虽然本人同意,却遭到白人社区的联合抵制。

青年自治会清楚地认识到白人排华并非涉及一个组织的问题。"每平地风波,小题大做,此事虽属本会问题,诚恐因此波及全非华侨前途,且影响团体绝大,必经奋力反抗"。该会派出关和玉、罗璋宝二人专程拜访《比勒陀利亚日报》的主编,申明该会宗旨是为增进中西种族间感情,改良华侨思想人格。这位主编对青年自治会深表同情和支持,更帮助华侨去做市长的工作。与此同时,汪丰领事和邵挺副领事也多次到比勒陀利亚向市政府当局进行交涉。在征得市长的支持和白人社区的理解后,青年自治会才最后解决会址问题。

比勒陀利亚青年自治会1936年的职员情况如下:

会长:何源广	副会长:何显佩
德育部:罗璋宝	体育部:何祖满
中文文牍:何启信	英文文牍:关和玉
会计:冯庆岳	核数:李德来、刘汝谋
宣传员:林影	交际:罗璋宝、何显佩、邓雪堂、刘耀槛、何源广
庶务:邓雪堂、刘胜锐	纠察:刘祖基、霍永照①

青年自治会设有图书室,以备会员阅览,以增进知识。该会还一面筹集各种图书,一面筹集款项,向上海商务印书馆定购"万有文库"和"小学生文库"等书籍。该会的计划十分清楚:

> (1) 增进同侨生活。在非华侨,富有者,抱金钱不放,遂以此为荣;贫苦者,挣扎之不暇,更不免潦倒坎坷。一察华侨生活,悲惨苦

①《侨务月报》,1936年3月号。

闷，在在皆是，然人生目的为追求幸福，此何幸福之可言？富有者宜善用金钱，谋社会之发展，贫苦者也宜充实生活，劳苦工作后，求适当慰藉，此将来计划之第一步工作也。

（2）研究各种学识。时代之演进，有如风驰电掣。生当兹世，必须珍备各种学识以应付急进之时代。故本会将逐步成立辩论会，摄影研究会，文学研究会等，以训练口才，研究美术文学等智识，此将来计划之第二步也。

（3）促进体育之发展。世界各国注重体育，不言诸君可知。而我国近年亦极力提倡，拟铲东方病夫之讥，而吾侨华侨又岂能例外？盖人类虽富有金钱，学问渊博，若无康健身体，一生徒然，又何益哉？此将来计划之第三步工作也。

（4）联络中西感情。华侨受南非当局不平等待遇，由于华侨不注重生活，吾侨既已努力克服之，则必须进而与西人联络感情，以免长此隔膜。使知吾侨实况，以达取消不平等待遇之目的。如请南非当局要人前来参观，开茶会招待会，此将来计划之第四步工作也。

南非比勒陀利亚罗璋宝、关和玉和何显佩专程驱车为华侨公学募捐时的合影

(5) 促现各埠组织青年自治会。南非侨胞数年前虽有华侨总会之设，然旋纵即灭，而祖国之危难，侨胞受不平等待遇之痛苦，均需合作之强大团体，实刻不容缓者。因此，本会愿各埠均即成立青年自治会，召集代表大会，成立统一机关，是则力量强大，已可与领馆合作争取自由平等，又可提高同侨生活，更可尽救国之责任。各埠如欲组织，本会必竭力助之，以促其成。此将来计划之第五步也。

(6) 解除本埠同侨所受社会不平等待遇。南非当局之压迫，自有领馆交涉，本会当亦与之合力争抗，而社会上由白人之歧视所生各种不平等待遇，必须侨胞处自为之，本会决从本埠着手，苟力可逮，当更进而替各同侨努力，此将来计划之第六也。①

比勒陀利亚青年自治会会址

从这一计划看，比勒陀利亚青年自治会不仅着眼于自身会员的文化教育和消遣娱乐，而且关心其他相邻地区华侨组织的建设；更难能可贵的是，他们还注意到加强中西双方的沟通，以解除华侨在南非遭受的种族歧视待遇。

① 《外部周刊》，第 34 期（1935 年 1 月 7 日）。

为了活跃当地的文娱生活，葡属东非的洛伦索-马贵斯的华侨还成立了华侨学术研究社，“其组织纯系互相研究，求学术上之进步”。该会以宣传祖国文化、改良华侨风俗和普及华侨教育为宗旨，其组织分秘书、体育、读书、研究、戏剧五处，各负其责，以求实效。这一组织的分工如下：秘书处处长章罗桥、体育处处长黄瑞琦、读书处处长何文相、研究处处长宁达智、戏剧处处长梁侠飞。

华侨学术研究社成立后，从各方面开展工作。第一步是开办国语夜校，第二步创立民众图书馆，第三步开办民众学校。国语夜校开办，学生有二十余人，其中年龄最大的学生是60多岁的老人，最小的为12岁的儿童。华侨学术研究社的会员均为该地华侨中的优秀分子。他们勤勤恳恳为广大侨胞服务，受到大家的好评。[①] 值得注意的是，在20世纪30年代，中华民国侨务委员会的机关报《侨务月报》对非洲华侨团体的统计远远低于实际数。例如，在1934年度，其统计数为12个，已备案的组织为2个，[②]1935年度非洲华侨团体的统计数也只有13个。[③]

六、结论

从民国初年到第二次世界大战结束，非洲华侨社区的人口结构发生了很大的变化，妇女比例增加，社会分层开始出现，社团组织不断涌现。华侨移民非洲有两次高潮。妇女在华侨总人数中所占的比例不断增长。在此期间成立的中华商会为非洲的华侨提供了各种便利，在沟通当地政府与华侨社会的关系，整合华侨社会，促进经济发展和传播文化等方面起到了重要作用。

首先，在没有领事馆的地区，中华商会起到了类似官方机构的作用。例如，在毛里求斯，华商总会为毛里求斯华人和当地华侨服务，颁发护照

① 《侨务月报》，1936年11—12月合刊号。

② 《侨务月报》，侨务委员会三周年纪念专号(1935年5月号)。

③ 《侨务月报》，侨务委员会四周年纪念专号(1936年4月号)。

和签证等重要文件。这些商会在确认中国移民的身份、提供相应证明和保障华侨的安全和利益方面起到了重要作用。由于受到当地政府的信任，这些商会与政府之间存在着良性互动关系。

第二，整合各地华侨社会使之更加团结。以前的甲必丹起着协调各商家的作用，中华商会不仅取得了来源地不同的各个华侨派别的认可，在处理商业问题上也得到了华商的支持。由于其代表性广，或是采取转执主席制（如在毛里求斯），或是在管理层上最大限度地吸收各派成员（如留尼汪），因此中华商会产生了一种同一民族的归属感。

第三，促进华侨以及整个当地社会的经济发展。商会竭尽全力推动整个华侨社区的经济，积极传播商业信息、定期发布公告、提供咨询服务和调解各方矛盾。在必要的时候，领导整个侨社对不合理的法令或规定提出交涉。商会还会对遇到困难的华侨（特别是刚抵达的移民）提供服务，特别是在为不懂当地语言的华商服务方面，商会起到了重要作用。

第四，中华商会在保持中华传统和吸收当地文化上起到了重要作用。有的开办华侨学习班以教授中文，有的指导华侨学习当地语言，从而从某种程度上推动了华侨逐渐与当地社会融合。商会还不时为华侨和政府方面提供各种翻译资料，甚至在不同场合为行政或司法机构提供必需的口译人才。

第十三章　抗日战争前后的非洲华侨

模里斯华侨的爱国运动，在去年七七芦案发生后，即随祖国的全面抗战而全面展开起来了。其时在党部领导下的华侨贡献一日所得运动委员会的工作即告结束，于是经华商总会的发起报纸的鼓吹，就将过去组织而停顿数年的华侨救国会，予以彻底改组，命名为模里新华侨救国委员会，后更易名为模里斯华侨抗敌后援会。

——陈伊美(毛里求斯华侨)

自七七事变后，马岛驻岑包区①抗日救国分会，对于救国运动，始终未稍停顿，虽在外汇不通期间，亦在继续征收长期月捐，该区华侨不过130，竟能在前年逆境当中，成立了“岑包侨立中正小学校”，竟能在抗救分会领导下，组织了一个“救国白话剧团”，专代抗救会计学校等筹款，计先后共筹款二十万余法郎。

——《侨声报》，1945年7月28日

蒋夫人对我们的工作给予了肯定。她说，如果就人均数而言，南非华侨妇女为战争募捐的数额在所有中国人中间是最多的。

——德兰士瓦华侨妇女协会司库 Ivy Leong 回忆

① 即马达加斯加的桑巴瓦。

1928年的“济南惨案”充分暴露了日本对中国的侵略野心。非洲华侨虽远离国土，但对祖国的安危时时关心。他们从日军发动“济南惨案”后即自觉开展对日货的抵制。“七七事变”后，华侨抗日组织纷纷成立，侨胞以其爱国热情，通过各种方式支持反法西斯战争。在1938年的华侨第二届会员代表大会上，宋庆龄做了题为“华侨总动员”的报告，她指出，世界各地华侨“积极筹募捐款，侨工更是节衣缩食，省下血汗钱，是以捐款成绩，达数千万元，更进行抵制日货，组织救国团体，扩大国际宣传工作，成立战时服务团体，回国参加抗战，支持抗战，给予抗战以极大的帮助，这是值得大大赞扬和效法的”。[①] 除了少数华侨亲自参与了抗争外，非洲华侨主要以捐款的形式来支持国内抗日军民。学术界往往忽略了非洲华侨的贡献，本章将集中阐述非洲华侨在抗日战争期间以各种形式做出的贡献。[②]

一、“济南惨案”后的反日活动

1928年，蒋介石北上攻打奉系军阀张作霖。日本帝国主义借口保护侨民，出兵侵占济南。5月1日，国民党军开进济南，日军进行挑衅并向我方开枪射击，打死中国军民多人。5月3日，日军又大举进攻，蒋介石命令不许抵抗，国民党军撤出济南。日军在济南奸淫掳掠，屠杀中国军民1万多人，17名外交人员同遭杀害。这就是震惊中外的“济南惨案”。“济南惨案”发生后，海外侨胞义愤填膺，纷纷谴责日本帝国主义的侵略行径。非洲各地的华侨积极采取行动，对日货进行坚决抵制。

(一) 马达加斯加华侨抵制日货

马达加斯加华侨在当地侨领的领导下，积极参与了各种揭露日本侵

① 宋庆龄：《华侨总动员——庆祝华侨第二届会员代表大会》，载曾瑞炎：《华侨与抗日战争》，成都：四川大学出版社，1988年，附录，第311页。

② Leon M. S. Slawecki, *French Policy Towards the Chinese in Madagascar*, pp. 160 - 161.

略阴谋的宣传活动。“济南惨案”后，马达加斯加华侨成立了醒群白话剧社，以唤醒同胞认清日本帝国主义对中国的侵略野心。白话剧社的演员们都是义务的，每周在华商总会的礼堂演出三次，节目均为宣传而特别编排，免费为华侨演出，深受广大华侨欢迎。为了对侨胞进行宣传以扩大影响，当时的马达加斯加岛国民党支部创办了《侨民新报》。这是当地的第一份中文报纸。报纸为一大张对开，四个版面，三天一期，每次发行 60 份，内容丰富，遍销各地，受到了马达加斯加各地侨胞的欢迎。①

与此同时，马达加斯加华侨还展开了抵制日货的斗争，并在初期取得了较好的效果。在侨领陈明沃等人的领导下，他们成立了对日经济绝交总会，并在各地成立了 16 个分会。除了华人商店对日货进行抵制外，欧洲人商店也不敢贸然引进日货。然而，一些利欲熏心的华人奸商竟然不顾民族大义，私自购进日货。当时身兼华人协会主席和对日绝交会主席二职的陈远标与奸商陈遇潜暗地勾结，将日本的中兴火柴引进了马达加斯加。这一举动受到了当地爱国华侨的同声谴责。在得知实情后，陈明沃等人开会对这种卖国行径进行制裁。遗憾的是，陈远标身兼华侨代表（即华人协会主席）之职，加上陈遇潜的财力可以收买政府官员以打通关节，致使何金泉、祝展华二人被殖民政府驱逐出境（具体情况见下章）。② 陈明沃等人认识到，要保证今后抵制日货的成功，必须将华侨代表这一职务牢牢掌握在自己人手中。有鉴于此，他们充分利用当地的国民党组织，发动华侨投票选举了陈明沃的弟弟陈静波为华侨代表，任职达十余年。

“九一八事变”爆发，再次震惊了海外华侨。非洲华侨同仇敌忾，纷纷行动起来，采取各种方式支持国内同胞抗击日本侵略者的斗争。马达

---

① 以下关于马达加斯加的资料主要取自 Leon M. S. Slawecki, *French Policy Towards the Chinese in Madagascar*, pp. 136 - 48；华侨协会总会编著：《华侨名人传续集》，第 399—404 页。

② Leon M. S. Slawecki, *French Policy Towards the Chinese in Madagascar*, pp. 142 - 144；华侨协会总会编著：《华侨名人传续集》，第 399—404 页；华侨革命史编纂委员会编：《华侨革命史》（下卷），第 400 页。

加斯加的华侨各派摒弃前嫌，团结一致，组成抗日救国总会，并捐款援助国内。后来，中国军队在上海进行抗击日本侵略军的战斗，马达加斯加华侨又一次慷慨捐款。他们的爱国行动受得国民政府的嘉奖，国民政府向他们颁发了“输财助国”的横匾和银质勋章各一。“七七事变”后，马岛华侨将抗日救国会改组为“抗日救国后援会”。①

马达加斯加殖民政府对华侨事务的干涉并未降低马达加斯加华侨抵制日货的热情。1932 年，迭戈-苏瓦雷斯的警察局长在报告中提到，当地的华侨因为抵制日货而与日本海员发生了冲突，双方打了起来。华侨对日货的抵制在“七七事变”爆发，中国军民进行全面抗战后一直在进行。当地一家报纸《马达加斯加殖民报》于 1939 年 2 月 18 日披露，“受国民党支配的华人协会”决定将偶尔进口日本水泥的 D 公司列入他们的抵制名单，“据报告国民党已决定对任何与这家公司有些许来往的华人处以 5 000 法郎的罚款”。一位法国商人也在塔马塔夫商会抱怨，他因为向日本运送石墨而遭到华人的抵制，而在他的顾客中，华人占了 50%。这位法国商人不得不承认，他对这种抵制无能为力。②

(二) 留尼汪和毛里求斯华侨的爱国行动

留尼汪的华侨也组织起来，支援国内的抗日活动。为了更好地达到抵制日货的目的，留尼汪华侨对雇用日本船只运载货物的公司和与日本有各种联系的公司也进行了坚决抵制。当时，印度人在留尼汪有很大的商业势力。除了有相当一部分印度人在此地经营商业外，一些印度公司还在留尼汪设有分号，进行批发业务，并在某种程度上垄断了该岛的进货渠道。1931 年 12 月，孟买一家名为“卡里姆吉-吉万吉”(Currimjce Jeewanjee)的公司在留尼汪的分号“卡里姆吉-诺尔巴耶”(Currimjee Noorbhaye)公司从商业角度考虑，雇用日本船由西贡载大米运往留尼

① [南非]《侨声报》，1945 年 3 月 18 日。

② Leon M. S. Slawecki, *French Policy Towards the Chinese in Madagascar*, p. 143。

汪，当该岛的华侨得知此事后，便约定对卡里姆吉-诺尔巴耶公司进行抵制。他们宁可到价格较贵的欧洲人商号去购买粮食，也不与这家印度公司打交道。这家孟买公司的经理迫于经济压力，主动找中国驻孟买的外交机构交涉。他一方面声明以后不再用日本船装运货物前往该岛，并恳请南京中央党部转告留尼汪的华侨组织，希望华侨尽快解除对该分号的制裁措施，以恢复以前的友好状况。为了确保中国驻孟买领事馆向南京政府转达，这家公司的经理第二天又来到领事馆，向我方外交人员递交了一份以后不再用日本船运货前往留尼汪岛的声明函。他恳请领馆电达中国政府，并说明不论收效如何，领馆不必担负责任；所有来往电费，均由该公司负责。①

毛里求斯的华侨有着极深厚的爱国主义情操。归侨刘新粦的祖父刘美寿原是广东梅县农村的一个木匠，清末时冒着生命危险乘船漂洋过海来到毛里求斯。他先是帮别人干活，奋斗多年后小有积蓄，并在山区开了一间零售店。在他年老归国之后，这间商店便由刘新粦的父亲和两个伯父三人轮流主持打理。刘新粦自己于 1936 年 3 月随父亲抵达毛里求斯。虽然父亲平时埋头苦干，不问政治，然而一件小事令刘新粦对父亲的爱国热情刮目相看。

> 当时，一九三六年英王乔治六世继承他的“不爱江山爱美人”的哥哥爱德华八世让出的王位，第二年五月十二日举行加冕典礼。全岛小学生奉命在其加冕日一律穿红蓝白三色的服装参加庆祝活动，事先排练团体操并学唱几首歌，其中包括《上帝保佑吾王》、《不列颠征服海洋》等，我们学校自不例外。孩子们学唱几首外国歌，觉得新鲜有趣，我回到家里便哼哼这几首歌，不料被我父亲狠狠地训斥了一顿：“还没有亡国呢，就先学当亡国奴啦！”这大出我的意外，我父

① 《本台指令孟买副领事呈发 Currimjee 公司与 Reumon 华侨纠纷情形》，《华侨周报》，第 34 期（1933 年 5 月 25 日），转引自李安山编注：《非洲华侨华人社会史资料选辑（1800—2005）》，第 172—173 页。

亲平时从不跟我谈政治问题，我也没有想到父亲竟有如此浓厚的爱国主义思想。①

对日货进行抵制是一件非常艰难的工作。由于历史的原因，毛里求斯岛一直是日本货物的畅销地，特别是由印度迁来的穆斯林商人经营的大批布匹甚为突出。日货在此地畅销的原因，主要是因为日货比其他国家（特别是欧洲国家）的货物便宜，在当地很受非洲人的欢迎。此外，还有另一个因素。毛里求斯的经济在 19 世纪后期开始依附于印度，为了实现贸易收支平衡，毛里求斯政府曾一度被迫使用卢比作为自己的货币。印度和毛里求斯均属大英帝国版图，这里有很多来自印度的穆斯林商人，他们唯利是图，对华人抵制日货的呼吁置若罔闻。这些因素给华人抵制日货带来了困难。尽管有这些困难，毛里求斯的华人仍然组织抗日救国后援会团结全体华侨一致努力，决心"更努力寻求断绝仇货与断绝敌人资源的有效办法"，"以实在完成出钱救国与根绝仇货之神圣工作"。②

（三）其他地区华侨的爱国行动

东北沦亡、热河失守以后，海外华侨采取各种方式表达自己的爱国情怀。非洲华侨积极募捐以支持国内军民抵抗日寇侵略。当时《南大与华侨》的一则报道称，"以南非而论，数千华侨，年来所募捐，计达百数十万元。仍能继续努力。最近南非杜省华侨学校亦奋然组织救国会，成绩尤为佳速。起自本年三月九日，至四月一日，计已捐得将近万元。正在积极进行中。查其内部组织，似甚简单，除分发各方劝捐外，规定每名每日额捐一先（约合国币一角），更有不少加捐。甚有因家境困难，无力多出，自动每星期节食一餐以报效。约计每月所得十镑金（每镑金约合广

① 刘新粦：《我在毛里求斯的见闻》，《广东文史资料》，第 47 辑（1986 年），转引自李安山编注：《非洲华侨华人社会史资料选辑（1800—2005）》，第 451 页。

② 陈伊美：《模里斯华侨的爱国热》，《华侨战士》，第 8 期（1938 年），转引自蔡仁龙、郭梁编：《华侨抗日救国史料选辑》，福州：中国华侨学会，1987 年，第 650—654 页。以下关于毛里求斯华侨抗日救国的资料主要取自此处。

毫廿元)。若持之以恒,则集腋成裘。倘全国学生,亦各尽其责,则区区倭奴指日可灭。国势同日可强矣。”南非德兰士瓦省的华侨学校师生成立了救国会,积极参加日捐、月捐和节约捐。① “七七事变”后,南非华侨也广泛开展抵制日货的运动。1937 年 12 月,南非东省中华会馆组织全区华侨在伊丽莎白港街道上举行大游行,他们的口号是“抵制日货!购买英货!”②日本在发动了“七七事变”以后,又于 1937 年 11 月与德国和意大利正式结盟。这些举动引起了爱好和平的世界各国人民的反对。1938 年初,南非开普敦的工人联合会召集大会,在南非发动抵制日货运动的宣传工作,南非的工商大会还多次派遣代表向政府要求禁售日货。③

实际上,在 20 世纪 30 年代前期,日本对非洲一些地区的贸易已呈现出迅猛的趋势。它一方面从非洲各地进口各种原料,主要有棉花、棕榈产品、铬矿石、铜等;另一方面将各种轻工业产品源源不断地运到非洲,主要是棉制品。除了对英属东非如肯尼亚、乌干达、坦噶尼喀大量出售棉布外,日本还在英属中非和比属刚果等地积极从事贸易活动。南非当时也是日本商品的主要输出国之一。1934 年和 1935 年,日本对南非的输出额均在 3 000 万元以上。④ 这些活动引起了一些地区的警惕。葡属东非早在 1934 年就制定了“抵制日货新税则”。根据当时中国驻约翰内斯堡总领事馆的报告,葡属东非决定对日本瓷器、羊毛及棉制品、帽类、棉毯、白质麻光瓦、铜器、灯笼、衣箱、帆布制品、刀剪、橡皮带、牙膏、镜子、火柴、水银热水瓶、汽车轮带、留声机、肥皂等各项物品增收入口税。⑤

可以看出,早在抗日战争全面爆发以前,非洲华侨即开始了对日本

---

①《南非洲华侨救国之热烈》,《南大与华侨》,第 11 卷第 3 号(1933 年 4 月),转引自李安山编注:《非洲华侨华人社会史资料选辑(1800—2005)》,第 171 页。

② Melanie Yap and Dianne Leong Man, *Colour, Confusion and Concessions*, pp. 261.

③《新华日报》,1938 年 1 月 27 日。

④ 陆庭恩:《非洲与帝国主义——1914—1939》,北京大学出版社,1987 年,第 178—179 页;李小玲:《非洲华侨与祖国抗战》,《西亚非洲资料》,1994 年第 2 期,第 93 页。

⑤《外交部公报》,第 7 卷第 10 期(1934 年 10 月)。

侵略者的斗争，其主要方式是抵制日货。这种抵制分为三个层次：首先是华人商店在进货渠道上把握，自觉不进日货；其次是对进口日货或与日本有联系的外国商家进行抵制，不购买其货物；再次是对进口日货的华人商店进行谴责和抵制。必须指出的是，由于海外华侨从事的主要是商业贸易，而且大部分是经营小本生意，对日货进行抵制无疑会有损自己的经营。而且，从消费者的角度来看，对日货进行抵制也会伤及自身的利益。然而，为了国家和民族的利益，他们宁肯牺牲自己的利益，坚决抵制敌国的货物。

二、非洲华侨抗日活动

宋庆龄曾指出："在海外各地的华侨，在其居留地政府统治之下，久已深切体验到被压迫民族所受之待遇与苦痛，所以，更加能够了解祖国之兴衰存亡，关系与侨胞之福利至大，俱有国家观念，勇于抗战救国。"① "七七事变"以后，非洲华侨纷纷以各种方式进行抗战后援工作，表现出了极大的爱国热情。

(一) 非洲华侨的声援活动

虽然非洲离中国本土甚远，但华侨的爱国精神却十分强烈。抗战爆发后，华侨表现出了极大的爱国热情，纷纷声援国内抗日活动。一些华侨还亲自参加了反法西斯的伟大斗争。这表现在以下几个方面：

第一，非洲华侨亲自参加中国的抗日战争，包括以下几种情况：首先，非洲也有一些热血青年回国参加抗战。据报道，在头半年内，回国服务的非洲华侨即有 54 人，其中女侨胞 13 人。还有些回国参加抗战的非洲华侨组成了非洲汽车工友服务队，他们是自筹资金自带器械回国服务

---

① 宋庆龄：《华侨总动员——庆祝华侨第二届会员代表大会》，载曾瑞炎：《华侨与抗日战争》，第 312 页。

的。[①] 1944 年 12 月 2 日，日寇攻占贵州独山，大后方吃紧，重庆受到严重威胁。当时的国民党政府侨务委员会委员长陈树人号召海外华侨青年回国参军抗日，毛里求斯华侨中有张亮中、刘新彝、邵学敏、曾庆恂、何展金、侯秉六名青年报名。由于战时交通不便，未能及时获得印度政府过境签证等原因，至抗战快结束时才有张亮中、刘新彝二人成行，取道锡兰和印度，由加尔各答飞越驼峰回国。当他们抵达重庆时，日本已宣布投降，其中一人留在国内升学，另一人返回毛里求斯。张、刘二人回国的旅费多曾得到爱国的亲友和侨胞（其中有素不相识者）的赞助。当时由加尔各答至重庆的机票每张需 1 200 卢比，而由毛里求斯至加尔各答乘坐轮船、火车，沿途食宿所耗不菲。刘新彝后来牢记此事并深有感触地表示："若无侨胞资助本人是难以承担的。"[②]留尼汪著名侨领刘文波的第五个儿子刘锡江在岭南大学毕业，获商科学士学位。在抗战期间即留在国内，任职于广东省政府，与国内人民一起参加了抗日战争。[③]

其次，在国外从事反法西斯战争。英国皇家空军在毛里求斯招募无线电报员等空勤人员，有些合乎条件的华侨青年志愿报名参加。他们当中有的人在轰炸德国的战斗中失踪，为反法西斯战争献出了自己的生命。还有的华侨或具有双重国籍的华侨子弟，则参加了英国皇家陆军招募的工兵部队，在北非参加了战斗。现在暨南大学任教的毛里求斯华侨刘新彝的堂兄刘道彝便参加过这种部队，[④]当时，英国在东非设有一个陆军司令部，一些华侨参加了这个司令部的工兵部队。从南非出版的《侨声报》每期刊登的捐款名单中可以看出，他们在抗日战争期间曾积极参与了非洲华侨为国捐款的活动。

再次，非洲华侨积极参与保卫侨居国本土的军事活动或宣传活动。英国政府当时在毛里求斯组织了一支守卫本土的部队（Territorial

---

①《华侨救国阵容的总检阅》，《华侨战略》，第 1 卷第 34 期。

② 刘新彝：《他山之石》，北京：中国文联出版社，2000 年，第 99 页。

③ 何静之编著：《留尼旺岛华侨志》，第 77 页。

④ 刘新彝：《我在毛里求斯的见闻》，第 51—52 页。

Force),其中有一个连全部由华侨子弟组成。连长为陈跃,副连长为霍恩祺。英国人还在毛里求斯建立过国民军(Home Guard)和民防部队(Air Raid Precaution),均有华人子弟参加。① 华侨对反法西斯的戴高乐将军领导的自由法国运动也积极出力。马达加斯加的一位华侨自愿充当中文播音员,通过塔那那利佛电台用中文广播,鼓励华侨支持自由法国运动,为戴高乐将军领导的军队慷慨捐款。② 华侨还为解决战时马达加斯加的经济困境做出了贡献。刘新粦在他的回忆录中提到毛里求斯华侨当时的抗日活动。“毛里求斯的华侨同世界各地的华侨一样,都有一颗热爱祖国的心”。抗日战争爆发后,毛里求斯侨胞组织了“抗敌后援会”,号召捐献支援祖国抗日。广大侨胞在“国家兴亡,匹夫有责”“有钱出钱,有力出力”等口号的动员下慷慨解囊,争相捐献。华侨中小学学生,每年在抗战周年纪念日、八一四空军节等日子里,纷纷走上街头义卖、募捐。爱国侨胞还自发组建剧团,如国乐研究社、珠江剧社、血花剧社等经常举行劳军义演,1941 年 11 月 12、13 日两日,培英小学在路易港市政厅演出。该校学生剧团为响应祖国征募寒衣运动,又在同一戏院演剧筹款。该校学生霍少英小姐于《卖花救国》一幕内当场售花。售花前,该校董事长兼筹备主任黎东生先生以数十卢比(盾)购花一朵为倡导(当时华侨店员每月平均工资约 30 卢比)。结果,仅在一小时内便售得捐款 1 400 余卢比,相当于 100 余英镑。③

(二) 非洲华侨的捐款活动

当然,亲自投入反法西斯战争的非洲华侨毕竟是极少数,他们支持国内抗日战争的主要形式是捐款。诚如南非东省中华会馆的中文秘书所言:“因为我们远居海外,我们只能用钱来支持。”中国政府对华侨也寄

① 《我在毛里求斯的见闻》,第 52 页。霍恩祺在毛里求斯独立后当过议员,也当过路易港市的市长,1982 年和 1983 年他曾回国观光并回广东省老家探亲。

② 刘新粦:《他山之石》,第 101 页。

③ 同上书,第 98 页。

予了极大的希望。“八一三”上海抗战爆发后，当时已由国民党中央属下转到行政院的侨务委员会即发出专电，“发动全世界华侨，一致起来，挽救祖国，其后陆续发布《为全面抗战告侨胞书》及非常时期各次通告，鼓励侨胞，输财出力，贡献政府，以为长期抗战之准备”①。1937年冬天，侨务委员会主席陈树人专程赴菲律宾向当地华侨劝募，同时侨务委员会委员十余人自备旅费，分赴海外各地，对华侨进行慰问、奖励和组织募捐。

全面抗战开始不到半年，非洲华侨的捐款即源源不断地汇到国内。当时的报纸对华侨的慷慨捐输多有报道。如《新华日报》1938年1月19日的一则报道中提到南非、葡属东非（今莫桑比克）、马达加斯加等地华侨积极踊跃捐款的情况及其捐款数目。

华侨自抗战发动以来，捐款非常踊跃，由当时国民党政府的侨务委员会收转之详细数目，已由该会印成报告，分寄海外，并登报以示信实。最近该报告已陆续寄到海外各华侨团体。侨胞接读后，益加激励，捐款又形热烈。侨务委员会驻汉口办事处，近收到华侨捐款，计数万元，兹探悉其捐款人名及款额如下：

……南非洲直属支部9镑；……

东非葡属啤虏埠②华侨救国后援会419镑；……

马达加斯格③驻元鸦④抗日救国分会20 150法郎；

马达加斯格抗日救国志高⑤分会20 340法郎；……⑥

毛里求斯侨领陈伊美在一篇报道中详细描述了当时华侨积极卷入抗日救援运动的情况。

模里斯华侨的爱国运动，在去年七七芦案发生后，即随祖国的

① 陈树人：《抗战期中的侨务工作》，载曾瑞炎：《华侨与抗日战争》，第33页，附录。

② 即今贝拉港。

③ 即今马达加斯加，下同。

④ 即今图莱亚尔（Tulear）。

⑤ 即迭戈苏瓦雷斯。

⑥《新华日报》，1938年1月19日。

全面抗战而全面展开起来了。其时在党部领导下的华侨贡献一日所得运动委员会的工作即告结束，于是经华商总会的发起报纸的鼓吹，就将过去组织而停顿数年的华侨救国会，予以彻底改组，命名为模里斯华侨救国委员会，后更易名为模里斯华侨抗敌后援会。组织之中坚，为驻模直属支部，华商总会，护商总会，仁和会馆，南顺会馆，培英学校，新华学校及各区护商会等，委员三十五人，并聘请热心服务之华侨二十余人为干事，以支部及华商总会负总管之责。当会成立之第二天，即商请资遣贫侨会拨出有款一万盾，先行直接电汇于中央侨务委员会转军事委员会，表示模里斯全体华侨，誓为政府抗敌后援的第一项礼物。自后即积极展开抗敌后援工作。……

此外中国航空建设协会直属支会之会务发展，亦为模里斯之重要救国工作，该会经于去年冬假党部大礼堂成立，委员十一人由总会聘请，实业家陈景荣先生被聘为会长，陈逸棠、侯光华、陈汝邦三先生为常务委员，余亦忝为委员之列而兼充总事，第一步工作需徵求会员，现已聘请各区社会闻人为各该区徵求会员之大队长与分队长，且拟有徵求会员之成绩优越者之奖励办法，在抗战日烈，航空救国声浪高涨中之今日中国，模岛华侨均表示热烈拥护本会而踊跃参加，将来中国航空救国上，模岛华侨必有一页光荣的纪录哩。国家兴亡，匹夫有责，在中华民族复兴的前夜，大时代的来临，在中国国民呼吸的地方，无所谓前方后方，国内海外，为着驱逐残暴的敌人，在国内亮着刺刀而流血的是战士，在海外节衣缩食作经济源源接济而流汗的也是战士。我们一千万的华侨战士呵，我们集中力量在最高领袖的指挥下效忠祖国，我们的祖国一定能得到最后胜利，跟着胜利来临，祖国的复兴，我们华侨战士的国际地位，我们可以想象，必能取得如我们现在的最高的预算，努力吧，模里斯的华侨战士，努力吧，南非的华侨战士！一千万海外的华侨战士！①

① 陈伊美：《模里斯华侨的爱国热》，《华侨战士》，第8期（1938年），转引自蔡仁龙、郭梁编：《华侨抗日救国史料选辑》，第650—654页。

由此可以看出，国民党驻毛里求斯直属支部在整合华侨各个社团的力量，动员当地群众和组织华侨参与抗日救亡运动方面进行了大量的工作。

南非比勒陀利亚华侨公会汇回中国的救国捐款

（1944年11月—1945年4月）

日期	捐款数目	备注
1944年11月	738镑	1944年11月24日汇出；收据为侨渝国字12264号
1944年12月	121镑12先令6便士	1945年5月汇出
1945年1月	142镑7先令6便士	同上
1945年2月	141镑7先令6便士	同上
1945年3月	144镑12先令6便士	同上
1945年4月	143镑13先令6便士	同上（这批汇款除去费用共汇出724镑7先令）

资料来源：根据《侨声报》1945年5月24日的资料整理。

南非伊丽莎白港华侨抗日后援会1945年2月份月捐芳名

地区	经收人	月捐款额
王麻区	谢霍元	56镑半
南区	陈恩笏	54镑半
中区	何仕良、谢仁福	75镑
北区	谭荪和、朱棠华	102镑半
昔勿区	朱同华	35镑
科士登区	霍耀彬	38镑半
加笃埠	陈云山	11镑

资料来源：根据《侨声报》1945年5月5日、8日和10日的资料整理。七区共收银373镑，于3月28日交朱玉阶交入银行。

在第二次世界大战期间，有的居留国（地）政府制定了严格的外汇管理制度，禁止外国移民随便将外汇寄出居留国（地）。马达加斯加的法国殖民政府限制将外汇汇出本地以外。当地华侨在1944年以后为抗日救国进行的12次募捐款项直到1945年底才在中国驻巴黎大使馆的协助下转到国内。这笔捐款高达163万法郎(详见下表)。①

马达加斯加华侨12项捐款明细表*

款项	用途	金额(法郎)	捐款地区(单位)②
1	抗战七周年纪念	72 580	朱厘鸦、夭士第一通讯处、片拿腰救国会、八佐那枳第二分部
2	抗战八周年纪念	198 460	浸麻邹、八佐那枳第二分部、晏打那第八分部、夭士第一通讯处、麻安昔第二通讯处、朱厘鸦第三通讯处、毛按斗侨团、新麻衣侨团
3	中国国民党组党50周年	310 125	马岛国民党支部、马任加第九分部、麻安昔第二通讯处
4	33年双十节献金	10 700	[麻安昔]第二通讯处、新站侨胞
5	34年双十节献金	256 925	那丝啤救国会、八佐那枳第二分部
6	鞋帽劳军运动	711 567	浸麻邹第一分部、八佐那枳第二分部、晏打那第八分部、马振加③第九分部、岑包第十一分部、化虏泛根第十六分部、夭士第一通讯处、麻安昔第二通讯处、朱厘鸦第三通讯处、非拿晏梳第七通讯处、那丝啤救国社④、新麻衣侨团、毛按斗侨协团、文奴侨团、兴文学校
7	慰劳鄂湘将士	18 470	八佐那枳第二分部
8	第三通讯处“三二九”纪念	12 425	朱厘鸦第三通讯处

① [南非]《侨声报》,1946年2月26日。以1946—1947年为例,法国政府规定法国本土及其殖民地的华侨的外汇储备为英金6万镑,其中留尼汪为1.2万英镑。1947年,华侨汇寄家用外汇款限制如下:留尼汪等法属地每人汇兑美金200元,马岛所定全年侨汇总额为2万英镑,后应中国驻法大使请求,增加了1.5万镑。《一年来的侨民经济》,载《华侨通讯》,第8—9期(1948年1月31日)。

② 关于这些地名的正规译名,可参见本书附录六。

③ 原文如此。即为“马任加”。

④ 原文如此,即为“那丝啤救国会”。“那丝啤”今译为“贝岛”。

续 表

款项	用途	金额(法郎)	捐款地区(单位)
9	学生救国捐	5 300.50	马岛党立兴文学校
10	筹赈粤灾漏汇	150	第十通讯处
11	抗战胜利纪念胜利、救济难民捐	34 000	文奴侨团
12	救国捐	1 477.50	浸麻邹华侨抗敌后援会
共计		1 630 380	

* 此项捐款于1945年12月1日由马达加斯加国民党支部汇交中国驻巴黎大使馆代返国内。

马达加斯加国民党支部1944年5月代汇捐款收据

(号码:侨渝国第39395—39402号)

捐款组织	款项用途	捐款数额(法郎)	折合国币(元)
马任加第九分部	扩大航空建设款	30 000	23 752.58
法拉凡加纳第十六分部	同上	25 150	19 912.58
苏阿涅拉纳-伊翁古第十三分部	赈粤灾款	3 320	2 628.62
法拉凡加纳第十六分部	慰劳鄂湘前线战士	14 400	11 401.24
苏阿涅拉纳-伊翁古第十三分部	同上	4 325	3 424.32
党立兴文学校	同上	22 305	17 660.04
费内里韦救国会	救国捐	125 000	98 969.08
法拉凡加纳救国会	同上	300 000	237 525.78

资料来源:根据[南非]《侨声报》1945年7月31日的资料整理。

留尼汪华侨团体抗日战争时期捐款统计(1937—1945年)*

献捐日期	献捐种类	募捐单位	备考
民国廿六年八月廿八日	34 143法郎	中华妇女救国会	有南京国民政府复电
民国廿七年元月廿六日	54 630法郎	中华妇女救国会	有当地中华商会收据
民国廿七年三月十一日	40 600法郎	中华妇女救国会	有当地银行汇单影本
民国廿七年六月廿七日	85 000法郎	中华商会 中华妇女救国会	有当地银行汇单影本

续　表

献捐日期	献捐种类	募捐单位	备考
民国廿七年九月廿九日	47 712.5 法郎	船澳华侨音乐剧社 合群音乐剧社	有当地银行汇单影本
民国廿七年十月十四日	61 236.3 法郎	中华妇女救国会	有当地银行汇单影本
民国廿七年十一月廿四日	91 634.6 法郎	华侨救国后援会 中华妇女救国会	有当地银行汇单影本
民国廿七年十二月廿七日	127 347.5 法郎	华侨剧社、合群剧社、生活研究社、救国后援会	有当地银行汇单影本
民国廿八年元月廿五日	61 372.5 法郎	华侨救国后援会	有当地银行汇单影本
民国廿八年二月廿八日	59 347.5 法郎	青年白话剧社 华侨救国后援会	有当地银行汇单影本
民国廿八年三月九日	20 772.5 法郎	合群剧社 华侨救国后援会	有当地银行汇单影本
民国廿八年六月廿三日	51 222.5 法郎	合群剧社 华侨救国后援会	有当地银行汇单影本
民国廿八年元月廿八日	故衣 64 麻包	中华妇女救国会	有中华民国红十字会复函
民国廿八年九月廿九日	50 000 法郎	中华妇女救国会	有中华民国红十字会复函
民国卅三年五月五日	77 600 法郎	中华妇女救国会	有当地中华商会收据
民国卅四年一月廿一日	1 250 英镑	中华妇女救国会	有重庆侨委复电
民国卅四年八月廿日	59 210 法郎	中华妇女救国会	有当地救国后援会收据

资料来源：何静之编著：《留尼旺岛华侨志》，第 53，70—72 页。

* 指有单据为凭者。此表为不完全统计。

(三) 抗日捐款的各种方式

抗日捐款有各种方式。从捐款的用途上看，可分为救国公债捐、赈济捐、购机捐、寒衣捐、伤兵之友捐等等。从募捐的类型和组织形式看，可分为热心捐、月捐、节约捐、义捐、实物捐和救国公债捐。

纯粹金钱形式的捐款有以下几种：节约捐、长期月捐、热心捐，这些在捐款中占有很大的份额。

1. 节约捐

节约捐是指各地华侨特别是少年儿童将自己的节约所得献出，以作为对中国抗战的捐款。这种捐款虽然数量有限，但由于它来之不易，则表现了非洲华侨的一种精神。蒋介石于1941年3月4日在《战时公债劝募运动告全国同胞书》中曾赞扬华侨的这种高尚的爱国情操：

> ……抗战以来，凡是募集公债，捐款劳军，筹募寒衣，救济灾难，以至募款购机，节约储蓄等，在任何一种出钱的事，总是特别踊跃，自动输将，不但从无一次的推诿，而且从无一次冷淡过，每次捐集的数目都超政府预算，凡是到海外募捐的人回来报告我，说起许多富商巨贾，毁家鬻产，以身作则，以及劳苦侨胞，拿出他们以血汗换来的积蓄，幼小的侨胞子女，拿出他们节省下的饼饵零款，各种各式的热烈情况，和我每日直接收到侨胞的来信，真是使我又感动又兴奋，觉得海外侨胞，是一万分的对得起祖国，我们前方将士，也因此时常感到大的鼓励。①

1938年5月30日救国合群社成立留影

①《总裁为战时公债劝募运动告全国同胞书》，载杨建成主编：《中国国民党与华侨文献初编1908年—1945年》，台北：中华学术院南洋研究所，1984年，第68—69页。

留尼汪华侨抗日救国后援组织合群剧社 1938 年成立时的合影

当时的非洲华侨各商店自动节省伙食费以增加捐献。华人商店将每月伙食中节省下来的部分作为抗敌捐，青年婚嫁、儿女满月、老人寿辰、祭礼会酒及小学生的糖食等费用，均节省下来后转交各地的抗敌后援会。在抗日战争期间，马达加斯加华侨凡是到塔那那利佛旅游结婚的年轻人都献出自己所得的贺仪作为救国捐款，总数不下数千元。① 毛里求斯有一个线业合作社，该社决定将每月之纯息 400 盾悉数交给后援会。在马达加斯加、南非等地，小学生或向家长讨钱，或将自己平日节约下来的“果饵钱”(即零花钱)捐献出来。② 这样，节约捐如涓涓细流，汇入海外华侨的捐款之水，源源不断地流入中国。

2. 热心捐

是指各华侨救国组织直接向华侨募捐而得到的款项。这种活动往往在大型的场合(如各种节假日、纪念日)进行，或直接在街头进行。如毛里求斯的抗日后援会的第二次热心捐于 1937 年 11 月进行。当时国民政府发行的救国公债正畅销海内外，后援会本拟将这次热心捐改为购买救国公债，后来，华侨表现出强烈的爱国热情，“纯为良心救国之表现，

① [南非]《侨声报》，1945 年 5 月 13 日。
② [南非]《侨声报》，1945 年 7 月 19 日。

固不望于政府之偿还”。于是,后援会决定继续第二次热心捐,结果成绩斐然。计慷慨捐款 1 000 盾以上者有:黎东生、黎允宁、陈汝邦、李本生、黎裕丰、陈逸棠、吴源隆及南梅烟厂等。[①]

南非唯一的中文报纸《侨声报》在抗日战争中起到了极重要的宣传鼓动作用,每期均登出各种捐款者的名单。很多在南部非洲各港口停靠的外国海轮上的中国海员也积极参加了捐款活动。据不完全统计,1945 年七七纪念日的捐款者有:开普海员工会、德班海员、东伦敦、德班宜光轮、弗里尼欣、纱纱金矿工人、英属东非洲汕文巴[②]和兵巴[③]两岛华侨、马达加斯加的法拉凡加纳县、毛按斗县及国民党驻马达加斯加的桑巴瓦区第 11 分部等。[④] 实际上,南非各地、留尼汪各地和毛里求斯各地在每年的七七抗战纪念日都有各种捐款活动。

3. 长期月捐

主要是指一些有工资收入的华侨每月按时交纳捐款。根据笔者在研究中掌握的资料,非洲地区几乎每一个抗日救国组织都采取这种方式募捐。在毛里求斯,月捐从 1937 年 7 月起每月征收,无论大店小店,店东店员,凡有人息者,一律认捐。[⑤] 南非首府比勒陀利亚的全体侨胞也是从 1937 年起每月捐款给中华民国政府,由侨领分区齐集后,交由驻约翰内斯堡领事馆转交国内作为抗战使用。[⑥] 伊丽莎白港华侨抗日救国后援会于 1945 年 4 月 5 日一次即汇出救国月捐 1 278 镑 10 先令,随后又于 1945 年 4 月 10 日汇出月捐 1 105 镑 10 先令。[⑦] 除此之外。约翰内斯堡、开普敦、金伯利、东伦敦、弗里尼欣以及英属东非、葡属东非、马达加斯加、留尼汪等地的华侨都参加了所在地抗日救国组织的月捐活动。当

① 陈伊美:《模里斯华侨的爱国热》。
② 即桑给巴尔岛。
③ 即奔巴岛。
④ [南非]《侨声报》,1945 年 7 月 21 日,7 月 28 日,8 月 2 日,8 月 28 日。
⑤ 陈伊美:《模里斯华侨的爱国热》。
⑥ 欧铁编著:《南非共和国华侨概况》,第 80 页。
⑦ [南非]《侨声报》,1945 年 8 月 30 日,11 月 24 日。

非洲华侨听到汪精卫成立伪政权后，纷纷表示不能容忍，南非华侨为此专门筹款以声讨汪伪政权的卖国行径。当时重庆出版的《现代华侨》专门刊载了一条报道："南非侨胞，对汪逆叛党卖国，至为痛恨，纷纷征募款项，以为诛逆之奖金。前已募得英金七千镑四先令六便士，各地侨胞团体多起响应。近复接获东伦敦中华会馆熊玉苏、梁静兰等捐款英金二镑×先令七便士，交南非支部转送中央核收，更见远区海外各地侨胞拥护中央与痛恨汉奸卖国贼之情绪云。"①

4. 义捐

义捐包括义卖捐、义演捐和游艺捐。为了筹备更多的捐款，华侨还想方设法将各种物品捐献出来，通过义卖后将钱款捐献。在马达加斯加，华侨们经常进行义卖活动。在多次的抗日纪念日和国庆节的献金义卖活动中，妇女界献出自己珍藏已久的各种装饰品物足足一电车，其中包括金银首饰。② 毛里求斯的实物捐是以捐献首饰的方式进行的，由陈琼珍女士、廖梅朋及范恩源两位夫人积极倡导。有的华侨妇女将自己保存的极珍贵的金手镯和金钻戒也捐献出来。③ 这种首饰捐在南非也十分普遍。

义演是义捐的另一种形式。非洲华侨在抗战期间纷纷成立各种业余剧团，如南非德兰士瓦华侨妇女组成的剧团，马达加斯加华人组织的醒群白话剧社和华体剧团，留尼汪华人的救国合群剧社、华侨救国剧社、青年白话剧社，以及毛里求斯的各种华人剧团。演员们往往利用业余时间排练各种剧目，然后利用一些节假日在剧场义演，将义演所得款项全数汇回国内。在毛里求斯，当地的华侨中小学生在各种重要节日和纪念日举行义演，以实际行动支援国内的抗战。④

举办游艺会也是重要的募捐方式。毛里求斯的第一次募捐游艺会

① 《南非侨胞筹金诛汪》，[重庆]《现代华侨》，第1卷第6—7期合刊（1940年11月15日），转引自李安山编注：《非洲华侨华人社会史资料选辑（1800—2005）》，第205页。

② [南非]《侨声报》，1945年3月18日。

③ 陈伊美：《模里斯华侨的爱国热》。

④ 刘新粦：《我在毛里求斯的见闻》，第51页。

是在 1937 年双十节举行的，由抗敌后援会委托一个专门的筹备会主持，分为演剧和卖物两个部门，游艺场中的各种物品则由各商店自由捐助。卖物部的成绩甚为突出，“尤以卖爱国花与生花的收入为最大，计共收入万余盾”。这在毛里求斯一个小岛可谓空前盛举。第二次的规模较小，是在 1938 年的春节举行的，由南顺会馆和仁和会馆分别负责。南顺会馆的收入为 1 400 盾，仁和会馆的收入为 2 000 盾，总共 3 000 余盾。南顺、仁和两会馆将游艺会的全部收入上缴抗敌后援会，而游艺会的费用则由两会馆自己承担。这种游艺会在其他各地也十分流行，更多的是由当地的援华组织进行。

5. 实物捐

为了更直接地支援在前线作战的将士，非洲华侨还组织了实物捐。实物捐包括医疗用品、军需物质和各种急需的物品。有的华侨捐药品，有的华侨捐麻袋做沙包，有的将自己收藏了多年的纪念品也捐了出来。在这方面，毛里求斯华侨特别突出。抗战初期，国民党驻毛里求斯直属支部接到国民党军事委员会第六部关于募集后方伤兵医药药物的通知，立即转交毛里求斯抗敌后援会办理，该会即募集 1.5 万余盾由华商总会名义函托英伦大使馆代购，以最快的速度寄到中国。其中价值最为昂贵的是一座 X 光镜，这正是当时伤兵医院中最需要的。

在立体战中，不论前方后方，沙包的功用极大。当时国内抗战急需麻袋，毛里求斯抗敌后援会特别劝令各华人商店分别捐赠，规定一等店 100 条、二等店 50 条、三等店 25 条，多多益善，至于私人的捐赠更受欢迎。抗敌后援会计划第一期总数要达到四五万条以上。在 1938 年，第一批 1.8 万条麻袋由荷轮运到中国，此外还有做麻袋之用的旧衣服 50 包共计 4 000 余件。所有这些实物捐均由香港华商总会转交国内军事当局。荷轮公司为了表示自己对中国抗战的全力支持，将运输费全免，毛里求斯的港口装运费也只收半价。在留尼汪，侨胞也纷纷为国内抗战捐献旧衣，中华妇女协会曾收集了旧衣 64 包寄送中国红十字会。南非和其他地区，有的华侨为前线将士捐棉衣，有的捐旧衣物以做沙包用。

6. 救国公债捐

在抗战期间，中国国民政府还发行了各种公债（Liberty Bonds）。这种债券（亦称“储蓄券”）从1937年开始发行，直到抗日战争胜利后，还在鼓励人们购买。债券共发行了几个系列，如航空债券、救国债券、建国债券等，票面从5元到10 000元。1940年9月，蒋介石为劝购建国债券专门发表《告全国同胞书》，劝告国内外同胞积极认购，并郑重宣布政府将储款投资到生产事业，“更是负责保本保息，另有获利，决无亏折，保障更属万分安全”。根据当时政府的公告，这种债券有百分之四的利息。①

1942年10月17日，国民党中央政府又发行同盟胜利美金公债1亿元，暨同盟胜利国币公债10亿元。当时，蒋介石再次就劝募一事发表公告：“凡我未参加阵地之同胞，无论男女老细，均应见义争先，解囊竞购；……战后国民经济，更可卜。今日报效一分之财力，他日必致十分之收获，故此次发行之公债，必须于最短期间，全数募足，以显示我同胞，自爱自强，愈久愈奋，确能更尽其职责，务仰各级募债机关，各级政府，悉遵法令，努力宣导，全国同胞，咸体斯旨，踊跃输将，使一篑之功，加于九仞之上，即百世之利，成于举手之间，企予望之！”②当时的国民政府还发行一种所谓的“爱国储蓄券”。指出这种券可以保本付值，有八厘利息。华侨信以为真，且以身在海外，自己的正当权益往往难以保持，不如将历年积蓄尽行认购，一则属爱国义举，再则将来回国也有一笔资金作依靠。由于有这种信誓旦旦的保证，非洲华侨竞相购买。

认购“爱国储蓄券”者绝大多数是中下层华侨，他们都是倾囊而出，后来所受的损失亦最惨重。玻埠一位热心捐款的刘浮初老人，时年已八十多岁。他想到自己老了，曾将私蓄买了标准银行（与汇丰银行是联号）的汇票八百镑（这种汇票可以长期存储，亦可随时向当地或香港汇丰银

---

① Melanie Yap and Dianne Leong Man. *Colour, Confusion and Concessions*, p. 271.

②《勉海内外侨胞购买公债书》，载杨建成主编：《中国国民党与华侨文献初编1908年—1945年》，第81—82页。

行兑取)。刘浮初平日将汇票小心卷成小纸条状,缝藏于西装背心中,作为防老应变之用,那一次也被扫数骗去。当时南京政府侨务委员会的委员长陈树人曾书"毁家纾难"、国府主席林森则书"卜式输财"作为空头奖励。约翰内斯堡华侨任锡辉(顺德人)以一百镑之数分批认购,先后共被骗去五千磅。购"储蓄券"多者如谭祺、林岳云等动辄二三千镑。结果都涓滴无偿,化为乌有。类似这等事情,在南非华侨当中举不胜举。①

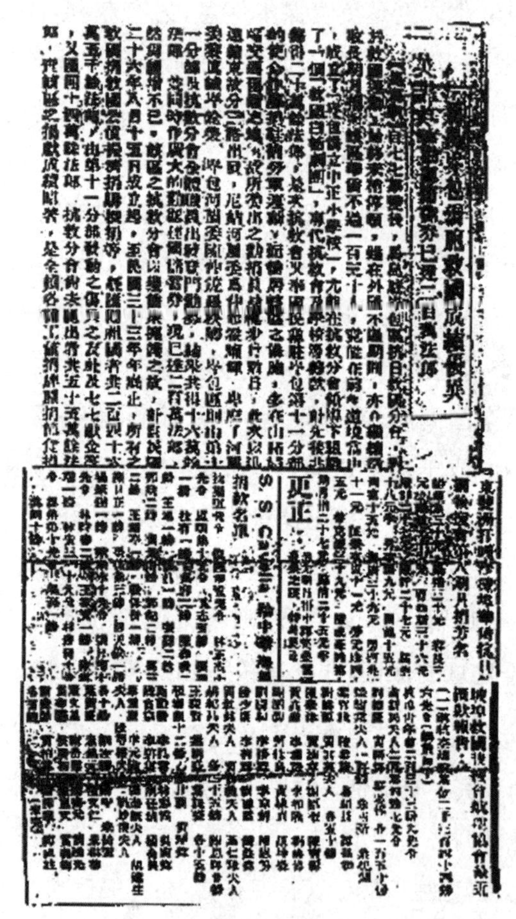

非洲华文报纸登载的关于抗日捐款的消息和名单

① 叶迅:《南非华侨情况忆述》,《文史资料选辑》,第 87 辑(1983 年),第 94 页。

当时仅300英镑即可以买到一辆崭新的美国汽车。南非华侨购买祖国发行的爱国公债，极为热心，尤以约翰内斯堡和比勒陀利亚两地人数最多，成绩亦最佳。非洲华侨到底买了多少债券，没有确切的统计。根据曾参与劝捐的南非华侨叶迅的说法，南非华侨购买救国债券达50万英镑之多，约占华侨捐款70万英镑的80%。① 南非一位当时的经纪人回忆："我不知道我究竟卖出去了多少公债。肯定多于25 000英镑。领事馆给了我一个本，我将人们的姓名和他们要买的数目填上，然后，公债从中国寄给他们。我只是一个跑买卖的商人，当时跑遍了约翰内斯堡，走访了很多华人以向他们销售公债。今天，人们责怪我，因为他们得不到钱，这些债券分文不值。"②

然而，这笔公债后来竟然本息全无。叶迅当时为劝捐人之一，曾经为了说服华侨购买"爱国储蓄券"竭尽全力。后来，南非华侨为了追讨这笔"爱国储蓄券"的下落，曾集资委派他回国与国民政府交涉。他回忆了当时的情况：

> 一九四六年我由南非回到南京。随即写信给蒋介石要他"体念侨艰，维持信用"，将购"储蓄券"之值以外币偿付。蒋介石则批交陈立夫和俞鸿钧处理。陈、俞约我面谈，并请我到南京浣花酒店吃饭。两人口头称许华侨爱国，但一谈到偿还"储蓄券"的问题，就马上推诿。说如果用外币偿还，则"政府"有困难。不如按买"储蓄券"的款额多少，分作甲、乙、丙、丁四等，分别给予奖章或奖状。还打起官腔说要通过领事馆调查以后再行核发云云。我知道所谓奖章、奖状自然是一钱不值的东西，但也无可奈何。随后陈、俞即叫人用汽车送我回到华侨招待所。我在南非时是劝捐人之一；不少亲友已经历年积蓄尽数认购，如此空手回去，有负侨胞重托，能有面见"江东父老"乎！于是心情矛盾，从此没有再到南非去。获悉，后来连这种骗人

---

① 叶迅：《南非华侨情况忆述》，《文史资料选辑》，第87辑（1983年），第94页。

② Melanie Yap and Dianne Leong Man, *Colour, Confusion and Concessions*, p. 271.

的"奖章"、"奖状"也没有发,索性不了了之。这五十万镑华侨血汗换来的巨款,则尽入四大家族的硕硕私囊。①

尽管这笔钱的下落颇不干净,但并不能掩盖南非华侨为重建祖国的拳拳之心,他们为抗战出力、为战后重建捐款的事迹仍为后人称道。

(四) 其他方式的抗日后援活动

当时在非洲还有一些包括当地居民和华侨的各种援华组织。这种援华组织的领导人多为当地有名望的社会贤达,他们振臂一呼,往往极具号召力。这些组织举行的各种"援华周"或"中国周"不仅为正在抗击日本侵略者的中国军民募得了金钱,同时也使当地人民对中国的抗日战争有了新的了解。

这种"援华周"或"中国周"的活动十分丰富,内容往往包括义卖(各种糕点、鲜花、特刊等)、电影、演剧或中国古装戏、游行、画展或中国艺术品展、收藏品展览、木偶剧、音乐会、舞会、聚餐会、祈祷、拍卖,有的还举行抽奖,还有的则同时举办关于中国文化和哲学的讲座。德班 1944 年 8 月 22—28 日的"中国周"为了配合宣传活动,还出版了一份共 8 页的小册子《今日中国》。东伦敦的组织者在 1943 年 12 月 14—18 日的"中国周"期间特别发行了一份英文报纸《中国周刊》以助募捐,封面上印着:"不要将这份报纸给你的朋友——告诉他们买一份。"

南非"中国周""援华周"活动表(不完全统计)

举办日期	举办地点	举办组织	负责人	筹得金额(英镑)
1943 年 4 月	约翰内斯堡	中国战争救济基金会	J. B. Robertson	7 000②
1943 年 9 月 7 日	约翰内斯堡	中国战争救济基金会	Justice. A. Schauker	

① 叶迅:《南非华侨情况忆述》,《文史资料选辑》,第 87 辑(1983 年),第 94—95 页。

② 当时国内新闻对此次活动亦有报道,但所载捐款数额有所不同。"南非约翰内斯堡四月初,举行中国周,一日开幕时,南非要员均有贺电,林主席、蒋委员长亦均有赠词。自一日迄十日,共获捐款一万二千镑。"《解放日报》,1943 年 4 月 23 日。

续　表

举办日期	举办地点	举办组织	负责人	筹得金额（英镑）
1943	开普敦	援助自由中国基金	Sir Herbert Stanley	8,750
1943 年 12 月 14—18 日	东伦敦	中国战争救济基金会	M. T. Flemmer	6 000*
1944	约翰内斯堡	中国战争救济基金会	J. B. Robertson	7 500
1944 年 3 月	皇后镇	援华委员会		3 200
1944 年 8 月 22—28 日	德班	中国战争救济基金会		5 500
无具体日期	金伯利			3 000
1945 年 4 月 7—15 日	约翰内斯堡	中国战争救济基金会		

资料来源：Melanie Yap and Dianne Leong Man, *Colour, Confusion and Concessions*, pp. 255-277;《解放日报》,1943 年 4 月 23 日;《新华日报》,1944 年 1 月 27 日。

* 指当时东伦敦华侨已经捐款数。

值得指出的是，所有这些活动虽然是由各地的社会贤达所组织，但当地华人一般都十分投入。如皇后镇虽只有四户华人家庭，可他们都积极参加各种募捐活动。又如在开普敦，华人为了感谢当地欧洲人组织"中国周"的活动，在沃德斯托克(Woddstock)镇的市镇厅特意举行了一个中国式的宴会以感谢募捐者。

在抗战期间，各地华侨都表现出一种强烈的爱国主义精神。这里特别值得一提的是马达加斯加桑巴瓦地区华侨的贡献。

自"七七事变"后，马岛的桑巴瓦地区抗日救国分会对于救国捐款运动从未有过丝毫懈怠。该区华侨长期进行月捐。该区华侨不过 130 人，在抗救分会的领导下，他们组织了一个"救国白话剧团"，专代抗救会及学校等筹款，先后共筹款 20 万余法郎。计自 1937 年 8 月 15 日成立起至 1944 年年底止，桑巴瓦华侨所捐献的救国捐、救国公债、赈济捐、购机捐等,已经汇回祖国的款项达 246.5 万余法郎;后来募集的伤兵之友捐和七七捐款又汇回祖国 14 万余法郎。该区捐献成绩之所以如此显著,主要是因为华侨以大局为重,主动进行各种捐献,如工值捐、牌照捐、节食捐、土货捐、消遣捐等,持之以恒,集腋成裘。更重要的是,抗救会的职员认真负责,取得了广大华侨的信任。①

在非洲的其他地区,华侨也积极参加了各种宣传和捐款活动。在索尔兹伯里(即现在的哈拉雷)只有成年华侨 20 余人,在 1944 年当地举行同盟国花车游行时,他们所制的东方花塔得到了当地居民的好评。1945 年,他们又受到邀请,参加花车游行。华侨们捐款 80 余英镑,以作为制作花车的费用。他们独出心裁,将花车装点成一艘新式轮船,女侨手持钱筒、中国书刊、抗日书籍等,向围观群众募捐。围观的人们纷纷解囊相助,即席募得 200 余英镑。他们将这笔钱寄转国内政府作为改善抗日战士生活的费用。②

在埃及,当时的华侨仅有 64 人,③两个社会团体,④他们时刻关心着国内的抗日战争。埃及人民也对中国的局势极为关注,他们召开声援大会,邀请中国留学生介绍抗日战争。埃及国王在接见中国公使时,对中国抗日战争"极表钦佩"。⑤ 在英属中非和葡属东非,华侨对抗日募捐也极为踊跃,除了在各种大型场合慷慨捐输外,他们还从自己的微薄工资中按月扣除捐款。仅从 1945 年 5 月至 8 月的《侨声报》上刊登的月捐名单,我们可以看到东非地区一些定期交纳月捐的组织和个人:

东非洲达累斯萨拉姆华侨抗日救国会第 8 期月捐芳名共

① [南非]《侨声报》,1945 年 7 月 28 日。

② [南非]《侨声报》,1945 年 7 月 17 日。

③ 中华民国政府侨务委员会编著:《侨务十五年》,南京:侨务委员会,1947 年,第 37 页。

④ "居留埃境之华侨,据我领馆 1940 年 1 月调查,共计 64 人,内 5 人一有外妇,成立家庭。"《华侨先锋》,第 5 卷第 2 期(1943 年)。还可参见《现代华侨》,第 3 卷第 2—3 期合刊(1941 年 3 月 1 日)。

⑤《新华日报》,1944 年 1 月 27 日。

18 人。①

国民党驻达累斯萨拉姆分部第 9 期救国月捐共 631.5 元。②

东非洲陆军司令部华侨工兵员 3—7 月份救国月捐芳名：颜毓麒、劳宜贤等 25 人。③

三、战后募捐与赈灾济贫

(一) 非洲华侨欢庆抗战胜利

当日本宣布投降、抗战胜利结束的消息传来后，非洲华侨欣喜若狂。各地纷纷举行祝捷大会，人们载歌载舞，欢庆胜利。下面摘录几段《侨声报》上刊登的关于非洲华侨庆祝抗战胜利的报道。

在南非的伊丽莎白港，侨胞庆祝抗战胜利大会盛况空前，参加者达 800 人。华侨小学董事长朱玉阶、中华会馆主席林绍良（原文如此，应为“长”）和梅侨会馆主席黄华国先后在大会上讲话。④

在留尼汪，华侨为庆祝抗战胜利举行提灯大会，围观者人山人海。20 晚又借加之奴（Casino，亦译加善奴）戏院召集侨胞庆祝大会，各界代表及各国领事也应邀参加。当时的一条报道记录了整个庆祝活动的欢快场面：

> 自胜利消息传来，敌人无条件屈服，此间数千侨胞得闻之下，纷纷自动停止营业，升旗放炮，庆祝胜利来临。翌晚举行提灯巡行大会，参加者有兴华学校童军、各体育社、救国剧社、各机关团体、埠上政府军乐队、中西人士等数百人。所过街道，围观者人山人海，诚开埠以来此次提灯会为最热闹。又于二十日晚假座“加之奴”戏院召

① [南非]《侨声报》，1945 年 5 月 3 日。
② [南非]《侨声报》，1945 年 8 月 2 日。
③ [南非]《侨声报》，1945 年 8 月 28 日。
④ [南非]《侨声报》，1945 年 9 月 13 日。

> 集侨胞开庆祝大会,柬请埠督及各机关长官、各国领事参加,我侨胞到会者,非常踊跃。下午五时,督宪莅场,由埠中军乐队高奏中、法两国国乐,我侨领等分别殷勤招待。酒过三巡后,由救国会会长兼国民党常务主任刘锡辉博士起立致词,宣讲我国八年抗战经过之情形与精神,及得到胜利之良好结果。洋洋千言,慷慨激昂,博得全场中西人士鼓掌不已。继而督宪起立致谢词,并称美我国抗战努力,故有今日之成功,再又陈副会长陈丽墀演讲。毕,中西人士高呼口号。①

马达加斯加的瓦图曼德里在1945年8月10日得知日寇无条件投降的消息后,各华侨家庭高挂国旗,各侨店关门休息,学校放假。同时华侨联合会立刻召集民主会议,并做出决议:① 日间大游行;② 夜间提灯会;③ 召开庆祝胜利大会;④ 捐款救济抗战阵亡将士家属;⑤ 公祭阵亡将士;⑥ 演剧;⑦ 宴会。当场即募得17万法郎。②

(二) 购买公债的义举

抗战刚结束,南京政府财政部为了鼓励侨胞在国外购买国币公债或以外币汇回购买公债交付国内眷属到期支用,特制定五项优惠办法。③国币价值狂跌,侨胞所购的债券,照时价折算,大部损失。当时伊丽莎白港中华会馆为了便于与南京政府交涉救济办法,对购买者进行登记,并草定登记表式:

姓名	地址
债券种类	号码
非金数目	中国币数目
南非代购机构	祖国代购机构

① [南非]《侨声报》,1945年9月18日。
② [南非]《侨声报》,1945年9月27日。
③ [南非]《侨声报》,1945年11月17日。

僑胞購買公債政府加給津貼

▲現時每英鎊可得國幣二千元

【本報訊】本報昨接海外部來函內稱：財政部為鼓勵僑胞在國外購買國幣公債成以外幣購買國幣公債交付國內發還，到期支用起見，經規定得比照海外僑匯補助標準予以補助金一併發給債票，並訂定辦法五項：（一）凡[illegible]公債[illegible]銷售者，由中央銀行國庫局預先劃出一部份聯號債票，專供[illegible]銷售，並將各該項債票起止號碼報部備案，並分別通知國內外經理政府公債機構備查。（二）凡在國內銷售之國幣公債債票，不得在國外折合外幣兌取本息。（三）海外僑胞以外幣匯回國內購買國幣公債交國內發屬到期支用者，即照當時國匯補助標準由中央銀行加給補助金再行購買在國內銷售之國幣公債債票，此項債票照在國內兌取本息，照面額以國幣給付之。（四）僑胞在海外以外幣折合國幣購買國幣公債，比項債票得在國外兌取本息，並照還本付息時官價折合外幣[illegible]付，但不另給補助金。（五）上項辦法自配銷三十二年同盟勝利公債債票起實行，該部並已分函中交農四行辦理云。

南非华文报纸《侨声报》关于鼓励侨胞购买政府公债的消息

购买日期　　　　　　　收到日期

备注

当地华侨纷纷填写登记表，希望南京政府给一个说法。[①] 然而，这些钱很多后来都进了国民党政府各级官员的腰包。南非华侨叶迅当时也是劝捐员，后来受当地华侨委托，回国与政府交涉债券兑付的问题，结果

① [南非]《侨声报》，1947 年 2 月 8 日。

毫无收获。他无脸回南非去见父老乡亲,只好留在国内。① 1948 年中华民国政府举行立法委员选举,非洲华侨有一个名额。当时毛里求斯《中华日报》总编辑陈伊美参加非洲区竞选,他当众宣布的竞选政见共有 12 条,其中第二条即为“侨民所购储蓄券以原外币申算竞还”。② 后来,非洲华侨不断与台湾当局交涉,台湾国民党政府的官方回答是:“等回到大陆以后,我们再偿还。”③

(三) 救济难民与重建家乡

八年抗战,国土惨遭日寇蹂躏。抗战胜利,举目疮痍,百废待兴,华侨盼望着祖国早日恢复建设。此时,国内难民比比皆是,家乡父老急盼救援。因此,救济难民和援助乡梓成了海外侨胞抗战后的一桩大事。面临新的任务,非洲华侨尽心尽力,不分男女老少,向国内难民和家乡同胞伸出了慷慨援助之手。例如,抗战结束的消息传来以后,德兰士瓦一位名叫钟贵全的小朋友独捐 100 英镑,并表示:“抗战虽示已胜利,建国犹未完成,伤兵难民急需救济。”黎志棉老人在七十大寿时不仅将所收到的贺仪全部捐出,还自捐等量数额,一起寄回祖国救济难民。④

非洲华侨多来自广东地区。为了更好地支援家乡,他们或利用原来存在的各种同乡会互相联络,或在报纸上刊登启事通知,专门成立各种同乡会,以募集捐款。有的华侨集资为家乡兴办教育、修建校宿,有的为家乡修路建屋,有的为难民捐款捐衣,还有的为慈善医院筹款购物。1945 年 9 月 20 日,伊丽莎白港的全体华侨举行会议,讨论抗战胜利后的各项事宜。1945 年 9 月 22 日,良教沙同益会在《侨声报》上发表第一、二、三号通告,一方面对同乡人数进行统计,同时告知关于“救济同乡及

① 叶迅:《南非华侨情况忆述》,文史资料选辑,第 87 辑(1983 年),第 94—95 页。
② [南非]《侨声报》,1948 年 1 月 27 日。
③ National Chinese Welfare Council, Special Publication, New York, July 1990, pp. 21-24; Melanie Yap and Dianne Leong Man, *Colour, Confusion and Concessions*, p. 273.
④ [南非]《侨声报》,1945 年 8 月 30 日。

重建新村问题”已于会员大会通过，希望大家踊跃捐输。1945年冬，伊丽莎白港的梅县侨胞黄其英夫人、张用三夫人、黄淑铭夫人、侯九祥夫人和黄运康夫人等发起募集救济梅县难民捐，共募集捐款计338英镑6先令2便士（折合国币669 641.25元），寄回国内救济梅县难民，受到国民政府财政部“德惠灾黎，实堪嘉尚”的表彰。①

同样，广东其他各地旅居非洲的侨胞为了救济乡民，抗战胜利后即着手募捐。旅非桂圃同胞在1945年8月26日即召开大会，通过决议，即席成立救济乡梓委员会，以期早日达成救济任务，并公选职员25名从事救济急务。1946年5月30日，旅非的桂圃同乡会再次召开大会，讨论为建设家乡出力事宜。大家决定发起劝募乡校教育基本经费，其办法是在家乡购置一份产业，将每年所收租项，一概拨入学校经费。这样，“以一次巨量捐输，可用之百世不竭”。为了充分动员同乡捐款，会议还决定派出会员沿户劝募，“尚望乡侨踊跃解囊，吾乡前途教育之发展，人才之培植，实利赖焉”。② 第二天再次开会时即募得捐款700英镑。非洲华侨深知自己创业艰难是由于缺乏教育所致，对家乡的教育事业也特别关心。

当时位于广州市的方便医院是一所慈善医院，建于光绪廿六年。该院经费，除省市有些许补助外，主要靠募捐得来。抗战结束后，该医院资金甚缺。当南非一些华侨组织得知这一消息后，广为募捐，从而与方便医院建立了十分友好的关系。1946年11月，弗里尼欣建国协会将募集来的100英镑捐款寄送方便医院，折合国币145万元。随后，德兰士瓦华侨妇女协会又将600英镑捐到广州方便医院，当时国币贬值，每镑值国币13 100元，折合国币共786万元。这是该院所收到捐款中最大的一笔。1947年2月23日，德兰士瓦华侨妇女协会召开职员会，会议做出决议如下：协会剩下的500英镑，仍交方便医院“宽作贫穷病人医药等费”。③

---

① [南非]《侨声报》，1947年3月1日。中华民国政府财政部收据号为侨渝国字第48876号。
② [南非]《侨声报》，1945年8月28日，1946年6月15日。
③ [南非]《侨声报》，1947年1月21日，2月8日，2月25日。

1947 年，广东省遭受特大洪水，“山水爆发，演成 36 年未有之水灾”，受灾县市达 49 个，淹没乡镇 264 个、良田 670 万亩，死亡人数达 4 000 人，灾民达 500 万人之多。当时的中央海外部将灾情通告非洲华侨，南非各地华侨闻风而动，募集捐款，以赈灾民。德兰士瓦中华公会还专门成立南顺东西围水灾急救分会，共募得捐款 761 英镑 18 先令 6 便士后，托廖子桑携带回国。廖子桑还顺便将比勒陀尼亚的华侨青年所募集的 174 英镑 18 先令也带回国救济灾民。伊丽莎白港中华会馆也募得捐款 250 英镑赈济广东灾民。①

广东水灾发生后，弗里尼欣华侨建国协会于 7 月 14 日航空挂号并附面额 240 英镑的汇票一张，寄送广州市方便医院，请医院代为救济南顺属内东西围水灾受害地区，对受灾最惨之区先行施救。与此同时，杜省华侨妇女协会也积极行动，募集捐款，于 1947 年 8 月 3 日将捐款 730 英镑寄送香港东华医院，并要求东华医院转交广州方便医院，赈济南顺各区灾民。方便医院虽然从未有过“单独派员组队出发散赈之举”，但经过讨论后，决定“将该两款分拨南顺两属施赈”。②

此外，非洲华侨对家乡的公共设施也甚为关心。1947 年下半年，梅县东山中学决定加建第一、二宿舍，向海外侨胞劝募。伊丽莎白港的梅县华侨较多，他们“以兴学为怀，知教育之重要”，得此消息后，“无不热诚赞助，慷慨捐输”，一次即募得 146 英镑，即于 11 月 18 日汇往家乡。③ 广东梅县罗在乡陈坑口公渡上通兴华，下达梅县，为邻近各乡人士往来必经之渡口。自开设以来，方便了当地群众。为了使这一渡口长期发挥作用，不为资金困扰，当地有关人士决定向海外同乡劝募。南非华侨刘德霖、刘德庆和杨金兴等人得知这一消息后，立刻向同乡劝捐。仅两天时间，即募得捐款 249 英镑。④

---

① [南非]《侨声报》，1947 年 8 月 28 日，9 月 30 日，1948 年 2 月 21 日。

② [南非]《侨声报》，1947 年 9 月 23 日，10 月 2 日。

③ [南非]《侨声报》，1947 年 12 月 11 日。

④ [南非]《侨声报》，1948 年 1 月 22 日。

四、非洲华侨的捐款总数

在整个抗日战争期间，非洲华侨的捐款总数究竟是多少，至今没有一个确切的统计。《现代华侨》载明，据财政部 1939 年过去十个月之报告：非洲捐款 1 170 717.81 元。[①] 1940 年 3 月出版的《华侨动员》上的"海外侨胞赈灾及慈善捐款表"的统计，非洲捐款数为 1 656 611.61 元。[②] 1939 年 7 月至 1940 年 11 月 21 日，非洲华侨捐款 2 764 794.16 元。[③] 根据国民党中央海外部 1941 年的报告，非洲华侨为伤兵之友捐款数为 68 123.23元；毛里求斯华侨的捐款数为 17 790.89 元。[④] 下面是各个地区的大致捐款数。

（一）南非

南非华侨叶迅认为，南非在整个抗战期间，各种捐款在 70 万镑以上（其中 50 万镑为"爱国储蓄券"）。[⑤] 叶慧芬在《南非华人史》中指出，从 1937 年到 1943 年，南非华侨已将 90 000 英镑送到了中国。[⑥]

（二）留尼汪

留尼汪当时的华侨总人数是 2 845 人，他们在整个抗战期间的捐款总数是 100 万法郎（指存有单据为凭的）。[⑦] 确切的捐款数肯定不止此数。

---

① 《现代华侨》，第 1 卷第 1 期（1941 年 5 月 15 日）。

② 《华侨动员》，第 21 期（1940 年 3 月 15 日）

③ 陈里特：《中国海外移民史》，上海：中华书局，1946 年，第 44 页。

④ 参见黄小坚、赵红英、丛月芬《海外侨胞与抗日战争》，北京出版社，1995 年，第 218—219 页。

⑤ 叶迅：《南非华侨情况忆述》，《文史资料选辑》（1983 年），第 87 辑。

⑥ Melanie Yap and Dianne Leong Man, *Colour, Confusion and Concessions*, p. 256.

⑦ 何静之编著：《留尼旺岛华侨志》，第 69—70 页。

（三）马达加斯加

马达加斯加华侨的捐款也无确切记录。从几笔大的捐款数看：国民党驻马岛支部1944年5月的一笔捐款为524 500法郎，1944年9月的一次汇款即达3 350英镑7先令7便士。[①] 在1945年12月1日汇交中国驻法国大使馆的一笔款项高达163万法郎。如前所述，仅桑巴瓦一区自1937年8月15日至1944年年底止，一共汇回祖国246.5万余法郎。

（四）毛里求斯

毛里求斯华侨所捐款项的数字较为分散。从1937年7月到1938年1月这短短半年时间内，毛里求斯华侨汇款即达七次，“总数达国币十余万元，另外复于二月寄英伦购药物数一万五千余盾，预计在三月份至少有一万盾之汇返，此等数字，虽比上不足，亦已比下有余”。此外，在国内各种报刊中，关于毛里求斯（亦称“模里斯”或“毛里西亚”）华侨踊跃捐款的报道也不少。如1941年8月5日《新华日报》有一条关于毛里求斯华侨捐款的简讯：“近收到毛里西亚华侨抗敌后援会汇来响应出钱劳军捐款英金四百镑，折合国币约三万元。”1944年1月16日的《新华日报》也刊登了一条类似的消息：“全国慰劳总会顷接毛里西亚慰劳分会发来向鄂、湘将士致敬电暨劳军捐款二百二十镑。”[②]

此外，英属中非、英属东非、葡属东非各地华侨捐款也很踊跃。不论非洲华侨的捐款数额具体是多少，有一点是可以肯定的：在伟大的抗日战争中，远离祖国的非洲华侨华人视抗战后援为己任，以各种方式慷慨捐输，表现出极大的爱国热情。在1947年9月14日庆祝德兰士瓦华侨

---

① [南非]《侨声报》，1945年3月18日。中华民国政府财政部的收据号为侨渝字39153号，根据斯拉威斯基的资料，国民党支部曾于1944年6月筹集了59 500法郎，另外两个抗战后援组织募捐425 000法郎交由英国陆军财政委员会转送重庆。Leon M. S. Slawecki, *French Policy Towards the Chinese in Madagascar*, p. 160.

②《新华日报》，1941年8月5日，1944年1月16日。

妇女协会成立十周年时，宋美龄给该会寄去了嘉奖状。曾任该会司库的Ivy Leong回忆："蒋夫人对我们的工作给予了肯定。她说，如果就人均数而言，南非华侨妇女为战争募捐的数额在所有中国人中间是最多的。"①这一评价也同样适用于为中国人民的抗日战争做出了伟大贡献的非洲华侨。

① Melanie Yap and Dianne Leong Man, *Colour, Confusion and Concessions*, p. 260.

第十四章　华文学校的兴起与社区文化生活 (1911—1949年)

我们深信各地侨胞们都是热心教育、爱群爱国、乐善不倦的。我们在这里建校，自其近者小者言，是求侨教的发展，自其大者远者言，是为国家在教育政策上尽其应尽的义务；础于国家教育整个系统上讲，各地侨校原是此整个系统内构成份子。侨胞对之应有其友谊下义务上彼此互助之理由。

——葡属东非贝拉中华小学募捐通告

吴翁韵[①]琴，一热心教育之人。民国纪元前一年，与古文彬、黎达夫诸先达，倡设新华学校。维持校舍为租赁性质，无固定校址。乃更与古文彬翁等，商请仁和会馆，指定咧咧命街仁和屋产为校舍，即今之第一院也。厥后校务日益发展。民三十年，复办中学，员生有加无已。除由仁和加拨屋宇外，仍不足以收容。时有仁和上方相连之仁和地基，曾租予吴翁架造屋宇。一院者，依契约至民卅三年任期满后，由吴翁收回全部屋材。惟吴翁感于学子达八百有奇，故当弥留时，面谕其哲嗣少琴昆仲等，将全部屋宇捐赠本校。同时并得仁和当局将地址加拨本校。其关怀本校，始终不懈，殊足风矣。

① 原文为“韶”，据上下文改。

爰刊其事,用志不忘。

——毛里求斯侨领吴韵琴翁捐赠新校第二院屋宇碑志新华中学校董会立于校庆日,1944年

从20世纪20年代起,在非洲的华人社区出现了设立华文学校的第一次小高潮,到20年代末,非洲华文学校(全部是小学)已达9所。华校的增加有三个原因。一是华侨生存已有保障,收入基本稳定。二是由于华侨人口比例的变化和华侨儿童人数的增加。更重要的是与中国国内的局势有关。军阀混战使华侨回国机会减少。这些小学的建立无疑为侨童接受华文教育提供了条件。第二次华文学校的兴起是在20世纪40年代。中国的抗日战争全面展开以后,侨童到国内接受中国文化教育已不可能。一些有远见的侨领决定在本地创立华文学校,特别是中学或在原有小学基础上新设中学部,从而形成了华文教育的兴盛期。20世纪30—40年代华校有近40所。华文教育的兴起也促进了华侨社区的文化活动。本章将对华侨教育的兴起、华文学校的筹办、华文学校的运作与侨童的学习、华侨社区的文化事业与抗日救国运动四个方面进行阐述。①

一、华文教育的一般情况

(一) 20世纪20年代的华文学校

除毛里求斯的新华学校外,其他非洲华侨学校的正式开办大都始于

① 关于南非华侨的大致情况,参见 Melanie Yap and Dianne Leong Man,*Colour Confusion and Concessions*, pp. 279 - 314;欧铁编著《南非共和国华侨概况》,第56—60页;周南京《南非华人华侨教育概况》,《八桂侨史》,1997年3期。关于毛里求斯的华文教育,可参见刘新粦《漫谈毛里求斯华侨教育》,《华侨教育》,第1期(1983年4月);陈英东《模里西斯华侨概况》,台北:正中书局,1989年,第39—41页。关于马达加斯加的华文教育,可参见方积根、李秀华《马达加斯加华侨的历史与现状》,《华侨历史学会通讯》,1985年第2期;陈铁魂《马拉加西共和国华侨概况》,第41—52页。关于留尼汪的华侨教育,可参见 Edith Wong-Hee-Kam, *La Diaspora Chinoise aux Mascareignes*, pp. 240-253;何静之编著《留尼旺岛华侨志》,第39—42页。

20 世纪 20 年代以后。在 20 世纪初，非洲各地已有不少华人。但华侨为什么只到 20 世纪 20 年代才开办小学呢？首先，早期非洲华人多为背井离乡，他们身无分文，远渡重洋到此地来谋生，一无经济基础，二无生计保证，根本不可能将亲眷带来，更不敢贸然成家。因此，儿童人数一直不多。其次，绝大多数华侨经营小商店，家庭成员都是店员。一些华人即使家里有孩子，也要当作劳动力使用，对他们的教育无暇顾及。再次，早期来到非洲的华人多为工人或农民，基本上没有机会接受教育，要找一个教师非常困难，需要到国内招聘，这也给华人社团带来了很多麻烦。最后，关键问题是经费。由于有诸多困难，即使有的华人愿意让孩子接受华文教育，他们也只能将孩子送回国内。

非洲华侨开办的第一所华文学校是毛里求斯的“新华小学”。毛岛的华侨人数从 19 世纪末到 20 世纪初一直在稳定增长。人口变化的一个特点是妇女的增加。1891 年，华人有 3 151 名，其中妇女只有 0 人，1901 年，在 3 515 名华人中，妇女有 58 人，到 1911 年，毛岛有 3 313 名男华侨，女华侨已达 349 人。① 妇女在整个华侨人数中的比例在随后的年代里不断增长，这也意味着侨童的增加。1911 年，吴韵琴、古文彬和黎达夫等侨领有感于侨童缺乏受教育机会，率先自己集资租了一间房屋，从国内请来一位秀才，并带来一些古文书籍，招收了 20 多个少年男女，开设了一所私塾学校，这是华文教育在毛里求斯的开始。

1912 年学童增多，经费短缺，黎达夫先生建议变由仁和旅馆接办为正式学校。这一建议被仁和旅馆董事会接受并拨出经费和房屋，将仁和旅馆刚购置的路易港咧咧命街 41 号房屋作为校舍，②命名为“新华小学”。董事会任命黎达夫为第一任校长，11 月 10 日正式开课。当时毛岛的华人绝大多数为客籍，因此新华学校也明确规定是“为本埠全体客属

① 李卓凡:《西印度洋华侨史》，载方积根编:《非洲华侨史资料选辑》，第 160 页。

② 一说初办时租用德和土街 28 号为校舍，后又多次迁动，1914 年由仁和会馆指定拉奄街 34 号为临时校舍，到 1917 年由仁和会馆公决指定拉奄街 39 号为校舍。参见《华侨周报》，第 27 期(1933 年 3 月 15 日)。

华侨组织而成”。虽然新华学校在创立时纯属个人行为,但从1912年正式建校起,即由仁和旅馆董事组成的学校董事会管理学校。校舍由仁和旅馆借给,不收租金,学校只负担自来水和政府税。在经过1922年的扩建和1929年新建校舍后,新华学校已初具规模。1941年,新华学校又在原有的基础上设立了初中班,学生和教师人数逐渐增加。

到20世纪20年代,出现了一批华文学校,如毛里求斯的培英学校、马达加斯加的华文补习班、留尼汪的华文学校、南非的伊丽莎白华文学校和约翰内斯堡华文学校,以及葡属东非贝拉港的华文学校等。在毛里求斯,由于新华学校在早期专为客家人侨童而设,因而一切行政均为客家人所掌握。随着广府人(主要为来自广东省南海、顺德及其附近县区的人)的逐渐增多,广府人也开始加紧成立自己的学校。

1928年,毛里求斯广府人的学校——培英学校得以成立,其校名取自“培育正气,建树群英”之意。此外,在毛里求斯其他华人较多的地区也陆续出现了华文学校,如荷精华侨小学、鸠必中华小学和埋布中华小学等。由于抗战的爆发,小学毕业的侨童回国继续升学已无可能,为了避免侨童的学业中断,新华学校设立了中学部,而国民党驻毛里求斯直属支部也于1941年成立了中华中学。新华学校和中华学校的教学质量都不错,只是理化课程缺乏实验仪器。

南非的华文学校最先出现在伊丽莎白港,这是由英国圣公会传教团与华人合办的。这所华文学校成立于1918年。① 伊丽莎白港的梅县华侨朱玉阶、钟传元、叶浩如、黄兆凤、张藻华等积极参与了学校的创办过程。刚建校时只有一间教室,学生只有16名。不久,学校转由伊丽莎白港梅县侨商公会接办,以当地梅县侨商公会为校址。上述侨领均为学校董事,钟传元被推为董事长。1921年学生人数为32人,当时教师由教会协助聘请,翌年增至43人。1933年成立小学部。有的教师聘自国内,如

① Melanie Yap and Dianne Leong Man, *Colour, Confusion and Concessions*, pp. 306. 这所学校于1920年由梅县侨商公会接办。叶迅在他的文章中认为这所学校是在1920年创办的。参见叶迅《南非华侨情况忆述》,《文史资料选辑》,第87辑(1983年),第84页。

教师叶梦秋就是北京大学的学生。[①] 1928 年约翰内斯堡华文学校成立，1934 年该校学生为 80 人。[②] 以前，侨童在小学毕业后，往往回国继续深造。中日开战后，回国读书极为不便，创办中学已成为必然。南非两所最大的华文学校伊丽莎白港华文学校和约翰内斯堡华文学校与毛里求斯的两所华校一样，在 1938 年才发展成为中学。

南非华人学校一览表(1918—1948 年)

地区	校名	创办日期	备注
伊丽莎白港	华侨教会学校	1918 年 2 月 4 日	梅县侨商公会与圣马克斯公会传教团合办
约翰内斯堡	华文学校	1928 年	由国民党南非支部创办
伊丽莎白港	华文学校	1932 年	由华侨教会学校改名
比勒陀利亚	华侨公学	1934 年 9 月	由华侨青年自治会创办
伊丽莎白港	华侨小学	1939 年	由 Lee Simpson 等人创办
约翰内斯堡	国定学校	1940 年 8 月 8 日	从约翰内斯堡华文学校分出
东伦敦	中华学校	20 世纪 40 年代早期	东伦敦中华会馆创办
开普敦	中华学校	1943 年	开普敦中华会馆创办
约翰内斯堡	华侨国定学校	1943 年	由约翰内斯堡华文学校和国定学校合并而成
埃滕哈赫	华侨小学	1944 年	由中华会馆创办，1949 年关闭
金伯利	华侨小学	1945 年	
弗里尼欣	华文学校	1946 年 7 月*	
克勒普敦	华文学校	1948 年	

资料来源：Melanie Yap and Dianne Leong Man, *Colour Confusion and Concessions*, pp. 279 - 314.

*[南非]《侨声报》1945 年 12 月 9 日称："非厘的近拟设侨校，招聘教员，下期开学。"

---

① 欧铁编著：《南非共和国华侨概况》，第 57 页；叶迅：《南非华侨情况忆述》，第 84—85 页。

② 王贞畴：《从华侨教育的今昔说刊我们将来应有的努力》，《侨务月报》，第 12 期 (1934 年 12 月)。

马达加斯加的华文教育始于20世纪20年代。1921年,马岛有华侨956人,其中男侨为808人,妇女为29人,儿童为119人。到1929年,侨童已有377人;而到1931年,华侨人数增至2 516人,侨童已达475人。换言之,在短短十年内,侨童的人数增加了三倍。① 1928年,马达加斯加的中国国民党员已增至400余人,经国民党中央委员会的核准,正式设立国民党驻马达加斯加直属支部。直属支部成立后,负责总务的陈明沃(字洵侪)以及分别负责组织和宣传工作的陈畅云、何金泉等三人分别到全岛各地视察工作,他们发现马达加斯加的侨童没有接受华文教育的机会。三人经过商量后,于1929年12月(一说1926年)在国民党驻马达加斯加党部内设立了补习教育班,聘请何宗谨、何金泉、祝展华为教员。由于地方狭小,学校教室只能容纳50余人。虽然这一机构并不正式,但它是马达加斯加有史以来的第一所华文教育机构。后来,因"济南事变"后创办《侨民新报》的何金泉、祝展华两人被驱逐出境而告停办。②

马达加斯加华文学校一览表(1938—1948年)

地区	校名	创办日期	备注
塔马塔夫	兴文学校	1938年	1940年由国民党驻马达加斯加直属支部接管,并改名为"党立兴文学校"
费内里韦	中正学校	中日战争后	初期为私塾型,借中华会馆为校址,1957年才搬进新校舍
菲亚纳兰楚阿	华文学校	1941年③	初期为私人家庭式,1947年由侨团接办
瓦图曼德里	忠信学校	1942年④	1965年停办

① Leon M. S. Slawecki, *French Policy Towards the Chinese in Madagascar*, pp. 49 – 52.

② 华侨协会总会编著:《华侨名人传续集》,第399—404页;陈铁魂:《马拉加西共和国华侨概况》,第42页。关于《侨民新报》事件的详细情况,参见下文。

③ 一说1946年10月。

④ 一说1951年。

续 表

地区	校名	创办日期	备注
塔马塔夫	华体小学	1943 年①	由华侨体育会主办，初期设备简陋，1948 年搬进新校舍。1976 年与兴文学校合并为塔马塔夫华文学校
马纳卡拉	中山学校	1944 年	初期借当地华人会馆为校舍，1947 年因当地事变而停办，1954 年复校。
桑巴瓦	中正学校	二战后	借当地华人会馆为校舍。

资料来源：陈铁魂：《马拉加西共和国华侨概况》，第 46—52 页。

（二）抗日战争的推动：南非

从 20 世纪 30 年代起，华侨日益重视子女的华文教育。为了创立公学，他们或是捐献家产，或是依靠中华会馆或中华商会，或是成立自治组织以谋华侨教育。特别在南非，由于华侨子弟不能入白人学校就读，更激发了当地华人建立华校的决心。当时的一则来自南非的报道真实地反映了南非首府比勒陀利亚华侨创立青年自治会及华侨公学的艰难过程。

> （一）非②京华侨公学成立小史
>
> 非京城碧多利丽③地方，有华侨数十人，经营罐头伙食，均系纯洁青年，且富于革新性。三年前，何缵、邵挺两领在任时，曾指导彼等组织青年自治会，当时苦无适当会赴，且我华人在南非杜省无购置地产之权，乃由邵领极力向当地政府交涉，几经波折，始购得会所一座。成立后，老幼华侨相率加入者甚众，会[所]内布置甚为清洁雅致，内有图书室，弹子房、网球场等，一切娱乐，均以高尚为原则，与新生活运动相吻合。近年来会务，越为发达进步。会长何源广、会员罗璋宝、关和玉等。鉴于同侨子弟受白人学校拒绝入学之虐

① 斯拉威斯基的书中认为是建于 1950 年，这与事实不符。
② 原文为“斐”，改为“非”，此外指南非。
③ 即南非首府比勒陀利亚。

待，特推选会员罗、关、何三君，驾车前往各埠，捐得英金千余镑，费时一月之久，路经四千余哩，现已在该会背复建筑校舍一座，规模虽不甚大，但可容膳宿生四、五十人，业于月前正式成立上课。校长为林影君，该校之有今日，实出自罗璋宝君及各会员努力之结果。我侨外同胞如此奋发，实足为我国前途庆幸也。

（二）南非洲非京华侨青年自治会经过报告

组织之开始

10 月 10 日，为我国国庆纪念，非京同侨每年举行茶会庆祝，以联络侨情，发激同侨爱国心，纪念先烈创造民国艰难。民国 21 年双十，吾侨自必照例举行，同侨莫不踊跃参加。是时正值国难当头，危机四伏，遂有侨胞倡议非京华侨必须组织一坚固团体，以提高华侨生活，击破南非当局之不平等待遇，以及努力救国工作。莅会同胞咸赞成。乃于是月廿六日开第一次组织会于冯君庆岳急干厂。老少参加，济济一堂，当即通过敝会会名为非京华侨青年自治会，推举负责人员关和玉、罗璋宝、何源[广]、何显佩四君等决议组织步骤，定章程，筹经费，全体努力负责办事，工作为有系统之进行。初以关君和玉寓所为临时会所，何君源广店为临时网球场，敝会乃具雏型，而函谋长足发展矣。

租赁会所之困难

敝会以雏型以具，必须进而寻觅会所，以利进行各项工作，乃成立寻觅会址委员会，以关和玉、刘胜熙、霍永照、刘胜锐、以启信五君任之。初觅得菊与树街，房东谓须与已赁者商量，已赁者不肯迁移，拟出资购买。房东竟出昂价以拒。后又觅得甫劳土街，房东谓须先请示市府可否出赁华人。二日后得其答复，据云市府不允。无可如何，继续努力，然如此情形者，竟有数次之多。经此挫折，吾侨犹不气馁，再接再励①，以冀达到最后目的。几经竭力奋斗，费时约匝月有余，卒乃觅得树街 191 号门牌新式洋房一座，房东为非京律师公会

① 原文如此。

秘书及非京大医院董事，一有智识之人。一经接洽，满口应允，及于去年正月初搬入，满拟从此一帆风顺，工作长足进展，然事竟有出人意表者。霹雳一声，左右邻居即认为华人侵入白人住宅区域，惊惶万状，由某式领导群起反对，遣派代表团向非京市长提出严重抗议，要求设法制止。而市长竟表同情，提议由该代表迳向内政部长米兰博士交涉，该代表则拟召集大会讨论，且卒交市长办理。各西报又复大肆诋毁。敝会念白人之排华，每平地风波，小题大作，此事虽属本会问题，诚恐因此波及全非华侨前途，且影响团体绝大，必经奋力反抗，即派关和玉、罗璋宝二君往谒非京日报主笔，申明本会宗旨，表明华侨情形，该主笔乃一变旧态，颇置赞赏，更为敝会宣传，登载敝会辩白文字；更向市长极力解释，陈述敝会宗旨，为求增进中西种族间感情，改良华侨思想人格，亦可造福南非社会，极有设立之必要。市长误会尽释，深为赞许，自任调停责，更愿从此助我解除各种困难。同时汪、邵正副领事闻悉，更数至非京，向市府当局交涉。经此猛力奋斗，不特邻居表示同情，同领导排斥敝会某氏，亦深明真相，消释前意，进而赠金十镑十先令，愿常以物质帮助。青[①]天霹雳遂烟消云散矣。敝会会员费尽心血与精神，得获最后胜利，咸勇气百倍，而启敝会此后勇往前进之门户也。

建校与筹款

敝会既已组织就绪，赁定会所，乃取消组织委员会，成立建设委员会，购置家私，建筑网球场，制办檯波、无线电、收音机、乒乓球等娱乐品，以及定购中西各种图书，且由各会友、同侨、西人惠赠各种图书物件，积极进行建设工作中。然敝会会员不多，每月常费五先令，而建设经费颇巨，不敷远大，乃极力设法筹划。一方面各会员募集义捐，一方[面]成立公益会，分为十镑、五镑二种，息金归会有，会友已周转财政，敝会已可得巨助也。

① 原文如此。

购买会所

敝会会所虽已赁定，订期二年，二年内敝会可以购买，定价三千金，所出租钱可作购费，但因杜省华侨除黑人区域外无置业权，故并订明敝会可借有权置产者名字置买。本会以布置妥当，建设亦至相当地步，乃进行购买，以免期满后，又生枝节。当即筹集款项，过定五十金，余额分期交付，会至房价三分之一时交契。本会虽可用白人名字付买，但此究实有许多困难。幸蒙汪领事丰体念本会宗旨纯良，过去工作亦殊不负人，准以领事名义购买。此去年四月间事，其中又复经过莫大之困难也。今年之初，本会议决成立学校。建校舍于本会会所后，俾南非失学侨童有求学机会。然建筑校舍，必须与店东进行交契，否则我无全权。若房东有死亡或破产等意外事发生，是则会所与学校亦将随之而逝。因此，除前付款约百余金外，尚余五百金，始可达房价三分之一之数，乃议决向会员发行债票。几经竭力，已集金五百，转思房东契约交来，必须押入银行，付清余款。惟会所以中国领事名义购买，此于国体名义有关，遂又改立信托有限公司，资本二千金，由会员认股，每股一金，将契约押入信托公司。此本会购买会所之经过也。

筹备学校

本会以为提高侨胞思想人格，必须由教育着手；故本会成立，即以设立学校为目的之一。然成立之初，百端待举，未能进行此偌大工作，乃先设英文夜学于会所，至去年五月，以会所既已购妥，亟宜着手设立学校，俾失学侨童，可早日有就学机会，乃通过建筑地基电灯水喉由本会供给，成立学校组费委员会，负筹设学之专责也。至学校筹设详情，另有报告，兹不再赘。

将来计划

上已报告本会成立经过，社会自有定评，若有相当收获，断不敢以此自满；若无成绩之可言，自必更加努力，以报同侨之赞助，以毋负同侨之期望，故本会将来计划，亦有一言之必要也：

(1) 增进同侨生活。在非华侨，富有者，抱金钱不放，遂以此为荣；贫苦者，挣扎之不暇，更不免潦倒坎坷。一察华侨生活，悲惨苦闷，在在皆是，然人生目的为追求幸福，此何幸福之可言？富有者宜善用金钱，谋社会之发展，贫苦者也宜充实生活，劳苦工作后，求适当慰藉，此将来计划之第一步工作也。

(2) 研究各种学识。时代之演进，有如风驰电掣。生当兹世，必须珍备各种学识以应付急进之时代。故本会将逐步成立辩论会，摄影研究会，文学研究会等，以训练口才，研究美术文学等智识，此将来计划之第二步也。

(3) 促进体育之发展。世界各国注重体育，不言诸君可知。而我国近年亦极力提倡，拟铲东方病夫之讥，而吾侨华侨又岂能例外？盖人类虽富有金钱，学问渊博，若无康健身体，一生徒然，又何益哉？此将来计划之第三步工作也。

(4) 联络中西感情。华侨受南非当局不平等待遇，由于华侨不注重生活，吾侨既已努力克服之，则必须进而与西人联络感情，以免长此隔膜。使知吾侨实况，以达取消不平等待遇之目的。如请南非当局要人前来参观，开茶会招待会，此将来计划之第四步工作也。

(5) 促现各埠组织青年自治会。南非侨胞数年前虽有华侨总会之设，然旋纵即灭，而祖国之危难，侨胞受不平等待遇之痛苦，均需合作之强大团体，实刻不容缓者。因此，本会愿各埠均即成立青年自治会，召集代表大会，成立统一机关，是则力量强大，已可与领馆合作争取自由平等，又可提高同侨生活，更可尽救国之责任。各埠如欲组织，本会必竭力助之，以促其成。此将来计划之第五步也。

(6) 解除本埠同侨所受社会不平等待遇。南非当局之压迫，自有领馆交涉，本会当亦与之合力争抗，而社会上由白人之歧视所生各种不平等待遇，则必须侨胞处自为之，本会决从本埠着手，苟力可逮,当更进而替各同侨努力,此将来计划之第六也。

将来偌大计划,须有极大经费,虽本会有公益会及信托公司之设,可为本会经济之基本;然材力尚恐不逮,愿我侨胞切实合作,予以各方面之援助,共成大举,是乃本会之厚望焉!①

从上述报道中,我们可知当地华侨为创办青年自治会、寻找会所以及创立华侨公学所经历的艰辛过程。为了募捐筹款,华侨委派罗璋宝(C. P. Law)、关和玉(W. Kwan)、何显佩(H. P. Ho)周游各埠劝募基金,驾车旅行 5 000 英里,沿途经过德兰士瓦、开普敦、纳塔尔等地,共筹得款项 934 英镑 2 先令。由于有了这笔资金,青年自治会得以购置地基,在青年自治会会址的后面建筑校舍一座,规模虽不大,但可容纳寄宿生四五十人。学校于 1934 年 9 月开学,于 10 月 10 日正式举行新校开幕典礼。华侨公学校长是特意从伊丽莎白港聘来的林影君(Lum Yang,又名 Hon Chong Wing Wing)。② 当时有 34 名学生,除本地侨童外,有的学生来自开普敦、德兰士瓦、南罗得西亚等地。1943 年,学校已有 53 名学生。这所学校的建成,可以说是当地几位侨领和南非所有侨胞团结奋斗的结果。后来该校招收的学生也来自各地。

(三) 抗日战争的推动:其他地区

抗日战争爆发后,华人子女已不可能回国求学。马达加斯加华人代表(即华人协会主席)陈静波于 1938 年春向当地政府申请建立华文学校。同年 9 月 12 日,马达加斯加政府批准设立华文学校。创办学校委

---

① 《外部周刊》,第 43 期 (1935 年 1 月 7 日)。据《外部周刊》报道,共募捐 3 000 英镑,此说不确。还可参见 S. C. Hau, "The establishment of the Pretoria Chinese School", *50th Anniversary Pretoria Chinese School*, 1984, pp. 61 - 62; Melanie Yap and Dianne Leong Man, *Colour, Confusion and Concessions*, p. 298.

② 此人后来以 Deng Yee Tsung(童一聪)为笔名用中文写了部关于南非现状的书(*South Africa Today*,香港,1971)。在林影任校长之前,校长为驻约翰内斯堡领事汪丰。汪丰,字平忡,年 33 岁(1934 年),安徽婺源县人,1932 年由外交部秘书调署驻约翰内斯堡总领事馆领事,代理馆务。参见《外部周刊》,第 38 期(1934 年 12 月 3 日)。

员会随即召集会议，由陈明沃先生定名为“兴文学校”，意为“振兴文化”；并推定精通中、法、英文的陈静波为首任校长。学校聘请中法文教员各一人担任教务，请陈铁魂、陈雨平为顾问兼指导教学。学校于9月正式上课，10月10日举行了开幕式。当时学生仅19人，年底增至31人。1940年9月学校由中国国民党驻马达加斯加直属支部接办，并冠以“党立兴文学校”之名。从此，学校董事会之产生由国民党控制，每届国民党代表大会所选出之党部委员为当然校董，创办人陈静波等七人为永远校董。①

由于有了兴文学校的创始，马达加斯加各地华文学校纷纷效仿设立。塔马塔夫华侨于1942年建立了华侨体育会，该会于1943年创办了华体小学，初期条件简陋，只能租用一间木屋作为教室。1948年，华侨体育会新建一座两层楼房作为会址，华体小学也随之迁入。课堂用木屏风分隔。除课堂外，还有教务室一间，并设有厕所、浴室等公共设施，楼上为半阁楼式，作为坐立及阅报之用，另外租用一空地作为篮球运动场，设备上可称初具规模。② 马达加斯加华侨人数1936年为2 780人，1941年为3 630人。③ 从抗日战争开始直到20世纪40年代末50年代初，区区数千人的马达加斯加竟能建立9所华文学校（其中3所建于20世纪50年代初）。这实在是很不容易的。大多数学校初期均经历了经费不足，聘请教师不易等诸多困难。此外，马达加斯加华侨还建立了乡村私塾型学校4所：北部迭戈苏瓦雷斯的培本小学，设于当地华侨会馆；法拉凡加纳的三民小学，设于当地的大同俱乐部；马南扎拉的华文学校，设于当地中华会馆；阿达帕（Adapa）的复兴小学，设于当地侨社内。这些私塾式学校均以乡村学生人数太少而仅聘教员一人。④

前文谈到，广东省顺德县腾冲乡人刘文波可谓留尼汪岛华文教育的创始人。他于1897年来到毛里求斯，后又转到留尼汪，在毛里求斯著名侨领亚方·唐文的慷慨资助下，建立了“广刘信号”商行。1906年，他回

---

① 华侨协会总会编著：《华侨名人传续集》，第403页。

②④ 陈铁魂：《马拉加西共和国华侨概况》，第51页。

③ 李卓凡：《西印度洋华侨史》，载方积根编：《非洲华侨史资料选辑》，第221页。

到家乡续娶时,深深认识到教育的重要性,便带头集资在家乡建立了龙园学校。1927 年当他得知家乡的这所学校因财政困难而停课时,再一次自愿承担该校三年的全部经费,他这种捐资助学的精神使家乡人民深受感动。就在同一年,刘文波征得中国国民党驻留尼汪支部的同意,聘请陈荣格先生在国民党驻留尼汪分部内开设了第一所华文学校,这可以说是留尼汪侨教的开端。华文学校的开设一方面很可能与中国国内的动荡局势有关,另一方面也与当时留尼汪侨童人数的增加有关。根据留尼汪的人口统计,华侨人数在 1 921 年为 1 052 人,1926 年为 1 626 人(一说1 629人[①]),而侨童人数分别为 52 人和 149 人。[②] 然而,随着中国的局势趋于稳定,加之当时中国与留尼汪的海上变通日渐方便,差不多每月都有侨胞来往,华侨又恢复了原来的做法,即在侨童到了入学年龄就让他们随亲友回国接受中国传统文化的教育。因此,刘文波先生创立的这所学校没有起到太大的作用。1930 年,教员苏思勉先生辞职回国,学校也只好关闭。

留尼汪华侨人数统计表(1911—1941 年)

年份	华侨总数	侨童数	侨童占华侨总数百分比(%)
1911	884	32	3.6
1921	1 052	52	4.9
1926	1 626	149	9.1
1931	2 242	206	9.1
1936	2 845	295	10.3
1941	3 853	649	16.8

资料来源:Edith Wong - Hee - Kam,*La Diaspora Chinoise aux Mascareignes*, p. 93.

① 参见多米尼克·迪朗、让·亨顿《留尼汪华侨史》,载方积根:《非洲华侨史资料选辑》,第 505 页。

② Edith Wong - Hee - Kam,*La Diaspora Chinoise aux Mascareignes*, p. 93.

留尼汪华侨学校一览表

地区	校名	创办日期
圣安德烈	光华学校	1942年①
圣皮埃尔	育侨学校	1943年
圣路易	中华学校	1943年
勒唐蓬	旺华学校	1943年
圣但尼	国民党的学校	1943年
圣但尼	兴华学校	1944年
圣但尼	华民学校	1944年12月17日

资料来源：Edith Wong - Hee - Kam，*La Diaspora Chinoise aux Mascareignes*，pp. 11，240-253.

留尼汪的华民学校

留尼汪华文教育的第二次高潮出现在抗日战争时期。当时侨童不能回国读书，该岛侨领有意创办华文学校以使侨童就地接受祖国文化，1943年9月，华侨创立了光华学校。随后，各地华侨纷纷创立学校，一时华文学校如雨后春笋，几年内竟达12所之多。数量一多，华侨的人力、

① 一说1943年9月。参见何静之编著《留尼旺岛华侨志》，第40页。

物力和财力均被分散,虽然热情可嘉,但结果可想而知,有些侨校没开多久就关门了。①

在葡属东非,华人集中在贝拉港(当地华侨习称为“卑拉”或“卑罅”)和洛伦索-马贵斯(当地华侨习称为“罗连士麦”,或简称“罗埠”)两地。贝拉的华人初来时一般多从事木匠和其他手工业,定居后经营小商业的逐步增多。1928年华侨人数达到七八百人之多,华文学校也于1929年建立,招聘了一名教师,有学童20余人。不料,1929年的经济危机对此地影响颇深,“华人失业者十之七八”,大部分回国或过番(即转到其他地区)。华侨人数几乎减半,“所余者仅三、四百名间,十之二为妇孺”。由于学童回国的多,而侨校经费又无着落,这所华文学校于1933年停办。侨童只好入葡校肄业。② 该校于抗战期间重新开办。此后三移校址,校务也不断扩大。到20世纪40年代与50年代之交,经过非洲各地华侨的募捐努力后最后建成新的校舍。③

洛伦索-马贵斯的华文教育起步较晚。虽然曾经有热心教育的侨胞提倡建立华文学校,但因多方滞阻,一直未能实现。1929年中华民国外交部特派非洲专员莫次南在此地视察时,此地有一所私塾式学校,名为“智仁学校”,有教师一人,学生20名。④ 1935年夏,外交部特派梁宇皋专员来非洲各地视察侨务。他对该地华侨教育颇为不满,因而提议成立“中华小学”。当时,侨胞对这一建议大力支持,出钱出力,教员则由中华民国政府侨委会选派充任。后来,由国内派来的侨委会师资班毕业的章罗桥先生负责校务各部的筹划工作。中华学校于1936年正式开学,学生人数第一学期为54人,第二学期为62人。中华小学开办一年后,“成

① 何静之编著:《留尼旺岛华侨志》,第39—40页;Edith Wong - Hee - Kam, *La Diaspora Chinoise aux Mascareignes*, pp. 240 - 253.

②《南大与华侨》,第12卷第1—2期(1934年1月)。

③《卑罅华侨建校委员会向全非侨胞呼吁援助》,[南非]《侨声报》,1948年9月4日至9月7日连载。

④ 谷川编:《亚非利加洲华侨概况》,《南洋研究》,1930年第3卷第2期,第54页。

绩卓著,为全非洲华侨所称赞”。①

二、华文学校的筹款及其建立

(一)筹集款项及建校过程

在筹集款项、建设学校和维持学校正常运转的过程中,往往要付出极大的精力、物力和财力,有时还需要付出生命的代价。毛里求斯侨领吴韵琴对新华学校的贡献在当地传为美谈。

吴韵琴的兄长吴贤兴于 1870 年左右来到毛里求斯,当时他只有 18 岁。经过一段时间的奋斗后,他于 1880 年在路易港波旁街建立了一个商场,以自己的名字 Ng Cheng Hin 命名。吴韵琴于 1884 年抵达毛里求斯后,一直与兄长合作开店。1888 年,他的兄长决定回国,将其创立的商场交给吴韵琴经营。如前所述,Ng Cheng Hin 商场经营了各种商品,并在管仕荣的帮助下不断发展。吴韵琴为人正直慷慨,经常受他人之托,在其回国时代为照管生意。他于 1903 年取得英国国籍,从而使他在诸多方面享有比其他华人更多的便利,例如可以购买土地等。他热衷于弘扬中国文化与传统价值理念,积极支持新华学校的创立。②

仁和旅馆曾于 1917 年在原小山街购买地皮一块。1933 年“源隆号”东主、仁和旅馆董事吴韵琴建议由他承租这一块地皮并允许在地基上自建木屋作为工厂厂房,期限 13 年。仁和旅馆接受了这一建议,并允许期满后建筑材料可自行拆回。新华学校于 1941 年增设中学部以后,吴韵琴建造的房屋为新华学校借用。根据契约,到 1944 年契约期满后,吴韵琴可收回全部屋材。

1944 年,在校长李权秀、教员邵学敏及学生家长的配合下,新华学校

---

①《侨务月报》,1936 年 11—12 月合刊号。

② Marina Carter and James Ng Foong Kwong, *Abacus and Mah Jong*, pp. 84-86;Pascale Siew:《唐人街:毛岛往事》,第 80—81,98 页。

新设的中学蒸蒸日上,学校学生已达800多人。吴韵琴此时已到垂暮之年,为了使华人学子有一个更好的学习环境,他在弥留之际,决定将所建屋宇无偿捐赠给仁和旅馆以供学校资用。新华学校的校董会专门于1944年该校的校庆日立下碑志,"爰刊其事,用志不忘"。① 1947年7月,仁和旅馆董事会一致通过决议,除批准新华学校借用仁和旅馆之屋宇外,其自来水费用及政府税款,均由仁和旅馆负担,藉以补贴学校经费。至今仁和仍负担学校水费和电费。② 此时,邓军凯出任新华中学校长,学生已达千人,教职员工也有二十八九位。③

南非华侨在建立华文学校的过程中也历经各种艰辛。有一件事特别值得一提:约翰内斯堡侨领霍锡桂、任锡辉为了筹备建校而因公殉职。约翰内斯堡的华文学校与国定学校于1943年合并后,旧校舍已不敷使用。当时,各方热心人士四出筹募经费,以建造新的校舍。1944年2月3日,中国驻约翰内斯堡领事张德同与当地侨领霍锡桂、任锡辉、岑新一等三人赴南非首府比勒陀利亚向政府交涉建校用地。在回家的路上不幸发生车祸,霍桂锡、任锡辉二位当场丧生,岑新一终生残废,张领事则幸免于难,经治疗后得以康复。这可以说是约翰内斯堡华侨国定学校校史上一段感人至深的史实。由于这一事情的发生,当地侨胞纷纷慷慨解囊,新校舍终于在1950年12月4日落成。④

由于缺乏固定的资金来源,为了筹款建校或维持学校的运转,南非华侨可谓各尽其能,无所不用其极。如东伦敦中华会馆负责华文学校的费用及其教师的工资。为了筹款,中华会馆甚至进行非法的"宾戈"

① 《毛里求斯侨领吴韵琴翁捐赠新校第二院屋宇碑志》,载《毛里求斯仁和会馆建馆一百廿五周年纪念特刊》,路易港,1995年11月。

② 以上资料主要来自李济祥《仁和会馆建立史话》,载《毛里求斯仁和会馆建馆一百廿五周年圮忠特刊》和《华侨周报》第27期(1933年3月15日)。

③ 《纪念第一届全国人民代表非洲区华侨代表邓军凯先生逝世三周年特刊》,[毛里求斯]《新商报》,1957年11月15日。

④ Melanie Yap and Dianne Leong Man, *Colour, Confusion and Concessions*, p. 294 - 295;欧铁编著:《南非共和国华侨概况》,第58页。

(Bingo)赌博。这种非法活动连续进行了将近四年,对外称为“饮茶俱乐部”,每星期六晚开设,人数多达400人。由于生意太好,主办者甚至不得不拒绝继续接纳会员。后来,在警察的干预下,才不得不停下来。[①] 还有的学校董事会或举行义捐义演,或举行招待会放映电影,从而为建校或维持学校募集捐款。值得注意的是,华侨学校的教师待遇较好,特别在南非,月薪起码有20—30镑(每镑时值港币16元,当地伙食每月只要2镑左右)。其中一个重要的原因是国民自尊心。在华侨眼里,华文学校要办得像样,绝不能让他人取笑。因之,学校的种种设备都力求齐全。伊丽莎白港、东伦敦、开普敦、约翰内斯堡等地以及毛里求斯、留尼汪和葡属东非的侨校都有高大的校舍,桌椅美观整齐,各种设施力求不比白人的学校逊色。当地白人学校校长一般都有自备的小汽车,华文学校的校长靠自己的薪金不太可能自购汽车,华侨亦合力筹措购买汽车,交由校长自用,连汽油也由华文学校校务委员会供应。因此,约翰内斯堡等处的侨校校长都有自用汽车。这一点也折射出华侨的民族自尊心和对当地种族歧视政策的反感。这种情况无疑为筹款办校带来了更多的困难。

马达加斯加华侨申请办校颇费一番周折。当时,法属殖民地政府对外籍人设立侨校有严格限制,初期手续颇为繁杂。根据马达加斯加法律,侨校须以法文教授为主,华文只能列为兼授课程;同时,校长需具备法文证书。当时陈静波为华侨协会主席,这种职位属半官方性质,具有承上(向当地殖民政府负责)转下(作为华侨代表)之功能,有一定地位,并兼任当地法官的翻译。为了建立侨校,他与其他侨领一起研究向当地政府申请注册的手续。由于华人申请的是设立小学,因此校长的资格只需有中学或师范毕业证书即可。校长是设立学校之代表,他须将由他签名的申请连同校舍和课堂的图形及说明书一并送交当地县政府,转呈殖民总督核定,再交教育厅审定。由于外籍人在此申请设校尚属首例,因

---

① Melanie Yap and Dianne Leong Man, *Colour, Confusion and Concessions*, p. 301.

此当局对陈静波等人的申请更是从严把握。在审核规划时,对教室的光线、公共卫生设备、教职员的资格等项的检定均非常细致。

按照政府规定,侨校必须以法文为主,当然也就要以法文教师为主要教席。华文外表上则为兼课,任课教师需具备华文证书,由法院翻译证明,并需具备健康证明和良民证明,才有资格申请为助教。1952 年,马达加斯加修改教育条例,简化各种学校立案手续,但严格检定师资的措施,没有放松。当时华人社会团结一心,志在必得,除全力以赴多方努力准备外,陈静波特邀请当时的侨界领袖岑浩安、韦植辉、张顺波、陈畅云、陈明沃、周振华等人,共同于 1938 年 4 月 27 日组成创办学校委员会,并商妥借用国民党驻马达加斯加直属支部的礼堂为课堂。最后,华人的申请被政府批准。由于缺乏经费,委员会决定开办费用由创办委员七人平均负担。①

葡属东非华文学校的筹建和扩建也非易事。洛伦索-马贵斯的中华学校虽然是在民国政府特派专员梁宇皋的敦促下开始筹备的,但一样存在经费不敷的问题。学校委员会于 1935 年 12 月 17 日请华侨组织扶风剧社演出《多情的妹妹》,并请到多名国技名家登台表演,为建校筹款。当地华侨踊跃出席,卖座颇佳。学委会为继续筹款起见,又于 26 日晚再请扶风剧社开演新剧《飘零鸯侣》,并请当地著名拳师表演国技。② 经过紧张的筹建,洛伦索-马贵斯的中华小学于 1936 年元旦日正式举行开幕典礼。当时的记者记载了当时的情况:

> 11 时许,男女来宾纷纷莅临,招待员大忙特忙,全校学生由章教员领队入场。12 时开会,奏琴,唱党歌,行礼如仪,主席谢冠荣,致开幕辞,布告中华小学组织经过。因总领事及葡教育部长未到,改由主席率领全体委员及各代表往校舍揭幕,主席剪彩,鱼贯入校毕。复回礼堂后,请国民党代表训话,及致公堂、四邑会馆、联安社、扶风

① 陈铁魂:《马拉加西共和国华侨概况》。第 43—44 页。

②《侨务月报》,1936 年 2 月号。

> 剧社等代表各界来宾，中校筹委会委员，依次演说。次由财务何卓然布告中华小学财政状况毕，中华小学全体学生唱校歌，请来宾参观校内布置。摄影后，茶会则分学生、女宾、男宾席，秩序鼎然，为大会场中，不可多得之现象，主席谢辞，散会。

参加元旦庆祝大会的男女侨胞约二百余人。8时整，节目正式开始。“银笛一鸣，众声沉寂，幕亦徐徐而起”。节目主要是由学生准备，女生跳欢迎舞，男生唱救中华表情歌，男女生合唱欢迎歌。当家长看到自己孩子的精彩表演时，更是乐得合不拢嘴。此外，扶风剧社著名演员表演的笑话剧、独唱、合唱等节目也大受欢迎。当地的国技名家钟氏兄弟与赵氏昆仲也特邀登台献技，以赵氏昆仲空手对打双刀为最精彩。各种节目每一次出台表演，无不掌声雷动。这次庆祝晚会的收入全数拨归学校。根据当时的报道，“这晚天气非常翳热，而剧员，拳师，与观众，亦极卖力与踊跃，侨胞爱护该小学，亦可见一斑矣。”①

洛伦索-马贵斯中华小学成立一年后，曾决定出版一本周年纪念特刊。特刊除报告一年来学校的动作情况外，还向非洲各地的文化教育界人士征求关于华侨教育的理论文章。当时的毛里求斯《中华日报》的李伯宇、《华侨商报》的黄叔优、比勒陀利亚的《电流刊》及伊丽莎白港的文艺社等均收到了征文邀请信。②

葡属东非的另一所学校贝拉华侨小学新校筹建也是几起几落。由于侨童人数激增，筹建新校已刻不容缓。1944年，贝拉中华会馆以不过200镑之廉价购得一块2 500平方公尺的地皮，以作为新校校址。中华会馆为此召集全侨会议，成立筹建新校委员会。1948年，当地华侨社团决定扩建华文学校。尽管贝拉为一贫困落后地区，侨胞的经济状况并不宽裕，但他们仍纷纷慷慨捐款，总数达800英镑。随后，贝拉中华公会又派华侨代表余保罗和甄荣均二人前往南罗得西亚（即津巴布韦）请求侨

①《侨务月报》，1936年3月号。
②《侨务月报》，1936年11—12月号。

胞捐助,所得超过800镑。

因物价的动荡,新校的建筑费大约为5 000—20 000镑,这绝非上述所得捐款可以支付。由于财力不足,贝拉中华会馆决定向其他地区侨胞求助。为此,他们在《侨声报》上刊登了通告,指出:"我们深信各地侨胞们都是热心教育、爱群爱国、乐善不倦的。我们在这里建校,自其近者小者言,是求侨教的发展,自其大者远者言,是为国家在教育政策上尽其应尽的义务;础于国家教育整个系统上讲,各地侨校原是此整个系统内构成分子。侨胞对之应有其友谊下义务上彼此互助之理由。"

贝拉中华会馆于1948年9月特派代表余真和、容学英、甄景炎、霍运深等人专程往访非洲各地侨胞,以"请求指教,呼吁援助"。他们先后到了德班、约翰内斯堡、比勒陀利亚、东伦敦、皇后镇等地,所到之处,他们的呼吁得到了各地华侨的热情响应。① 他们从1948年10月28日到1949年1月16日在南非进行了两个多月的访问,随后又到葡属东非的洛伦索-马贵斯进行募捐。

(二) 二战后扩建学校中的筹款

二战结束后,各地的华文学校掀起了一股扩建的热潮。马达加斯加的费内里韦中正学校董事会为了扩建学校,想尽一切办法。他们在1948年初举行义捐筹募经费,共筹得款项205 210法郎。为此,校董事会专门在中文报纸上发表鸣谢启事,赞扬侨胞"爱护侨教,义解仁囊,光风亮举,至堪敬佩",并将捐款者名单登载于报上。同时他们还举行演剧筹款,而当地华侨剧团的演员鼎力相助,"粉墨登场,出钱出力"。为捐资助学,华侨踊跃购买戏票,有的华侨送上一套《辞源》聊表心意,还有的华侨出资为学校董事会刊登广告。②

---

①《卑罅华侨建校委员会向全非侨胞呼吁援助》,[南非]《侨声报》,1948年9月4日至9月7日连载。代表一行四人追访了南非各地,受到侨胞的热情接待,共募捐越千余英镑。在皇后镇,华侨只有5家,也捐了60英镑,东伦敦30余家华人共捐款200余镑。

② [南非]《侨声报》,1949年2月17日。

马达加斯加的兴文学校于1947年初决定兴建新校舍，并为此专门成立了计划委员会。经过一段时间的筹备，委员会找到一块宽58公尺、长102公尺的地皮。以当时地价每平方公尺60元计算，共需3 640万元；而当时所募经费仅有44万元。当时的侨领梁继南、霍锡标等一致认为："无健全之华侨教育，不能培养华侨子弟之学问道德知识技能，华侨无知识学问，则地位难望提高。"当时，民国政府已在马达加斯加设立领事馆，由谷兆芬任领事。谷兆芬也希望担任学校董事长的霍锡标尽最大努力，完成建设新校舍的工作。霍董事长原来已捐20 000元，又决定增捐31 000元，这种公而忘私的精神受到好评。

为了积极筹集款项，中国国民党驻马达加斯加直属支部又在各分部进行动员，并制定了捐款奖励办法。1947年2月20日的报纸刊登了当时组织和个人的捐款情况：

塔那那利佛第三分部	捐款31,870元
阿达帕第12分部	捐款30,000余元
法拉凡加纳第16分部	捐款开始进行
安巴通德拉扎卡第二分部	捐款正分头进行
陈爵喜	捐款3,000元(为目前最高者)①

截至1947年2月底，马达加斯加华侨已捐款数达60余万元。②

约翰内斯堡的华侨国定学校的扩建新校舍工程需要3万余镑，而所募款额还差6 000余镑。刚开始不敢贸然签约，后经董事会再三讨论，决定签约动工。董事会为凑齐款项进行了广泛的宣传："数年来吾侨苦心经营之百年大计，今始告一段落，诚可庆幸。至不敷之六千余镑，望侨胞本已往精神，协助邻埠之热心，全力以赴，赞助筹建会进行募捐，使巍峨校舍得全部完成，幸勿工③亏一篑也。"他们一方面在校友中进行募捐，另

① [南非]《侨声报》，1947年2月13日，2月20日。
② [南非]《侨声报》，1947年3月20日。
③ 原文如此。

一方面利用春假沿门呼吁。①

毛里求斯所属小岛罗帝利的华侨在战后也兴建了两所小学。居留此地的客属侨胞创建了中山小学，南海、顺德的侨胞则建立了振华小学。② 毛里求斯培英学校在战后也积极筹措资金以作为学校经费之用。学校董事会在募捐通告中说得很清楚：

> 语云："十年树木，百年树人"，是以教育之成功，非有充裕的时间、坚强之意志、百折不挠之毅力、任劳任怨之精神不可。又非有"诲人不倦，学而不厌"的教育者不可。况本校负荷"培育正气，建树群英"之特殊使命，其责任之綦重，固不可言。本会鉴于教育对国家之重大，与同侨子弟期望之殷切，用是对本校经费之筹措，莫不殚精竭力，设法维持。企能配合教育之需要，而发挥强有力之功能，以收预期之效，聊尽国民对国家所负之教育义务也。③

培英学校还发动校友会出面为学校筹设会所及图书、仪器演剧筹款。该校自1928年成立以来，培养了大批商界精英。校友会为此在当地华文报纸《中华日报》上刊登布告如下：

> 窃我培英校友会自成立以来，荏苒韶光，于兹廿载，其间因懔责于使命之重大，侨胞冀望殷切，兢兢业业，匪懈靡停，对事务之策动，雏型初具，差堪自慰慰人。以我培英会既无资金，复无会所，其能获此项成绩者，实有赖于各侨胞不断之协助，与同人等之努力始终不渝也。
>
> 凡欲使每事业收获之效率提高，必先有良好之环境以辅佑而成，环境恶劣，则成绩将随之减低，为理所必然者。惟敝会前因经济关系，一切设备多因陋就简，致每个团体所应有之总机构——会

① [南非]《侨声报》，1949年1月25日。

② 何振楠：《毛里求斯罗帝利岛华侨史略》，载方积根编：《非洲华侨史资料选辑》，第66页。

③《培英学校董事会自筹学校经费通告》，[毛里求斯]《中华日报》，1947年11月14日。还可参见《荷精小学为募经费告侨胞》，[毛里求斯]《中华日报》，1947年11月17日。

所——尚付缺[1]如。与中中及新中两校之校友会比较，判若霄壤，望尘莫及，可怜亦复可笑，同人等深引为憾事焉。夫无会所，则会员无聚集之地，影响会员之身心者固大，而关系本会之团结力亦不少。况年来鄙会之力量，未能尽量发挥，及一部分校友尚袖手旁观，未能加入本会以负此责无旁贷之使命者，亦为会所缺[2]如之主要因素之一。他如图书仪器之保留，运动用具之放置，及敝会观瞻所系，更非会所不能以解决其万一。故我校友会会所及图书仪器之筹设，实不待识者而知其为不可一日之缓也。

敝会有鉴会所及图书之筹设刻不容缓，本应毅然决然，负此重任，惟自愧棉[3]薄，有仗仁人。兹者，同人等拟一劳永逸之计，奠百世不拔之基，特定于本月二十三日（星期二）假公进戏院演剧一晚，藉向侨胞作将伯之呼，俾匪集腋成裘，以收计划实现之效。素仰各界侨胞，深明大义，对于公益，尤乐解囊，此次有缘，愿出吾人之苦衷，陈诸列位侨胞之前，万望于售票员到日，踊跃购券，襄斯美举，则不独敝会同人之幸，抑亦华侨社会之福矣。[4]

（三）华文学校筹款的形式

综上所述，非洲华侨兴办侨校绝大多数是靠自行筹款并辅之其他方式来以解决经费问题的。一般而言，主要有以下几种方式。

(1) 创办人自己出钱。

一般是几位创办人一起凑钱解决，或是解决最初的经费，或是直接捐地以解决学校场地问题。如毛里求斯的新华学校和马达加斯加的兴文学校在建校初期即是采取这种方式，南非的伊丽莎白港华侨学校后期也是如此。

---

①②③ 原文如此。

④《培英校友会为筹设会所及图书、仪器演剧筹款宣言》，[毛里求斯]《中华日报》，1947 年 12 月 15 日。

(2) 会馆资助。

中华会馆作为华侨在居留国的唯一代表,对早期的侨校建立总是十分支持。有的直接捐款以鼓励华文教育,有的提供会址以作为校舍。所有的华文学校在开创期几乎都是如此。

(3) 向广大侨胞募捐。

这也是解决资金问题最常使用的方法。在二战以后的扩建校舍的浪潮中,这种方式在各地华侨中十分普遍。有时华侨还派出代表到邻近地区去寻求帮助,在一些华侨人数不多的地区尤其如此。

(4) 发行彩票。

以发行彩票甚至开设赌场的方式来募集款项。毛里求斯的新华学校的早期筹款方式即是采取彩票形式,而东伦敦的中华会馆为了华文学校则通过开设地下赌场的方式来为建校筹款。

(5) 居留地政府的资助。

在有些情况下,当地政府会为小学教育提供资助。当然,这种资助数额很小。如约翰内斯堡华文学校即得到南非政府每年148英镑的资助。这种援助方式在二战前不多见。

(6) 中国国民党出资。

中国国民党驻当地的支部以各种方式支持华文学校的创立,这主要是以借给校舍作为资助的方式。在抗战结束后,国民党侨务委员会还专为几所华文学校拨了一些款项。

三、华文学校的运作与侨童的学习

(一) 华文学校的招生与管理

华文学校一般于招生前以校长名义在华侨报纸上刊登招生广告。报名手续主要有毕业证书或转学证明(有相当程度者免交)和参加入学考试。考试内容一般包括以下科目:中学部包括中文、数学、英文或法文、常识;小学部包括中文、算术和常识。学生交纳的学费因年级而各异。如毛里求斯的中华学校的中学部各级每学期 40 盾;小学部五、六年级 27 盾,三、四年级 21 盾,一、二年级 15 盾。如果学生家境清贫,则可由学生家长提出免交学费的申请,由校董会审查后减免或豁免学费。[①] 由于在生源上有一定困难,招生的条件一般都比较宽松,除具有相应学历外,往往也招收"有相当程度者"。教学内容与国内的中小学基本一致。在教学语言上,一般是根据学生家长的意见,大部分使用广东话或客家话,只有个别的学校(主要是由国民党党部建立的学校)使用普通话。

华文学校一般采用校董制,即由专门成立的学校董事会负责管理。学校董事会的构成分为三种情况。第一种是创办者成为董事会的当然成员。如毛里求斯的新华学校、南非伊丽莎白港的华文学校和马达加斯加的兴文学校都是属于这种情况。第二,由负责华校的组织(主要是当地的中华会馆)委任学校董事会,这种情况在各地都较为普遍。第三,由社区提名当地华人贤达组成校董。学校董事会的组成人员一般均为有一定财力并在当地华人社区有一定名望的人士。以毛里求斯的新华小学为例,20 世纪 30 年代的校董事会由下列人士组成:古文彬、吴韵琴、吴伯清、侯光华、李少垣、林习堂、吴小垣、肖辑初、李禹臣、李丽堂、黄于优、吴伯京、黎子达、李权秀、李任南。具体分工是:校长为李权秀,文牍为李任南,财政为黎子达。这些人多是仁和会馆的董事。学校的教职员 4 人中有华人教员 3 人(管仲[②]方、陈涌先、李濯清)和西人教员 1 人(把济史,本地人)。

学校董事会最重要的任务是为学校筹措经费,以保障学校的正常运行。为此,他们经常组织各种募捐活动。其次是聘任教员。有的教员是由中华民国政府侨务委员会推荐的,如洛伦索-马贵斯聘请的章罗桥先生即是侨委会师资班毕业的学员。有的教员是专门从国内聘来的,有的学校开办中学后专从国内聘请一部分教员,包括童子军的教员。第三,

① 《新华中、小学通告》《中华中、小学招生简章》,[毛里求斯]《中华日报》,1947 年 12 月 16 日,12 月 27 日。

② 原文为"件",应为"仲"。

在迁校址、扩建学校、增设年级(如中学部)或班级(如中文补习班、夜校)等重大问题上,往往也需要学校董事会来商量决定。第四,在与居留地政府当局交涉中,校董会往往和当地的中华会馆一起,为华侨或侨童争取应有的权益。

当时,中国设在约翰内斯堡的总领事馆的主要任务是对非洲华侨进行保护。然而,有的领事因直接插手华文学校的事务而引起华侨的不满,华文学校的董事会为了维护学校的独立地位,对这种干涉进行了坚决的抵制。1939年在总领事宋发祥与约翰内斯堡华文学校董事会之间的一场冲突是很能说明问题的。最后,在宋发祥总领事的坚持下,华文学校董事霍凌坚被迫离开南非。华文学校董事会决定从原来校址搬开,学校迁至亚历山大街7号,沿用原来校名。1940年8月8日,中国总领事馆也另建一所名为"国定"的华文学校。在一个地区建立了两所华文学校,这对华人的人力、物力和财力来说都是一种浪费。1943年,新任总领事童德乾说服双方董事会,最后才将两校合并,取名为"华侨国定学校"。

有的学校设有学校委员会。例如南非比陀勒利亚华侨公学的学校委员会组织规章规定,学委会有负责委员,还须函聘全南非热心教育的同侨为名誉委员。1936年度的学校委员会的组成人员如下:委员长:刘耀楹;中文文牍:刘润贵、梁少棠;英文文牍:罗璋宝;财政委员长:邓雪堂;司库:霍永照;核数:何源广、李德来;审查员:何显佩;庶务:刘胜锐、冯庆岳;委员:关和玉、何启信、刘汝谋、刘祖荃;常务委员:刘耀楹、罗璋宝、何源广、何显佩。①

(二) 华文学校的学生与课程

在非洲,华侨将进华文学校读书称为"读唐书",进白人办的学校称为"读番书"。在南非,种族歧视政策不许华侨子弟进白人办的中小学校。一小部分华侨子弟通过各种途径进了当地的私立教会学校,如驻约

---

①《侨务月报》,1936年3月号。

翰内斯堡总领事童德乾的侄子于1933年进入约翰内斯堡的玛丽亚教友会学院。又如在南非颇有名气的梁禄元先生的子女也是如此。梁禄元于1901年出生在广东梅县，9岁时即来到南非。他从小就想当一名医生。由于南非的种族歧视政策不允许华人入学，他只好用赌博赚来的钱到英国爱丁堡大学完成了学业。回到南非后他成为一名医生。为了让孩子受到正规教育，他先后将自己的女儿和儿子送到当地白人办的私立教会学校就读。有的华人家长为了让孩子在这些私立学校接受教育，不惜花费大量的金钱。①

在其他地区，进西式学校的侨童占大部分，主要原因是读"唐书"虽然可以受到中华文化的熏陶，但一般都要交学费，而且不容易学习英文和法文；而读"番书"则不用交学费，这对经济状况并不宽裕的华侨来说，还是很有吸引力的。同时，在"番人"学校还可以学会英文和法文，这是日后谋生的必要手段。更吸引人的是，成绩好的学生还可以考上官费到欧洲去留学。在毛里求斯，陈海生医师是1926年第一个考取官费留学英国的华侨子弟，但在他之前还有吴桂兴等二人考取了官费去欧洲留学。必须说明的是，这种"番人"学校里一般没有白人学生，白人往往有自己的学校。刘新粦就是在这种"番人"学校求学的。他这样描述自己的学习生活：

> 一星期上课五天；一年除去寒暑假后能上课二百天便算完成教学计划……学习的课程有英语、英国历史、法语、法国历史（毛里求斯原是法国殖民地，拿破仑战败后将该岛让给英国人，英国曾答应保护岛上法国人的既得利益，如在学校教法语，法语为官方语言之一，天主教可以在岛上自由传教等）、数学、毛里求斯地理等课。学生全部是土人（非洲黑人的后裔）、印度人（包括现在的巴基斯坦人，当时的印度包括现在的巴基斯坦）、华人等有色人种的孩子，白人的儿童一个也没有，他们另设自己的学校，偶尔也有极个别的贫穷的混血儿……这里

① Melanie Yap and Dianne Leong Man, *Colour, Confusion and Concessions*, pp. 252, 303 - 304.

的学年考试由教育局统一出题和评卷，采用十分制，得三点五分即可及格……学校少文娱活动，除了唱天主教的赞美诗之外便是踢足球。不过每个学生踢一场球要交一分钱……①

在第二次世界大战期间，由于小学毕业生回国升学已不可能，他们选择在当地上西式中学，少数中学毕业后考取官费留学英国或法国学习医学和法律，更多的则自费到欧洲留学。毛里求斯的陈海生在英国获得学位后又回到毛里求斯，开设诊所为当地华人服务。留尼汪的刘锡辉在法国获得法学博士学位后回到留尼汪，多次就歧视法令事宜与法国殖民当局交涉，为华人争取应有的权益。

为了让学生家长对学校的教育有所了解，一些华文学校还经常举行成绩展览、绘画比赛或节目表演。如洛伦索-马贵斯的中华学校创办后，由于所聘教员章罗桥认真负责，各方面成绩斐然。学校于1936年3月29日举行成绩展览及恳亲游艺会，将教务办理情形及成绩向侨众和家长展览，各界侨胞参观者络绎不绝。晚间举行学生表演，到会人数达300余人，家长在演说中都表示希望中华学校将来能多造就有知识之儿童，以光国体。学生在晚会上的表演引人入胜，“其动作之纯熟，与音乐节拍之调和，无不使场上观众称赞”。每一幕告终时，掌声雷动。② 这样的演出和各种类型的展览(如绘画展)加强了学校与家长之间的联系，使家长对学校的教学情况更为了解。

就学校的环境而言，华侨都愿意在力所能及的范围内尽量使学校的条件更好。这方面，比勒陀利亚的华侨公学甚为突出。此外，洛伦索-马贵斯的中华学校设有会客室、礼堂、课堂、儿童图书馆、音乐堂、儿童运动场、儿童图书馆等设施，还备有仪器、儿童玩具、体育器械、家庭药箱等。男女学生均要求穿校服上学。

---

① 刘新粦:《我在毛里求斯的见闻》,第46—47页。

②《罗埠中华小学举办成绩展览及恳亲游艺会》,《侨务月报》,1936年5、6月合刊号。

(三) 华文学校的体制

非洲华文学校多为小学，其体制与当时中国小学相同；在课程设置上也多依照中华民国政府侨委会及教育部所编制的华文学校课程时间表；课本则完全采用国内的版本。如毛里求斯新华学校即采取国内的六年制，学校的教学内容同国内基本一样，采用的教材都是从国内订购的商务印书馆、中华书局等大书店出版的中小学教科书。很多学校也像当时国内的学校一样在每星期一上午召开纪念孙中山先生的“总理纪念周”大会。难怪一位英国观察者后来评价：“他们有自己的学校，学生穿着统一的民族校服，类似希特勒的青年和中国士兵的结合。”①

华文学校之所以采取国内的教学体制有以下原因。第一，师资一般来自国内，对中国的教育制度更为熟悉，因而更倾向于采用中国的体制。第二，中文教材绝大部分从国内购买，均是各大出版社所印制的教科书。第三，由于有的国家禁止华侨儿童进白人办的学校，家长又都希望孩子小学毕业后能继续升学，采取中国的体制可以在教学上保持连续性。第四，一些由国民党党部资助建成的学校更是明令要求课程体制均以国内学校为模式。

这种体制在教材和师资上有方便之处，对侨童学习和熟悉中国语言和文化也有帮助。然而，这种体制的缺陷也是显而易见的。最根本的缺点是不切合实际，所学的知识与实际需要相脱离。以度量衡为例，当地一般采用公制（公斤、公尺等），而国内出版的教科书则是市制（如斤两、尺寸等）。学生学了中文书本上的知识以后，对实际生活毫无帮助。其次，由于这些学校强调的是中文，学生毕业后如想继续升学只能回祖国读中学，否则只有先补习英、法文后才能投考当地公立或私立的用英法文授课的学校。

---

① Marina Carter and James Ng Foong Kwong, *Abacus and Mah Jong*, p. 129.

四、华侨文化、华文报刊与抗日后援

(一)华侨文化的改善

华侨的生活在创业初期是十分艰难的,一天到晚忙碌不已。一天下来已是精疲力竭,除了吃饭,就是睡觉。随着经济状况的好转,闲暇时间也增加了。一般商店营业的时间又有规定,每日下午6点以后即闭门歇业,星期六下午和星期日都是例假,有的华侨便将中国的一些陋习搬到居留国来,如赌博、抽鸦片等。

一些青年华侨对这种风气十分不满,他们开始自己组织起来。在20世纪30年代初期,伊丽莎白港华人社区的一些青年人自愿组织起一个团体,号召大家利用闲暇时间阅读书报,讨论问题,或练习音乐和运动。这种正当的娱乐活动曾使当时的华人社区生气勃勃。遗憾的是,由于这些青年的锐意改革和大胆议论触犯了一些老者和既定利益者的权威,引起了一些华侨的反感,一时谣言四起,有的说他们是"青年共产党",有的责怪他们"快要把我们老头儿打倒了啊"!在这种充满敌意的氛围中,这个朝气蓬勃的青年组织被迫停止活动。①

"七七事变"以后,非洲华侨的文化教育事业形成了一个高潮。广大华侨热烈响应祖国政府的号召,积极投入文化宣传和募捐救国的工作。当时,组织社团剧社、刊印祖国简报、创办华文学校、学习国语、办研究班成了各地华侨社区的中心活动,很多华侨都投入学习宣传的热潮之中,整个华侨社区显得朝气勃勃,华侨文教事业盛极一时。

葡属东非的洛伦索-马贵斯的中华学校设立后,特聘教员章罗桥先生。章罗桥来到此地后,发现该地大多数华侨青年不能讲国语。由于各地方言不同,相互之间不能联络感情。为了提倡教育救国,章罗桥自愿

① 叶纯绍:《南非洲华侨概况》,《南洋研究》,第4卷第5—6期(1933年6月15日);文烈:《南非洲底中国》,[上海]《新人周刊》,第2卷第21期(1936年)。

义务教授国语,每星期教授三晚。为了使学习国语更为普及,入学侨胞不限年龄。为防止学生中途随意辍学,学生必须交给学务委员会一镑押金。这个特殊的班级定名为"国语夜学班"。

(二) 华文报刊的创办与流行

当时,华侨在海外的主要目的是谋生,而不是移民;因此,国内的局势与他们的命运息息相关。我们注意到,华文学校的兴起与国内的局势密切相关,同样,非洲华侨的文化教育活动亦与中国的政局紧密相连。首先,大部分中文报刊是在国难当头的时候创办的。① 留尼汪的油印小报《天声三日刊》、马达加斯加的《侨民新报》、毛里求斯的《华民时报》和南非的《侨声报》都是在这一时期创办的。华侨对国内的局势十分关切,想尽一切办法打听或搜集关于中国军民抗击日寇的消息。

《华民时报》于 1926 年前在毛里求斯创刊,这是由当地侨商雷璧堂出资创办的一种两天一期的小报。不过,中国国民党驻毛里求斯支部似乎是这份报纸的支持者。因为,据当时《南洋研究》称:在毛里求斯存在两份报纸,"一为商报,一为党报,党报已于前三年改中华日报,商报则用八股文字,不能引起青年兴趣,党报则文字不通,不能唤醒群众。自民国 21 年,中央派侯俊,前往振刷,已日见进展,实为吾侨前途,放一丝曙光"。② 1932 年,在国民党支部负责人李伯宇主持下,该报改组并改名为《中华日报》,于 1932 年 8 月 11 日正式出版。第一任社长为李伯宇。侯俊和陈伊美分别担任过该报的总编辑。《中华日报》除刊登国际与当地消息外,还通过接受电讯与转载外刊登载一些中国要闻,使华侨及时了解国内的局势。③

---

① 关于非洲中文报刊的研究,可参见方积根、胡文英《海外华文报刊的历史与现状》,北京:新华出版社,1989 年,第 260—266,272,276 页;杨力《海外华文报业研究》,北京:燕山出版社,1991 年,第 316—323 页。

②《南洋研究》,第 5 卷第 6 期(1936 年 2 月 1 日)。

③ 方积根、胡文英:《海外华文报刊的历史与现状》,第 261 页。

毛里求斯的另一份华侨报纸为创刊于1926年9月7日的《华侨商报》,该报对毛岛商情和国际新闻均有报道。抗战开始后,《华侨商报》在宣传抗战和动员群众方面起到了很重要的作用。1942年,《华侨商报》社长黄叔优因病逝世,商报改组,由李权旺接任社长,聘邓军凯为总编辑。邓军凯在报上极力宣传,努力为祖国为华侨服务,"宣扬祖国的文化,报道中外翔实的新闻,尤其在抗日战争期间,积极鼓励华侨发挥爱国主义的精神,尽量出钱出力,使残酷的日本帝国主义早日消灭,争取最后胜利"。当时毛里求斯航建协会的主持人在处理捐款财政时贪污舞弊,时间一长,事情透露出来,但华侨因畏惧当地国民党的势力,多不敢开口。唯有邓军凯先生以商报为武器,"独树旗帜,本着正义的政策把事实揭露出来","给予恶势无情的打击,真使这般党棍魂飞胆丧。同时也唤醒了侨胞"。他的这种做法触动了这些蠹虫的既得利益,这些人公报私仇,不择手段地以"汉奸"等罪名加于邓军凯等爱国华侨,甚至诬告他们谋杀罪,向当时国民政府海外部呈请将他们引渡回国。在邓军凯的坚决斗争下,这些党棍的诡计才设有得逞。①

抗战胜利以后,全国人民都希望和平解决国事,主张国共合作,华侨也抱有同样的愿望,以免战祸蔓延全国。当时,作为总编辑的邓军凯也在《华侨商报》上尽力宣传,主张和平政策,组织联合政府,希望人民在久战之后,得到一个安居乐业的环境。

此外,在20世纪40年代的毛里求斯,当地华侨青年还出版过一份英法文杂志——《黎明》(*Dawn*)。这份杂志属文学刊物,多刊载小说和故事,在青年中有一定销路。

南非的《侨声报》创刊于"济南事变"后,这是南非唯一的华文报纸。该报是根据当时的驻约翰内斯堡领事何缵、副领事邵挺及侨领何伟臣、霍秀石等人的协议于1931年6月1日创办的,经费由南非、莫桑比克、刚

① 雨霖:《纪念邓军凯同志逝世三周年》,一叶:《永远不能磨灭的功绩》,载《纪念第一届全国人民代表非洲区华侨代表邓军凯先生逝世三周年特刊》,[毛里求斯]《新商报》,1957年11月15日。

僑聲報

蔣中正題

二十世紀戲院獻演

▲入場券尚有四十張

結婚賀儀充作捐款

▲林曉珊君熱心可嘉

南非《侨声报》关于当地社会文化生活的报道

果各埠侨团及国民党党部捐助，并向各埠华侨募捐。[①] 该报在中华民国政府侨委会立案，刊头由蒋介石题字，每周出三期，逢星期一、三、五出版。当地华侨不断以捐款形式支持这份报纸。这份报纸在非洲其他地区也有一些订户，最多时的销售量为 1 200 份。

在抗战期间，《侨声报》由江渠任总编辑。他当时定下规矩：第一版上半版为总领事馆通告，抗战捐款名单；下半版为社论。第二版为祖国要闻；第三版为世界与本埠新闻（新闻标题字数均有具体规定）；第四版为广告。虽然这种排版非常死板，但限于人力和物力，海外当时的报纸

① 欧铁编著：《南非共和国华侨概况》，第 50 页。一说创刊于 1929 年。参见周廷权《促进中斐邦交之管见》，《华侨先锋》，第 5 卷第 3 期，第 36 页。

大部分都采取这种版面。在抗日战争期间,《侨声报》刊登了非洲各地(除南非外,包括英属东非、葡属东非、马达加斯加、留尼汪和毛里求斯等地)华侨踊跃捐输的情况,并定期登载捐款者的芳名,这对华侨起了很大的鼓励和推动作用。

然而,当地华侨对抗战胜利后的《侨声报》评价并不高。1948年6月29日,读者对该报提出了"三最"的批评,即新闻最少、报费最贵、篇幅最小。《侨声报》的价格原为本地每月4先令,外埠每月4先令6便士;1949年1月提高到每月6先令,外埠每月6先令6便士。有时,该报或是由于经费问题,或是因为人事纠纷,一连停刊十多天之久,对此侨众反映十分强烈。1948年8月,为解决亏损,《侨声报》决定扩大营业范围,"兼营印刷业务,承印中西文件、簿籍、信封、信笺、名片、请柬,及圣诞节新年卡片等",而这些服务项目的收费均比欧洲商人的便宜。①

这份报纸与非洲其他各地的中文报纸不同。首先,从《侨声报》的英文名称(*Chinese Consular Gazette*)看,它实际上是驻约翰内斯堡总领事馆的机关报,并定期收到中央海外部的津贴。在本章所涉及的时期内,其所收到的最后一次津贴是在1947年7月18日,津贴费为379镑。② 驻约翰内斯堡总领事馆的有关文件均定期在此报登载。第二,它除了一般的国际和中国新闻外,还对其他非洲地区的情况进行报道,包括英属中非、葡属东非、南部非洲、留尼汪、马达加斯加和毛里求斯。1946年3月中旬,在法国主攻政治学并取得博士学位的林汉长接替了返国的江渠担任该报编辑。③ 后来,中国国民党驻南非支部秘书廖纲鲁又接替林汉长任总编辑。

根据留尼汪政府当局的有关规定,外籍人是无权经营印刷及新闻事业的,华侨如果想创办中文报纸,唯一的办法是用法籍华侨的名义来申请注册。然而,报纸在刊印之前必须将当日内容全部译成法文,送交有关当局审查获准后才能付印,这种烦琐手续的目的很明显:制止外籍人

① [南非]《侨声报》,1948年8月17日。

②《本报最近年来经济状况报告》,[南非]《侨声报》,1948年4月3日。

③ [南非]《侨声报》,1947年5月18日。

拥有自己的宣传工具以利于统治和管理。当时,留尼汪华侨的经济状况并不富裕,有收音机的人极少;当地报纸对于有关我国抗日战争的消息又报道不多。由于海上交通被敌对国封锁,从国内逃出来的侨胞往往要费很多时日才抵达。当时,同德烟厂的厂主陈信宁有一台收音机。为了解决信息来源问题,更快地了解国内的实况,华侨就要求他利用该厂的玻璃板印刷机刊印消息,以报道祖国战况并翻译本岛新闻。陈信宁利用这些设备出版了《天声三日刊》,该报于 1940 年创刊,两年后因印刷药水的来源缺乏而告停刊。诚如何静之所言:"该报在留尼旺发行的历史虽然不久,但在该岛华侨新闻事业史上留下了可以记载的一页。"①

(三) 马达加斯加《侨民新报》事件

马达加斯加的华侨于 1930 年 4 月 18 日创办了《侨民新报》。该报对开版,三天一期,每次四版一大张。1930 年的 6 月 20 日,何金泉在《侨民新报》上发表文章,向马达加斯加的华侨呼吁:对引进日本货物的华人商店进行谴责和抵制。这篇文章实际上是针对华人协会会长、对日绝交会主席陈远标与奸商陈遇潜二人将日本火柴引进马达加斯加而言。然而,陈远标在破坏了抵制日货这一华人共同做出的规定后,不但毫无歉疚悔改之意,反而向塔马塔夫的警察局长告密,透露了当时并未申请备案的中文报纸《侨民新报》的存在以及抵制日货运动的领导人姓名。② 1930 年 7 月 14 日晚,正当爱国华侨举行集会时,陈遇潜等率人冲击会场,并勒令会议解散,当即遭到在场的何金泉(法文名为 Ho-Kam-Tun)、祝展华(法文名为 Job Wan)等人的严厉痛斥。7 月 29 日上午 9 时,当地警察来到塔马塔夫的中国国民党党部所在地,将何金泉、祝展华两人及在场的工作人员拘捕。

① 何静之编著:《留尼旺岛华侨志》,第 46 页。

② Malagasy Archives, Cabinet Civil, No. 362, Letter, Commander, Second Mobile Police Brigade, Tamatave, to Chief of Public Safety, Tananarive, August 1, 1930, in Leon M. S. Slawecki, *French Policy Towards the Chinese in Madagascar*, p. 141.

祝展华为《侨民新报》的编辑兼老板，何金泉则是那篇引起争议的宣传文章的作者。法庭对这些华人的指控主要是围绕指控非法办报而展开的。塔马塔夫省的省长在对《侨民新报》进行了调查之后，提出了与国民党在马达加斯加的活动相关的关键问题：

(1) 国民党公司目前从事的政治活动与1921年4月28日成立时的章程完全不符；

(2) 国民党目前所从事的政治活动完全背离了该公司章程的宗旨；

(3) 希望解释《侨民新报》编辑祝展华和秘书孙素虹(San-Sut-Hum)被接纳为该公司成员是否与章程第四款相符合；

(4) 出版《侨民新报》是否是国民党全会考虑的议题；

(5) 该公司的(a)执行委员会(第9款)和(b)监察委员会(第13款)在此事件中的作用是什么；

(6) (a)执行委员会和(b)监察委员会的现任成员有哪些人；

(7) 在国民党大楼里设有一个印刷车间，国民党全会有意如此安排；

(8) 印刷纸张的来源；

(9) 国民党提供了出版该报纸的全部经费，国民党有意安排了这一切。①

8月12日，经法庭审判，国民党的《侨民新报》被指控未经备案擅自发行，罚款240元，被迫停办。根据塔马塔夫省长的提议，马达加斯加总督于1931年2月将何金泉和祝展华驱逐出境，因为他们“用激烈的言语威胁那些接受了日本货物的马达加斯加的华人”。同时，《侨民新报》是国民党的机关报，而国民党“积极参与了与其章程毫不相关的政治问题”。这样，华侨抵制日货的斗争受到打击。② 正是通过这一事件，塔马

① Note, Governor, Tamatave Province, to Police Commissioner, Tamatave, August4, 1930, in Leon M. S. Slawecki, *French Policy Towards the Chinese in Madagascar*, p. 141.

② Letter, Governor-General, Madagascar, to Minister of Colonies, January 20, 1931, in Leon M. S. Slawecki, *French Police Towards the Chinese in Madagascar*, p. 142；华侨协会总会编著：《华侨名人传续集》，第399—404页；华侨革命史编纂委员会编：《华侨革命史》(下)，第400页。

塔夫省长发现华侨社会发生了巨大的变化，华侨再也不是以前那种逆来顺受、平和温顺的形象，“在有华侨居住的大城市里，华侨正在建立新的机构，以彰显他们的个性。华侨变得更为自信了。他们天性狡猾，为了增加利润和收入而经常违犯法律。这种新精神的特点之一是，华侨倾向于不受约束。更确切地说，他们在地方行政管理方面将高调逃避警察的控制或履行协会的责任。华侨社区的另一个迹象是原来的亲如手足和互有责任的集体因为有人唯我独尊而四分五裂并互相憎恨”。[①] 很明显，他已经注意到华侨社会存在的分裂倾向。

（四）华校学生的爱国激情

1936年6月7日，日本对中国的全面侵略已是迫在眉睫。葡属东非的洛伦索-马贵斯的中华会馆专为捐款购买飞机以巩固国防一事举行华侨大会。同一天，该地的中华小学也借用中华会馆举行辩论会，题目为“小学生应该积钱救国”。据负责人说，举办辩论会的目的主要是为了“使儿童对于目前国家之情形，和救国意义有深刻之认识”，同时也是对学生思维的训练。参加者均为该校二年级学生：正方有赵公然、霍赖高、李佑南；反方有何月娥、赵公章、霍汝芬。辩论时，正面一方阐述了小学生积钱救国的理由：

（1）小学生如果不将父母给的钱积存起来，而乱吃乱用，不但养成一种不良的习惯，而且对身体健康有所妨碍。假使把零钱积起来，身体既不会生病，而国家又可多得一分力量。

（2）意大利是世界强国，当进攻阿比西尼亚[②]、国联决议对其进行制裁案后，意大利儿童争先恐后，倾其所有送给国家。强国儿童尚且如此爱国，我们是弱国，更应加倍爱国才是。

（3）目前中国学生，都捐钱购飞机，我们在海外读书的人也是中国的

① Leon M. S. Slawecki, *French Policy Towards the Chinese in Madagascar*, pp. 145 - 146.
② 即现在的埃塞俄比亚。

一分子,应该投入到这一捐款救国的运动中去。①

抗战爆发后,毛里求斯的华侨学生也动员起来,对日货自觉进行抵制。刘新粦曾经回忆他在毛里求斯读小学时的情况,并记载了一件颇有意义的事:

> 1941年笔者在新华中学读书的时候,同学们十分痛恨野蛮屠杀中国人民的日本帝国主义。当时我们每天都穿童子军制服上学。童子军的腰带上有一个钩子,挂着一个搪瓷饭碗,有一天有人说这种碗是日本货,于是群情激愤,我们怎能购买、使用仇货呢?在群众的要求下,童子军教员邵学敏先生让大家在操场集合,正式宣布搪瓷碗是日货。于是每个人都把自己的碗从腰带钩上摘下来,使劲摔到地上,然后用脚使劲踩踏到它变形为止,以发泄对日帝的满腔仇恨。现在回想起来,觉得这种做法未免幼稚,但却真实地、生动地反映了我们海外炎黄子孙的爱国热诚和对民族敌人的憎恨。②

毛里求斯的华侨中小学生在各种重要节日和纪念日(如抗战周年纪念日、双十节、八一四空军节等)经常举行义演,以实际行动支援国内的抗战。他们还和爱国侨胞的剧团一起举行劳军义演,当时排练的节目包括《放下你的鞭子》《喋血中华》《八百壮士》等抗日戏剧歌曲。③ 在抗战后期中央海外部发动的"鞋袜劳军运动",非洲华侨儿童更是积极响应。他们认识到这将是他们捐款救国的最后时机,纷纷慷慨解囊。最为积极的则是马达加斯加若文学校的师生。学生自治会在学校采取竞赛方式,由各级级会自行负责,募集捐款。抗战胜利后,非洲的学子仍然以积极的姿态投入为难民捐款的热潮。东伦敦学校的学生们节约自己的零用钱以救助祖国难童,三次共得英镑21镑6先令2便士,折合国币42 185.5

---

①《侨务月报》,1936年7—8月合刊。

② 刘新粦:《他山之石》,第98—99页。在此感谢刘新粦教授惠赠此书。

③ 刘新粦:《我在毛里求斯的见闻》,第50—51页。

元，送交领事馆以转交国内有关部门（共收到国民政府财政部收据三张）。①

一种强烈的爱国热情激励着非洲华侨青年学子。他们中除极个别返回祖国参加战斗外，绝大部分积极参与募捐赠物、宣传组织和各种义卖义演。这些活动组成了非洲华侨抗日后援的重要部分，并源源汇入了伟大的中国人民抗日战争的热潮。

① [南非]《侨声报》，1947 年 5 月 1 日。

第十五章　非洲华侨社会团体及其活动

作为这个协会的成员是非常值得骄傲的。对于我们来说，最重要的事是帮助中国赢得这场战争……有时我们接连一、两个星期不睡觉，我们得排演，外出一家一户去出售演出会的戏票。从清晨起，只要有人有时间开车带我们出去……直至深夜，然后回到司库家里去写收据。我们就像乞丐一样，时时刻刻都在向人们讨钱。

——南非德兰士瓦华侨妇女协会负责人

为解除我侨之痛苦，与增进中非贸易之计，深望政府能迅速遣派有名之外交大员，来非与非联进行商约或协定，以谋吾侨之根本解放。如能达此目的，固为吾侨之所至望。

——1936年南非华侨归国请愿团报告书

虽然非洲华侨组织出现得很早，既有以地缘为基础的，也有以亲缘为基础的，还有代表整个华侨社团利益的中华商会或中华会馆。然而，非洲华人社团组织的蓬勃发展还是在抗日战争期间。“七七事变”爆发后，非洲各地侨胞在原有社团的基础上纷纷成立各种抗日救国组织，开展宣传捐输活动，以各种方式支援中国的抗日战争。据中华民国政府侨务委员会统计，抗战时期，非洲华侨共成立了25个救国团体，计南非联邦5个、葡属东非5个、法属东非14个、毛里求斯1个。[①] 由于这是1941年的统计数字,因而很不全面。首先,南非联邦抗日救国组织就远远多于此数;其次,毛里求斯的抗日组织也不止一个;再次,统计数字未将英属东非华侨抗日救国组织包括在内。在非洲,除了少数华侨救国组织是在"济南惨案"后成立的以外,绝大部分组织成立于"七七事变"之后。本章分为四个部分,分别探讨抗日救亡团体、其他社会组织、华侨妇女组织的贡献,以及南非抗苛组织及其活动。

一、非洲华侨的抗日救亡团体

(一) 南非

在南非,从19世纪开始就成立了各种华侨组织,其主要原因是华人必须与当地政府的种族歧视政策进行斗争。抗日战争期间是华侨组织的繁荣期。一方面,很多捐款活动是在当地的中华会馆领导下开展的;另一方面,新成立的抗日组织也不甘人后。这些组织利用业余时间,采取各种方式,如义演、义卖、沿门劝捐、举办各种游艺会和聚餐会。还有相当多的华侨积极参加了由当地白人社会贤达组织的援华团体的活动。在这些新老华人组织中,最为突出的是德兰士瓦华侨妇女协会(ChineseWomen's Relief Fund Committee)和伊丽莎白港的东省中华会馆(Eastern Province Chinese Association) 。

南非各地抗日救援组织一览表

创建地	名称	日期	创建(负责)人
约翰内斯堡	抗建后援会	1937年(?)	
伊丽莎白港	抗日救国后援会		朱玉阶(?)

① 中华民国政府侨务委员会编:《侨务统计辑要:三十五年度》(油印本),第78页;中华民国政府侨务委员会编著:《侨务十五年》,[南京],1947年,第28页。

续　表

创建地	名称	日期	创建(负责)人
埃滕哈赫	华侨抗战救国后援会		
埃滕哈赫	建国后援会		
约翰内斯堡	德兰士瓦华侨妇女协会 Chinese Women's Relief Fund Committee	1937 年 9 月 14 日	廖文科夫人 Miss Daisy Lai
纳塔尔	中华妇女协会		
东伦敦	华侨妇女协会		
南非各大学	华人大学救济基金 Chinese University's Relief Fund	1938 年	
约翰内斯堡	老同学俱乐部 Old Student's Club	1938 年 11 月	Leong Pak Seong
弗里尼欣	华侨抗日救国会		
弗里尼欣	中国救济基金委员会* Vereeniging Chinese Relief Fund Committee	20 世纪 30 年代末	沙裴罗
约翰内斯堡	中国战争救济基金会* Chinese War Relief Fund	1942 年 11 月	Reverend S. Moore Andson(主席) Dr. J. B. Robertson
东伦敦	中国战争救济基金会* Chinese War Relief Fund		
伊丽莎白港	中国战争救济基金会* Chinese War Relief Fund		Mr. Justice A. Schauker
伊丽莎白港	坡埠航空协会直属分会	1945 年 6 月 19 日	
德班	中国战争救济基金会* Chinese War Relief Fund (Medical Aid)		
开普敦	援助自由中国基金 Help for Free China Fund		Sir Hebert Stanley
皇后镇	援华委员会 Aid to China Committee		

资料来源：Melanie Yap and Dianne Leong Man，*Colour*，*Confusion and Concessions*，pp. 255-277.；[南非]《侨声报》，1945 年 5—9 月。

＊指当地白人领导的抗日募捐组织。

我们注意到，这些组织中11个成立于20世纪30年代。其中德兰士瓦华侨妇女协会（南非华侨习惯称为“杜省华侨妇女协会”）是在“七七事变”后于1937年9月14日成立的。会长廖文科夫人，秘书黎彩钿女士，委员有何家骅夫人、黎社八夫人、霍文科夫人、何国报夫人等。欧铁在书中指出：德兰士瓦华侨妇女协会的动机是“支持祖国抗日战争，以具体行动来表示爱国之热诚”，她们四处奔走劝募筹款，捐款源源不断汇回国内。从1937年9月成立以来，该协会会员以极大的爱国热情，向南非侨胞和当地居民募捐计54次（一说52次①）之多，共计3万英镑。②

东省中华会馆组织华侨积极捐款。当时该组织的中文秘书曾指出：“东省的华人都答应开展月捐，商人们自然做得最好，甚至一般的店员也将自己工资的一部分捐出以表示他们作为国民的义务。”当地的一位姓刘的华人因年老体迈，不能再营业开店，月捐不便，他便将财产变卖，一次捐款2 000英镑。东伦敦中华会馆协助组织了一次自由游行，结果募得捐款1万英镑。③ 华侨因身居海外，平时业余活动较少，玩牌赌钱是他们闲暇时间的主要活动之一。在抗战时期，一些参加赌博的华侨或一些专门组织这类活动的店铺也将捐款作为自己义不容辞的责任，每月定期将自己的捐款送到有关组织。南京的伪政府成立后，南非侨胞对汪精卫的卖国行径深恶痛绝，纷纷征募款项，以作为“诛逆之奖金”。各地侨胞团体多起响应，仅此项募捐高达7 000英镑之多。④

非洲华文学校的师生也行动起来，积极投入抗战后援的各种活动。“九一八事变”后，非洲德兰士瓦省的华文学校师生成立了救国会，专门

---

① [南非]《侨声报》，1947年1月30日；欧铁编著：《南非共和国华侨概况》，第69页。欧铁提出德兰士瓦华侨妇女协会成立于1983年（应为1938年之误），但该协会成立的日期为1937年9月14日。

② 社论：《勗杜省华侨妇女协会》，[南非]《侨声报》，1947年9月13日。宋美龄女士对非洲华侨妇女曾特别提出过表扬。参见 Melanie Yap and Dianne Leong Man, *Colour, Confusion and Concessions*, p. 260.

③ Melanie Yap and Dianne Leong Man, *Colour, Confusion and Concessions*, p. 261.

④《南非侨胞筹金诛汪》，[重庆]《现代华侨》，第1卷，第6—7期合刊（1940年11月15日）。

组织抗日募捐。“自本年 3 月 9 日,至 4 月 1 日,计已捐得近万元。正在积极进行中”。救国会除了派出学生分头劝捐外,还规定每名会员每日捐 1 先令(约合国币 1 角),有的同学的捐款数大大多于此数。有的同学因家境困难,无能力多捐款,便自动每星期节食一餐以报效祖国。这样,一个月下来,可节省 10 英镑,他们便将这些自己省下的钱捐给正在抗日的前方军民。① “七七事变”后,约翰内斯堡的一位华人教师将学生组织起来,成立了“老同学俱乐部”,开展了为前线的中国士兵赠送 1 万件棉衣的活动。1938 年 11 月,他们将价值 4 000 元(国币)的寒衣捐通过中国银行送到国内。②

毛里求斯仁和旅館

HEEN FOH LEE KWON SOCIETY

21, DR. JOSEPH RIVIÈRE STREET — PORT LOUIS — MAURITIUS

華僑證明書

茲有毛里求斯華僑

現年　　歲,原籍　　省　　縣.

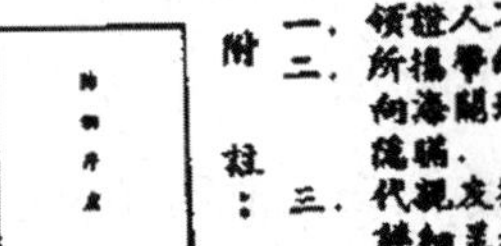

毛里求斯仁和旅館會長

年　月　日

附註:

一、領證人不得攜帶違禁物品.

二、所攜帶的一切行李物件均應向海關坦白詳細呈報,不可隱瞞.

三、代親友攜帶的物品亦應坦白詳細呈報,不可隱瞞,亦不必冒認作自己的物件.

毛里求斯仁和旅馆为华侨出示的证明书

① 《南非洲华侨救国之热烈》,《南大与华侨》,第 11 卷第 3 期(1933 年 4 月)。

② Melanie Yap and Dianne Leong Man, *Colour, Confusion and Concessions*, pp. 252,303 - 304.

(二) 毛里求斯

“七七事变”后,毛里求斯各界华侨将过去组织而停顿数年的华侨救国会进行了彻底改组,命名为“毛里求斯华侨救国委员会”,后来又更名为“毛里求斯华侨抗敌后援会”。抗敌后援会号召以捐款的方式支援国内的抗日战争,华侨在“国家兴亡,匹夫有责”“有钱出钱,有力出力”等口号的动员下纷纷慷慨解囊。抗敌后援会实际上是毛里求斯华侨各界人士的共同组织,主要由华商总会、护商总会、仁和会馆、南顺会馆、新华学校、培英学校及国民党驻毛里求斯直属支部等组织联合组成,委员有 35 人。抗敌后援会还聘请了当地热心侨务的 20 余人为干事,以国民党直属支部及华商总会“负总管之责”。①

抗敌后援会成立后的第二天,即商请资遣贫侨会拨出在款 1 万盾,先行直接电汇于中央侨务委员会转军事委员会,表示模里斯②全体华侨,誓为政府抗敌后援的第一项礼物。此后该会积极展开抗敌后援工作,其活动主要包括:捐款、宣传、首饰运动、购买伤兵医院药物、征集麻袋及旧衣和抵制日货等六个方面。抗敌后援会积极对华侨进行抗日宣传,宣传内容主要包括出钱救国和断绝敌人资源两大主题,形式则分为集会演讲和个别宣传。抗敌后援会固定每星期在公进戏院举行一次集会演讲,由仁和会馆的侨领古少彬免费租借场地;有时则在各团体机关举行。个别宣传则随时随地有机会则进行。1937 年 10 月,毛里求斯老华侨吴应奎之子吴桓兴先生曾由庚子赔款公费资送比利时留学,“适省亲道经模岛,亦曾假座公进戏院作对外的扩大宣传,博得当地人士之对我极度同情”。此外,在公进戏院还经常放映一些宣传抗日的电影,观众十分踊跃,“不少侨胞从山顶专门到埠上(路易港)来观看”。这些电影以其特有的方式

① 陈伊美:《模里斯华侨的爱国热》。
② 即毛里求斯。

向广大华侨观众展现了祖国的大好河山，更激发了广大华侨的爱国情怀。①

1937年冬，中国航空建设协会毛里求斯直属支会成立，这也是毛里求斯为响应“航空救国”的号召而成立的重要组织。该会有委员11人，由总会聘请。实业家陈景荣先生被聘为会长，陈逸棠、侯光华、陈汝邦三位先生为常务委员，陈伊美为委员兼总事。协会聘请华侨社会的名人贤达为各区征求协会的大队长与分队长。为了进行鼓励，航空建设协会还专门制定了对征求会员之成绩优越者的奖励办法。当时，陈伊美对航空建设协会的工作十分乐观，他相信：“在抗战日烈，航空救国声浪高涨中之今日中国，模岛华侨均表示热烈拥护本会而踊跃参加，将来中国航空救国上，模岛华侨必有一页光荣的纪录哩。”

（三）马达加斯加

由于当时马达加斯加的华侨社会组织只有一个，即“华侨公社”，因此凡有国家大事，总是行动一致，分歧甚少，所有的抗战活动都组织得井井有条。② 当时的国民党驻马达加斯加支部对各种捐款活动可谓领导有方，各种爱国活动均是以国民党的地方分部为单位进行的。当时国民党组织在此地发展很快，马达加斯加的华人中已发展了1 700余名党员，先后建立了17个分都和13个通讯处。在捐款活动中，有的华侨废寝忘食，“自朝至晚，没有进餐，枵腹从公”；有的为了募捐而不幸受伤。

抗战后期，国民党的中央海外部发动“鞋袜劳军运动”，马岛华侨更是积极响应。他们认识到大反攻时期是他们捐输救国的最后时机，纷纷慷慨解囊。当时的中国国民党马达加斯加支部积极组织了这一运动，并在抗日救国后援会的支持下进行劝募活动。塔马塔夫的第一分部推定

① 刘新粦：《我在毛里求斯的见闻》，第51页。
② [南非]《侨声报》，1945年3月18日。

霍锡标等六人为劝捐员;首都塔那那利佛第三分部推定霍恩连等七人为劝捐员;瓦图曼德里第五分部将所属地区划为七个区进行劝募;桑巴瓦第十一分部联合该地抗救会响应。在"鞋袜劳军运动"中,马达加斯加各地华侨募集捐款总数达 240 750 元。①

(四) 留尼汪

前面已经提到,留尼汪华侨早在"济南惨案"发生后,即自觉开展了对日货的抵制。全面抗日开始后,留尼汪华侨自动组织救国团体,展开救国活动。他们的主要抗日后援活动是募捐,不分男女老少、店东店员,人们纷纷慷慨捐款,表现出了极大的爱国热情。

1937 年,圣但尼市的一群妇女组织了中华妇女救国会。妇女救国会以民族大义为重,在当地华侨中享有盛誉。根据不完全统计,在抗日战争期间,留尼汪的中华妇女救国会曾先后十次汇款至国内(存有单据者),此外还汇回旧衣服 64 麻包。

留尼汪华侨救国团体

名称	创立日期	领导人姓名	会员人数	结束日期
中华妇女救国会	民 26 年 8 月 28 日	何凤鸣	148 人	民 34 年 8 月 20 日
救国合群剧社	民 27 年 5 月 30 日	刘博伍	20 余人	民 36 年 3 月
华侨救国后援会	民 27 年 7 月 2 日	第一任会长肖幕达,以后为刘锡辉	全岛华侨	民 35 年初
华侨救国剧社	民 27 年 7 月 5 日	刘君博	30 余人	后改为丛英剧社
青年白话剧社	民 27 年 10 月 10 日	霍杜	20 余人	同上

资料来源:何静之编著:《留尼旺岛华侨志》,第 53,70—72 页。

除了圣但尼市的中华妇女救国会外,留尼汪华侨还于 1938 年成立了包括留尼汪岛全体华侨在内的留尼汪华侨救国后援会。此外,还成立

① [南非]《侨声报》,1945 年 7 月 19 日。

了救国合群剧社、华侨救国剧社、青年白话剧社等三个剧社。

(五) 非洲其他地区

在北非和东非，华侨也积极参加了各种宣传和捐款活动。在埃及的中国留学生尽可能进行各种爱国宣传活动。他们联络在开罗的一些中国人组织了“中国战区灾民救济会”，由马坚任该会会长。他们向阿拉伯朋友介绍中国人民抗日战争的真实情况，揭穿敌伪政权散布的种种谣言，并四处募捐，支援国内的抗战。

1937年底，世界网球冠军许羽基访问开罗。他明明是旅居印度尼西亚的华侨，但由于日本帝国主义的欺骗宣传，开罗各家报纸将他作为日人进行宣传。为了戳穿敌人的阴谋，马坚等人专门访问了许羽基，商定由留学生为他专门组织一个欢迎宴会，由许羽基自己来说明真相。在第二天的欢迎宴会上，多家报纸的记者受到邀请，许羽基宣布自己是中国人，并痛斥日本军国主义的侵略罪行。这一次宴会不仅开成了一个澄清事实真相的大会，还成了愤怒声讨日本帝国主义的大会。

1939年2月，在埃及的中国留学生赴麦加朝觐。在赴麦加的船上，留学生利用一切机会对埃及人宣传中国的抗日战争，揭露了日本帝国主义残杀穆斯林的情况。在麦加朝觐期间，马坚、庞士谦等人与日伪“华北回教联合总会”朝觐团的唐易尘、刘仲全等人相遇。为了对他们的活动进行有效的监视，马坚等人主动接近他们，使他们不敢轻易为日伪政权做宣传。在朝见沙特国王时，马坚代表中国朝觐团向国王朗读并递交诵词，说明中国人民一致抗日的决心。在返回埃及的轮船上，马坚还利用船上的广播对乘客进行宣传，“演说中国穆斯林拥护抗战的情况，及日机轰炸南北各省回教区域与清真寺的惨况。最后引经据典说明日本野蛮无理，必遭主怒，并引事实证明中国为正义，求生存抗日之是，日本侵略之非。说完时，全船中掌声雷动”。在船上，马坚还为中国留学生朝觐团拟就了《告世界伊斯兰教同胞书》散发给各国的朝觐者，宣传中国人民抗日战争的正义性，后来还将该文译成中文寄给国内各大报刊。①

在葡属东非，华侨人数并不多，但他们却成立了5个救国团体，他们从抗战一开始即行动起来募集捐款。② 据《新华日报》1938年1月19日的报道，葡属东非贝拉港的华侨救国后援会捐款419英镑。英属东非的华侨也成立了抗日救国会，对抗日募捐也极为踊跃。除了在各种大型场合慷慨捐输外，他们还从自己微薄的工资中按月扣除捐款。

抗战胜利后，中华民国政府发出通告，要求海外各地华侨在抗日战争期间成立的带有“抗日”或“反日”字样的团体组织必须改换名称，③非洲华侨的一些抗日后援组织因此均改换为带有“建国”或“爱国”字样的名称。

二、非洲华侨的其他社会组织(1911—1949年)

由于当时中国领事馆作用不大，华侨往往成立各种组织，以维护自身利益、联络感情、互相帮助和交换信息。这种会馆一类的组织往往在侨居地成为华侨的重要活动中心。这些组织除前章提到的代表全体华侨的中华商会等一般性团体外，还有地域性、职业性和青年文化体育团体，有的逐渐发展为休闲或兴趣性的组织。

虽然在20世纪初即有一些文化团体开始出现，但绝大部分文化教育组织是在抗战时期成立的。抗敌后援运动大大促进了非洲华侨文化教育活动的开展，各地华侨纷纷成立了文化团体或体育组织。毛里求斯的华侨在战时组织了一些文化团体，排练一些文艺节目参加募捐义演，如《放下你的鞭子》《喋血中华》《八百壮士》等当时在国内颇有感染力的抗日剧目都被他们搬上了舞台。路易港的公进剧院由爱国华侨古文彬

---

① 庞士谦:《埃及九年》，北京:月华文化服务社，1951年。特别是关于1939朝觐的日记。还可参见李振中《学者的追求》，《阿拉伯世界》，1994年第3期，第7—9页。

②《现代华侨》，第3卷第2—3期合刊(1941年3月15日)。

③［南非］《侨声报》，1945年9月20日。

经营，这里经常放映宣传抗日救亡的电影，有的华侨还从边远山区赶来观看。这些宣传活动在当地颇有影响。①

(一) 马达加斯加的华侨团体与国民党支部

马达加斯加华侨集中在塔马塔夫，这里的南顺会馆成立于1906年。可能因为以前没有注册，一直未引起政府注意。1955年，法国殖民政府承认的华侨团体中不知为何没有这一组织。然而，南顺会馆下设广联社，凡抵达塔马塔夫的华侨，一般均需交纳会费(5元，25法郎)入会，会费成为南顺会馆的活动经费。“该会自置产业，并在当地政府备案，是全埠性之侨团”。南顺会馆在1932—1936年最为兴旺。每年农历新年，会馆总是开数十桌，分午宴和晚宴，各侨商店铺均休业，大家欢聚一堂，庆祝新年。南顺会馆是值理制，其后则另组华商总会，改委员制，仍以会馆为会址。该组织曾一度希望扩大为全侨性社团，并召开过全侨代表大会，结果仍是限于一省之组织，因此，又在华商总会下设一县市事务委员会。抗日战争末期，因侨社分裂，加上抗战胜利后的局势转变，再也没有变动。②

马达加斯加华侨中的大部分文化体育组织都是在战时和战后成立的。先是成立了华侨青年会(以兴文学校学生为主)，又于1942年在塔马塔夫成立了华侨体育会。华体的篮球队在1949年的篮球赛中击败了当地的常胜将军——“历史悠久夙著盛誉的弗朗哥-马尔加什队”，得到了当地人士的好评，“中外人士，推许备至，有誉之为长胜军者，勉戒健儿！其毋以此自满也”。③ 葡属东非的贝拉港成立了东华体育会，其所属球队几乎每战必胜，排球队的战绩更为突出，“技艺超人，当地西人，望尘

① 刘新粦：《我在毛里求斯的见闻》，第51页。
② 陈铁魂：《马拉加西共和国华侨概况》，第35页。
③ [南非]《侨声报》，1949年1月18日。

莫及”。① 下表只是马达加斯加政府所认可的华人组织中的一部分。根据李卓凡的统计，在1947年，马岛共有27个华侨组织，其中8个建立在华人集中的塔马塔夫。②

法属马达加斯加官方承认的华侨社团(1955年)

地名	组织名称	成立日期
塔马塔夫	南顺会馆*	1906
马南扎里	华人协会	1914年2月16日
塔那那利弗	华侨公社*	1940年
塔马塔夫	华侨体育协会	1942年5月1日
菲亚纳兰楚阿	华人协会	1947年5月6日
塔那那利弗	华人体育俱乐部	1947年6月17日
圣玛丽	互助小组	1947年12月21日
塔那那利佛	华人协会	1953年2月5日
	法中青年体育会	1953年7月1日

资料来源：Leon M. S. Slawecki, *French Policy Towards the Chinese in Madagascar*, p. 69；方积根、李秀英：《马达加斯加华侨的历史与现状》，载方积根编：《非洲华侨史料选辑》，第69—84页。

* 未得到官方承认的组织。

值得注意的是，国民党支部在马达加斯加十分活跃。前面已经提到国民党支部在马达加斯加抵制日货的行动。塔马塔夫可谓华侨的商业和社交中心，这里的国民党支部于1921年成立。当时，这一组织并未引起法国殖民政府的注意，因为该组织是以公司形式注册，由13名中国商人出面以一个“拥有股票、可变资本和办事人员的公司”的名义成立的。根据章程，该公司的目的如下：

(1) 以取得在塔马塔夫市迪瓦迪罗大街的一块在“国民主义者”名下

① [南非]《侨声报》，1947年2月4日。甄景炎于1947年2月被选为东华体青会主席，前任主席为黄金麟。

② 李卓凡：《西印度洋华侨史》，载方积根编：《非洲华侨史资料选辑》，第214—215页。

注册、编号为4095的土地，在此处有由塔马塔夫华侨社团成员捐款建造的一座木结构平房。

(2) 为以上建筑装备会议室、阅览室、学习研究室和娱乐室。

(3) 在以上建筑为本公司成员及其子女组织课堂教育以及培育其心性的各种主题的讲座。

(4) 在以上建筑举办与国家大事相关的各种节日庆典。①

1927年11月，该组织向法国殖民政府申请在塔那那利佛成立一个支部，被殖民政府拒绝。三年之后，又有人提出类似申请，希望在迭戈-苏瓦雷斯建立一个阅览室，并成立一个国民党支部。1930年1月2日，一封以"国民党中央委员会"的名义写给迭戈-苏瓦雷斯省省长的信请求批准建立一个华人图书馆，"以便让我们的同胞了解在他们祖国所发生的事情"，"国民党致力于孙中山先生的三民主义"。省长将此信交给总督。马达加斯加殖民政府下面的政治事务局为总督提供了一份详细的说明，不仅对中国国民党在马达加斯加的发展进行了阐述，还分析了国民党在印度支那的活动，指出了该组织的危险性，认为"迭戈-苏瓦雷斯所谓的华人'图书馆'一旦成立，将有蜕变为一个共产党政治煽动机构之危险"，并建议总督拒绝这一请求。总督接受了这一建议。1930年的抵制日货事件对国民党组织的活动是一次较大的打击。

1941年，马达加斯加海关收到的一份从重庆寄来的包裹中装有一些小册子，这一事件又引起了法国殖民当局对国民党在当地活动的注意。总督经过征询各方面意见并研究了一些有关国民党的历史情况后得出以下结论：

> 如果我们相信1921年4月28日备案的章程，这个名为"国民党"的组织应当是一个由拥有股票者、可变资金和办事人员组成的公司。然而，这只是表面现象。在很快浏览了相关档案之后我认为，这并非一个分享利润的公司，而是一个协会。根据协会公约，两

① Leon M. S. Slawecki, *French Policy Towards the Chinese in Madagascar*, pp. 136 - 137.

人或多人一起交换情报共同行动，其目的决非共享利润。根据1939年4月12日和18日在马达加斯加颁布的法令，中国国民党是一个协会，而且是一个外国人的协会。它本来必须在上述法令颁布后的一个月内请求总督批准。①

实际上，国民党在马达加斯加一直以所谓的公司身份存在，因此并未得到总督的认可。然而，在抗日后援活动中，它一直积极组织当地群众。1947年，国民党在马达加斯加已经拥有约1 500名成员，共有27个小组(cells)。②

(二) 南非的国民党支部与华侨青年组织

前章提到过中国国民党当时在非洲的发展。南非国民党总支部是在杨衢云、于灵二位当时受孙中山先生的派遣到南非开展工作时成立的兴中会的基础上建立的。辛亥革命以后，由于南非对孙中山先生的事业支持度非常高，华侨加入国民党的也很多。南非华侨中的先进分子尽全力支持革命。据说，当时几乎没有一个华侨国民党员不受到奖励。1924年国民党改组时，南非的党员只有六七百人，本来成立总支部的条件不够。然而，由于南非华侨热心捐款支持，孙中山先生特许该地设立总支部。③ 南非总支部下设马达加斯加、留尼汪、毛里求斯三个支部及东非的达累斯萨拉姆、贝拉、洛伦索-马贵斯、索尔兹伯里和布拉瓦约五个分部。南非境内又分为五个分部。“1934年以后，国民党组织委员会主任委员陈立夫认为南非党员人数过少，不能成立总支部，因而与南非党员有过争执。南非国民党以孙中山先生曾特准为词顶了回去。后来才以折中办法改名为国民党驻南非洲直属支部。玻埠、东伦敦、金伯利、普路威等地则设有国民党分部。南非的国民党成员，因人数不多，且远离祖国，在

① Leon M. S. Slawecki, *French Policy Towards the Chinese in Madagascar*, pp. 146 - 148.
② *Ibid.*, p. 70.
③ 叶迅:《南非华侨情况忆述》，载《文史资料选辑》，第87辑(1983年)，第90—91页。

国内的国民党方面，也没有派专人来过。"[①]中国国民党改组后，海外的党部也受到影响。南非总支部分为南非、留尼汪、马达加斯加、毛里求斯四个直属支部。原来的十个分部全属南非直属支部。该部党员遍布东南非各地区，支部执行委员大部分是当地侨团负责人。南非直属支部借用以前代理总领事汪丰名义购置之党所，坐落在约堡马拉金区，一直为南非《侨声报》无条件借用。因房屋破旧，1968 年在约堡市区又购得花园洋房一座，后作为当地党团活动中心。[②] 旅居南非华侨人数最多的是约翰内斯堡，这里的华侨团体也比较多。拥有会员最多的是前面提到过的联卫会（全称杜省华侨联卫会），其次是维益社，再次是致公堂。经费则多靠"抽水"维持。所谓"抽水"，即会员或社员在假日或节日参与麻将牌消遣，这些机构则从中"抽水"。"抽水"的收入，每年多达一两万镑。一般华侨学校的经费、公益事业的补助等都从这里开支。

伊丽莎白港的华侨团体成员较多的是中华会馆和梅县侨商公会。梅县侨商公会实际上是全南非的梅县客家人的组织，其成员并不限于居住在该地的梅县籍华侨，几乎旅居南非各埠的所有梅县人都加入这个公会。因为旅居伊丽莎白港的梅县人最多，所以梅县侨商公会设在该地。其他如东伦敦、开普敦、德班等埠的华侨人数不多，只有一个中华会馆组织。唯独金伯利的华侨，除有中华会馆组织外，还有梅县籍华侨组成的嘉应会馆，广府人组成的南（海）、顺（德）同乡会。[③] 这些华侨团体、机构和组织都办过一些慈善事业，为当地华侨提供各种服务。联卫会、维益社曾为一些年老贫苦的侨胞出钱买船票回国，免致客死异乡。遇有贫困死亡，无以为葬者，也为之殓葬立碑。例如，前章提到的义士周贵和自尽后，"身后萧条，无以为殓，同人嘉公之劲节，故勒碑以为纪念，并系以

① 叶迅：《南非华侨情况忆述》，载《文史资料选辑》，第 87 辑（1983 年），第 90—91 页。欧铁认为此次改组为 1927 年。

② 欧铁书中认为"杨衢云、于灵两位同志前来非洲在南非约堡及东非罗埠成立同盟会分会，后为驻南非总支部"。参见欧铁编著《南非共和国华侨概况》，第 70 页。

③ Melanie Yap and Dianne Leong Man, *Colour Confusion and Concessions*, pp. 222 - 224.

铭”。此事由德兰士瓦中华会馆完成。一些资金较充足的团体在中国国内还设有联络点，以方便会员。联卫会和维益社拥有较多会员，经济力量较雄厚，除自建有堂皇之会所外，在广州还置有会所，作为会员回国后的联络地点。伊丽莎白港的梅县侨商公会在梅县县城也有自建的会所。

然而，华侨会馆举办的事业受益人数最多的则属创办华文学校。在南非的侨校，其创办及发展与会馆的帮助是分不开的。学校的校址选用及建设经费、日常开销、老师工资等均由会馆拨出，就连侨校校长使用的小汽车，也是由会馆通过学务委员会给予购置的。可见，会馆与侨校的关系相当密切。① 比勒陀利亚中华公会（以前称为斐京中华公会）成立于1930年。德兰士瓦中华公会于1946年为抗拒南非苛例成立，梁禄元医生为第一任主席。

南非的新一代华侨青年中受过高等教育的人数开始增加，他们逐渐形成了自己的文化体育社团，并经常开展网球、拳击、郊游、舞蹈等有益于身心健康的活动。南非约翰内斯堡、伊丽莎白港的华侨青年成立了自己的网球俱乐部。南非标准舞会伊丽莎白支会于1948年6月4日举行标准舞比赛，伊丽莎白港的华人刘金宝、刘月英女士、刘沸佩夫妇、侯女士、刘女士等人参加了中西混合组、探戈舞和女子华尔兹舞的比赛。这是华人首次参加此类比赛，与白人同台竞技。虽然参赛的华人都未能进入决赛，但他们的举动和勇气引起了当地华人舆论的赞扬，“能与西人一比高下，实属难能可贵”。② 1943年金伯利的华侨建立了金伯利华人娱乐活动俱乐部（Kimberley Chinese Recreation Club，简称为KCRC）。这是由一些青年人组成的团体，经常组织一些球类比赛、舞蹈课、音乐会、电影等活动，还经常相约一起出去野餐。在伊丽莎白港，华侨青年沉寂了一段时期后，又活跃起来。他们组织了自己的乐队——“星光舞蹈管弦乐队”，经常参加当地的一些重大庆典活动。东伦敦的华侨于1946年

① 叶迅：《南非华侨情况忆述》，载《文史资料选辑》，第87辑（1983年），第85页。
② ［南非］《侨声报》，1948年6月17日。

成立华人青年协会(Chinese Youth Society),创办了名为《新中国》(*New China*)的定期通讯。这一组织的宗旨是“我为人人,人人为我”。成员每月召集会议,也经常开展野餐、舞会、网球比赛等适合年青人的活动。与伊丽莎白港的华侨青年一样,他们组成了自己的乐队,称为“玫瑰房管弦乐队”。乐队配有自己的萨克斯管、单簧管、钢琴和其他乐器,在当地颇有名气。①

非洲各地华侨团体统计表(1946 年)

地区名称	职业团体	社会团体	救国团体	总计
埃及	1	2	—	3
南非联邦	6	15	5	26
英属毛里斯*	1	1	1	3
葡属东非	—	2	5	7
法属东非②	—	2	14	16
非洲	8	22	25	55

资料来源:中华民国侨务委员会编:《侨务统计辑要:三十五年度》,油印本,中华民国侨务委员会,1946 年,第 78 页。

* 即毛里求斯。

根据中华民国政府侨务委员会 1946 年的统计,非洲华侨中存在 55 个团体,其中职业团体为 8 个,社会团体为 22 个,救国团体为 25 个。南非的华侨团体最多,共有 26 个,其中主要是社会团体,为 15 个。从本章所展示的资料看,这一统计是很不完全的。不仅英属东非(如坦噶尼喀)和罗得西亚等地的华侨团体没有进行统计,而且有的地区(如法属东非、毛里求斯)的统计数明显偏低。

此外,各种华侨学校组织也纷纷成立。在抗战期间,南非各大学的中国学生专门成立了华人大学救济基金,以利于抗战后援募捐。

---

① Melanie Yap and Dianne Leong Man, *Colour, Confusion and Concessions*, pp. 213, 217, 227 - 228.

② 此处应指马达加斯加和留尼汪。

（三）华人青年学生的校友组织

当时的毛里求斯新华学校和中华学校已有了自己的校友会。培英学校校友会对自己的条件很不满意，“惟敝会前因经济关系，一切设备多因陋就简，致每个团体所应有之总机构——会所——尚付缺[①]如。与中中及新中两校之校友会比较，判若霄壤，望尘莫及，可怜亦复可笑，同人等深引为憾事焉”。为设立会所、备齐图书资料和运动器材募捐，他们在1947年12月23日借公进戏院演剧一晚，“藉向侨胞作将伯之呼，俾匪集腋成裘，以收计划实现之效”。[②]

南非的金伯利华侨学校于成立一周年时成立了学生自治会，理事会会长为陈尚然。[③] 位于约翰内斯堡的金山大学（即威特沃特斯兰特大学）的华人学生“为增进其学业及彼此情感与乎为华人福利而服务”，于1949年成立了中国学生会，并选举黄岑华为学生会主席。该会决定积极开展下列各项工作：

（1）努力改善华人医药待遇；

（2）力争解除金山大学对我华人学生隔离教授之歧视；

（3）经常慰问住院病侨；

（4）与侨校各种活动取得联系；

（5）在可能范围内帮助各侨团；

（6）鼓励会员研究中文；

（7）成立中文图书室；

（8）举办文化座谈会；

（9）组织网球及各种不激烈之运动比赛；

（10）研究华侨一般社会经济问题；

---

① 原文如此。

②《培英校友会为筹设会所及图书、仪器演剧筹款宣言》，[毛里求斯]《中华日报》，1947年12月15日。

③ [南非]《侨声报》，1946年9月14日。

（11）设法经常维持与各华侨社团联系。①

从该会的工作计划看，其工作重点是文化教育和社会工作。由于会员都是大学生，因此对中文研究、文化座谈和一般社会经济问题也予以关心。

抗日战争极大地激发了非洲华侨的爱国热情，这种爱国热情一直延续到二战结束以后。有的华侨学校为了对侨胞进行教育，结合当地情况为侨众开设了一些辅导课程。如毛里求斯的新华学校举办的辅导课一般包括公民、国语、常识、算术、音乐、体育、珠算等科目。② 比勒陀利亚华侨公学则决定增设中文补习课，“鉴于一般华侨学生因此间生活环境关系，对于祖国文字之学习与运用，殊与兴学之宗旨未尽符合，因拟有以补救，乃决心提高并促进学生中文程度，并已划为该校本年中心工作之一”。为此，华侨公学决定采取三项措施：第一，在第一学期增加授课时数；第二，添设中文教材；第三，在假期举办免费中文补习班。③

值得注意的是，这些文化团体与以前的各种社会团体有很大的不同。首先，其主要由一些青年人组成，从一定意义上说是一种年龄与兴趣相结合的社团。这些青年人受过一定教育，有些还是在当地受的高等教育，文化程度远比他们的父辈要高。其次，这些组织的活动层次较高，以文化娱乐或其他社交活动为主，这比其父辈那些十分单调的打牌、麻将和赌博等娱乐活动要活泼高雅。第三，这些组织包容性较强，大都打破了以往华侨社团组织中那种严格的地域性（如客家人和广府人的各种组织）或宗亲性。这些团体的出现可以说是 20 世纪 50 年代大量涌现的由知识青年领导的文化体育组织的先声。

① ［南非］《侨声报》，1949 年 2 月 12 日。

②《中央教育部侨委会案准新华中学暨附小招生简章：新华中学附设侨民民众学校第 16 届招生简章》，［毛里求斯］《中华日报》，1947 年 12 月 29 日。

③ ［南非］《侨声报》，1947 年 7 月 8 日。

三、非洲华侨妇女的抗日捐输与反苛斗争

特别值得一提的是，不论是在抗战时期的为国募捐运动，还是战后为国内扶贫济困的劝募活动，还是反对当地各种苛例的斗争，非洲华侨妇女功不可没。华侨妇女的募捐方式主要包括演出戏剧、举办游艺会和沿街劝捐等。

（一）南非

在南非，约翰内斯堡的华侨妇女协会（即杜省华侨妇女协会）经常排练戏剧，再由会员挨家挨户去出售戏票。在留尼汪，华侨妇女最先行动起来，成立了中华妇女救国会。为了及时向侨胞劝募，她们成立当晚即决定举行游艺会演剧。1937 年 8 月 28 日晚，中华妇女救国会在圣但尼市的加之奴（Casino）戏院公演粤剧。当地华侨踊跃前往，演出十分成功。中华妇女救国会会员主动承担了当晚的所有演剧费用、剧场租金、汇费等，而将当晚收入的 34 144 法郎全数汇至南京的中国银行用于抗战事业。

举办游艺会一般是借良辰佳节举行。这种活动的组织工作虽然麻烦，但由于十分有趣，对华侨群众颇有吸引力，因此收入也比其他的活动更多。游艺活动往往由各地华侨妇女热心操办。在游艺会上，除了各种游艺节目外，她们或是出售自己亲手做的手工艺品，或是出售鲜花、自制食品等，或是向外国妇女出售在各次物捐活动中募得的各种金银珠宝，将卖得的款项全数捐给国内的抗日将士。

如前所述，在抗日募捐活动中，南非的德兰士瓦华侨妇女协会甚为突出。这一协会由几位热心公务的爱国妇女黎彩钿、梁淑真等人发起和领导，协会的动机是支持祖国抗日战争，以具体行动来表示爱国之热诚。协会成员四处奔走劝募筹款。为了更有效地募集捐款，她们还成立了一个剧团，不时在社区举行义演。在整个抗日战争时期，华侨妇女协会共

募捐54次，募得款项达3万英镑之多。除向当时位于重庆的中央财政部汇寄47次捐款以直接支援抗战外，她们还为建立当地华侨学校、香港难童保育院、广东水灾和救济难民等事宜积极募捐，其汇票收据均不定期在《侨声报》上刊出。[①] 南非的其他团体多随抗战胜利而结束，唯独该协会继续为多难的祖国贡献爱心，直到20世纪40年代后期才结束。"约堡华侨妇女爱国精神实属妇女界之光"。[②] 一位曾长期担任德兰士瓦华侨妇女协会负责人的妇女是这样形容她们当时的募捐热情的："作为这个协会的成员是非常值得骄傲的。对于我们来说，最重要的事是帮助中国赢得这场战争……有时我们接连一、两个星期不睡觉，我们得排演，外出一家一户去出售演出会的戏票。从清晨起，只要有人有时间开车带我们出去……直至深夜，然后回到司库家里去写收据。我们就像乞丐一样，时时刻刻都在向人们讨钱。"[③]

1947年，东伦敦华侨妇女协会募得英镑298镑1先令5便士，折合国币589,996元，寄回国内。[④] 劳村高田的旅非侨胞成立建乡会，共捐款超过500镑。1945年11月29日，南非伊丽莎白港的顺邑腾冲乡刘渭建等五人为筹赈乡梓登出了一则启事：

> 顾念我乡非富有之区，又非产粮之域，即平时亦赖外方接济，经此七载沦陷，蒙非常之灾害，生命财产，损失无算，方虑生计无能维持，想经济已濒破产，不言而知，似此浩劫，诚空前之所未有，惨目惊心，不忍多述。……惟我就近各埠昆仲乃乡梓关怀，苟一念及其历史之由来，东顾之余，谅无不关切同深，且为地位计，唇齿相依，似亦不宜坐视，精望我昆仲旅非各埠，自动各组振济会，俾集腋成裘，得全垂毙之生命，是则吾等所馨香祷祝，而为灾鸿请命者也。……并决议凡妇女界者，亦不应放弃职责，最低限度亦要捐10镑，希望其

① [南非]《侨声报》，1947年1月30日。
② 欧铁编著：《南非共和国华侨概况》，第69页。
③ Melanie Yap and Dianne Leong Man, *Colour, Confusion and Concessions*, p. 258.
④ [南非]《侨声报》，1947年5月24日。中华民国政府财政部收据号为侨渝国字第50903号。

达至1 500镑而后已。①

这种对妇女责任的突出和勉励，实为南非妇女为中国抗战胜利和战后重建之保证。南非华文报纸《侨声报》在祝贺德兰士瓦华侨妇女协会成立十周年的社论中，曾热情赞扬这些爱国华侨妇女：

夫以女儿之身，而此警人成绩，实属难能可贵。其襄助抗战之力，与促成胜利之功，又岂吾人三言两语所能褒赞哉！“天下兴亡，匹夫有责”，约堡华侨女儿，实已无愧于国民之天职矣。约堡为南非首善之区，我侨麇聚于此者什之七八，财力殷富，尤当屈以首指。抗战期间，各埠皆竞相募款，以励将士。然以财力悬殊，人数有限，诚恐力有不逮，有失南非“殊荣”，故无不以约堡“老大哥”瞩望。诚然，约堡抗建后援会成立之初，月捐已达600余镑，然仅持续年余，即减至10余镑，殆后更寂寂无闻。所幸约堡华侨女儿，美不让人，始终奋起，以补“老大哥”之不逮，所谓“巾帼不让须眉”，约堡华侨女儿，当之实无愧色。②

(二) 留尼汪

留尼汪的华侨妇女最早成立抗敌后援组织——中华妇女救国会。由于妇女救国会以民族大义为重，因而在当地华侨中享有盛誉，妇女纷纷报名参加。在后来的各种活动中，该会举办演剧筹款或替其他救国团体募捐活动中所需的一切费用，均由该会会员所缴纳的月捐项下支付。她们本着华侨献一钱，祖国就多一钱的原则，以各种方式向华侨募捐。由于她们爱国心切，责任心强，华侨们都乐于捐助。因此，不论是演剧筹款，还是向华侨劝捐，中华妇女救国会的募捐成绩都较其他救国团体更好。“她们出钱出力热诚爱国的精神，感动着全岛华侨知识妇女纷纷要求加入该会”。③

① [南非]《侨声报》，1945年11月27日，11月29日。

② 社论：《杜省华侨妇女协会》，[南非]《侨声报》，1947年9月13日。

③ 何静之编著：《留尼旺岛华侨志》，第70页。

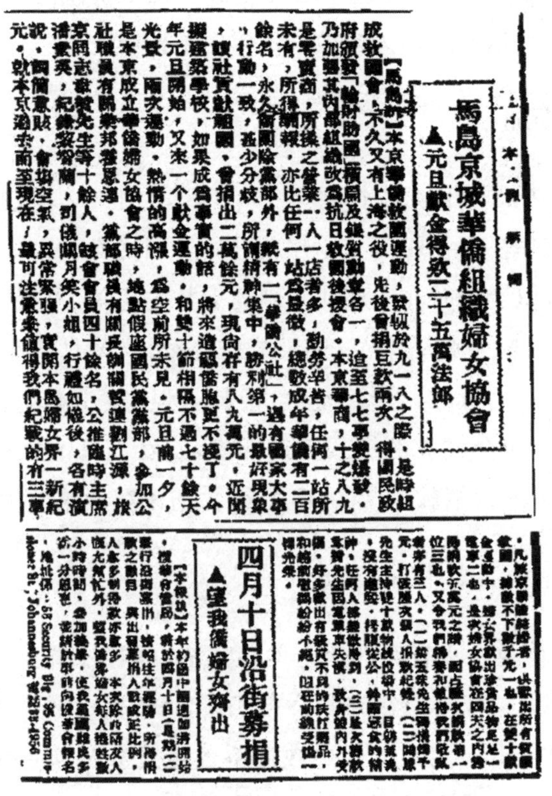

馬島京城華僑組織婦女協會

▲元旦獻金得欵二十五萬法郎

四月十日沿街募捐

▲望我僑婦女齊出

华文报纸关于马岛和南非妇女捐输救国的报道

(三) 毛里求斯

毛里求斯的华侨妇女在各种活动中总是像在战场上一样冲锋陷阵，勇往直前，她们积极进行各种义捐、义卖活动。毛里求斯的实物捐是以捐献首饰的方式进行的，最先由《中华日报》社社长李伯宇的夫人陈琼珍女士所倡导，又有廖梅朋及范恩源两位夫人积极响应，随后首饰运动在毛里求斯普遍铺开。① 华侨妇女将祖传或自己结婚时的各种具有纪念意

① 陈伊美:《模里斯华侨的爱国热》。

义的金手镯和金钻戒捐献出来，以实际行动在华侨中进行宣传，为抗日战争广为募捐。这些活动为当地华侨树立了榜样。

（四）马达加斯加

马达加斯加的华侨妇女协会于 1944 年 12 月 31 日成立。当时参加成立大会的有华侨公社职员关业邦、霍恩连，国民党党部职员关长训、关赞连、刘江源，以及当时在塔那那利佛的韦赞先生等 10 余人。该会会员 40 余人，公推临时主席潘素英、记录黎智兰、司仪关月笑小姐，行礼如仪后，各有演说，词简意赅，“会场空气，极其紧强，实开本岛妇女界一新纪元”。华侨妇女协会成立的第二天即元旦，妇女们马上举行抗日献金活动，在四天之内筹得捐款 50 000 元之多，占历次捐款第一位。①

（五）抗苛斗争中的南非妇女组织

1932 年《德兰士瓦省亚洲人土地租赁法》（即《杜省亚洲人土地赁居律》简称《亚洲人赁居律》）在南非公布，引起华侨极大的愤慨。南非妇女救济基金委员会电专门致电国民政府侨务委员会及何香凝会长及国内各报馆：“非政府华赁居律，限侨等 9 月 1 目前注册，方准暂居。现正逐步驱逐，地主可以毁约、招租，市厅可拒商照，全侨出路尽绝，乞速抗议，并示应付办法。绝域悲鸣，惟盼拯救。”②从电文可以看出，南非妇女组织在此代表的是全体南非华侨，她们直接参与了抗苛例的斗争。

1946 年 3 月，南非政府进一步制定了针对亚洲人的种族歧视政策。《亚洲人法案》在南非议会一读通过后，引起了亚洲移民的极大反响，群情愤激。杜省华侨妇女协会发表宣言：

> 不愿意被压迫的侨胞们，我们应该醒悟起来了！亚人法草案之

---

① ［南非］《侨声报》，1945 年 3 月 18 日。

② 《南非妇女救济基金委员会电》，《华侨周报》，第 1 卷第 4 期（1932 年 8 月 7 日），转引自李安山编注：《非洲华侨华人社会史资料选辑（1800—2005）》，第 163 页。

通过,不但把我们华侨钉上了十字架,尤其侮辱了我们可爱的国家的尊严。要挽回危局非无可能;只要我们能够同心协力,努力奋斗,何事不成?亲爱的同胞们,危局当前,我们要格外相亲相爱,休戚与共;每个人都放弃自私的观念,鼓起我们最高的热血,发挥我们最强烈的毅力,以整齐划一的步伐,在总领馆的领导下,去争取我们本身的自由,以及国家的光荣!敝会同人已于昨日电请政府援助,并电请时总领事指示应付方针。我辈华侨妇女应负的责任,敝会同人自会竭力担当。然而,敝会本届职员多系初进社会之青年,学识已有限,经验亦不足。尚望杜省诸位先进即出领导。大家一致团结,敝会同人必附骥尾。①

以上两例说明,在南非及其他地区反抗各种种族歧视的斗争中,华侨妇女也扮演了极其重要的角色,而德兰士瓦省的妇女协会尤为突出。

四、南非华侨抗苛斗争中的社团组织

(一) 南非的种族歧视政策

南非的种族歧视政策一直在不断加强,南非华侨对日益窘迫的生存环境也感受颇深。华侨在此谋生受到种种约束、限制和歧视。举其要者:

(1) 华侨不准购置不动产;不准居住在金矿区域(Gold Area)及私城(Private Township)。

(2) 华侨不准领新商照,即华侨商店只有减少,不能增多。

(3) 在南非联邦任何地方的华侨不得向他省移住,亦禁止往他省旅行。

(4) 华侨子女不准入白人学校,只准入黑人学校;教育限制至初等小

① 《揭竿而起妇女会维益社希冀统一组织》,[南非]《侨声报》,1946 年 3 月 28 日。

学为止。

(5) 华侨须印指模样以代签字。

(6) 华侨不准饮酒;不准购枪自卫。

(7) 华侨不准乘坐电车及公共汽车。

(8) 华侨不准乘搭救头等火车,只准乘坐土人专用之二、三等火车;不准与白人共用旅馆、茶室、餐堂、戏馆、电影馆、俱乐部、运动场、游泳场、礼拜堂、医院、墓地等,①只有那些供黑人或有色人使用的,华侨才可以享用。

20世纪30年代,南非多个限制亚洲人的歧视政策先后出台,可以说是无所不包。殖民主义者划定区域给有色人居住。一方面是对黑人的限制,他们每天工休时都要回到离市区十余里的特区去居住,晚上不能出来。歧视政策对于华侨经营商业限制也多,营业执照不予多发,极力限制华侨在商业上的发展。他们也不能进入白种人的戏院、酒吧、餐室,连公共汽车、火车、电车,以至公共厕所都有所区分。由于苛律多如牛毛,当地华侨深受其苦。在这种情况下,南非华侨只能团结起来反对种族歧视,同时都十分希望祖国能够真正强大起来,爱国心也就十分强烈。遗憾的是,当时的国民政府对华侨的正当权益也难以保护,当然更谈不到向南非当局交涉取消种族歧视的苛例。1932年《杜省亚洲人土地赁居律》颁布,这一法令明确亚洲人不得在金矿区内从事经济活动,并要求在1919年以后居住在金矿内的亚洲人必须在五年内撤出。可以看出,若赁居律开始实行,德兰士瓦的华商的日子将十分艰难。

(二) 反种族歧视斗争中的华侨团体

针对这一苛例,南非华侨群起反抗,有人专门针对赁居律撰文,提出两条建议:“第一,赁居案与商照问题当同时交涉;第二,其他之苛例应提

---

① 第二次世界大战期间,驻中国驻约翰内斯堡总领事童德乾病故,破例葬于白人坟场中,据说因为他是外交人员之故。这应该是华人死后葬入白人坟场者中仅有的一例。

出反对,此种交涉反对之方法不外下述两种。其中有一条:由于南非华侨主要从事的是经商,而他们的经商区域又主要集中在矿区附近,因此这一法律对 400 家华商将造成极大的影响,即限令华侨商店于此例实施后的五年以内迁出金矿区域。"除此之外,作者还认为应采取两条具体措施:一是速派总领事力争居留民之权利,二是派军舰及大员为外交后援。①

华侨意识到自己利益将受到严重损害,一方面向南非政府抗议交涉,另一方面曾屡向本国政府请愿求援。法令一公布,华商组织立即向南非司法部长和总督提出请愿,德兰士瓦中华公会会长何通(Ho Tong)受华侨派遣赶赴开普敦向马兰总理及议会递交万人签名的请愿书。②

1936 年,南非华侨担心南非政府行将实行苛例,特派岑新一、梁次狂二君回国请命。他们在报告书中列举南非苛例之无数,华侨经商之困苦。难得的是,报告书还提出南非 1926 年从英国获得外交之独立权之后,一直谋求与他国建立外交关系,如果中国在此时与南非订立互惠商约,等于无形中承认其为独立国家,从而可获得南非政府的好感。"非联(即南非联邦)不特领谢吾国之盛意,将再进而认吾国为良友,吾侨亦蒙政府莫大之恩惠"。报告书认为,中国与南非签订互惠商约是"拯救吾侨于水深火热之唯一方法"。况且,南非的工商业迅速发展,已渐露生产过剩之趋势,正在积极寻求海外市场,中国与南非未来商务关系相当重要。"为解除我侨之痛苦,与增进中非贸易之计,深望政府能迅速遣派有名之外交大员,来非与非联进行商约或协定,以谋吾侨之根本解放"。③

1946 年初,南非政府进一步制定了针对亚洲人的种族歧视政策。《亚洲人法案》在南非议会一读通过后,引起了亚洲移民的极大愤慨。当

① 何长祺:《南非洲侨务之最近观察》,《华侨周报》,第 1 卷第 2 期(1932 年 7 月 3 日),转引自李安山编注:《非洲华侨华人社会史资料选辑(1800—2005)》,第 160—162 页。

② Melanie Yap and Dianne Leong Man, *Colour, Confusion and Concessions*, p. 186.

③《南非施行苛例摧残我侨胞商业》,《申报》,1936 年 11 月 28—30 日,转引自李安山编注:《非洲华侨华人社会史资料选辑(1800—2005)》,第 192—197 页。

时南非华侨的社会组织甚多，急切呼吁团结一致，反抗苛例。根据 1946 年中国驻约翰内斯堡总领事馆公布的统计数，南非华侨 4 153 人，其中德兰士瓦有 2 304 人，纳塔尔省有 95 人，开普省有 1 754 人。“南非华侨统一机构之组织，各埠有识之士，莫不同感其需要”。谁来挑起统一组织者的担子？不论是从历史上看，还是从人数上看，德兰士瓦省均应担此重任。

1946 年 7 月 25 日，德兰士瓦华侨代表大会发表了一个宣言。宣言首先回顾了南非华侨受苛倒之压和抗苛例之艰的历程，然后提出：

> 杜省华侨有鉴于此，乃踊跃选出代表，负筹组织机关，及维护侨众福利之责。余等谬承付托，经相当时日之筹备，建立杜省中华总公会，已具雏型；倘得全体侨胞之爱护，培之育之，其前途实具无限希望。值兹本会初步任务告一段落，此后会务亟待发展之时，谨申述最低愿望于侨胞之前，悬以为鹄，而互相勗勉。……今日苛例已达极峰，祖国建设业已开始，无论为图自存，或助建国，全非华侨之大团结，尤刻不容缓，同人等特郑重敬向开那[①]两省各埠同侨呼吁，共同积极促其实现，俾能集中全南非华侨之力量，合成最大事业。[②]

德兰士瓦中华总公会的成立可以说是南非华侨团结的第一个阶段。德兰士瓦是南非华人集中的省份，该省华人的团结才能保证整个南非华人的团结。德兰士瓦各个组织能坐下来一起商讨共同的事业，这预示着南非华侨大团结的一天将要到来。德兰士瓦中华总公会成立后，立即着手进行调查、资料收集和各种具体工作。

经过半年的准备，首届南非华侨大会于 1947 年 4 月 20 日在约翰内斯堡开幕。此次华侨大会汇集了南非各地的中华会馆和一些有名的华侨组织的侨领和代表，如德兰士瓦中华总公会主席霍玉河，时昭瀛总领事，开普敦侨领梁先和林中仁，伊丽莎白港的侨领林绍良和胡钦珍，德兰

---

① 即开普敦和纳塔尔。

②《杜省华侨代表大会宣言》，[南非]《侨声报》，1946 年 7 月 25 日。

士瓦华侨妇女协会负责人梁淑贞和岑洁兰，德兰士瓦联卫会侨领陆子明、霍秀石和潘伯光，比勒陀利亚侨领罗璋宝、关和玉和刘梓寅，东伦敦侨领李成根、朱毓彝和劳佐民，金伯利侨领郑顺彝和朱伯雅，德兰士瓦中华总公会侨领何伟臣、邓以德、何元亨和林汉长（黎彩钿因病缺席），因而大会具有真正的代表意义。大会的任务有两个："一为组织永久之总机构，促苛例之解除，取得平等待遇；一为总机构尤须亟图提高侨胞本身之人格，裨益南非社会。"大会选出南非华侨大会主席，由在南非华侨中口碑甚佳的比勒陀利亚侨领罗璋宝担任，副主席由约翰内斯堡侨领霍玉河担任，此外还有秘书主任林汉长，书记马若洲。[①] 大会期间，代表们决定成立"南非华侨团体联合会"，并制定了章程。华侨团体联合会除设立会长一人和副会长两人外，还设有财务组、宣传组和妇运组。具体章程如下：

《南非华侨团体联合会章程》

侨联组织决采会长制，设会长一人，副会长二人，中文秘书一人，英文秘书一人，由侨大选举之。秘书之下得设庶务秘书一人，由会长聘任。财政、宣传、生活福利及妇运等组，分派委员团体担任。关于职权，

会长者为：

（一）执行侨大议决案；

（二）计划发展会务；

（三）对外代表侨联；

（四）处理重要事项；

（五）保管图章。

财务组者为：

（一）掌理财政收入；

（二）编造每年度预算及决算表；

（三）每三个月登报公布财政状况；

① ［南非］《侨声报》，1947 年 4 月 22 日。

（四）收入公款经手存放银行并保存支票；

（五）拟定筹募经费办法；

（六）保管有关财政簿册。

宣传组为：

（一）负责对外宣传事宜；

（二）负责编印刊物。

生活福利组者为：

（一）提高侨胞生活；

（二）提倡正当娱乐；

（三）辅助华侨教育之发展；

（四）辅助华侨商业之发展；

（五）其他有关华侨福利事项。

妇运组者为：

（一）推动妇女教育；

（二）促进一切有关妇女运动。

侨大（即侨团代表大会）为最高权力机关，年开一次；会长认为必要时，或经一会员团体建议，并得两个会员团体之同意，得开临时侨大。财政方面，会员团体各缴基金廿镑，妇女及青年团体减半；经常及临时费用，本年度决定进行义捐，下年度再定。办事方法规定：

（一）会长得负责或分配各职员办理下列事项：

甲、日常事务；

乙、其他经代表大会议决事项。

（二）会长得召集当地职员会议，讨论会长提交问题及批准会长一次动用廿五镑以上、五十镑以下之公款时。

（三）会长遇下列情事得用通信方法征询会员团体意见，以普通多数取决之：

甲、会长及当地职员会议提出之疑难问题；

乙、遇未经侨大决议又无须或不能召集侨大之重大事宜；

丙、批准会长一次动用五十镑以上之公款时。

(1947年4月27日三读通过)①

从会议参与的代表性到会议的顺利召开,从选举及负责人的产生到会议组织章程的制定,可谓一切都安排得井井有条。然而,尽管此次会议为空前之举,也联合了南非各地侨团,但由于战后各种因素,南非华侨的整合并未达到理想效果。

(三) 南非华侨社团新气象

1948年12月3日,南非政府官报公布:内政部长唐吉士提出修改亚洲人土地权法案,组成调查委员会。12月15日,总领事厉昭召集南非侨领会议,大家都认为有必要成立一个组织,专门处理抗苛例事宜。这个组织被称为“华侨福利委员会”。该会于19日召集开会,要求展开国民外交,并推举比勒陀利亚侨领罗璋宝为执委会主席,总领事厉昭为名誉主席,秘书有关和玉、黎锡根,委员有霍秀石、关和玉、朱轰、黎锡根、钟锡钿、梁禄元、何国柱、黎志棉、廖文科夫人、黎彩钿女士、岑新一、关元材、陈渭良等15人。

南非主要华侨负责人一览表(1947—1948年)

地区	组织名称	1947年	1948年
德兰士瓦	杜省中华总公会	黎兆佳	霍秀石
开普敦	开普中华会馆	梁铣	梁铣
伊丽莎白	玻埠中华会馆	林绍长	林绍长
东伦敦	东伦敦中华会馆	李成根	黄英明
德兰士瓦	杜省华侨妇女协会	黎彩钿	梁淑真
德兰士瓦	联卫会	陆子明	钟锡钿
德兰士瓦	维益社	朱轰	朱轰

资料来源:[南非]《侨声报》,1947—1948年。

① [南非]《侨声报》,1947年4月26日、29日。

华侨福利委员会成立后，尽力团结各方人士，“求集思广益，对各方人才极力罗致”，同时“百端待举，尤以经费一项，更为急需”。为了更有效地募集资金，该会将募捐筹款事交由德兰士瓦华侨妇女协会。华侨福利委员会的目的是：

> 发动国民外交，协助总领事馆进行除苛交涉。我国与南非邦交，一向固无若何恶感，惟政治关系既甚微薄，商业经济更少往还，文化复无交流机会，两国人民，彼此自不无隔膜之处，既不能互相了解，自属膜①不相关。故历年南非立法，若干优待特例，我侨既来均沾。修改亚法辩论，亦未提及华人，识者谓我侨胞人数不多，未能引起非联注意，然彼此未能了解，不能发生关系，[要]不失为一重要原因。又自吾侨历年呼吁发动国民外交以来，私人往还，固大有人在，至团体接洽，公众交欢，则不多睹。本会有鉴于此，今后对于沟通中非文化，消除过去隔膜，增进彼此情感，使趋互相了解，逐渐化除成见，均为本会所注重者。②

出乎意料的是，华侨福利委员会的成立在个别侨领中引起猜疑和内讧，这种内部矛盾无疑将削弱华侨的抗苛力量。值得庆幸的是，德兰士瓦中华总公会与华侨福利委员会二者之间很快排除了不和因素，发表了联合宣言。双方表示：“此后两会竭力精诚合作，愿以合群之力，向吾人之目标迈进。以求达到我侨胞于自由平等之域。”③

南非华侨要求组建统一组织的呼吁，虽然得到了一致的响应，但在这一次抗苛运动中仍然未能实现。南非华侨团体联合会的成立可谓南非华侨团结的第二个阶段。第三步则要等到更严重的危机来到。1954年，为了应付日益严酷的种族歧视立法，真正意义上的南非华侨的统一组织——“南非洲中华总公会”正式成立。

---

① 原文如此。

② [南非]《侨声报》，1949年1月1日，1月11日，2月5日。

③ [南非]《侨声报》，1949年4月23日。

随着时代的进步,华侨子女逐渐开始融入当地社会。南非的金山大学是当时少有的接受华侨子女入学的大学。尽管该校也存在着种族歧视制度,但华侨青年多入此校接受大学教育。金山大学华侨学生为了利于开展社会工作,组织了中国学生会,团结全体华侨学生,以增进学业及彼此情感并为华人福利而服务。① 这种大学青年学生团体的出现表明,华侨子女已经逐渐意识到组织起来互相帮助的重要性。

五、结论

华侨社团组织的发展表明了以下几点:第一,非洲华侨为了求得生存和发展,以各种方式组织起来。这些团体有的是宗亲性或地域性组织,有的是文化教育组织,有的是体育娱乐组织,还有的则是抗苛组织。第二,华侨远在非洲,他们的主要目的是谋生,在一般情况下,各种华侨组织都有一个共同的特点:对政治事务保持低调。第三,他们对政治事务的淡漠是由特定的环境造成的。一旦出现非常局势(如祖国有难)或触及他们的切身利益(居留地颁布歧视性政策)时,他们仍然意识到团结的重要性,并以政治组织的形式表达自己的意愿。

值得注意的是,在这一时期,除了一般意义上的传统社团外,一批在当地受过高等教育的青年在抗日战争时期创立了一些文体组织。这些组织与其父辈组织的一个根本区别是跨地区性。在新一代华裔中,传统的地域观念或家乡观念已相对淡漠;从更深层次分析,这种现象反映出提高了文化素质的华侨新一代对老一辈传统价值观的冲击。出生在当地的华侨青年正处于一种他们的前辈从未经历过的困境:他们接受了高等教育,但在社会上得不到应有的尊重:他们将自己看作居留国的公民,从法律上说,他们也是地地道道的当地公民;然而,在现实中,他们所遭受的却是二等公民的待遇。

① [南非]《侨声报》,1949 年 2 月 12 日。

第十六章　华侨的困境：移民政策、苛例与抗争

于是有1885年苦力（指印度）、阿拉伯人及其他亚洲人法律之制颁以限制亚洲人置产、居住、营业之自由，剥夺应享之公民权益。排亚之风，遂以此为嚆矢。南非联邦以立法手段歧视我侨，亦以此为先河。此后所有关于移民、教育、社交、饮食、娱乐、旅行、自卫等一切日常生活行动之苛倒，无不同此演绎而来。总计不下70余种。

——《侨声报》社论，1949年1月10日

此苛例不许华人在杜省居留。现查南非洲联合邦共有华人男女老幼三千名，而受此苛例之直接影响者，占十分之九。此等侨胞，全靠商业之求生活，今被立例禁止，则其生命前途不堪设想矣。

——霍惠端（南非华侨）致《南大与华侨》函（1932年）

南非华侨至今还无统一机构，令人痛心。我们应该反省，发奋自励，往者不可谏，来者犹可追。我们身为代表，尤要以身作则，牺牲自我，为侨众谋福利，抱我不入地狱之精神。我为全侨团结而来，凡有利于全侨团结与福利者，开普敦华侨无不尽力以赴。

——一位参加首届南非华侨代表大会代表的发言（1947年）

非洲华侨创业的道路充满荆棘，他们的发展更是受到居留国各种移民政策的限制。这些政策均带有明显的歧视性，有的是专门针对华人的（如南非 1904 年的《排除华人法令》和马达加斯加殖民当局的一些政策），有的是针对亚洲移民的（如南非政府的多项亚洲人土地政策），还有的是针对所有外籍移民的（如葡属东非对外籍侨民的政策）。这些歧视性政策在二战期间有所改善，主要因为中国成为同盟国成员和中国人民进行的抗日战争。华侨针对各居留地的歧视性政策进行了抗争，其方式有积极的和消极的，但主要是采取非暴力的和低姿态的手段。

一、居留地的移民政策（1911 年至 20 世纪 30 年代）

非洲各殖民宗主国对移民的歧视性政策大致可分为以下两大类：各种限制性规定和各种苛捐。限制性规定包括人口限制、居留时间限制、回国探亲限制、迁移限制、职业限制、教育限制、居住地限制等。苛捐包括登岸税、居留税、固定税、营业税、牌照税、旗杆税等。为了更有利地对华人进行控制，有的居留国（地）对华侨进行间接统治（如马达加斯加的“协会制”），有的在对开设华文学校严加限制的同时，用各种方法迫使侨童学习当地语言文字。在个别情况下，当地政府还对华人采取极端严厉的措施，如驱逐出境等。

各居留地当局都制定了针对华人或亚洲人的有关政策。

（一）南非

南非的华侨是非洲华侨中处境最为艰难的。在南非，有关华人（亚洲人）的种族歧视立法分为两种：适用于全国（即整个领地）范围的法令和某省颁布的适用于某一地区的法令。1913 年，南非政府颁布了《移民管理法》（*Immigration Regulation Act*，Act No. 22of 1913），这一法令后来于 1927 年、1931 年和 1937 年多次修正，其主要内容可以归结于一句话：禁止华人移民，既不许他们入境，又不许他们在南非本土各省之间移民。

1932年，南非联邦政府颁布了《杜省亚洲人土地赁居律》(*Transvaal Asiatic Land Tenure Act*)。这一法律尽管是针对亚洲人的，但对华侨的冲击力最大。它对以往涉及居住区的法律进行了各种修正，强调了人种按区域划分的规则。由于涉及面大，对长期在这些区域经商的亚洲人影响深远。该法律确定了较长的缓冲期，要求在五年之内完成法律的执行。中国驻南非总领事馆深感此法律对华侨利益将会有重大侵害，专门翻译出来。为了更好地理解这一法律，特将全文转载如下：

英皇陛下南非联邦国会制律如下：

第一款 1908年(杜省)贵贱金属律(以后称金律)第一百三十款(一)修正如下：

(A)“二十四”等字下插入“或一百三十一A”等字，又

(B)该附题末加入下列文字“有色人除真实仆役外，不得居住此项土地”。

第二款金律第一百三十一款附款(一)兹删除之；替以下列附款，“(一)除一百三十一款A所规定者外，凡矿区系属第七款第(二)附款A类所包括地域(包含第五十二款所指一切地方或土地)，依本律或1896年第十五号律，或以前法律所规定，业已或将行宣布为公共开采区，及未经依法公布为公共开采区，一切有色人不得居住之。至公布时日，依本律或他律或地面状况，无论该区位置赁居情形，与乎有关赁居权利之情形，及范围为若何，及业已若何均在所不计，但在市集(Bazaar)、特区(Location)、矿场(Miming Compound)或其他地方为矿务局局长所准许者，不在此限。”

第三款金律第一百三十一款后加入下列新附款。

一三一(一)内政部长与矿务实业部部长商议后，可发给执照，撤消任何特指土地；对第一百三十一款禁止有色人居住之规定，经撤消后，此项规定，便不能禁止，任何有色人在该地居住，为他种合

法使用。

（二）无论何时，依附款（一）而发之执照，须将附张交与该管契约登记官员，该员须将该执照登记，并将此项登记在契约上注明。

第四款第一、第二两款之规定，作为已自1930年5月1日起实行；但一切有色人（如金律第三款所规定者）系合法居住各该款中所指之场地，又在该规定已经（依照本款意义）或认为适用于该块地方之日期以前者，有权继续居住，并移转此项居住权利于其合法继续人（无论该继续人是否有色人），惟遵从他种法律之需要。

第五款（一）任何土地曾适用金律一百三十或一百三十一款之规定者，如在1930年5月1日前停止为公共开采场，倘其位置系在市政府、村政府或卫生委员会管辖区域之内，仍用此项规定作为尚是公共开采场，但一切有色人（依金律第三款所规定者）于1930年5月1日前合法居住该地者，有权继续居住之，惟须遵从他种法律之需要。

（二）任何土地若曾经适用金律一百三十或一百三十一款者，即便停止公共开采，但居于任何市政府、村政府或卫生委员会管辖以内，除金律一百三十一款A及1913年杜省贵贱金属律修正律（1913年第18号律）或本律之适用于该律者外，仍用该一百三十或一百三十一款之规定。

第六款（一）1919年（杜省）亚洲人（土地及商业）修正律（1919年第39号律）第一款兹修正之。

(A) 凡遇“不列颠印度人”及“印度人”字样，以“有色人”等字样代替之。

(B) 加入新附款（二）与（三），将原有条款，就此修正，改为附款（一）。

（二）附款（一）之规定，对一切有色人于1930年5月1日在城区合法居住，地域面积之溢数，并不以该一百三十或一百三十一款之规定而免除之。

（三）一切有色人如于1930年5月1日居住任何土地，又此种居住，依该一百三十或一百三十一款或本款之规定，认为不合法者，该有色人如遵照他项法律之需要，仍得续居至1935年4月30日为止。但该人须于1932年9月1日前，递通知书于内政部长，叙明其不合法居住之土地之性质之时期，与其他关于该地居住问题为部长所欲知者。

第七款（一）前述1909年第37号律为第二款兹废止之，以下列新二款、三款、四款、五款、六款、七款、八款、九款、十款及十一款代替之，其原有第三款改为第十款。

（二）1."不动产"字样在1885年杜省第三号律及本律所用者应解释为除该律第二项(B)或(D)段所给予亚洲人居住区域外，一切对于不动产之真实权利，但依照通常商业行为以不动产为抵押品而得真正债款不在其内；特此项债款数目或单独或加入他项有优先权之抵押券，在登记该抵押券时须不超过该产业价值半额者；又"不动产"字样，须包括不动产之租借，其租期达十年或十年以上者，或任何租约授权承租人得展长任何期间或数期间，该期间如加入原约期间，等于或超过十年之期者。

2. 一切亚洲人公司不得有不动产。

3. 附款（一）及（二）之规定，不适用于任何不动产，在1930年5月1日(A)业在契约登记所合法登记，准给任何亚洲人者；(B)业在契约登记所登记准给某亚洲人公司该产系为该公司所掌握者。

4. 无人得代掌亚洲人或亚洲人公司任何不动产，任何人同意代理亚洲人或亚洲人公司不动产即有违法，但本附款规定不适用于任何不动产系在1930年5月15日前业由任何人代替亚洲人或亚洲人公司掌管者，该人仍得代替同一亚洲人或亚[洲]人公司掌管之，其为该亚洲人或因该亚洲人死亡而处置其破产或遗产者，亦不适用之。

5. 凡不动产在契券登记归于任何亚洲人或亚洲人公司所有，倘该亚洲人或公司因1885年第三号（杜省）律，或本律之规定禁止掌握该不动产者，应设为国有。又任何人除契约登记员或矿区契约管理员或其属外，如以任何方法执行此项登记，有利亚洲人或公司而公司在登记日系为一亚洲人公司者，即为违法；但若该亚洲人或公司拟将该产业移转于能合法掌管之人，则国家依照本附款对于该产业之权利，须于此项移转，在契约登记册登记满一年后，予以终止。

6. 任何文书于1930年5月15日后加入任何条件或规定，拟赋亚洲人或亚洲人公司权力，使将移转不动产者作为无效。

（三）1. 凡私立公司掌有任何不动产，该公司之任何股份或债券如被掌于或被押于亚洲人或亚洲人公司，任何代理亚洲人或亚洲人公司者，须没收为国有。

2. 附款（一）所述握有不动产之公司之书记及各个董事应负责通知公司登记员，如有亚洲人或亚洲人公司或替代亚洲人或亚洲人公司利益之人握有该公司之人股份或债券。

3. 任何书记或董事不遵附款（二）之需要，即为违法，除能证明按照附款（二）条文所应负责通知公司登记员之事实，又能证明对于此项事实无可断定之理由。

4. 第三款规定不适用于一切公司之股分①或债券。

（A）若在1932年5月1日，系为亚洲人所掌而自是日以后并未移转者，或（B）如亚洲人系由合法掌握之亚洲人承继而来者。

5.（1）凡公司依照第三款而没收其股份或债券者，其书记须遵从公司登记员之指导，以便实行没收；应在该公司管有之登记簿，账册或公文上，为此项记载并发给此项公文。

（2）该书记如不依附款（一）之意义，遵从公司登记员所给予之指导，该书记即为违法。

6. 凡按照本律进行民刑诉讼中，如证明亚洲人握有任何公司股

① 原文如此。

份或债券者，或他人代替亚洲人握有此项股份或债券者，该公司除能反证外，应作为亚洲人公司。

7. (1) 凡外国公司(如 1926 年公司律，即 1926 年第 46 号律二百二十九款所解释者) 不应得有任何不动产，亦不能握有任何不动产。系于 1930 年 5 月 1 日后所得者，除非其在非联有贸易地方，又遵从该律第二百零一款之需要。

(2) 凡要亚洲人不得居住任何土地(除亚洲人可置不动产面积以内之土地)，设使该土地系外国公司所有，或系任何公司所有而该公司从外国公司握有重大利益者，或此类公司握有土地实权，非如第二款附款(一)所指之抵押券者，或此类公司握有该土地租约如该附款所指者，但本附款测定不适用于任何亚洲人系为合法居住该地之人之仆役。任何亚洲人违反本附款者即为违法。

8. 凡公司如有发给股票或债券俾收执者对于公司有任何权利者，该公司所握土地(除亚洲人可置不动产面积内之土地外)，或握有土地实权非如第二款附款(一)所指之抵押券，或握有该土地租约如该附款所指者，一切亚洲人不得居住该地(除为合法居住该地之人之真正仆役)。又若任何亚洲人违反本款而住该地，该亚洲人即为违法；又此种居住系该公司所准许或所能禁阻者，该公司书记及各个董事亦一同违法。

9. (1) 任何官宪经法律委托发给执照，该执照系任何人欲在杜省营业，必先提出，始得合法发给商照者；除第一款附款(三)之规定外，应不发给此项执照于任何请求人。除非该人证明请领该商照人及准许营业商店之切实管理人，均非亚洲人。如系亚洲人，须证明其能合法营业。因此欲得商照俾在店铺之内贸易，但依照金律第一百三十一 A 款所发执照，其抄件位登记该执照之契券登记处证明者，准本款用意，可作有色人得在该铺合法营业之凭据。

(2) 任何人于该官宪发给此项执照后两个月内，又请求执照人于批驳后两个月内，得反对该官宪之决定，上诉于营业所在地之具官,该具官处理该诉讼,得复听任何证据为该官宪所已听过或当已听过者,得取消该已发给之执照或商照,又得发给关于诉讼费之命令,犹如该官厅对民事审判之所得为者。该费得加审核,其办法一如民诉的费用对具官此项之诉讼之判决,得上诉于最高法院杜省分院,犹如县衙民事裁判之办法。

10. 任何人干犯或违犯本律任何规定者于定罪时,得科50镑以下罚金,或因不能纳款,处以6个月以下监禁,或监禁而不得罚金,或罚金而监禁。

11. 在本律,"亚洲人"指土耳其人与在亚洲立国各种族人等,但不包括犹太人或叙利安人①或属于通称开普马来人;"亚洲人"公司指任何公司以亚洲人握有重大利益者言。

"有色人"有金律第三款所称之意义。

"重大利益"应用于公司言,系指该公司大部股份,或超过资本半数之股份,或超过总股份全价值半额之股价,或予收执人以多数或过重投票权之股份,或超过该公司资本半额之债券,或对于该公司之活动或产业有管理之权。

"契约登记处"包括矿区契产管理处。

"金律"指1908年杜省贵金属律(1908年第35号律)。

"商照"包括续请者而言。

第八款　(一) 内政部长可发给特免执照,给予任何亚洲人或有色人,其人系(A)任何国家领事官或代表者,或(B)任何国家公仆在该国领事官或代表者之处服役者;由是所有禁止亚洲人或有色人居住土地之法律便不适用于该执照之收执人,或服事该收执人之仆役,或收执人之家属,以收执人乃部长所得按照本律发给执照者为限。

(二) 该部长得以书面通知该执照收执人,将执照取消,便失效力。

---

① 即叙利亚人。

（三）一切法律虽有亚洲人或有色人不得为业主之禁条，但附款（一）之(A)或(B)两所述之人，经内政部长书面答应，得为业主或利用该地公所住所之用。

（四）本款中“亚洲人”字样有1919年（杜省）亚洲人（土地及商业）修正律（1919年第37号律）第十一款中用字之意义。

第九款　部长得制定章程，定明本律应用执照，以如何手续及格式而预备，发给及登记之，并规定应纳之费用。

第十款　本律称为1932年杜省土地亚洲[人]赁居律。①

《杜省亚洲人土地赁居律》虽然只是对1908年《金律》和1919年《亚洲人（土地及商业）修正律》的修正和补充，但对华商的冲击非常大。德兰士瓦省的省会约翰内斯堡是南非华商集中之地，也在所谓金矿区的范围。在此之前，所谓不准亚洲人在金区和私城内居住及营业者，实则等于排斥华侨经商之手段。南非在建设新都市时，每作为私城，由政府卖地于公司，公司又分售于私人。公司与私人间之契约，必附加一项：不准建屋租与亚洲人居住及营业者。以前此种契约并未被德兰士瓦省政府承认，因此在法律上不生效。这样，仍有不少华商在私城内租屋营业。后来，南非政府实行歧视亚洲人政策，停发私城内华商商照。此次赁居律明确提出亚洲人不能在金矿区和相关区域居住，并定有限期五年。此外，所有亚洲侨商须在9月1日以前注册方准暂居，房屋地主可以废约招租。更严重的是，市政府可以拒绝发给华侨商照。

1937年南非政府颁布《外国人法》(*The Alien Act*)，禁止华人入境永久居留。同年政府又发布了《工业调度法》，以禁止亚洲人受雇于矿区及实业。此外，由于种族歧视，很多地区的华人不得享受与白人同等的公

---

①《华侨周报》，第1卷第9期（1932年9月）。此律又载于《华侨周报》，第1卷第21期，转引自李安山编注：《非洲华侨华人社会史资料选辑（1800—2005）》，第164—169页。应译为《杜省亚洲人土地赁居律》。

共设施，如公共游戏场、酒楼、茶室等。1939年，南非当局颁布《铁路与海港规则控制及管理法》，对亚洲人乘搭车船实施各种限制。后来经过中国领事馆交涉后，该法在对待华人方面得以改善，华人持中国领事馆证明可乘白人乘坐的火车。①

这些法令对当地华人的发展诸多限制。以1939年德兰士瓦省发布的《亚洲人土地及营业法》为例。这实际上是1919年《亚洲人土地及营业修正法》的发展。该法令在1932年、1935年和1937年三次以不同名称提出。该法令实际涉及金矿区的印度人较多，共约三千人，涉及华侨不过百余人。此法本来也是针对印度人设立，华人因为同是亚洲国家，受到牵连。②

1937年的《亚洲人土地权修正法》规定：有色人种在金区非法居住及占地者必须于1939年4月30日以前搬迁。1939年的《亚洲人土地及营业法》主要内容有三点：第一，在金区非法居住及占地的亚洲人搬迁日期延至1941年4月30日。第二，停发全省亚洲人新营业执照及迁移营业证明书。第三，禁止全省亚洲人新占或特租任何土地房屋。

南非各地颁布的主要涉及华人的歧视法令(1911—1939年)

法令名称	颁布年份	主要内容	备注
矿区工作法	1911	以种族为基础对工种进行限制	1926年修正
移民管理法	1913	南非内政部长宣布：亚洲人因生活水准和习惯均不适合南非而被列入被禁止之移民，省与省间流动，亦在禁止之列	

① 缪通：《释苛例》，[南非]《侨声报》，1946年5月4日至7月30日连载；萧次尹编著：《非洲华侨经济》，第30—37页；李长傅：《中国殖民地史》，第309—311页。

② 郜挺：《南非杜省亚洲人赁居律交涉之过程》，《华侨周报》，第14期(1932年10月19日)。

续 表

法令名称	颁布年份	主要内容	备注
德兰士瓦省亚洲人及土地经营法修正法	1919(制定)	剥夺并限制亚洲人产业所有权及房屋居住权	1932 年、1937 年、1939 年修正，在德兰士瓦省适用
纳塔尔省德班土地让渡法①	1922	限制亚洲人产业所有权及房屋居住权	在纳塔尔省德班适用
纳塔尔省自治村及城区土地法	1923	限制亚洲人产业所有权及房屋居住权	在纳塔尔省适用
德兰士瓦省普通人管理法	1925	限制亚洲人经营地区及发给营业执照	在德兰士瓦省适用
矿区工作法修正法	1926	以种族为基础对工种进行限制	
德兰士瓦省公共医院设备法	1928	限制亚洲人享用公共医院设备，并禁止亚洲人在白人医院留医	在德兰士瓦省适用
禁酒令	1928	禁止亚洲人、黑人和有色人购酒和饮酒（虽在全国适用，但开普敦华人在购酒和饮酒方面未受影响）	1943 年开禁；1952 年重新禁止，1953 年改善
德兰士瓦省亚洲人土地租赁法	1932	剥夺并限制亚洲人产业所有权及房屋居住权	在德兰士瓦省适用
德兰士瓦省亚洲人土地租赁法	1936	剥夺并限制亚洲人产业所有权及房屋居住权	在德兰士瓦省适用
外国人法	1937	禁止亚洲人入境永久居留	
德兰士瓦省亚洲人土地租赁法	1937	在金区非法居住及占地的有色人种必须于 1939 年 4 月 30 日以前迁出	在德兰士瓦省适用

① 一译《德班土地转让条例》。

续　表

法令名称	颁布年份	主要内容	备注
工业调度法	1937	禁止亚洲人受雇于矿区及实业	
纳塔尔省立医院法	1938	限制亚洲人享用公共医院设备，并禁止亚洲人在白人医院留医	在纳塔尔省适用
德兰士瓦省亚洲人及土地经营法	1939	剥夺并限制亚洲人产业所有权及房屋居住权	在德兰士瓦省适用
铁路与海港规则控制及管理法	1939	对亚洲人搭乘车船的各种限制（经中国领事馆交涉后得以改善，华侨持领馆证明可乘白人乘坐的火车）	

资料来源：Melanie Yap and Dianne Leong Man, *Colour, Confusion and Concessions*, pp. 169 - 206；缪通：《释苛例》，［南非］《侨声报》，1946 年 5 月 4 日至 7 月 30 日连载；萧次尹编著：《非洲华侨经济》，第 30—37 页。

南非华侨所受到的歧视待遇令国人极为愤慨。1928 年，中国农矿部派知事李毓尧前往南非参加万国地质学会。他虽然在当地逗留时间不多，但对南非华侨所受的各种待遇有亲身感受，“目击当地华侨，受白人压迫，与夫政府苛待，有不忍不言者”。回国后，他将自己的所见所闻写成报告，上呈农矿部部长，并希望转报外交部，以设法向南非当局交涉，从而拯救侨胞于水深火热之中。① 值得注意的是，南非各地的法令不同，对全国性歧视法令的实施程度也不一样。以《禁酒令》而言，德兰士瓦省的限制最为严格；开普和纳塔尔规定华侨不准开酒店，但可以在白人经营的酒店买酒喝。另外，德兰士瓦不准有色人与白人结婚；纳塔尔和开普敦则准许白人与华人结婚，却不准白人与黑人结婚。约翰内斯堡的华人若要与白人结婚，须先到纳塔尔或开普敦举行婚礼后，然而再带回到

① 李毓尧：《非洲华侨受虐情形》，《南大与华侨》，第 8 卷第 3 期（1930 年 2 月）。

约翰内斯堡居住。①

（二）马达加斯加

法国殖民政府对华人的经济发展一直持有一种矛盾心理。一方面，它十分清楚华人经济的重要性及其对当地社会经济生活带来的动力。另一方面，迫于当地法国商人的压力，当局又不得不对华人严加防范，制定了各种限制措施②。在前面已经提到法国自19世纪末占领马达加斯加后对亚洲人（包括华人）和非洲人采取的种种歧视政策。自1895年12月11日和1897年7月30日制定针对亚洲人和非洲人的特别税后，经过1905年、1923年和1932年的几次修正，可谓变本加厉。这些特别税不仅加重了华侨的经济负担，使他们在与法国商人的竞争中处于更为不利的地位，更重要的是，各种限制移民政策使马达加斯加华人的处境更为艰难。③

马达加斯加颁布的涉及华人的主要歧视法令（1908—1932年）

颁布日期	法令	内容
1908年12月28日	关于亚非移民的法令	对亚非移民征求特别拘留税
1923年8月3日	关于移民问题的法令	规定移民必须持有身份证并就外国人未经许可不得从事的职业做了规定
1923年8月17日	关于亚非移民的法令	重申了1908年法令的立法依据
1923年10月24日	关于亚非移民的附加命令	提高对亚非移民征收的附加税款，并规定移民协会的成员至少为10人
1924年3月3日	关于亚非移民的通告	强调了身份证的强制性

① 叶迅：《南非华侨情况忆述》，载《文史资料选辑》，第87辑（1983年），第86—87页。

② Leon M. S. Slawecki, *French Policy Towards the Chinese Madagascar*, pp. 86 - 87.

③《华侨通讯》，第9期（1948年1月31日）。

续　表

颁布日期	法令	内容
1925 年 8 月 25 日	关于亚非移民的法令	对 1923 年 8 月 3 日的法令进行了修正，对外国人未经许可不得从事的职业作了补充规定
1927 年 2 月 24 日	关于亚非移民的命令	提高对亚非移民征收的附加税款
1931 年 4 月 25 日	关于亚非移民的命令	承认移民协会副会长的职位，并免除移民副会长的附加税
1932 年 6 月 21 日	关于亚非移民的法令	进一步严格了移民条件，改变了自 1903 年以来的鼓励劳工移民的政策
1932 年 11 月 19 日	关于亚非移民的命令	进一步发展了移民协会的概念，并提高对亚非移民征收的附加税款

资料来源：Leon M. S. Slawecki, *French Policy Towards the Chinese in Madagascar*, pp. 119-124;《马达加斯加取消亚、非洲人特别税之本末》,《华侨通讯》,第 9 期,1948 年 1 月 31 日。

1932 年 6 月，法国殖民政府又颁布了新的针对亚非移民的法令。法令规定，移民必须持有有效的护照和入境签证、一份六个月的司法记录或是出生国签发的品行证明、一份记载了所要求免疫的医院证明，还有从亚非地区来的移民需要交纳特殊款项：规定所有的移民必须向当地政府交纳一笔相当于回到他们的出生国家所需要的旅费。① 为了限制外国移民的竞争，该法令第三章第 25 条规定外籍人非经当地政府批准不得从事的职业达 15 种之多：

（1）税关业务及运输业、船务公司或代理。

（2）移民局职员或代理。

（3）保险业。

（4）各种大企业及事务所。

（5）介绍所、荐人馆及征工会。

① Leon M. S. Slawecki, *French Policy Towards the Chinese Madagascar*, pp. 126 - 127.

(6) 供应船厂上伙食。

(7) 旅馆、酒店。

(8) 电影业及电影院。

(9) 交通工业。

(10) 测量及绘图师。

(11) 军需业或军需商人。

(12) 无线电事业。

(13) 报馆业或书店。

(14) 珠宝店。

(15) 银行或找换店。①

值得注意的是，虽然法令上指出“非经核准”，但即使有人申请，也从未被批准过。这一法令实际上等于禁止外籍人经营这15种职业。

1932年11月19日，马达加斯加殖民政府又将固定税增至200法郎，商业牌照附加税特等定为3 000法郎，一、二等2 000法郎，三等1 500法郎，四等1 000法郎。1945年12月1日修正固定税增至300法郎，商业牌照附加税特等4 500法郎，一、二等3 000法郎，三等2 500法郎，四等1 500法郎。②

(三) 毛里求斯

1922年，毛里求斯政府开始向每个移民征收保证金200卢比，由于这一政策危及相当一部分贫困华人移民的利益，因而引起了华商总会主席的强烈抗议。世界经济危机严重地影响了毛里求斯的经济，当地政府不得不改变其一直比较宽松的移民政策。1932年起，毛岛政府将移民保证金增加到500卢比，希望用这种办法限制移民入境。华商总会再次表

① 萧次尹编著:《非洲华侨经济》，第130—132页。根据斯拉威斯基的说法，这种对移民的职业限制是在1923年8月3日和1925年8月25日的法令中规定的。

②《马达加斯加取消亚、非洲人特别税之本末》，《华侨通讯》，第9期(1948年1月31日)。

示愿意为华人移民担保，并同意由商会自行出资，将没有工作的和可能成为当地华人社会包袱的移民遣送回国。为了更有效地推行这一措施，华商总会主席向每个新到的移民征集捐款，用来建立一个特别基金。当时商会要求男移民每人捐 50 卢比，女移民捐 25 卢比。这些新移民在上船后，必须向两家运送中国移民的公司（罗杰斯公司和阿达姆公司）缴纳这笔款项，然后由这两家公司转交给毛里求斯华商总会司库。每个移民到达时，政府当局必须审查其经济状况，一旦发现经济状况不佳者，华商总会主席必须签署一份保证书，详尽填写各项保证。1948 年以后，由于在立法议会中新设了一名华人代表，华商总会逐渐失去了以往在政府眼里的地位。①

相对南非或马达加斯加而言，毛里求斯殖民政府的移民政策要宽松一些。但是，只要是在白人占统治地位的地区或国家，华人和其他肤色的移民总是处在低人一等的地位。白人对华人是极端藐视的，当他们乘坐的马车从街头驶过时，华人、印度人和黑人均要赶紧回避，不得正面遭遇，否则会遭到白人马鞭的抽打。根据刘新彝先生回忆，华侨走在街上，常有当地人或其他民族的人在后面喊："中国人有尾巴！"（指清朝时留辫子）"中国人抽鸦片！""中国人吃狗肉！"（洋人爱狗，认为吃狗肉是野蛮行为）等，华侨每每听到这种侮辱性的话，十分反感。华侨为了提高自己的地位，在政治、经济、教育、文化等各个方面都进行过斗争。②

（四）留尼汪

直到 1939 年以前，留尼汪岛因劳工缺乏，法国殖民政府一直鼓励外籍人（包括华侨）移民留尼汪，当时的移民手续十分简便。法国政府鼓励移民的政策曾使华人乐于到此地谋生。在 1926 年这一年里，在留尼汪

① 李卓凡：《西印度洋华侨史》，载方积根编：《非洲华侨史资料选辑》，第 151—152 页。
② 刘新彝：《我在毛里求斯的见闻》，第 43—60 页。

入境的华人达1 626人。[①] 特别是妇女或儿童入境时，只要有人负责替入境者办理户籍登记手续便可登陆。成年男人在入境时如果申请居留三个月以上的，则需领取居留证，当时华侨称它为“大纸簿”。居留证分为甲、乙两种，主要目的是依照持证人每月的收入而规定其应缴的税款。甲种居留证发给那些月薪超过350法郎者，每半年应缴75法郎的税款；乙种居留证发给那些月薪在350法郎以下者，每半年应缴36法郎。这种居留证制度实际上专为征收居留税而设，对移民来说仍是一个沉重的负担。然而，这种居留税是为所有移民而定，并非仅针对华人。新移民在入境后，如果逾期不缴纳上述税款，将被当地政府驱逐出境。一些华人有时从毛里求斯招募临时工，在居留期满之前又将他们辞退，这样就可以避免交付居留税。居留税直到1947年留尼汪改为法国行省后才宣布废除。

1932年，法国殖民政府颁布了新的移民法令，对移民的经济生活和政治活动进行了严格的限制。法令规定：所有居住在留尼汪的外国人必须办理个人身份证，并缴纳150法郎的保证金。与同年马达加斯加殖民政府发布的移民法令一样，该法令还禁止外国人从事下列各种职业：海关人员、运输代理、海运或移民官员、戏剧电影业、联运承包商、武器军火商、货币兑换员、银行家或珠宝商等。此外，还禁止外国人从事印刷、报纸、杂志或其他刊物的发行和编辑。为了便于对外国人进行控制，还规定外国人不得参加政治活动，否则将被驱逐出境。[②]

(五) 葡属东非

从整体上说，华侨在葡属东非比在任何其他居留国或地区都要自

① 何静之编著:《留尼旺岛华侨志》，第20页。

② 李卓凡:《西印度洋华侨史》，载方积根编:《非洲华侨史资料选辑》，第188—189页。关于身份证保险金，何静之的说法与此不同。1933年，一个印度人到期无款缴纳其身份征税项，被当地政府拘捕选回印度。此人身无分文，结果当地政府不得不为他代购船票。此后当地政府规定外侨入境必须先交15 000法郎才许登记。参见何静之编著《留尼旺岛华侨志》，第73页。

由。然而,这并不意味着在葡属东非不存在针对华人的歧视政策。首先,华人不许在港口上船接送客人。1931 年,殖民当局制定了条例,每当船只到埠,禁止华人上船接送客人。若万不得已要上船时,必须先向移民局讨得“人情纸”(“许准字”,即许可证)。当然,这必须花费些钱两。更重要的是,这种“特殊待遇”带有明显的歧视成分。正如一位在此地待过的华人说的那样:“在贿赂方面,花些少金钱,尚不算什么了不得的事情,而在当上下船给检查许准字的时,关系国体事情才大。”其次,当地的国家医院不准华侨就医,不管华侨的经济情况如何。如果华侨病情严重,须有殷实商家担保,然后再由私人疏通关节,方可进医院治疗。再次,凡是华人初抵此地,须缴纳 40 金镑押柜银。对任何刚抵达一个新居留地的人来说,这都是一笔不小的数目。后面两条规定似乎主要是因为当时中国在当地未设领事馆,“居留政府当我华人为无政府的国民”。不过,葡属东非对华侨的社团、党派、言论和行动均无苛例限制,亦不进行任何干涉。这与其他地区(如南非或南洋群岛)迥然不同。①

此外,在葡属东非还存在一些针对外籍移民的歧视政策。1929 年的经济危机对一些港口地区影响较大。在葡属东非,殖民政府为了保护葡籍工人的利益,于 1932 年初颁布了《雇佣法令》。此项法律的大致内容如下:第一,凡在葡属东非境内的外商及所有外资商店、工厂和企业的雇员须有 75%为葡籍。换言之,任何外籍工厂主或商人如果雇用一名外籍雇员,即须雇用 3 名葡籍雇员;或原有 4 名雇员,须 3 名以上为葡籍。第二,在原处服务满 5 年以上者,得享有对葡籍雇员 50%的比率。即如果某一外商企业所用外籍雇员一名或多名,该雇员已在该处服务满五年以上,则该企业可雇用同等之葡籍雇员。② 这一法令虽然还没有触及华人经营的小企业和小商业,但它犹如一把悬在华侨头上的达摩克利斯剑,这把利剑终于在战后落到了华人头上。

---

① 子渔:《东非洲罗连士麦埠华侨一瞥》,《侨务月报》,1936 年 11—12 月合刊号。

② 容学英:《卑拉雇佣新例概述》,[南非]《侨声报》,1949 年 1 月 1 日。

二、非洲华侨的各种反应

针对各居留国的歧视政策，华侨有各种各样的反应。有的默默地忍受，他们对自己应有的权利全然不知或知之甚少，这些人的生存哲学是：与其"惹事生非"，不如息事宁人；有的则采取消极反抗的形式，背地里对居留地当局的政策骂上几句；有的华侨利用当地的法律进行合法斗争，他们或是通过华侨社团组织向英国政府和南非当局递交请愿书，或向中国驻伦敦外交使团和中国方面发送电文，有的华侨组织甚至派出请愿团回国，请求南京政府帮助；还有的华侨以非法方式进行反抗，最普遍的是将自己的妻子或亲戚以冒名顶替的方式进行非法移民；更有少数害群之马，他们浑水摸鱼，以检举非法移民相威胁，敲诈勒索自己的同胞。

（一）华侨的奋力抗争

当南非联邦于1910年成立时，居住在伊丽莎白的107名华人和埃滕哈赫的36名华人联名向当时的南非总督提交了请愿书。他们提出，《排除华人法令》是在1904年契约华工来到南非时颁布的，现在这些华工均已回国，没有必要再将这一严酷的法令强加给已在南非定居的华人，要求废除《排除华人法令》。南非当局虽然收下了这封请愿书，但并未采取任何行动。1924年，南非政府有关部门起草了一个《区域划分法案》(*Class Areas Bill*)。这一法案将不同种族分区隔离，其目的是为政府给亚洲人划定居住区和营业区提供法律依据。这一法案使华人大为震惊。他们向中国总领事刘毅反映了自己的义愤，要求刘毅与南非当局积极交涉。伊丽莎白港和埃滕哈赫反法案联席委员会成立了，德兰士瓦华人反对新法团结协会成立了。这一法案也触及了其他移民(如犹太人)的利益，引起了各个亚洲民族的反对。在强大的抗议声中，南非政府只好作罢。两年后，这一法案又以《地区保留及移民和登记法案》为名提出，再一次遭到华人的强烈反对。

德兰士瓦从 1902 年起即禁止华人饮用、持有酒类。1911 年起,南非华侨的权益开始由美国副领事冈萨鲁斯负责。1918 年,德兰士瓦中华会馆主席在致美国领事的信中指出:中国人是有节制的民族,绝不会因为饮酒而闹事。对于华人来说,很多社会和宗教场合都需要用酒,对华人禁酒是不适宜的。①

1928 年公布的《禁酒令》(*The Liquor Act*, Act No. 30 of 1928)将日本人从“亚洲人”的定义中除掉,华侨要求得到同样的待遇,但遭到南非当局的拒绝。这一法令规定南非全国范围内亚洲人、黑人和有色人均不得在酒店及其他供酒之公共场所饮酒。德兰士瓦省对这一禁酒令执行最为严格,以有色人种酒醉后容易滋事而规定有色人不准饮酒。华人纷纷提出抗议,纳塔尔、德班和彼得马里茨堡等地的华人就这一法令向当局递交了请愿书,但毫无结果。遇到中国的传统节日需饮酒庆祝,华侨只好用钱买通警察局,以换来些许安宁。当时,如果有色人饮酒被抓住,则要罚做苦工去打石,因此华侨称饮酒为“来打石”。

当时,南非当局规定已婚华侨夫妇必须提供结婚证书。我们知道,在当时的中国农村,要得到一张结婚证书几乎是不可能的事。有的华人回国在家乡结婚后,想带领新婚妻子到南非定居,为了避免不必要的麻烦,他们先在毛里求斯上岸,再次举行婚礼,以得到一张为南非当局所认同的结婚证书。

1932 年,《杜省亚洲人土地赁居律》颁布,剥夺并限制亚洲人产业所有权及房屋居住权。同时规定,所有亚洲侨商须在 9 月 1 日以前注册方准续居,地主可以废约招租。更严重的是,市政府可以拒绝发给华侨商照。② 一些南非侨团纷纷提出抗议,他们一方面赢得了商业界、金融界和工业界一些欧洲人的支持,并派出代表到开普敦递交请愿书,另一方面电告中国方面,要求中国政府迅速与南非当局交涉。下面是约翰内斯堡

① Melanie Yap and Dianne Leong Man, *Colour, Confusion and Concessions*, pp. 189 - 192.

② 此法令译文全文刊载于《华侨周报》,第 1 卷第 9 期 (1932 年 9 月)。

维益社负责人霍惠端致《南大与华侨》杂志的信：

> 迳启者。兹将南非洲联合邦政府是岁所通过关于东亚人之斯苛例抄录呈上。对于南非洲华侨前途有非常之干碍。此苛例不许华人在杜省居留。现查南非洲联合邦共有华人男女老幼三千名，而受此苛例之直接影响者，占十分之九。此等侨胞，全靠商业之求生活，今被立例禁止，则其生命前途不堪设想矣。特此致书贵报，请将情形登于报端，俾侨界周知，并代寄一份回中国政府，要求设法拯吾等于水火，救吾等之倒悬。吾等已向英国抗议，因南非洲乃英属地。特向英政府提出要求下令取消此例。倘若英政府不肯干涉，则在日内瓦之中国代表团向国联会申诉，要求取消。中国政府应直接与英政府及国联提出抗议，秉公判决云云。①

从上述函件中可以看出，维益社采取了三重措施：向英国政府提出抗议，向中国政府请愿申诉，向国内新闻界请求援助。同时，他们还有第二步打算，一旦英国政府对南非当局采取不干涉态度，他们要求中国驻日内瓦的代表团向国联申诉。南非华侨的其他反应前章已有叙述。

在20世纪30年代初，在南非长期定居的日本侨民虽然只有5人，却能享受很多不同于其他亚洲人的特殊待遇，其主要原因，是日本与南非订立了“君子协定”，对各自的侨民予以照顾。有鉴于此，一些南非华侨（以德兰士瓦中华商会为代表）电请南京国民政府授权中国驻南非总领事与南非政府签订君子协定。此举遭到以维益社为代表的一部分华侨的反对，他们坚决主张只有“将原有虐待华侨苛例删除后方行签约”。②遗憾的是，由于华侨内部意见的不统一，中国政府与南非一直未能达成协议。

---

①《南非排华苛例》，《南大与华侨》，第11卷第1期（1932年10月）。

②《南非华侨组织维益社致中英侨务委员会电》，转引自《［中央侨务委会］函外交部据南非总支部等电请勿签中非绅士协约改订平等条约请切实办理由》，《中央侨务月刊》，第10号（1931年5月）。

1936年,南非华侨担心南非政府行将实行苛例,特派岑新一、梁次狂二君回国请愿。此二人抵上海后即赴南京递交请愿报告书。这份报告书对南非政府的各种歧视政策和华人面临的问题进行了充分的揭露和阐述,如私城律、赁居律、种族分居等问题,并希望中国政府速与南非签订互惠条约,充分表达了华侨盼望祖国政府声援的心声。①

(二) 华侨的各种对策

有些华侨面对居留地当局的歧视法令采取了各种对策。对各种歧视法令进行非法反抗的情况不多,但并非绝无仅有。1928年,南非政府颁布了《禁酒令》,该法令禁止亚洲人、黑人和有色人在任何场合购酒和饮酒。这一立法的思想基础当然不是对华侨加意爱护,而是"认华人为劣等民族,应与其他有色民族一样不准喝酒",华侨经营的商店内或家中都不准藏贮点滴的酒浆。这样,从法律的观点看,华侨饮酒是非法行为。然而,对这种不合理的法令,华侨有自己的对策。他们有时将酒盛在碗里,大家用匙羹浅饮低酌,这样,警察到来时,可掩人耳目。华侨往往暗地里买酒喝,有时甚至在聚会时也喝上一碗。值得指出的是,虽然这条法令在南非全国适用,但开普敦的华人在购酒和饮酒方面并未受到任何影响。对禁酒令执行得最为严格的是德兰士瓦省。

非法移民的方式也不少。除了从其他地方偷渡外,还有的是以冒名顶替的方式入境。南非政府规定华侨的子女16岁(在开普敦为18岁)以下的可以申请入境。一个住在约翰内斯堡的何姓华侨曾花了两年的时间将自己的14岁的儿子从中国接来。当他的儿子抵达南非海关时,却被拒绝入境,并被遣返到洛伦索-马贵斯。当时这位华侨提供了各种所需证明,德兰士瓦华人组织也多次为他求情。然而,当局则断然拒绝,其理由有两点:其一,此人在以前登记时并未申明他已结婚;其二,此人

①《南非施行苛例摧残我侨胞商业》,《申报》,1936年11月30日(连载)。

声称曾回中国结婚，而档案记录说明他当时并未回国。①

在这种严格的移民禁令下，有的华侨想将自己的子侄或亲戚接来南非，就只好采取瞒天过海的办法。移民局对移民是否离开过南非均有详细记录。“如果你在十七、八年以前没有回过中国，你自然不能说在本国有个儿女。但有的人他在那个时候，却返过故乡，他虽然事实上回去设生过儿女，但也有口可藉。你今若想招呼你的子侄或亲戚来非，使得和他商量，假作他的儿子。”这是冒名顶替的第一种情况。第二种情况是将自己的妻子作为他人之妻。南非是奉行一夫一妻制的国家。有的华侨将自己平时省下的血汗钱带回家后，多娶了一两个妻子，为了将自己的妻子带回南非，只好请人代作丈夫。由于南非对女子的移民限制较宽，有的人为了混进南非，甚至企图男扮女装。②

当时中国国内经济不振，民不聊生，沿海地区的居民纷纷流向海外投亲靠友。在南非的德兰士瓦省，“偷关入境者，不下三百余人”。南非政府对非法移民的处理办法是遣返回国。由于非法移民的出现，华人中的个别败类便对这种人进行敲诈。他们或是对收留非法移民的店主或亲戚进行敲诈，或是直接对非法移民本人进行勒索。“彼三，二害群马，则认为绝好之发财机会。于是勾结移民官吏，及不良警察，到处勒索，使偷关入境者，无法安身，害群贼则私囊中饱。”③曾在南非生活过的华侨叶绍纯描写了这种败类的秽行：

> 他们也正和内地的土豪劣绅一样，勾结胥吏，串通律师警察，遇有平时不是和他们沆瀣一气的人，偶而违法律，要涉诉公堂时，那便是他们敲竹杠，报私怨的最好机会。就是像安分守纪，他们也得平地生波，无风起尘，不是说你私藏贼赃（洋行的工人，常私自偷卖货物，华商因为它价廉，贪图微利，有时也代为接受），便说你的妻子，

① Melanie Yap and Dianne Leong Man, *Colour, Confusion and Concessions*, p. 179.

② *Ibid.*, p. 182；叶绍纯：《南非华侨所受的种种苛待》，《中南情报》，第 5—6 期合刊（1934 年 8 月 1 日）。

③《南非施行苛例摧残我侨船商业》，《申报》，1936 年 11 月 29 日（连载）。

混充假冒(不是正式夫妻和亲生子弟，不能入境)。华侨大都语言不透彻，常识不充足，怎样对付得来，只得听其欺榨。①

另外一种消极抵抗的方式是利用法律钻空子。有的地方对华人申请商业执照进行限制或刁难。为了避免不必要的麻烦，有的华侨利用当地白人来充当挂名的店主，自己则为实际操作者。有的华侨采取更为隐蔽的手段。他们将自己的姓名改为欧洲人的名字，如将“Ah Yong”改为“Albert Young”，当税务局官员看到这一类名字时，做梦也想不到他们实际上是黄皮肤的中国人。②

(三) 抗争的效果

华侨的抗议并非徒劳无功，居留地政府在华侨的强烈反抗声中，不得不有所收敛。关于亚洲人居住和占有土地的法令的实施一再推迟就是明证。从1919年《亚洲人土地及营业修正法》颁布以来，限令在金矿区非法居住和占地的有色人搬迁的日期一拖再拖。经过1932年、1935年和1937年的多次推迟后，1939年将搬迁日期延至1941年4月30日。1941年，该法的修正案将这一时限再次延至两年后，即1943年4月30日。1943年，这一日期最后延至“政府公报宣告截止之日为止”，这实际上是变相承认有色人种(包括中国人)在金矿区内居住和占地行为的合法性。

留尼汪岛的华侨领袖刘锡辉的抗争也是一个很好的例子。刘锡辉的父亲是留尼汪岛著名的侨领刘文波。刘锡辉在法国巴黎留学并获得博士学位，1932年，他毕业后回到留尼汪岛探亲。当时，正值当地殖民政府公布法令，规定外国侨民重新领取身份证，并要求他们到圣但尼市中央监狱里签指模。刘锡辉受华侨委托，决定向法院申诉。他的理由是华侨并非犯人，领取身份证可到就近的警察局盖手指模，这样对双方手续均较简便。后来，经法院与行政当局磋商，当局最后终于接纳了刘锡辉

① 叶绍纯：《南非洲华侨概况》，《南洋研究》，第4卷第5—6期(1933年6月15日)。

② Melanie Yap and Dianne Leong Man, *Colour, Confusion and Concessions*, p. 194.

的建议。①

三、华侨处境的变化(1939—1948年)

第二次世界大战爆发后,中国的抗日战争得到了包括英国在内的同盟国国家的声援。南非自治领和毛里求斯同属英国的领地,英国的态度和中国在二战中的特殊贡献使这些地区的殖民当局对华人的政策有所改善。马达加斯加曾经历了法国维希政府的统治,在战时对华人的移民政策开始趋向恶化,在英国出兵占领了马达加斯加以后开始好转,到1947年则有一个大的改变。留尼汪因被英军封锁,经济呈紧张局面,对华人的政策仍维持原状。

与居留国移民政策的变化相适应的是华侨自身在战时的变化,这主要体现在两个方面:一是对自己所在的居留国的环境有了更明确的认识,从而对一些不合理或带歧视性的政策直接提出了挑战;二是华侨的自信心大大加强,他们在与居留国交涉时始终保持一个"四强之一"国民的身份。

(一) 毛里求斯

毛里求斯虽然是英国的殖民地,但岛上的法国人在政治和社会中居于绝对的优势。"英国总督及其地方统治与法籍毛里求斯人(the Franco-Mauritians)社区的关系在很少情况下是顺畅的。"②政府、法院、议会、经济界、金融界、教育界、文化界、新闻界等部门的大部分高级职位被法籍毛里求斯人所占据,这些人自以为高人一等,对英国的统治从来就不以为然,对华人的蔑视更是肆无忌惮。第二次世界大战爆发后不久,法国即被德国占领,这对法籍毛里求斯人是一个沉重的打击,他们的

---

① 何静之编著:《留尼旺岛华侨志》,第67—68页。

② Larry W. Bowman, *Mauritius, Democracy and Development in the India Ocean*, pp. 27-33.

傲慢才有所收敛。毛岛第二大城市居尔皮普(Curepipe，当地华人称“鸠必”)是法籍毛里求斯人集中的地方，该市市政厅的礼堂是法籍毛里求斯人社区活动的场所，他们常常在此举行各种活动，如婚礼、舞会等，但对华侨则从来都是拒之门外。第二次世界大战爆发后，中国的抗日战争使华侨的地位有所提高，有些华侨向市政厅租借礼堂举行婚礼和舞会，市政厅开始还不同意，后来华侨据理力争，最后得到允许。

在二战中，毛里求斯的华侨还就升中国国旗一事与当地政府进行交涉。法国被德国人占领并成立维希政府(1940—1944 年)后，法籍毛里求斯人仍然占据着各种重要部门的职位，虽然他们的傲慢有所收敛，但他们的权力丝毫没有削弱。当时，每逢星期日和各种节日，毛里求斯首府路易港的市政厅大楼上便要悬挂同盟国的国旗。由于法国人在当地的影响，在一段时期内，同英美苏几个主要盟国国旗一起飘扬的并不是中国的国旗，而是法国的国旗。华侨对此十分气愤，纷纷去信市政厅表示抗议。结果，路易港市政厅不得不接受当地华侨的正当要求，开始悬挂中国的国旗。[①]

(二) 马达加斯加

马达加斯加受法国维希政府统治的时期很短。在二战的前期，日本在太平洋地区的暂时胜利改变了印度洋的局势，德国人的海上力量开始威胁到盟军在好望角甚至莫桑比克海峡的船只。为了更好地控制西印度洋，防止日本对这一地区的袭击，英国决定出兵占领马达加斯加。这一决策得到了罗斯福的同意。1941 年秋天，英军在粉碎了驻马法军的抵抗后占领了马达加斯加全岛。英军根据本国政府的命令，将马岛的民事政权交给法兰西民族解放委员会的代表。殖民当局对华人的政策仍以 1932 年的法令为准绳。唯一的变化是，由于战时的供应困难，成立了粮

① 刘新粦：《我在毛里求斯的见闻》，第 50—51 页。

食供应管理局，对各方面的控制更加严厉。①

1945 年 5 月 8 日，欧洲战场停战。马达加斯加各地举行同盟国升旗典礼，马纳卡拉地方当局事前通知华侨社团参加。是日，中山小学全校男女学生统一着校服，前面一位学生高举中国国旗，领队列场参加。参加升旗仪式的各国人士看见华侨学生虽然大多数为六七岁的儿童，却神情庄严，步伐整齐，纷纷赞不绝口。礼成后，学生列队围绕升旗场游行一周，高唱"义勇军进行曲"，会场群情鼎沸，有的法国人高呼"Vive La Chine（中国万岁）"华侨中文报纸颇为自豪地写道："吾侨在海外，到处受人歧视，今始稍得另眼相看，未始非藉抗战八周年忠勇将士牺牲血肉得来。"

1945 年 7 月 7 日，马达加斯加全体华侨为纪念抗战八周年，决定单独举行升旗典礼。各地华侨社团按规定提前向当局申请。马纳卡拉华侨获准于 7 日早上在当地华校中山小学操场举行升旗典礼。7 月 5 日，马纳卡拉华侨接到当地县长照会：现奉岛督通令，据贵国（中国）外交部照会，七七是反侵略抗战纪念日，凡属同盟诸国，谊应纪念，着全岛各省市县举行，在当地政府所在地参加中法升旗典礼。这样，7 日改为中法合行升旗典礼。"是日各国人士参加殊夥，土人参观者亦如潮涌，在号声激昂，朝暾灿烂当中，中法两国国旗升腾空中"，"其空气热烈，国际融洽，盛况为本属得未曾有"。② 这些都表明华侨在当地地位明显提高。这一时期最值得华侨高兴的则是华侨特别税的废除，这一点将在后面论及。

(三) 留尼汪

这一时期留尼汪在法国维希政府的统治下加强了对移民（特别是同盟国的移民）的控制。留尼汪政府于 1941 年要求各国侨民换取身份证，

① 赖芒德·腊伯马南扎腊：《马达加斯加：马尔加什民族史》（林慕芳译），北京：三联书店，1958 年，第 118 页。

② [南非]《侨声报》，1945 年 9 月 11 日。

并下令华人到当地监狱去换领身份证。不论当局用意如何,这对华人无疑是一种歧视性的侮辱。刘锡辉博士再次挺身而出,向当地政府进行交涉。他指出,中国的抗日战争纯粹出于自卫,并非有意与轴心国为敌,希望留尼汪当局理解。他的申辩得到了当地殖民官员的同情,因而没有执行维希政府的法令。经过刘锡辉先生的力争,华人的地位获得了当地政府的尊重。①

(四) 葡属东非

葡属东非在战后面临失业的困扰。1948 年,鉴于失业人口增多,葡萄牙殖民政府于当年 8 月发布了《雇佣法令》的补充修正律,主要在贝拉地区实施。法律规定,凡与外商合股经营者,其股东在公司内服务者,均视作雇佣,须依雇佣法令比率添雇葡人。华侨商人中适合这种情况的大约有六七家,不过当时的小资本外商一般只按 50%的比率添雇葡籍雇员。这种方法,实际上已得到葡政府主管机关的特别通融。土生华侨子女年满 21 岁以上者,亦可算作葡籍雇员。

1948 年 10 月,葡殖民政府又一次对《雇佣法令》进行了补充修正,规定凡持有代理权的外商一律须添用葡籍雇员 3 名,这些雇员又须当地工会介绍,店主不得自由雇佣。为了加强对这一法令的实施,政府特派出警员到各商店,口头通知店主:如果在本年年底以前未按要求雇佣葡籍职员,即须停业云云。根据贝拉港华侨容学英记载,当时符合此修正律的华侨商店共有十余家,均为小本经营,"我侨商能负此苛例者,则无一户",更谈不上雇佣由工会介绍的高价雇员。这实际上将葡属东非的华侨置于灭绝的境地。"因此我侨已面临无情的停业处分之威胁,生活即濒于危境,整个侨胞之经济生机,将由此窒息。政府自颁布雇佣例起至最近补充修正案止,其用意无疑是在限制与排除外人之权益,使外人在此不能立足,无法生存而已"。当时,侨商"群情惶恐,不可终日"。很明

① 何静之编著:《留尼旺岛华侨志》,第 67—68 页。

显，如果华人商店生意不旺，无力负担3名葡籍工人者，只能关门大吉，坐以待毙了。

为了商量对策，当地中华会馆召集全侨会议。经过讨论，做出如下决定：

（1）华侨推举钟根、甄海筹、甄炳权等人与律师商量，将我侨商店艰苦情形，向省长陈述，请求豁免。

（2）请当地的安神父以教会名义，或以个人名义，将我侨商店的艰苦实情，向省长及执行该法律的有关当局说明，请求豁免。

（3）函请当时中华会馆派行南非为建校募捐的募捐团代表余真和等人，就近将这一苛例的情形和华侨所面临的困境如不允许商业转名（父业转子，兄弟互转，朋友转让）和回国探亲的限期等情况，呈报中国驻约翰内斯堡总领事馆，请求交涉。

最后，在华侨和总领事馆的一致努力下，这一不合理的法令得以改善。①

（五）南非

在前章，我们已经提到，南非当地的一些白人自愿组织了“中国战争救济基金会”，对抗日战争募捐援助。在每次“援华周”时，华人与当地白人一起开展各项活动，丝毫没有什么种族隔阂。欧战结束后，鉴于南非参加战事的军人及家属待救济者甚众，南非皇后镇“总督民族战争救援会分会”决定举办谢恩节筹款。1945年5月12日，该分会借皇后镇农业展览场举行大规模谢恩盛宴。当场华侨不过十余人，“素来不受任何不平等之待遇”，“深念职责所在，对于争取国家地位之平等，不容稍懈，故三数日之间，舍弃私务，致力公益”，举办了一个中国茶园，园内“中英国旗下，特用红色背景以棉花置成‘盟国胜利’四大字”，这一举动备受西人

① 容学英：《卑拉雇佣新例概论》，［南非］《侨声报》，1949年1月1日。

称仰。[①] 在南非其他各地,欧洲人与中国人一起,为欧洲和中国的反法西斯战争出钱出力,结下了战斗的友谊。

然而,种族歧视的阴影仍然随处可见。1945 年 7 月底的南非《星报》登了一封署名为“民主”的南非人来函,叙述了他(她)从约翰内斯堡乘火车到斯普林斯时目睹的一件事。他看见三位中国妇女及一幼儿与欧洲人同坐在头等车厢。当火车开动后,一个欧洲白人开始大声嚷嚷,质问列车员为何容许中国人与欧洲人同坐一车厢。乘务员检查了这几位华人的车票后,认为并没有什么不当,但这名欧洲人乘客仍不满意,喋喋不休。当这些妇女下车时,其中的一位正告这名白人:“倘无中国英勇抵抗,则日本早已侵入南非洲矣。”这名写信的南非人听见这句话后,深有感触。作者在来信的结尾写道:“愧为南非人。”[②]

停泊在南非各港口的外轮上的中国海员也加入了反对南非种族歧视的斗争。1941 年,太平洋战争爆发。因为海上经常有德、日法西斯的潜艇袭击,英、美等同盟国的船只都要结队等待舰队的护航。此时,南非港口常有各国船只长期停靠。这些轮船上的中国海员,常到华侨会馆聊天。停泊在伊丽莎白港的英国船“丽也那”号的船员(多是山东人)因工资被变相克扣而与资方打官司,他们的斗争得到了以中华会馆秘书长林绍长为首的当地华侨的财力物力支持,最后赢得了胜利。当时停靠在伊丽莎白港的英国、瑞典、丹麦等国的外轮达 40 多只,这些船上的中国海员也因此利益均沾。中国海员对当地的种族歧视现象也极为愤慨。“丽也那”号的中国海员与一些当地华侨青年商量后,决定在该轮启航前一天“行事”,对平时不准有色人种入内的戏院、酒吧、餐馆等处进行反歧视活动。

> 计议已定,“丽也那”号的海员,在轮船开航的前一天,相率进入上述各处,果然遭到严拒。海员们怒火中烧,便从门口直打到里面,

---

① [南非]《侨声报》,1945 年 6 月 5 日。
② [南非]《侨声报》,1945 年 8 月 2 日。

玻璃门窗,柜台设备等立刻粉碎。种族歧视者一时不知所措,心惊胆战,纷纷藏匿。殖民警察赶来拘捕海员时,海员却不加抵抗,任由拘去。不久该轮船长得知此事,因开航在即,而且战时航轮需军舰护航,运送任务又很紧张,届时必须启航,不能延滞。因此船方只得以电话通知当地航务管理部门要求放人。航务部门无奈,转以利害关系向警察局陈述,警察局不得不将拘捕的海员释放。

这一办法十分奏效,后来中国海员又在其他南非港口多次行动。此后,一些平时对有色人种多有限制的私营店铺和娱乐场所,见到黄皮肤的就不敢干涉,任其出入。“这是华侨在得不到祖国保护的情况下,为痛惩种族歧视者而想出来的聪明办法。”①

战后,一些地方的歧视之风重起,德班的娱乐场所尤为突出,开始拒绝华人入内。我侨界领袖前往交涉,未获确定结果。1946 年 1 月 31 日晚,30 余名中国海员到一家名为“娱乐宫”(Play House)的电影院看戏,不料被拒绝。这些海员在门口排起长队,不许任何顾客入内。一名欧洲白人出言不逊,并欲动武,结果反而被痛打一顿。警察将他推走后,对海员的行为未加干涉。后来,戏院主人见势不妙,只好出来声明,“中国顾客可以自由购票”。中国海员问他这种规定是否仅限于今晚,他连忙答道:随时均无问题。②

1946 年年初,南非政府也加强了针对亚洲人的歧视立法。政府首先提出《亚洲人法案》,并在南非议会一读通过。这一法案对亚洲人的种种权利进行诸多限制,可谓二战以后南非亚洲人种族歧视法令之滥觞。印度人和华人闻风而动,约翰内斯堡的华人最多,行动最快。德兰士瓦省的华侨妇女协会及维益社于 3 月 24 日开会讨论应付办法。双方分别致电中国政府外交部、中央海外部及侨务委员会,要求政府设法援助;同时致电时昭瀛总领事,请示应付方针。约翰内斯堡青年社除电呈政府外,

① 叶迅:《南非华侨情况忆述》,载《文史资料选辑》,第 87 辑(1983 年),第 88—90 页。
② [南非]《侨声报》,1946 年 2 月 7 日。

复电请国内报界唤起国内民众注意；并得出侨界青年成立统一组织的设想，亦于 24 日晚召开临时全体青年大会。当时，维益社和德兰士瓦华侨妇女协会均发表宣言，提出了自己的看法。维益社在宣言中指出，

> 南非洲联邦违反人道，竟在职国会议颁所谓“加紧限制亚洲人营业赁居新法令”，实行其人种划区分居事实。此举不特置华侨原有之经济产业于死地，且损及我中华国家民族之尊严。如此设施，过去轴心魔王世界人类公敌之“希特勒”曾一度施于颠连无告之犹太人民。我辈堂堂华胄，焉能忍受此奇耻大辱！……尚祈非联境内侨团领袖自动筹谋抵抗，或组织更大机关，矢志奋斗，以挽危局，不达目的，誓不终止。①

约翰内斯堡的侨领霍秀石于 3 月 28 日在《侨声报》上发表启事：

> 吾人居此饱受苛例，变本加厉，年复一年。未抗战之前，固不为非人所重视。乃经八年辛苦之抗战结果，获得五强之一，国际地位赖以提高，以为外人歧视之心或可少改。讵料多年沉寂之赁居律，是季议会施墨芝②竟敢主张提出一读，经已通过。二读、三读一丘之貉，谁为我仗义执言，亦必通过，自在意中。吾人纵能哑言忍受，其为国体何。呜呼，事急矣。一般侨民何能坐视乎。仆虽不敏，敢为该会提倡高呼，准于本月 31 日下午 3 时假座联卫会召集侨民大会，希望各界诸君拨冗参加，各抒己见，今勿再为坐视，再为噤默，共同筹划应付。侨界今甚。是日张领事临场宣示。③

在 1946 年 3 月 31 日举行的华侨大会上，侨胞开始筹划成立新的统一组织，以便应付危局。当时任职总领事馆的张德同领事到会，并介绍了时昭瀛总领事的交涉情况，要求华侨团结起来，成立统一组织，“既可

①《揭竿而起妇女会维益社希冀统一组织》，[南非]《侨声报》，1946 年 3 月 28 日。

② 即 Smuts，今译为“史末资”，南非总理。

③《南非华侨公告因苛例事召集全体大会启事》，[南非]《侨声报》，1946 年 3 月 28 日。

担任协助祖国建设之事务，更应展开抗例运动之工作”。他要求广大侨胞，出钱出力，积极展开国民外交。[①] 一时间，南非华侨同仇敌忾，纷纷开会表示抗议，各种组织在讨论抗苛例之余，均提到组建统一组织之事。《侨声报》积极参与了舆论的宣传。4 月 4 日的一篇题为《南非舆论与我侨应取之途径》的短评指出：

> 限制印侨土地权，可以说是南非白人的一致要求，争论之点，唯在那一点点有限制的选举权应否让与印侨的问题。……华侨因一个“亚”字一同带进了深坑，然而，南非的舆论还没有提到我们。在目前这种情形下，对南非人民表露情感，不但不能博得他们的同情，反把他们针对印侨的锋芒惹到我们身上，引起莫大的反感，与印侨同陷泥沼。此时，我们最主要最迫切的“救危”工作是急起团结，以整齐划一的步伐，表现大国民的风度，使南非上下侧目；同时吁请祖国政府尽力援助，即向非联设法交涉签订条约，解脱我们身上的枷锁。[②]

4 月 20 日，《侨声报》又发表了题为《此其时矣》的社论。社论指出，南非印侨多，力量雄厚，但由于国家尚未独立，国际地位不高。华侨的情形恰好相反，虽无工业和强大海军，“但八年抗战到底，换了一个‘五强之一’的国际地位”。社论提出应该请示中国政府，“一方面固须维护民族平等的国策，一方面尤须兼筹并顾我们的问题，乘机向非联交涉签订中非互惠条约”。根据作者的观点，南非很有可能接受中国的要求。其理由为：第一，南非联邦口口声声说《亚洲人法案》是对付印度人的，为了向世界表示其全无排斥异族起见，对华侨似有退一步的必要。第二，南非不应当多树劲敌。如果南非不做出让步，在 9 月举行联合国大会时，在反对合并西南非洲的问题上，我国政府可以给南非联邦更难堪的颜

---

① ［南非］《侨声报》，1946 年 4 月 2 日。
② ［南非］《侨声报》，1946 年 4 月 4 日。

色看。①

《侨声报》从4月2日起开辟了一个专栏，以供侨胞讨论《亚洲人法案》。在讨论中，有的华侨尖锐地指出："吾侨旅居南非，日与恶劣环境奋斗，历时百年，经过多少委曲求全，犹被视作贱民。……吾侨至今涣散，无统一组织以为领导，遇事彷徨，甚至内讧，安得不为人所乘？"一位名叫黎添的华侨贡献了四点意见：速函南非总理以示抗议；速函南非内政部长发表华侨意见；电请我国外交部援助；电呈联合国申诉。约翰内斯堡的侨领马若洲以外国人批评中国人常用的"一盘散沙""东亚病夫"和"五分钟热度"等语分析了华侨中间存在的无团结、无勇气和无恒心的各种弊病，要求约翰内斯堡的华侨青年一定要发奋图强，洗刷这种耻辱，"建立伟大而可歌的奇迹"。②

与此同时，南非印侨也行动起来。他们继续采取甘地的非暴力运动，以消极抵抗的方式（如在不准亚洲人进出的地方静坐等）对这一法案进行针锋相对的斗争。他们有意在非豁免区内设置营地，并组成各种封锁线。尽管不断有人被捕，但不断派人占驻。印度政府也在联合国大会开展外交行动，印度代表团首席代表在纽约拜会了联合国秘书长，正式提出"南非压制印侨案"，请交将于9月召开的联合国大会处理。同时印度政府决定，如有南非白人申请入境时，将不发给临时签证，以报复南非政府的种族歧视法令。③

南非华侨渴望团结一致，共同抗苛。然而，由于各种历史和现实的因素，南非华侨的大团结经历了一个十分长期而曲折的过程。南非华侨组建统一组织的愿望直到1954年才实现，这一年，真正意义上的南非华侨的统一组织——"南非洲中华总公会"正式成立。

① [南非]《侨声报》，1946年4月20日。
② [南非]《侨声报》，1946年5月4日。
③ [南非]《侨声报》，1946年6月25日，6月29日，9月7日。

第十七章　非洲华侨与中华民国政府的互动关系

> 华人的地位将会因为官方代表的到来而得到加强，他们将摆脱行政监督。这样，他们的生意将更加兴隆，店铺将迅速增加。在这种情况下，华人将会成为我国商人的激烈竞争对手。
>
> ——一位马达加斯加的法国殖民官员

> ……[葡属东非]国家医院不准我华侨留医，不论贫富。据云，系我国无领事驻此，居留政府当我华人为无政府的国民。前曾有一度设领事，病侨都可由领事签名盖章，免费入医院。现在病侨，如欲入医院，须有殷实商家担保，然后再由私人疏通方可。再如凡新客到埠，须缴四十金镑押柜银，据老侨胞云，前有领事时，可由领事担保，免交此巨款。这是我华侨的一种损失。
>
> ——一位葡属东非华侨

在1911—1949年这一期间，非洲华侨始终与国内保持着各种联系。前面各章提到，在中国遭受战乱或是动荡的时候，他们总是以各种方式支持和帮助中国。非洲华侨还与国内的相关机构保持着相对紧密的联系，特别是外交机构和侨务部门。中国驻南非总领事馆（从1932年起改称“中国驻约翰内斯堡总领事馆”）于1919年重新开馆，中国也在其他国家或地区设立领事馆(如埃及、毛里求斯、马达加斯加)。这些领事馆在保护侨民权益方面、沟通当地政府与华侨之间的关系以及为华侨提供某些方便等方面做了一些工作。然而,当时国力日衰的中国是无力对海外侨胞进行任何实质性保护的。诚如南非华侨们所言,“故国迢迢,频年内优外患,亦不惶施救”,①“国家一直在内忧外患里打滚,无暇顾及海外的孩子”。② 本章主要梳理中国在非洲各地设立领事馆的大致情况,各领事馆的所作所为以及当地民众对中国驻非洲外交机构的反映。

一、中国驻非洲领事馆工作之沿革

中国驻南非总领事馆是中国在非洲大陆设立的最高驻外机构。这里的总领事的职责有时涉及南部非洲其他殖民地,从 1911 年到 1949 年,曾有 11 位中国外交官在南非负责过总领事馆的工作。他们中有的恪尽职守,认真为华侨的利益服务,得到华侨的好评;有的在南非浑浑噩噩,饱食终日,无所事事;有的争权夺利;有的如候鸟,在此只是短暂停留。

(一) 中国驻南非总领事刘毅的护侨行为

在这一段时期内,非洲华侨对祖国的指望很大,但失望也颇多。1911 年,刘毅奉召回国。他被召回中国的理由主要有两个:一是在清朝政府时期,总领事馆的经费曾经来自契约华工的注册费。华工回国后,经费之事已无着落,总领事馆于 1911 年实际上关闭。二是似乎他的所作所为已引起南非政府的不满,认为他的举止有超越权限之嫌。当地华侨的事务如何处理,他曾就此事在致外务部的申呈中说明:“英督公文曾言明,将来量否回任,以及钧部是否另行派人接办,均非领事所致悬疑,

---

①《杜省华侨代表大会宣言》,[南非]《侨声报》,1946 年 7 月 25 日。

②《南非华侨的出路》,[南非]《侨声报》,1946 年 6 月 27 日。

如果将来不再设领事，所有在斐华侨事务即托美国领理，似尚妥协。”[①]这样，一位名叫埃德温·N. 冈萨鲁斯（Edwin N. Gunsaulus）的美国领事被任命为中国驻约翰内斯堡代理总领事，负责处理中国侨民在南非及周围地区的事务。华侨在特殊情况下也向他反映自己的不满并提出请愿书。[②]

辛亥革命以后，中国在非洲的外交事务曾一度紧缩。因为中国驻南非总领事馆因契约劳工事务所设，故中国劳工大部分回国后，驻南非总领事馆也逐渐冷落。首任总领事刘玉麟被奉召回国后，其秘书刘毅一度代替他负责领馆事务。刘毅是前清举人，1919 年再度上任，时值北洋政府时期。[③] 此次，他被正式任命为总领事。中国政府在此时派刘毅出任驻南非总领事大概出于三个原因：其一，刘玉麟回国后可能就南非华侨的状况向外务部汇报后，引起中国政府注意。刘玉麟在辛亥革命后曾任驻英全权代表，对中国的外交事务特别是对南非事务仍有发言权。其二，南非华侨一直与国内保持着密切联系，他们的遭遇也不断引起国人的关注，从而对中国外交产生了某种压力。当然，中国作为一战的战胜国，在外交上应有所为，这大概也是向南非派出总领事的缘由之一。

1919 年 10 月，刘毅作为中国派驻南非的总领事回到南非，而当时的南非包括巴苏陀兰[④]、斯威士兰、贝专纳兰[⑤]保护地和罗得西亚[⑥]。刘毅重新上任后，总领事馆的经费主要来自两个方面：第一，当地侨商的注册

---

① 中国第一历史档案馆外务部档 3760 号（此档将美国领事名字译为根苏拉斯），转引自艾周昌编注：《中非关系史文选（1500—1918）》，第 293 页。

② Melanie Yap and Dianne Leong Man, *Colour*, *Confusion and Concessions*, pp. 173 - 174, 189.

③ *Ibid.*, p. 172. 欧铁标明他的任期为民国九年三月五日至民国十九年五月三日。参见附录三《中华民国驻约翰尼斯堡总领事馆历任馆长》，载欧铁编著：《南非共和国华侨概况》，第 103 页。

④ 即今莱索托。

⑤ 即今博茨瓦纳。

⑥ 分南罗得西亚和北罗得西亚，北罗得西亚独立后改名为赞比亚，南罗得西亚独立后改名为津巴布韦。

费。第二,当地华侨的捐助。刘毅在20世纪20年代早期要求各地侨商注册并交纳注册费,少的只交5—10先令,多则几英镑,平均每人约2英镑,失业者可免交。居住在东伦敦的埃腾哈赫地区的中国人很少,在四年的时间(1923—1926年)内,他们共交了100英镑10先令。注册的华侨每人发给一个"华侨登记证"。下面是一张华侨登记证的范本。

华侨登记证　　　　字第　　号

兹据……地方侨民……遵照华侨登记规则请示登记合行发给登记证以资保护此证

1. 姓名:陈溢洪　　2. 性别:男
3. 年龄:20　　4. 籍贯:广东顺德
5. 出生地:南非德兰斯瓦
6. 现在居所:253 Lady Selborne, Pretoria
7. 职业:商
8. 商号:……
9. 何时入境:……
10. 夫或妻:……
11. 子女:……

日期:1936年9月21日

"华侨登记证"的另一面贴有本人照片,上面盖有领事馆公章,并注明"驻约翰尼斯堡总领事馆发给",还有"本登记证除第8条迁移居留地外永远有效"等字样。[①]

如前章所述,德兰士瓦省的《亚洲人土地赁居律》法案是一个歧视亚洲人的法案,体现了德兰士瓦当局的排亚政策。由于此法案对华侨的生存和发展均构成重大威胁,引发华侨的强烈反响,他们团结一致,以谋反抗。一方面电请中央政府,向南非提出严重抗议;另一方面要

① Melanie Yap and Dianne Leong Man, *Colour, Confusion and Concessions*, p. 175.

求总领事刘毅据理力争。然而，1936 年南非岑新一和霍次狂向民国政府提交的请愿报告书认为："刘领固为畏难苟安之流，且庸懦无比。虽屡经侨团敦请，仍不能据理交涉，依旧以其哀求式之外交，向非政府要求予华侨以印度人同样之待遇，不知此适为吾侨之致命伤。"①这种评价似有违事实。

首先，刘毅一直对南非的种族歧视政策持坚决反对的态度，早前他在代理总领事时期的所作所为和据理力争便已引起英国外交官员和南非政府的极度不满，认为他的所为超出自己的权限。第二，他在职期间，也一直在努力维护华侨利益。他在致南非总督的信中，陈述了影响当地华侨权益的多项移民政策，要求南非当局放松对华侨的各种限制性法令，因而与当局发生了矛盾。从南非政府的角度看，他的这种要求超越了总领事的职权。在 1920 年 4 月 29 日和 5 月 14 日的两封回信中，南非当局告诉他，"通过正常的外交途径来表达他的抗议更为适宜"。叶慧芬在著作中指出，"他要求改变歧视性法律的决心可以从他写给当局的大量信件中看出来"。② 第三，当南非政府赋予日本人不同于其他亚洲人的优惠待遇后，刘毅呼吁南非政府给予中国国民同等待遇。第四，1929 年，莫次南访问南非期间，表明了国民政府对海外侨民的关切，呼吁西方国家给予中国为人类文明做贡献的机会。刘毅也深受激励，他争取在各种机会表明中国人希望被南非作为友好国家对待的态度，率领代表团向内政部长提交了相应请愿书，并将相应文件公开发表在当地报纸上。③ 第五，实际上，正是征得刘毅的同意，当地侨团撰写了与南非政府交涉的文件，"以独立国家及友邦之立场，由刘领签押，向非联提出严重抗议，再接

①《南非华侨归国请愿团报告书》，载李安山编注：《非洲华侨华人社会史资料选辑（1800—2005）》，第 193 页。此文原名《南非施行苛例摧残我侨胞商业》，1936 年 11 月 28—30 日在《申报》连载。

② Melanie Yap and Dianne Leong Man, *Colour, Confusion and Concessions*, pp. 172 - 175.

③ *Ibid.*, pp. 248 - 251.

再厉,不屈不挠”。[①] 他离任前,仍在向当地报纸强调中国人的立场,呼吁南非政府将中国看作与法国和美国一样的友好国家,对中国公民采取友好方式,否则中国人民不会满意。[②]

(二) 中国驻南非领事馆其他领事的所作所为

何缵是继刘毅之后就任的驻南非总领事,虽然有所作为,后因经济上犯错误而被华人告发,最后被民国政府撤职。由于当时德兰士瓦省政府正在准备《亚洲人土地赁居律》,华侨各团体担心侨胞利益受到损害,多次向中国政府请命。有的挽留旧使,促其回任;有的要求速调新领事。国内舆论也要求“应速成派精明练熟之总领事,代表政府,火速赴任,负责力争”,并派军舰及大员前往南非为外交后援,“以挽救三千华侨于水深火热之中”。[③] 当时,中华民国政府先后派鲍静安和杨某到南非任职,二人均不上任。出于无奈,民国政府只好任命刚提为外交部秘书的汪丰到南非就任,[④]邵挺退为副领事,其因不甘居汪丰之下,愤而回国。汪丰不谙外交事务,华侨大都看不起他。汪丰到南非后不久即辞职回国。[⑤]

后来的几位领事的更换犹如走马灯。下一继任者是保君皞,为总领事衔代理领事,任职四个月。1935 年 11 月 26 日,国民党政府外交部任命雷炳阳为领事。[⑥] 当时华侨受“禁酒令”的限制,不能直接从商店购酒,

---

①《南非华侨归国请愿团报告书》,载李安山编注:《非洲华侨华人社会史资料选辑(1800—2005)》,第 193—194 页。

② *Rand Daily Mail*, July 18, 1929, Quoted from Melanie Yap and Dianne Leong Man, *Colour, Confusion and Concessions*, p. 252.

③ 何长棋:《南非洲侨务之最近观察》,《华侨周报》,第 1 卷第 2 期(1932 年 7 月 3 日)。

④ 外交部部令 1932 年第 113 号,《外交部公报》,第 5 卷第 1 期(1932 年 1—3 月);外交部部令 1932 年第 438 号,《外交部公报》,第 5 卷第 3 期(1932 年 7—9 月)。

⑤ 汪丰是国民政府的老外交官,后来曾担任新西兰总领事,抗战胜利后升任公使衔总领事,退休后居住台湾。其侄女汪向同一直从事翻译工作,也是周总理的翻译、中国著名外交官冀朝铸的妻子。

⑥《外交部公报》,第 8 卷第 11 期(1935 年 11 月)。

雷炳阳则利用外交特权为华侨提供方便。此事在领事馆的开支上体现出来。他的酒类账单开始还只有 10—15 英镑，到 1936 年的前四个月，他的购酒账单已达 500 英镑。警察局发现后，要求他解释，他说主要为一些较大型的华侨节日提供了饮酒。由于这位领事违犯了当地禁止华人饮酒的法令，他很快即奉召回国。① 后来的几位总领事待的时间都不长。1937 年，国民党政府派章守默任总领事，一年后又派宋发祥为总领事。

宋发祥原任中国驻印度尼西亚总领事。根据华侨反映，他的作风比较粗暴。他带了一大批领事、副领事、随习领事等等来到南非，然而，人员的增多并未给华侨的地位带来多大改变。叶迅认为，他对华侨“没有任何关心或保护的表现”。这一评价比较中的。他后来在处理约翰内斯堡华校的问题上独断专行，给华侨留下的印象极差。他为华侨利益做的一件事是处理当地政府对华侨的禁酒令。根据叶慧芬和梁瑞来的研究，宋发祥在要求南非在亚洲人禁酒令的实施上对华侨网开一面上似乎起到了非常重要的作用。宋发祥调任后，改派童德乾历任。不久，童德乾病逝，死后由时昭瀛充任，“此人只会饮酒、跳舞，且看不起华侨。时以前历任领事，虽无作为，对华侨尚能敷衍或拉拢，而时则根本看不起华侨，华侨自然更看不起他”。② 时昭瀛于 1944 年卸任，于 1947 年离任。接替他的是历昭总领事。

中国驻约翰内斯堡总领事馆历任领事一览表③(1905—1948 年)

职称	姓名	到任日期	卸任日期	备注
总领事	刘玉麟	光绪三十一年(1905年)4 月 11 日	光绪三十三年(1907年)8 月 12 日④	离任后由副领事刘毅接替

---

① Melanie Yap and Dianne Leong Man, *Colour, Confusion and Concessions*, p. 190.

② 叶迅:《南非华侨情况忆述》,《文史资料选辑》,第 87 辑(1983 年),第 92 页。

③ “驻南非总领事馆应改称为驻约翰尼斯堡总领事馆。此令 6 月 14 日。”外交部部令 1932 年第 358 号,《外交部公报》,第 5 卷第 2 期(1932 年 4—6 月)。

④《驻南非洲总领事刘玉麟为奉调回国筹办禁烟以副领刘毅署理事致外交部申呈》,载陈翰笙主编:《华工出国史料汇编》,第一辑(四),第 1781—1782 页。

续　表

职称	姓名	到任日期	卸任日期	备注
代理总领事	刘毅	光绪三十三年(1907年)8月12日①	宣统三年(1911年)2月27日	刘毅回国后,总领事馆事务委托美国领事兼理
代理总领事	埃德温·N.冈萨鲁斯	1911年4月1日委任		英文名为 Edwin N. Gunsaulus
总领事	刘毅	1920年3月5日	1930年5月3日	
总领事	何缵	1930年5月3日	1931年8月15日	
署领事代理馆务	汪丰	1932年(7月6日任命)12月1日	1932年12月5日	1935年2月25日离任
总领事衔代理馆务	保君皞		1935年4月4日	
领事代理馆务	雷炳阳	1935年8月4日	1936年11月28日	1935年11月26日任命
总领事	章守默	1937年2月15日	1938年10月22日	车祸身亡
总领事	宋发祥		1940年7月9日	
总领事	童德乾		1943年7月3日	
总领事	时昭瀛		1944年2月23日	1947年6月10日离任
总领事	历昭	1948年3月25日②		

资料来源:《外务部奏请以刘玉麟为南非英属总领事折》(光绪三十年九月十七日),载陈翰笙:《华工出国史料汇编》,第一辑(四),第1721页;《外交部公报》,第8卷第11期(1935年11月);[南非]《侨声报》,1945年3月至1948年3月;欧铁编著:《南非共和国华侨概况》,第103—104页;Melanie Yap and Dianne Leong Man, *Colour, Confusion and Concessions*, p. 173.

---

①《驻南非洲总领事刘玉麟为奉调回国筹办禁烟以副领刘毅署理事致外交部申呈》,载陈翰笙主编:《华工出国史料汇编》,第一辑(四),第1781—1782页。

② 1947年11月25日中华民国政府外交部正式任命历昭为驻约翰内斯堡总领事。参见[南非]《侨声报》,1948年3月25日,3月28日。

(三) 中国驻埃及、毛里求斯和马达加斯加的领事馆

1935年,中华民国政府外交部派邱祖铭为驻开罗第一任领事,并负责筹备开馆事宜。邱祖铭与另外两名馆员6月底启程,于7月31日抵达开罗。他们一行迅速确定法拉基街(Rue Falaki)44号为领事馆馆址,设立馆宿,开始办公。据报道,新馆址地居开罗市中心,距英国、法国、美国等国驻埃及使领馆及埃及护照局较近,颇为便利。① 当地华侨为数不多,60人左右,主要是一些经商的华人,他们集中在开罗和亚历山大,还有在当地学习的中国留学生。华人自己成立了"中国驻埃同乡会",留学生则建立了"旅埃学生会"。以前由于没有领事,种种侨居事务诸多不便,因此华侨对中国驻埃及第一任领事的到来极表欢迎。邱祖铭领事抵达后开馆迅速,当地华侨甚为高兴。中国旅埃学生会于10月6日专门在旅埃学生宿舍召开欢迎会对邱领事和江、朱二位馆员表示欢迎。欢迎会由学生监督沙君国珍致欢迎词,"大致谓于此国难当头之际,菲薄之欢迎会,当可蒙邱领事及领馆诸位原谅者。今日得观我国第一任领事之风采,同人等颇感欢欣。从此旅埃学生暨其他旅埃同胞,所有历年来在此所受精神上之痛苦,可一扫而尽矣"。②

当时,埃及华侨人数不多,相当一部分为留学生。然而,这些留学生为中国的抗战宣传起到了极其重要的作用。他们多次通过接待国内团体或对外交往机会,宣传日本侵略中国和抗日战争的事实。"西安事变"发生后,旅埃留学生心急如焚,担心这一事件会造成中国民众的分裂,破坏正在兴起的抗日热潮,毁灭中国的抗战前途。1936年12月27日,当报纸上传出"西安事变"和平解决的消息后,旅埃留学生欣喜若狂,相互拥抱,他们成群结队奔向中国驻埃及领事馆,向邱祖铭领事夫妇报告这

①《新设驻开罗领馆已开馆》,《外部周刊》,第82期(1935年10月7日),第2页。

②《中国旅埃学生会之欢迎会》,《驻开罗领馆通讯第一号》,《外部周刊》,第90期(1935年12月2日),第9页。

一好消息。邱领事十分高兴，他以茶代酒，与学生们一起庆祝这一事件的圆满解决。①

中华民国驻埃及外交使节任期表

职务	姓名	任命日期	到任日期	免离日期	使领馆所在地
领事	邱祖铭	1935.6	1936		开罗(1935.11)
全权公使	林东海	1942.5.25.	未到任	1943.9.7.	亚历山大
一等秘书暂代馆务	汤武	1942.6.17	1942.7.19	1944.1.8 移交	亚历山大
全权公使	许念曾	1943.9.7	1944.1.8	1947.3.8	亚历山大
参事衔一等秘书暂代馆务	张启贤	1945.1.8	1946.1.28	1948.11.14	亚历山大
全权公使	何凤山	1947.3.8	1947.8.1		亚历山大
大使	何凤山	1948.11.14	1948.11.14		升格为大使馆，亚历山大

资料来源：《中华民国驻外大使》，http://www.360doc.com/content/15/1221/15/5739036_522053589.shtml.

第二次世界大战的结束给中国人民带来了希望，当时，中国以战胜国和“五大强国”之一的姿态出现在世界政治舞台上。形势的要求使得当时的民国政府加大了向国外派出外交使节的力度。非洲有两个地区的华侨因之受益，一个是毛里求斯，另一个是马达加斯加。在抗日战争期间，毛里求斯的华侨为了得到祖国的保护，曾一再要求重庆政府在毛里求斯设立领事馆。他们自动筹集巨款，在路易港跑马场边上买下一座房子捐给领事馆作馆址。1945 年抗战胜利前，中国驻毛里求斯领事馆开馆，政府派来一位叫郑寿恩的广东人作领事，一位姓倪的天津人作副领事。②

---

① 王子华：《中国首批留埃学生林仲明》，《回族研究》，2012 年第 2 期，第 64—69 页。

② 刘新粦：《他山之石》，第 59 页。

1946 年 3 月 1 日,41 岁的浙江人谷兆芬出任中国驻马达加斯加领事,其职权范围包括马达加斯加和留尼汪。他曾任中国驻越南西贡的副领事,随行的有两位助手。当时中国领事馆是由塔那那利佛的华侨出租的。谷兆芬自己认识到领事责任的重大,他一到任就从三个方面开展工作:第一,要求法国殖民官员协助他禁止华侨赌博,其理由是赌博使得华侨损失惨重而不得不变卖家产,从而影响了华侨的家庭生活和社区的稳定。然而,这一工作的似乎效果不佳。第二,他向每个协会的会长发出通告,要求每位华侨每月交纳 35 法郎的代理费。尽管一些华侨青年对这一要求不太满意,但传言认为他是希望减少协会会长的影响力。第三,他开始全力调查全岛华侨的社会状况,特别是将岛上针对华侨同胞的各种犯罪行为报告给法国高级专员。① 谷兆芬领事在为华侨争取权益方面尽了力。

二、中国驻南非总领事及其维权抗争

刘毅的继任者为何缵。此人于 1930 年 5 月 3 日上任后,为华侨做了一些好事。他与表弟邵挺副领事同来,两人的能力都比较强。何缵成功说服南罗得西亚殖民当局改变了 1904 年订立的禁止亚洲人购买炸药的法律,使当地从事农业和矿业的华侨得以购买炸药。他还通过与南非当局的多次交涉,使识字的华侨得以用签字代替指模验证。邵挺则在德兰士瓦《亚洲人土地赁居律》颁布后尽力交涉,为南非华侨争取权益。

(一) 绅士条约交涉之败

何缵在与南非政府和南罗得西亚等殖民地就华侨利益进行交涉时也希望尽力而为。他能说会道,办事也有主意。抵任不久,即召开全非华侨代表大会,“解决对内对外之方针,以谋吾侨之解放。举凡华侨社会

① Leon M. S. Slawecki, *French Policy Towards the Chinese in Madagascar*, pp. 162 - 163.

中应兴应革之事，无不努力施行，以求领馆与侨民之切实合作，而谋侨民永久之福利。设若进行无碍，则吾侨必有解放之日”。① 当时，南非政府在1936年伦敦帝国会议之后已取得外交自主之权，其内政外交，英国政府无权过问。这样，中国与南非的关系十分微妙。一方面，中国与英国政府所签订的各种条约对南非无任何约束力，而中国政府与南非政府亦未缔结任何条约协定。另一方面，当时印度人在南非的移民已有20余万，在经济上对南非构成了威胁。如果不对印度人进行控制，今后南非国民经济有被印度人操纵之危险，南非联邦制定诸种名为亚洲人的苛例之目标全在针对印度人。既然如此，南非政府绝不会因为区区数千中国人的反对就改变其政策。因此，屡次交涉，必遭失败。

为了妥善处理华侨被歧视之事，何缵拟通过外交渠道，与南非签订绅士协定，作为订立商约之阶梯，而将华侨除出苛例之外。1930年，当时南非的马兰政府也有意与中国签订绅士协定。据该协定之内容，华商由领事馆推荐者，每年准50名入境，借以增进中非两国之商业。然而，南非一些华侨认为此令有伤已获居留权华侨的利益，急电中国政府，坚决反对绅士协定而主张以平等精神签订双边条约。最后，因中方出现疑虑，南非方面也存在内部意见，绅士协定之事不了了之。②

---

①《南非华侨归国请愿团报告书》，载李安山编注：《非洲华侨华人社会史资料选辑(1800—2005)》，第194页。

②《南非华侨组织维益社致中央侨务委员会电》，《中央侨务月刊》第10号(1931年5月)。针对维益社的举动和电文，后来有另一种解释：“惟杜省有三、二不法华侨，向来借移民律之苛例，以为发财捷径者。盖十数年来，祖国工商业落，农业经济破产，内地生活艰难，多有向外发展之志，故杜省之偷关入境者，不下三百余人。此等为着衣食问题而冒险偷关入境者，皆为贫苦中人。在非政府方面，固认其为不合法，惟在吾侨方面，则认其为一种可怜之人，究竟亦是纯粹之同胞。彼三、二害群马，则认为绝好之发财机会。于是勾结移民官吏，及不良警察，到处勒索，使偷关入境者，无法安身，害群贼则私囊中饱。彼辈闻何总领事与非联订立绅士协定，由领事馆保证，可令商贾入境，恐有碍其私人之企图，故以该协定为贩卖三千原有居留权之华侨为词，假借社团名义，电外交部反对该协定之成立。”由于他们的强烈反对，中国外交部产生疑惑，未能及时令何总领事签约，导致时机延误。后来，南非政府因内部意见反对南非与日本签订条约，故将此事放弃。参见《南非华侨归国请愿团报告书》，载李安山编注：《非洲华侨华人社会史资料选辑(1800—2005)》，第194页。

(二) 华侨用炸药案交涉之功

客观地说，何缵在任期间，确实为南部非洲的华侨做了两件好事。一是通过他的交涉，南罗得西亚政府改变了 1904 年开始实施的不许亚洲人购买炸药的政策，容许从事农业的当地华侨购买炸药。

南罗得西亚即现在的津巴布韦，位于南非联邦之北，亦为英属殖民地，与南非并无关系，亦不在南非总领事馆的管辖权限范围之内。当时该地华侨多以农业和矿业为生，需用炸药以资垦辟。然而，该地殖民政府从 1904 年起禁止亚洲人购买炸药，华侨极感困苦，便向南非领事馆求救，请领事代为交涉。何缵意识到“职领为非洲只有一总领事馆，目睹侨艰，理难坐视”，他便乘前往开普敦之机，征询华侨罗某，并与邵挺副领事一起，绕道北行至南罗得西亚首府索尔兹伯里，①与南罗得西亚殖民部部长再三商量，说服对方解此苛例。后来，该部长将 1904 年购买炸药律修正案送来(修正案中文译本如下)：

> 总督阁下向立法议会递送的法案(殖民秘书提出)：关于修正《1904 年炸药拥有法令》的法案：兹须经过尊敬的英王陛下属下的总督阁下在征得南罗得西亚殖民地立法议会的意见和同意后批准，具体内容如下：1. 此法令须连同《1904 年炸药拥有法令》一起理解，并可在所有场合作为《1931 年炸药拥有修正法令》引用。2. 任何经营农业生产的亚洲人可以为此种经营目的而购买和拥有炸药作为自己的财产。用于农业的炸药 A. B. 5 1931。

修正案说明将于下届议会提出准许从事农业的亚洲人购买炸药。此事可以说是何缵以中国领事身份为当地华侨做的一件善事。事后，他将此事禀告国民政府外交部。②

---

① 即今哈拉雷。

②《南非洲总领馆交涉准许[罗得西亚]华人购买炸药案驻南非洲总领馆呈》([中华民国]20 年 4 月 24 日，字字第 1174 号)，《外交部公报》，第 3 卷第 12 号(1931 年 4 月)。

(三) 废除华人指模案之交涉

何缵的另一个功劳是经过与南非政府相关部门的沟通、谈判和协商，使南非政府改变了多年来要求华侨在登记表（Registration Certificates）上用指模验证的做法。当时，南非移民法律对于华侨登记表一直是用指模验证，这种做法已实行数十余年，华侨一直含垢忍耻。何缵就任总领事后，先与南非内政部总移民局商量，希望除掉这一苛例，并告知南非方面按指模在中国是用以证明犯人之做法。他晓之以理，说明南非以此种待遇对待华侨，对华侨而言当然是奇耻大辱，对南非而言亦绝非文明举动。然而，对方认为这是法律，不能轻易更改。华侨前赴东非、西非各处做生意的不少，往返极频，而海关当局出入总是要求查验指模。有时，总领事馆还要逐案函电交驰，终得放行。后来，何缵与南非官员加强接触，增进感情，又派邵挺副领事前往切实磋商。负责此事的局长便提议先由那些能用英文签押又能签押成字的华侨带上登记表到各局换领新登记表，在新登记表上可以接受签字，以后出入南非海关便可签字验证，勿用打印指模；对于目不识丁及签不成字者仍作例外处理。何缵觉得这一办法入情入理。他除了复函南非方面表示赞同外，并于 1931 年 2 月 12 日向华侨社区发出以下通告：

> 为通告事照得指模一物，至为耻辱，各侨民出入境时，辄因此事与移民局发生龃龉。问电纷驰，往返交涉，虽每案均得商允通融，而枝节进行殊为非策，兹经商允移民局王局长 crmmissinen Genn 求一根本解决。凡我华侨除目不识丁或签不成字者外，可将旧册纸一律持往移民局请换新册纸，改用签字，以代指模。俾嗣后出入境时均可以签字对证，渐臻平等待遇。为此通告侨民一体知悉，仰即遵照办理。倘不亟行请换新册纸者，将来如再以指模事件发生争论，则咎由自取。本馆公务繁赜，碍难逐案交涉，勿谓言之

不预也。特此布告。①

然而，何缵私心颇重，任职期间处理的一件事引起华侨不满。他到任后不久，想自建领事馆。他一面向南京外交部请拨款项，一面又在南非华侨社区大力鼓励捐款。当两方面款项收齐后（共有1万镑左右，其中华侨捐款约占一半），他用私人名义登记买“领事馆”。他未料到的是，德兰士瓦省的法律歧视有色人种，其中明文规定亚洲人不得购买房产。于是，南非内政部在公报中登载一段批文，说明何缵不能用私人名义买房产，如果是总领事馆置产则可以。当华侨看到这一公报后，认为何缵假公济私，一时哗然。当时，华侨通过南非国民党支部向南京中央党校告发，何缵因此被撤职查办。

更令人难以容忍的是，何缵后来竟然贪污华侨抗日捐款后叛国投日。何缵被撤职后，心里有鬼，当时畏罪不敢回国，便想以改组学务委员会为名，谋求当华侨学校校长。然而，副领事邵挺却认为何缵留下来对自己有诸多不便，力请南非当局勒令他出境，何缵则不得不离境。正巧当时“一二・八”淞沪战争爆发，华侨仰慕十九路军抗日之举，曾有捐款汇寄。何缵适于此时返国，他觉得有机可乘，便欺骗华侨，说他可将捐款三四千镑带回国转交十九路军。华侨没有看出他的阴谋，何缵便携带这笔华侨捐献的巨款由香港去日本，后来竟转道至伪满洲国当了汉奸。他在担任汪伪政府杭州市市长期间被军统处死，落得一个不光彩的下场。

（四）德兰士瓦省《亚洲人土地赁居律》之争

当时的南非副领事邵挺曾与何缵一起，就南部非洲各居留地对华侨

---

①《南非洲总领事交涉废除华人指模案驻南非洲总领事馆呈》（[中华民国]20年4月25日，宇字1170号），附录：“中华民国驻南非总领事何缵致南非联邦政府移民及亚洲事务局局长函（第3766号）移民及亚洲事务局局长先生：就您和我馆副领事邵挺先生最近关于指模事宜的会谈，我荣幸地通知您，根据您的建议，本馆将向居住在联邦的中国侨民发布一个通告，告知他们可以用合宜的签名领取新册纸，以代替自己用指模领取的旧册纸。如果您也能相应地通知所有有关部门，我将非常高兴。您恭顺的仆人中华民国[驻南非]总领事何缵1931年2月11日于开普敦”，《外交部公报》，第3卷第12号（1931年4月）。

的各种苛例交涉甚多。何缵走后，邵挺一度负责当地的华侨事务，并继续单独就《亚洲人土地赁居律》一事向当地政府交涉，“文牍浩如烟埃，唇舌早已焦敝，赴好望角力争者三次”，可以说已尽力而为。当时，中国驻外使馆经费匮乏，有时外交人员不得不向当地华侨求助。1932 年 1 月，邵挺拟到开普敦去与内政部部长当面交涉，但未获德兰士瓦华侨商会的同意。根据邵挺自己的陈述：

嗣后兄弟因开省请办他案，前往好望角，仍利用机会，向该部长面争本案。复经文牍往复磋商，最后对我请将华人除外之议，云可由国会提议。兄弟认为一种机会，再向杜省华侨商会乞助旅费。经历一星期，助三十镑金。兄弟又另自筹划三十镑，扶病长征，率同秘书，驰赴好望角。我们到的那一天，正该案提交上议院之时候，于最后五分钟，仍得将产业部分，再加较善地修正。①

在各次反抗苛例的斗争中，华侨中往往有各种议论，这从另一个方面反映了华侨对其境遇的态度和看法。1932 年，驻约翰内斯堡副领事邵挺在当地华人大会上介绍自己就《亚洲人土地赁居律》的交涉经过时所列举的种种言论很有代表性：

有的说，中国是堂堂大国，何以南非敢将苛例相加呢？

兄弟说，此种气概，实在可嘉。中国确实作过堂堂大国，但是现在的国务是怎样呢？堂堂大国的话，未免令人惭愧了。我们如欲发愤图强，应该实地做去，不可徒托空言。王船山先生说得好：可以有是心，不可有是语。

有的说：我们可陈诉海牙和平会，国际联合会，英皇及南非总督，请他援助。

兄弟敢说和平会是国际之废物，联合会是帝国主义者阴谋集合

① 邵挺：《南非杜省亚洲人赁居律交涉之经过》，《华侨周报》，第 14 期（1932 年 10 月 19 日）。

之机关,英皇旗帜已由非政府①在国会屋顶卸下,那能驾驭?南非总督是划诺的一个官员,敢不听命于非政府?并且本律颁布,被已经签字,那能反汗,再来帮助华人呢?

有的说:日本人,犹太人,叙利安人(即叙利亚人),马来人,何以都不包括此律里面?

兄弟说:日本人绝不是除外,侨胞如不相信,尽可以去问那一位律师都好。至[于]犹太人,马来人,叙利安人,或以肤色近白,或以来非最早,或以特殊经济势力的关系,所以除外。日本人是强大国民,不能除外,犹太人等是弱小民族,反能除外,是见此项内政问题,并与国势无甚关系了。

有的说:我们宁愿牺牲一切,请领事下旗率我侨回国,不能受此苛例。

兄弟说:能牺牲是极好,但牺牲有值得有不值得的区别。兄弟在非无产业,无商店,甚至一年无薪俸,尚且靠侨胞帮助一二百镑,才能够维持到今。如果说回国的,兄弟是首先十分赞成的。不过吾侨万里投荒,创业不是容易,无财产、及小资本家与无妻子牵累的人,说走很容易,其有产业、有大资本、有大家累的人,也应该共同牺牲么?假如非人要我走,我不走才算是抗非人;要我走,我便走,此是退让,哪算是抗?其结果,岂不是非人所称快呢?②

从邵挺针对华侨中各种言论的解释可以看出以下几点。第一,中国国力不振。南非华侨不能过于指望中国政府。第二,海牙和平会、国联等国际组织形同虚设。不能指望此种强权机构。第三,南非虽然是英国的自治领土,但其独立意识十分强烈,不能指望英国帮忙。第四,一走了之是退让,而不是抗争。以回国作为抗争是自欺欺人。邵挺的解释是很有道理的。华侨只有团结一致,靠自己的力量奋力抗争,才有可能争得

① 即南非政府,下同。

② 邵挺:《南非杜省亚洲人赁居律交涉之经过》,《华侨周报》,第14期(1932年10月19日)。

自身地位的改善。

邵挺一直就此法案与南非内政部交涉，对南非政府的意见比较清楚。为了帮助侨胞更好地理解这一法律的基本原则，他明确地指出，有的华侨对《亚洲人土地赁居律》的理解有偏差，而一些华侨社团正是以这种偏差理解为基础向中国政府的相关机构提出请愿的。他在解释南非当局的意见时对该法令作了如下表述：

(1) 亚洲人居住金区，系违反 1908 年《金律》，所以谓之"不法"。

(2) 1919 年前，金区所设商店，予以保护，原系专对印度人而言，现在已推及华人，同样保护。

(3) 中国内地并不允许洋商开设行栈，印度烹斋亦不许欧洲人入居，何以南非不能将金区定位白人居住区域?

(4) 南非很大，约翰内斯堡很小，何以亚洲人必须在金区居住?

(5) 原拟隔居政策，经中印双方同争，已作罢论。金区地域，并非一律禁止；亚洲人居住，填具调查事项，业在表之上逐一注明，不必认为不法，何有反对理由。

(6) 本年 9 月 1 日以前，如不得到应报事项，绝不通融办理。本年 9 月 1 日以前报告事项，系法律所规定，内政部绝不能予以变更，或展缓。

(7) 前此特赦偷关办法，印人接收，华人反对。及见印人得到利益，又复要求利益均沾。赁居律事同一例，幸勿纵逸特准机会，再蹈覆辙。

邵挺还反复强调："赁居律不算不苛，我华人未能除外，不算不痛心。但若说非政府将把杜省华侨分期驱逐净绝，乃肯罢手，且以此种话驰电政府，未免不近事实。"①1932 年，他就德兰士瓦省《亚洲人土地赁居律》与南非当局交涉多次。从邵挺的所作所为来看，他应该算得上是一位负责任的外交官。

---

① 邵挺:《南非杜省亚洲人赁居律交涉之经过》,《华侨周报》,第 14 期(1932 年 10 月 19 日)。

三、非洲华侨与中国驻非洲领事之互动

虽然从历史的演变而言，领事机构不能等同于外交机构，然而，对于国际政治舞台的后来者中华民国而言，二者的作用基本一致。当时中国驻非洲的领事机构多承担各种相关事务，如办理护照与签证，为华侨提供相关证明，出席当地与侨民事宜相关的各种会议，努力促进与当地社会的交流整合等。有必要的情况下，领事就有损于华侨的当地法律法规进行交涉，以表示中国政府对华侨利益的关切和支持。正是在这种前提下，每当华侨遇到各种困难时，他们首先想到的就是与领事馆沟通并力图争取中国政府的支持。

（一）华侨遭遇困难时之求助

华侨在20世纪初遭遇南非政府的诸多歧视法律的歧视后，多次向中国政府相关部门发出求救信号。晚清政府无能为力，民国政府在建立初期，忙于军阀内战及北伐等事宜。1926年，广东国民政府决定设立中央侨务委员会。1929年，原归中华民国政府管辖的侨务委员会划归国民党管辖，遂成为中央侨务委员会。当时，南非德兰士瓦华侨商会为华侨遭受歧视一事致函侨务委员会，请转交外交部，要求外交部向英国外交使节提出交涉。中央侨务委员会回函表示：该委员会直接“照会英使抗议，并电英代办及驻南非洲总领事，分别交涉”，并阐述了随后的结果以及缘由，认为“惟有仍责成驻南非洲总领事，速再进行”。①

1931年，华侨对南非拟制定《亚洲人移民律》一事忧心忡忡。中国国民党南非总支部和南非华侨组织维益社分别致函中央侨务委员会，表达了华侨的担心和诉求，并“请国民政府电令驻非总领事，将原有虐待华侨

---

①《为南非洲杜省虐待华侨复杜省华侨商会函》，《中央侨务月刊》，1929年第1号（1929年9月）。

苛例删除后方行签约”。[①] 1932 年，南非德兰士瓦省颁布《亚洲人土地赁居律》，给华侨造成巨大的潜在威胁。南非各侨团纷纷致函国内机构，希望政府作侨民的坚强后盾，吁请南非政府废除这一歧视性法律。当时，德兰士瓦妇女救济基金委员会致函中央侨务委员会，谓之“绝域悲鸣，惟盼拯救”。[②] 南非约翰内斯堡著名侨团维益社负责人霍惠端[③]电告南京，建议中国政府直接与英国政府交涉或在国联提出抗议。“吾等已向英国抗议，因南非洲乃英属地，特向英政府提出要求下令取消此例。倘若英政府不肯干涉，则在日内瓦之中国代表团向国联会申诉，要求取消。中国政府应直接与英政府及国联提出抗议，秉公判决……”南京政府也催促汪丰领事从速赴任。[④] 当时中国驻约翰内斯堡总领事馆由领事汪丰主事，而总领事一职空缺已久。为此，南非华侨青年自治会敦促德兰士瓦华侨商会，“据理力争，一面催促领馆加紧交涉。而本洲总领职位虚悬已久，兹生死关头，亟须急电中央玄派能员履任，以解倒悬”。[⑤] 这一要求表达了华侨希望中国政府尽快派出能干之外交人员以处理与南非之间关系的一种迫切之情。

有时，华侨会派出代表专访国内相关机构，以敦促尽快帮助华侨解决困境和棘手问题。例如，1936 年，南非华侨担心南非政府行将实行苛例，即刻派出岑新一、梁次狂二人作为侨民代表回国，拜会外交部部长张群及侨务委员会委员长陈树人，以就南非苛例一事请愿。在他们的请愿报告中，华侨已经认识到领事官员职权之有限，提出希望政府派出得力之人：

> 为解除我侨之痛苦，与增进中非贸易之计，深望政府能迅速遣

---

①《函外交部据南非总支部等电请勿签中非绅士协约改订平等条约请切实办理由》，《中央侨务月刊》，第 10 号（1931 年 5 月）；《南非华侨组织维益社致中央侨务委员会电》，《中央侨务月刊》，第 10 号（1931 年 5 月）。

②《南非妇女救济基金委员会电》，《华侨周报》，第 1 卷第 4 期（1932 年 8 月 7 日）。

③ 英文名为 Fortoen，国内有人音译为“付尔敦”。

④《南非排华苛例》，《南大与华侨》，第 11 卷第 1 号（1932 年 10 月）。

⑤《华侨青年自治会提议请派领事》，《侨务月报》，第 9 期（1934 年 9 月）。

派有名之外交大员，来非与非联进行商约或协定，以谋吾侨之根本解放。如能达此目的，固为吾侨之所至望。否则亦须遣派外交大员，与非联谈判，华侨之居住与营业问题，务求解决。最低限度，亦务使吾侨得有自由营业与居住之权利也。侨等之所以恳求政府，另派外交大员来非办理此项交涉者，实因领事之权力有限，不足胜此巨任。盖因领事只商务官，而非外交官，此项重大外交任务，非领事官所能办理者也。恳切陈情，伏维鉴察。①

岑、梁二君此次回国请愿，不仅受到政府高层接待，并向各界呼吁，消息又在《申报》登出，故影响颇大。当时，中华民国全国商会联合会主席林康侯特向南京外交部发函，“乞予切实援助”，并“恳请转令驻非章总领事，迅向非联政府交涉，以谋解决”。②

在葡属东非殖民地，华侨深感无领事之不便。当地华侨觉得所有的国外侨民在法律上基本平等，虽然都征收苛捐杂税，但在教育、商业、党派等方面没有苛例限制。此外，华侨的言行均不受干涉。然而，国家医院不准华侨留医，其原因是中国在当地无领事，“居留政府当我华人为无政府的国民。前曾有一度设领事，病侨都可由领事签名盖章，免费入医院。现在病侨，如欲入医院，须有殷实商家担保，然后再由私人疏通方可。再如凡新客到埠，须缴纳四十金镑押柜银，据老侨胞云，前有领事时，可由领事担保，免交此巨款。这是我华侨的一种损失”。③

(二) 华侨与政府机构之信息沟通

中国驻当地领事馆往往通过召集开会通告、访问与会、谈判交涉、联谊交流等手段指导或协助华侨解决一些问题。南非华侨青年自治会在领事的指导下组成，多所学校不仅受到领事的关心或资助，也在不同场

---

①《南非施行苛例摧残我侨胞商业》，《申报》，1936 年 11 月 30 日。

②《商联会电请外交部交涉南非苛待华侨施行赁居律华侨先受取缔，转令章总领迅向非谋解决》，《申报》，1937 年 3 月 16 日。

③ 子渔：《东非洲罗连士麦埠华侨一瞥》，《侨务月报》，1936 年 11—12 月合刊号。

合得到领事馆的实际帮助。1945年3月5日，中国驻南非总领事馆发出三个通告，内容涉及鼓励侨胞捐款抗日、通知侨民将有登记调查事宜以及侨胞宣慰员叶汎之到访非洲事。①

1946年3月31日，南非华侨公会因苛例事召集全体大会。发起人霍秀石在开会启事中明言，现今中国侨民在南非所遭受之待遇与中国作为二战之战胜国五强之一的地位不符。

> 吾人居此饱受苛例，变本加厉，年复一年。未抗战之前，固不为非人所重视。乃经八年辛苦之抗战结果，获得五强之一，国际地位赖以提高，以为外人歧视之心或可少改。讵料多年沉寂之赁居律，是季议会施墨芝竟敢主张提出一读，经已通过。二读、三读一丘之貉，谁为我仗义执言，亦必通过，自在意中。吾人纵能哑言忍受，其为国体何。呜呼，事急矣。一般侨民何能坐视乎。仆虽不敏，敢为该会提倡高呼，准于本月31日下午3时假座联卫会召集侨民大会，希望各界诸君拨冗参加，各抒己见，幸勿再为坐视，再为噤默，共同筹划应付。侨界幸甚。

启事还专门注明："是日张领事临场宣示。"②

由此可看出领事馆官员的参与对华侨会议的重要性。他们在参加华侨各种会议时多表示支持华侨立场，或希望侨胞团结一致共同对敌，或呼吁侨胞承担国民外交之责任。

张领事在德兰士瓦全体华侨大会上的讲话如下：

> 此次对于亚法草案之交涉，已由时总领事于3月7目前赴开普敦亲自办理。其经过情形，本人未奉训示，不能报告。仅将个人对于抗除苛例之感想，略为诸君一述。华侨抗除苛例数十年，除酒禁已由总领馆于两年前交涉成功华人获得免除外，其他法令中之"亚

① 《驻约翰尼斯堡领事馆通告》，载李安山编注：《非洲华侨华人社会史资料选辑（1800—2005）》，第213—215页。

② 《南非华侨公会因苛例事召集全体大会启事》，[南非]《侨声报》，1946年3月28日。

> 洲人"字义仍适用于华人,迄今未能除外。总领馆对于所有"亚洲人"之土地营业法令,曾向非联政府交涉多次,奈当局辄采取搪塞规避之态度以至未能解决。华侨必须有统一组织,已为侨界所公认,亦为总领馆之所期望。华侨成立统一组织后,既可担任协助祖国建设之事务,更应展开抗例运动之工作。组织须力求健全,无论男女老少均应参加此统一之组织,出钱出力,规定办事时间,切实工作,负担国民外交之责任,并从事于宣传工作,唤起祖国政府与同胞之注意,获取世界各国之同情与援助,苟能切实进行,上下合作,努力奋斗,继续不懈,余信苛例之解除,必有成功之一日。①

南非对印度人社区的不断增大一直抱有警惕,亦多设苛例给予印侨以各种限制,禁止印度人饮酒是其中之一。华侨原来也在禁酒之列。1942年,经过领事馆的多方交涉,华侨得以被排除出关于禁酒法中的"亚洲人"定义之外,而享受购买酒类的合法权益。然而,少数华侨中的不法之徒违反当地法令,贩卖私酒。印度人此前也有过类似经历,因为个别人贩卖私酒而导致南非政府将印度人购酒之权利取消。当时的领事馆对这种个别人的犯法行为深感忧虑,担心会损及全体华侨荣誉。有鉴于此,1948年12月3日,时任中国驻南非总领事历昭发布通告,提醒各位华侨"此种既得权益之保持,攸关我侨全体之荣誉,我侨大都均能体察斯旨,遵守法令,保持令誉",并希望大家"深加警惕,切勿以身试法,违犯法令,贩卖私酒,损害全侨荣誉,而致影响全侨既得权益"。②

为了配合领事馆的通告精神,非京(即比勒陀利亚)华侨公会专门在《侨声报》上发表一份呼吁同侨力自警惕毋蹈覆辙告同胞书。

> 我侨初履南非,地位虽未得人重视,然筚路蓝缕自食其力,当地政府固无成文法规苛待吾人,迨后时演势变,吾侨就食来者亦渐繁

① [南非]《侨声报》,1945年4月2日。

② 《驻约翰尼斯堡总领事馆通告 [民国]三十七年第卅号事由:行知侨胞切勿违法贩卖私酒以免损害全侨荣誉由》,[南非]《侨声报》,1948年12月7日。

多,加之国力不强,宰割由人。苛例由是而生,更进而变本加厉。吾人身当其境,虽痛心疾首,日谋除苛之道,无如形格势禁,心力空抛。今者印侨酒禁重施,其影响于吾侨意义至为严重。所谓覆辙在前,稍一大意,倾跌立至。丁兹严重关头,若使我侨不能趁早警惕,摒除予人口实之作为,则实诸印侨者,亦必将转施之于我,其影响我侨地位,诚非可以道理计也。夫除苛之匪易,人所共知。若使此已得之区区权益,亦因吾人本身之不自尊重,转而消失,则以后除苛工作,不特更增其难,且将永无抵达目的之日。良以口实予人,更何况施诸我者,固别存成见者也!侨胞侨胞,自助人助,自侮人侮,至理名言,千古不易。丁兹艰难,尚望全体一心,重大局,舍小利,身体力行,自勖勖人,积个人之自尊。非此无以服人,除此亦无以杜人口实。成佛成仙,系于一念。前车可鉴,善自为之。①

国民政府曾于1928—1929年派莫次南来南非视察侨情,中央侨务委员会又于1945年派叶汛宣慰员来南非、毛里求斯和马达加斯加慰问。1947年6月,国民党中央海外部派出翁德林来南非,并委托他亲自带函,一方面表示歉意,另一方面希望侨胞为国家做出更大努力:

各侨胞本以往坚贞不拔、忠诚爱国之精神,为祖国建设大业,作更大之努力。抗战胜利后,本部以复员关系,未能早日派员来向我侨胞致意,时觉耿耿于怀。现值制宪功成,行宪在途,特派本部专门委员翁德林同志前来代致慰问之忱。②

(三) 华侨与驻非领事馆之互动

华侨居留外国,有诸多不便,他们总是希望祖国能为他们撑腰打气,

---

①《非京华侨公会鉴于印人酒禁呼吁同侨力自警惕毋蹈覆辙告同胞书》,[南非]《侨声报》,1948年12月14日。

②《中央海外部尚函慰问南非同侨》,[南非]《侨声报》,1947年6月10日;《中央海外部致驻南非直属支部全体委员及全体同志函》,[南非]《侨声报》,1947年6月21日。

提供方便。他们对中国驻外领事馆往往非常热情配合，对于有所作为的领事，他们更竭尽全力提供帮助，且称赞有加。

中国驻南非第二任总领事刘毅为前清举人，当时华侨对他的印象不错。德兰士瓦的联卫会所不仅借给他 500—600 英镑，还用 300 英镑帮他买了一辆车。刘毅也尽力为华侨争取应有的权益。刘毅为人比较正直，对南非政府的种族歧视政策一直比较抵制，但态度上以忍辱说理为主，坚持交涉，为此曾一度受到英国政府和南非政府的指责。他对华侨的利益较为关切，因此与华侨私人交往较好。当时，北洋政府往往不拨给经费，刘毅的支出全靠华侨捐助。所谓领事馆人员也仅有刘毅夫妇加上一个佣人而已，刘毅的住宅即为领事馆馆址。

何缵总领事通过交涉，使南罗得西亚殖民当局改变了 1904 年以来的禁止亚洲人购买炸药的法律，使从事农业的华侨能购买炸药。此外，他还成功地使华侨在办理登记表时用签字代替按指模。由于他为华侨做的这些有益的实事，华侨对他印象不错。在他奉召回国后，也不断有人提议请他回来。特别是当 1932 年《亚洲人土地赁居律》颁布后，当地华侨痛感缺乏既了解侨情，又善于与南非政府打交道之人。多个侨团请求将何缵派回南非。

> 当此分危迫之时，非有方负责外交人才，折衡樽俎，则南非侨务前途何堪设想。查吾国前派驻南非总领事何某，曾为该处总支部林某所呈控。[民国]二十年八月，由政府电令回国查办，并欲派员前往调查。此固为重视侨务起见，作第一步之正常办法。但自兹事发生后，南非侨民各团体，迭向政府请命，挽留旧使，促其回任。函电纷来，已不下数十起。无论孰为曲直，当局自有权衡；而去岁迄今，为期将届一年，尚未解决，徒令海外侨民，重洋远隔，翘首乡邦，彷徨待命，实有负保侨之至意。故应速成派精明练熟之总领事，代表政府，火速赴任，负责力争，以挽救三千华侨于水深火热之中。匪特南非洲侨民之幸，抑亦海外数千万华侨之福也！①

① 何长棋：《南非洲侨务之最近观察》，《华侨周报》，第 1 卷第 2 期（1932 年 7 月 3 日）。

华侨对有所作为的领事表示出敬佩，而对于专横跋扈不尊重当地华侨利益的领事，华侨不仅颇有微词，而且与他们对着干。在不得已的情况下，华侨还奋起反抗。

抗战开始后，国民党政府派宋发祥为驻约翰内斯堡总领事。宋发祥原来在巴达维亚任职，工作作风极其专横。他到南非来时，随身带了一大批领事、副领事和随习领事，虽然人数大增，但对华侨的利益却没有任何关心或保护的表现。1939 年，他与华文学校董事会就人事安排发生意见冲突。

华文学校是南非华侨单独创立的第一所华文学校，位于约翰内斯堡。由于南非政府禁止中国侨民在当地购买房产，此校注册在时任中国驻南非领事汪丰的名下。校长霍凌坚当时身任二职，即华文学校校长和德兰士瓦中华公会的书记。宋发祥对中华公会不满意，派人去中华公会强取记录本，遭到霍凌坚的拒绝。他一怒之下，即以总领事的身份向南非移民局提出报告，要求取消霍凌坚的居留证。他提出三条理由：第一，霍凌坚兼任二职使华侨社区的安全受到威胁，而中华公会往往是策动不满的温床。作为总领事，他有保证华侨安全的义务。第二，霍凌坚不愿接受父亲是华人而母亲是南非人的混血儿学生入学。这些混血儿童有 50 人左右，他有责任为他们上学提供保障。第三，霍凌坚在处理学校财政上有经济问题。

宋发祥坚持华文学校是在领事馆的支持下建立的，学校的学生都是中国人，都在他的管辖范围之内。令宋发祥不满的是，华文学校校务委员会中间已经没有他曾经任命的人。他将这些都作为向南非移民局提出驱逐霍凌坚的理由。在接到宋发祥的指控书后，南非当局要求霍凌坚在 1939 年 8 月之前离开南非。宋发祥对华文学校校长的指控引起了华侨社区的不满。1939 年 6 月 14 日，华文学校的学生集合在总领事馆外示威，高呼："打倒领事！"一个国家的侨民子弟在公开场合如此高调地反对自己国家的驻外领事，是极为少见的现象。

当时，校董事会和 30 多名家长也向南非内务部递交请愿书，他们称赞霍校长对华人社区的贡献，要求撤销要求霍凌坚离境的决定。在递交的请愿书上是这样写的：

> 学校有幸享受政府每年 148 英镑的津贴，除此以外，学校整个由华人社区私人捐助，它完全独立于中国政府，也未接受中国政府的任何帮助，因而没有理由受到中国政府的代表——领事的任何控制。在领事和校董事会之间存在一些不同意见，领事宣布要安置一名领事馆的官员到学校当教员，校董事会从他们的角度考虑了这一建议，认为这一任命不合适。①

宋发祥在整个事件中一直以总领事馆有权对自己建的学校进行控制为理由，他的野蛮行径导致了华校的分裂。正因为如此，他的专横跋扈在当地华侨中留下了恶名。

长期生活在南非的归侨叶迅对南非的领事官员印象极差，认为这些人专为自己谋利，从不为南非华侨着想。“这些所谓领事，除了有时能代华侨买些酒之外，就没有为华侨办过什么好事了。”碰到一般情况，华侨往往会自己处理，因为南非殖民当局贪污成性，华侨用钱通之即能成事，而不必经过徒具虚名的“领事馆”。他认为：“更主要的原因在于，国民党反动派之外交机构是一个官僚架子，只会敛钱，而不能维护华侨的正当权益，所以不能获得华侨的信任。”他还指出：“战前华侨回国去领事馆取护照，实是出于爱国心，尊重祖国而已。”当时中国政府是承认双重国籍的，故南非华侨均有南非的护照，中国护照作用不大，因为华侨回国后重入南非，是靠当地移民局发的执照。在旅途中经过英属殖民地多属“自由港”，无需护照。回到祖国，护照更无用处。因为出示护照不仅得不到政府的保护，官僚劣绅或海关检查员反而将华侨视为勒索的对象。他在

---

① SAD/BNS, vol 1/1/375, ref. 192/74, Petitionto the Hon, The Minister of the lnteriore, Fok Ling Kien, prsently headmaster of the Chinese School, Alexander Street, Ferreiras, August 1939; Melanie Yap and Dianne Leong Man, *Colour, Confusion and Concessions*, p. 292.

文章中揭示了南非领事的情况：

> 南非的国民党成员，因人数不多，且远离祖国，在国内的国民党方面，也没有派专人来过。纵或有领事之类来驻当地，均以国民党员身份，前往当地国民党分部报到。而华侨却看不起他们，根本原因是这些所谓"领事"，从不为华侨之正当权益着想，而只会设法搜刮。因此他们也无法操纵当地国民党组织的事务。历次华侨选举回国参加国民党全国会议之代表，驻当地之"领事"虽欲争取选票，却从来没有成功。当选者都是当地华侨中较有代表性的人物。①

1941年太平洋战争爆发后，由于德、日法西斯的潜艇出没海上，袭击同盟国船只，英国、美国、瑞典、丹麦等国船只经常停留在南非各个港口，结队等待舰队的护航。这些轮船上的中国海员，常到华侨会馆聊天。在交谈中，当地华侨得知中国海员工资本来已经很低，随船到南非时仍以港币计值发给工资（南非以金镑为币值单位），无形中又被剥削了许多。停泊在伊丽莎白港的英国船"丽也那"号的船员首先得到当地华侨的支持。时任中华会馆秘书长的林绍长等人向律师询问对策，律师叮嘱海员先行罢工，然后到当地法院打官司，华侨则集资为海员聘请律师。在双方展开法律斗争过程中，海员方面因为有广大华侨作后盾，声势浩大，使当地的"工务局"及中华会馆也出面调解。英国船公司不得不照当地海员的待遇给中国海员增加工资，并按要求重订合同。海员取得了斗争胜利，十分高兴，曾在轮船上大宴华侨。然而，在海员罢工时，中国驻南非领事馆的领事不但不支持海员的合理要求，反而阻止海员罢工。总领事时昭瀛派了一个姓陈的副领事到伊丽莎白港，要求船员即日回船开工，待他慢慢呈报驻伦敦伪大使馆交涉云云，引起华侨的不满。"丽也那"号海员更为气愤，曾抓住姓陈的领带喊打，陈领事吓得灰溜溜地扫兴而归。

① 叶迅：《南非华侨情况忆述》，载《文史资料选辑》，第87辑（1983年），第91，92—93页。

因此，中国海员对国民党领事官员十分痛恨，对华侨的帮助十分感激。[①]

四、二战结束后中国驻非领馆之成功交涉

二战结束，中国作为战胜国的五强之一，使海外华侨的社会地位有所提升。这时，非洲的华侨人数已有 4 万余人，他们在各方面向各国或各殖民政府提出平等要求，力争改变自己的受歧视地位。在埃及、南非、马达加斯加、毛里求斯等地，华侨或是主动要求改变自身地位，或是在领事馆的支持下取得了一些成效。

非洲华侨人数统计表

年份	地名	总计
1946	南非联邦	4 153
1946	葡属东非	1 342
1946	英属东非	261
1946	南罗得西亚	151
1946	比属刚果	10
1952	毛里求斯	17 000*
1946	留尼汪	13 000
1951	马达加斯加	4 900
1946	其他地区	100

资料来源：《总领事馆辖区侨民数目统计》，[南非]《侨声报》，1946 年 1 月 15 日，1 月 17 日；李卓凡：《西印度洋华侨史》，载方积根：《非洲华侨史资料选辑》，第 221 页；李安山：《非洲华侨华人史》，第 564，566 页。

* 原文有三个数字：17 850，16 459，16 000。

（一）战后非洲华侨之新要求

1946 年 6 月 27 日，南非的《侨声报》刊登了一篇长文，标题为《南非

---

① 叶迅：《南非华侨情况忆述》，载《文史资料选辑》，第 87 辑（1983 年），第 88—90 页。

华侨的出路》。作者表达了当时华侨的心声：

> 为着本身的福利，我们一时不能放弃我们在南非数十年含辛茹苦所换得来的生存权利；为着民族的光荣，我们尤不该一走了事。就不为着华侨，国家所受到的耻辱，也非洗刷不行。国家过去常使我们幻灭，但胜利之后，已非昔比。从此日臻富强，当能拨出余力来照顾我们的福利。政府在抗战前的进步，抗战期间的成就，应该使我们信任建国亦必成功。试看胜利后天灾兼人祸的混乱局面，不出一年就能整理出一些头绪来，前途岂不光明？在强邻窥视，友邦协助的局面之下，鄙人敢相信三五年之间必有新的姿态出现。①

战后这种乐观的精神几乎弥漫着整个非洲侨界。毛里求斯虽然是英国的殖民地，但岛上的英国人数并不多。由于英国人从法国人手中取得占领权时，曾承诺在多方面包括文化语言上不会改变原有体制，在毛里求斯政府部门、法院、议会、警察局、财政金融界、教育界、文化界、新闻界等占据高级职位者一直以法国血统的人居多。第二次世界大战期间，在毛里求斯大约有十万土生土长的法国血统的人，这些人多受法国殖民主义文化支配，自认为高人一等，对华侨一向采取蔑视态度。

毛里求斯华侨社团在华商总会的领导下表现出极大的主动性。1947 年，毛里求斯殖民当局实行宪法改革，华侨第一次在立法委员会中被赋予代表权。这位代表可以委任也可以推选。如前所述，虽然殖民总督力荐为华侨群体做出了重大贡献的侨领管仕荣，但管仕荣决定推荐时任华商总会主席的朱梅彛(Jean Ah Chuen)为华侨社会的代表。朱梅彛于 1911 年出生于毛里求斯一位客家人家庭，20 岁时就担任了 Chue Wing & Co. 公司管理委员会主席，后来又为毛里求斯民众带来了 ABC 品牌食品，展现了出色的经商头脑。1942 年，他被选为华商总会主席。1948 年他入选毛里求斯立法委员会。自从朱梅彛担任毛里求斯立法委

---

①《南非华侨的出路》(社论)，[南非]《侨声报》，1946 年 6 月 27 日。

员会代表之后,华侨社团的利益有了发言人。①

(二) 马达加斯加抵抗运动中华侨利益之保护

1947 年,马达加斯加民族解放运动如火如荼。当地反抗力量多以农村为根据地,而华侨店铺也多在农村特别是山区。由于他们的全部家产都在商店,华侨一般不愿意舍弃他们的店铺,法国军队据此指责他们支持当地武装游击队。从当时的情况看,尽管出现了少数华侨商人被当地反叛者伤害的情况,但绝大多数受害者均为法国殖民军队所致。根据一份保存在中国驻塔那那利佛领事馆的档案,驻扎在马纳卡拉附近的法国军队杀害了 17 名中国男性和妇孺。根据报道,传出这一消息的幸存者是一位年轻姑娘,她是被一位当地的马尔加什人抢救才得以脱身。在另一起事件中,20 名华侨在瓦图曼德里被法国军队杀害。这位消息提供者因为受到中国领事的委托调查这一事件而遭到法国军队逮捕,幸亏法国军队里的一位马尔加什士兵将他放了。他的结论是:马尔加什人保护了华侨,而法国人则杀害华侨。②

马达加斯加华侨曾沧海的文章连载于《侨声报》,多次揭露当地暴徒和法国军队在清剿民族起义军的过程中乘机掠夺华侨财富,侵害华侨人身的恶行。一位陈姓华侨曾被法军逼迫,在夜晚为法军引路,"稍忤,以铁靴踢之"。1947 年 9 月 4 日,14 名华侨由法国军队从其所攻占之地带出,"法军竟乘机洗劫该侨等店中财物,捆之载之,勒令该侨等负载徒行至数十公里,稍怠,则拳足相加,沿途复搜夺其囊中仅有之现款,共万余元。""动乱以来,吾侨各山区店户,被暴党徒及法军活动焚毁者,不胜其

---

① 对朱梅彝出任立法委员会代表一事对华商总会的影响有两种意见。李卓凡认为他当选之后,"华人商会的活动减少了,大大失去了以往半个世纪所享有的权威"。见李卓凡:《西印度洋华侨史》,载方积根编:《非洲华侨史资料选辑》,第 152 页。另两位作者认为,他作为华商总会主席当选为代表整个华人社区的立法委员会成员一事使商会的重要性大大提高。参见 Marina Carter and James Ng Foong Kwong, *Abacus and Mah Jong*, pp. 127 - 129.

② Account of the 1947 Revolt, files, Chinese Embassy, Tananarive, in Leon M. S. Slawecki, *French Policy Towards the Chinese in Madagascar*, p. 164.

数。""法军者,固文明国之军人也。彼之焚吾侨店,犹得借口曰:恐资暴党也,而劫夺吾财,殴辱吾身者,又何说乎?其蔑法败纪之行也又若彼,岂军人之可称哉!何以名之?曰强盗也!"①他将自己的所见所闻写出来,对法国军队借机侵害当地华侨利益的恶行表示出极大的愤慨。

当时,谷兆芬领事对于发生的情况非常关注,对法国殖民军队杀害华侨的行为尤其气愤。在这一事件中,他做了如下工作。首先,他密切跟踪事件的发展。他向法国高级专员发出多份照会,对法国人枪杀华侨的事件提出抗议。1947 年 11 月,他写信要求法国殖民官员调查反叛者在瓦图曼德里杀害华侨的报道。法国殖民地报纸对华侨卷入事件做出了不公正的报道,将责任怪罪于华侨。为此,他强烈要求法国殖民政府负起责任。② 第二,他自己通过各种方式揭露法国殖民政府和法国军队的行径。1947 年 5 月 24 日,他描述了瓦图曼德里的局势,记录了地区官员不向希望撤出的华侨提供交通工具的事实,并提到欧洲士兵抢夺华侨店铺的情况。③ 第三,他竭尽全力为遭受损失和伤害的华商提供帮助。他筹集捐款,并千方百计地送到受害者的手上。正如一份报告后来所指出的:"自叛乱发生以来,这位领事所做出的种种反应取决于他那东方人所特有的敏感性,取决于他作为中国人利益保护者所应起的作用。"④

(三) 马达加斯加特别税之根除

马达加斯加的领事谷兆芬还为当地华侨做了另外一件大好事。

---

① 曾沧海:《马岛侨胞备受危难》,[南非]《侨声报》,1947 年 9 月 23 日。

② Malagasy Archives, No. 372, "Note d'audience", Cousul and High Commissioner, May 8, 1947; *Ibid.*, Letter, Consul to High Commissioner, July 17, 1947, in Leon M. S. Slawecki, *French Policy Towards the Chinese in Madagascar*, pp. 164 – 165.

③ Malagasy Archives, No. 372, "Note d'audience", Letter, Consul to High Commissioner, Noverber 19, 1947, in Leon M. S. Slawecki, *French Policy Towards the Chinese in Madagascar*, p. 165.

④ Malagasy Archives, No. 372, "Note d'audience", "Reseignements: La Colonie Chinoise et la Kuo Min Tang a Madagascar", Bureau de Documentationn, Colonie de Madagascar, October 4, 1947, in Leon M. S. Slawecki, *French Policy Towards the Chinese in Madagascar*, p. 167.

如前所述，马达加斯加殖民政府早从1895年起即制订针对亚、非移民的特别税，后来多次提高税款。1946年11月5日，殖民政府再次颁布法令，于1947年1月1日起，按照百分之百增加对华侨的特别税。根据统计，仅此一项特别税，华侨每年须负担的金额为2 160万法郎(约值美元39万元以上)。中国驻马达加斯加的领事馆于1946年开馆，领事谷兆芬于该年3月1日抵达塔马塔夫。华商总会当时借国民党支部举办了临时招待会。在会上，华侨代表提出各种问题，其中有侨汇、侨教、亚人特别税、华侨混血童、组织祖国观光团等问题。① 当时，华侨对殖民当局专为亚洲和非洲移民设立的特别税最为不满。主要是此项不平等税则不但使中国侨民损失重大，影响侨民经济生活，更重要的是，中国被誉为战后五大强国之一，法国驻马达加斯加殖民政府以亚、非洲人特别税为名，明显是歧视中国侨民，此事关系到中国的国际威望。

为了更有效地与当局交涉，驻马达加斯加领事馆立即着手收集各项有关法令，详加研究，并根据中国与法国所订立的新条约，向当地政府提出交涉，要求取消这项不平等税款。然而，这一项税收数目庞大，直接关系到马达加斯加殖民政府整个预算的平衡。中国驻塔那那利佛领事谷兆芬借中国战后外交之强势，一方面不间断地反复与当地政府交涉，据理力争，另一方面呈请中国外交部及驻法大使馆提出同样交涉。经过一年多的努力，法国政府最终答应自1948年起将亚洲人、非洲人特别税全部取消。

当时，华侨得知这一消息后十分振奋，

> 咸以我国领事馆开馆年余，即获外交上重大之胜利，使全体侨胞得跻于五强国民平等之地位，足证祖国侨胞之至意。除联名向领事馆表示敬意外，并自动发起全体侨胞捐献建国捐款，表示竭力拥护政府，协助国家建设。其他亚非二洲侨民，尤以拥有万余侨民之

---

① [南非]《侨声报》，1946年3月30日。谷兆芬，浙江人。曾出任中国驻西贡副领事，二战开始时被拘留，后于1942年逃回中国。当时与他一起在马达加斯加领事馆的还有两位副领事。

印度侨商，因我领事馆交涉之胜利，使亚非二洲民族，均沾利益，并获得法律上之种族平等，均纷纷向我领事馆致敬，并誉我领事馆为亚洲领事馆。①

这是中国驻非洲外交机构二战后的第一次交涉成功。1949 年 11 月 11 日，谷兆芬率领当时的中国驻马达加斯加领事馆的全体人员发表声明，表示与国民党政府断绝一切关系，关闭该领事馆，并决定将领事馆的一切财产转交给新成立的中华人民共和国中央人民政府。1950 年 1 月 2 日，时任外交部部长的周恩来对谷兆芬等人的行为表示衷心欢迎。②

(四) 葡属东非苛例之废除

南非总领事厉昭在为葡属东非华侨废除苛律方面也有所建树。如前所述，葡属东非殖民政府于 1932 年颁布的外国人《雇佣法令》在当时对华侨商人尚无直接的影响。然而，当这一法令在 1948 年被修正后，贝拉港的 10 余家华侨商家直接受到影响。③ 1949 年 1 月，贝拉中华会馆的主席余真和正率领一个募捐代表团在南非各地为修建贝拉学校劝捐。贝拉华侨立刻致电代表团，要他们向南非总领事求救："雇佣例仍未变更，请敦请总领事私人于本月 15 日以前，向罗埠④葡总督呼吁，如此律施行，则十余家华人小商店必关闭。"⑤

驻南非总领事厉昭得知这一消息后，于 1 月 19 日飞抵洛伦索-马贵斯晋谒葡属东非殖民总督。厉总领事上午抵达后，下午就与洛伦索-马贵斯中华会馆主席谢冠荣和从南非赶回来的贝拉中华会馆主席余真和一起拜会了葡总督。葡总督泰赛拉拉氏曾任驻澳门总督，因而对华人颇有好感，"接待极为周到与客气，双方谈话也极为融洽"。厉领事提出改

---

①《马达加斯加取消亚、非洲人特别税之本末》，《华侨通讯》，第 9 期(1948 年 1 月 31 日)。

② Leon M. S. Slawecki, *French Policy Towards the Chinese in Madagascar*, pp. 167 - 168.

③ 容学英：《卑拉雇佣新例概论》，[南非]《侨声报》，1949 年 1 月 1 日。

④ 即洛伦索-马贵斯，为当时葡属东非的首府。

⑤ [南非]《侨声报》，1949 年 1 月 11 日。

善华侨待遇的三点要求:第一,请求在新颁布的雇佣律中将侨居在贝拉港的华侨除外;第二,请将华侨返国期限放宽;第三,如果华侨商店转名(即将商店转给自己的子女或亲戚),请通融办理。

葡萄牙总督的回答颇为干脆。关于第一项,他的回答是:该法令原分甲、乙、丙三等,小本商人归入丙类,如系自营生意而未雇佣雇员的商店,更不在此列。第二,对放宽华侨返国期限的问题,他回答可展延一年。第三,关于转名,葡总督认为此系有关政府经济紧缩政策,对任何国家的侨民,均将一律实施。厉昭再三要求,并将华侨在贝拉的情况一一说明。葡总督最后表示,如果华侨确系奉公守法,而又没有不良记录,当就各案情形通融办理。他当即电令贝拉当局,对华人小本生意,设法通融办理,不得苛待。①

这是战后中国在有关非洲华侨事务的交涉中的第二次胜利。

不容否认的是,中国1946—1949年之间的内战对海外华侨产生了极其重要的影响,非洲华侨也不例外。各地的华侨均分为两派,这种分裂反映在侨领侨团、华文学校、中文报刊甚至各个华侨家庭里面。更重要的是,这种局势还直接影响到华侨在当地的未来计划,是回国发展,还是留守当地?是继续学中文,还是以当地语言为主?子女的择业也受到影响。由于国际局势的变化,特别是西方社会对作为社会主义阵营一员的中国的赤色恐怖的宣传,加上华侨对中国共产党和新成立的中华人民共和国缺乏了解,以及中国历史文化长期形成的正统观念,相当一部分非洲华侨不得不谨慎选择。他们犹豫、观望,有的决定留在当地或是入籍,有的决定先移民欧美等国,等国内局势稳定以后再作选择。

① [南非]《侨声报》,1949年1月25日,1月27日,1月29日。

第十八章　非洲华侨社会演变的影响因素

总而言之，你们华侨大多数是工人阶级……你们大多数华侨的利益是和我们工党广大的工人阶级息息相通的。为了争取你们的生存和长久的利益，你们必须和我们站在一起。

——毛里求斯工党“告华侨选民”，[毛里求斯]《华侨时报》，1956年5月18日

[南非]霍总理说：南非人种分区，乃南非政府传统政策，自史末资总理以还，即已订定。再说分区，并非人种高下之分，乃系分别发展之谓。尤其华人，以中华民族悠久的历史、优秀的文化，绝非他种民族所能相比，即是白种民族，亦有不及中华民族之处。

——[南非]《侨声报》，1966年11月26日

我们是20世纪来新一代的华侨，我们要学习在南非的老华侨吃苦耐劳、艰苦创业的精神。这些老华侨虽在南非已落户几代，但他们至今不忘祖国，仍然热爱中华民族。我们必须与他们融为一体。

——陈裔桥（南非新移民）

历史是现实的基础，现实是历史的延续，世界上任何民族概莫能外，

对非洲华人来说亦是如此。在1949—1999年,非洲华侨华人的社会经济生活经历了巨大的变化:对社会文化而言,这些变化主要围绕适应、传承与融合三个方面;在经济生活领域,则表现出华人经济的持续生命力。很明显,这些变化主要受到三个因素的影响:第一,中国国内政局变化的影响;第二,所在国地位、政治局势和移民政策的影响;第三,华侨华人自身观念的变化。本章试图对近50年来非洲华侨所处的社会环境和华人社会的自身变化作一简明扼要的考察。

在这50年间,世界经济经历了一个持续发展的阶段。与此同时,在世界范围内也经历了一个持续的移民流动过程。潘纪一和朱国宏对二战后出现的移民潮进行了分析,指出了20世纪50年代后国际移民的五个特征:第一,欧洲从迁出国变为迁入国。20世纪50年代,西欧和北欧国家只有瑞典、奥地利和荷兰是净迁入国,移民人数为3 705万;到60年代,丹麦和挪威也变为净迁入国,西欧迁入移民人数达到4 919万;到70年代,除英国外,所有西欧和北欧国家均成为净迁入国。仅1974年一年,就迁入4 175万移民。第二,从发展中国家迁往发达国家。国际迁移的主要流向是欧洲、北美洲和大洋洲。以美国的外来移民数为例。1950—1960年迁入移民总数为298.1万,1960—1970年为393.2万。就整个北美而言,1974年迁入移民总数达到530万。第三,拉丁美洲由净迁入地区变为净迁出区。第四,中东石油地区成为移民的主要迁入地之一。第五,国际移民的性质和形式有了新的变化。他们还认为,战后国际移民主要有三种类型:国际难民、外籍工人和人才外流。①

华侨华人构成了世界移民的一部分,对他们与世界移民之间关联的分析也在加强。非洲华侨华人在这一段时期里经历了巨大的变化和发展。作者认为,造成这些变化的主要因素有三个:一是中国政局的变化,二是相关国家(地区)的局势和政策,三是华侨华人自身观念的改变。本章主要探讨这三个因素及其表现。

① 潘纪一、朱国宏:《世界人口论》,北京:中国人口出版社,1991年,第226—240页。

一、中国政局的变化

中国的政局变化对非洲华侨华人产生了深刻的影响，这种影响最为直接。中国政局的稳定与否或政策的正确与否关系到华侨在国外是否能安心发展，是否愿意归国，是否能与中国保持密切的关系，是否乐意为国内经济建设出资出力或出谋划策。

(一) 中华人民共和国成立后的政策导向

1949 年中华人民共和国的成立在华侨中产生了不同的反响。对一部分华侨而言，中华人民共和国的成立给他们带来了新的希望。在 20 世纪 50 年代，毛里求斯和马达加斯加等地的华侨对祖国的憧憬和向往比任何时候都要强烈，这从当时一些华侨的通信和华文出版物的内容即可看出。在南非，出现了由华侨青年主编出版的《新中国》《新青年》等杂志。然而，国共双方政治对立这一现实深深地影响了非洲华人的社会生活，在相当长的一段时间里，亲大陆和亲台湾两派之间出现了互相对立的情况。

针对海外存在大量的华侨这一事实，1949 年第一届全国政协设立由秘书长领导下的华侨事务组，作为研讨和审议华侨问题并进行日常工作的机构，这是中华人民共和国成立后第一个带有立法性质的侨务工作机构；同年 10 月，在中央人民政府政务院下设“华侨事务委员会”，作为政府侨务工作部门，何香凝为主任委员；1954 年第一届全国人大后改为在国务院下设“中华人民共和国华侨事务委员会”，简称“中侨委”。中侨委以保护华侨的正当权利和利益以及管理华侨事务为基本职责，协助中央政府研究制定了一系列侨务工作的方针、政策，并做了大量的为侨服务工作。除了对归国的华侨予以照顾外，对海外侨胞的一些利益也注意关照。

按照政务院 1953 年 2 月 20 日的规定，对 1949 年前华侨寄入国内而未能清偿的汇款或存款进行登记，以利偿还。原来登记期限为3个月（1953年3月3日至6月2日），后来为了侨胞利益又继续延长。[①] 这一措施深得华侨拥护。[②] 为了使毛里求斯华侨进一步了解这一政策，中华人民共和国驻英代办处领事部于1956年11月22日专门致函毛里求斯仁和会馆：

> 据查在解放前，我海外侨胞有许多人，曾在前中国银行、交通银行、伪中央银行、中国农民银行等银钱业机构存有存款或汇款，未能收回，解放后，我人民政府为了照顾这些存款人的利益，曾于一九五三年二月二十日由前政务院公布了“关于解放前银钱业未清偿存款给付办法”规定办理清偿。现在为照顾我海外侨胞远处国外，未能按原规定期限办理登记的困难，我国务院特于最近核准将海外华侨存户的登记期限延长一年，即自一九五六年十一月一日起至一九五七年十月三十一日止，并指定中国银行香港及星加坡分行办理海外华侨解放前存款之清偿事宜。兹将中国银行最近就此问题之启事及前政务院颁布之“关于解放前银钱业未清偿存款给付办法”十份随函寄你处，请转送你处各侨团、侨报，以转告你处侨胞全体通知，按该启事规定办法迳函中国银行香港分行或星加坡分行办理申请为荷。进行情况，盼函告。[③]

毛里求斯华侨对这一举措非常感激，时任毛里求斯仁和会馆会长古少彬先生收到此函及所附“关于解放前银钱业未清偿存款给付办法”后，

---

① “按照规定，未归国的华侨办理解放前在国内未清偿存款及未解侨汇的登记手续，可委托在广州的亲友或香港中国银行华侨服务部代向广州申请登记。此项工作于本年3月3日开始，遵照政务院2月20日发布的办法，登记期为3月，截止期为6月2日。为了充分照顾侨利，登记日期延长至9月2日。清偿工作已于6月3日开始，不受登记期限延长的影响。”见《清偿解放前存汇款登记期延至9月初》，[毛里求斯]《华侨商报》，1953年8月13日。

② 迅雷：《周末随笔》，[毛里求斯]《华侨商报》，1953年7月11日。

③《中华人民共和国驻英代办处领事部致毛里求斯仁和会馆函》（英领[56]字第1028号），载《毛里求斯仁和会馆建馆一百廿五周年——纪念特刊》，谨借此机会向仁和会馆会长刘攸宪先生惠赠有关资料表示谢意。

及时办理，他一方面转送各侨团和侨报，并将该中国银行启事请毛里求斯的《华侨时报》《新商报》登载，使毛里求斯全体侨胞悉知中国政府照顾华侨的意旨；另一方面，他于 12 月 6 日复函致中国驻英国代办处领事部宦乡先生，还随函附呈《华侨时报》《新商报》各一份供查察。[①] 确实，中国政府的这些方针政策以及带来的变化使华侨对中华人民共和国产生了新的希望。

仁和会馆

英领函字第一〇二八号

查在解放前，我海外侨胞有许多人，曾在前中国银行、交通银行、伪中央银行、中国农民银行等银钱业机构存有存款或汇款，未能收回，解放后，我人民政府为了照顾这些存款人的利益，曾于一九五三年二月二十日由前政务院公布了「关于解放前银钱业未清偿存款给付办法」规定办理清偿。现在为照顾我海外侨胞远居国外，未能按原规定期限办理登记的困难，我国务院特于最近核准将海外华侨存户的登记期限延长一年，即自一九五六年十一月一日起至一九五七年十月三十一日止，并指定中国银行香港及星加坡分行办理海外华侨解放前存款之清偿事宜。

兹将中国银行最近关于此问题之启事及前政务院颁布之「关于解放前银钱业未清偿存款给付办法」十份随函寄你馆，请转送你处各侨团、侨报，以转告你处侨胞全体周知，按该启事规定办法径函中国银行香港分行或星加坡分行办理申请为荷。

进行情况，盼函告。

即此祝

时绥

中国人民共和国驻英国代办处
领事部
1956年11月22日于伦敦

中华人民共和国驻英国代办处领事部致毛里求斯仁和会馆函

① 《毛里求斯仁和旅馆会长古少彬致中华人民共和国驻英代办处领事部宦乡先生函》，载《毛里求斯仁和会馆建馆一百廿五周年——纪念特刊》。

后来当选为全国人民代表大会非洲选区代表的毛里求斯新华学校校长邓军凯先生在写给其三弟邓仲三的信中表达了他对祖国的热爱以及对中华人民共和国取得的成就的难以掩饰的喜悦心情：

> 我们今天欢欣的是全中国解放，人民翻身了，以前的旧社会封建制度根本铲除净尽，所以我有一个信心，新中国是必然达到富强的境地，目前我们吃着苦，他日我们必能享受自由康乐的幸福。我十余年来在海外执着报馆的笔政，对于国际大势及时事，都有去加以分析及批评。对内早已痛恨着蒋朝的贪污无能，已知其崩溃不远，所以在锦州未下，东北犹存的时候，我已经批评蒋军必溃，蒋朝必亡。在那个时候，还有友人以为评得太早，但事到今天，足以证实我的见地，并没有错。同时也是古语说的，得民者昌，失民者亡。一个绝大的例证，人民解放军会有这样大的成就，就是在毛主席的领导下深得人民归附耳。至于目前朝鲜战事，以我看法，也必能达成和议。不过是时间上与技术问题而已。因为美帝从这次朝鲜的战事，已深深地认识了我们的新中国非吴下阿蒙了，它不能也不敢打下去。如果它冒险打下去，必不能得到好果，反之将遭受无比的惨败，而且以现在的国际情况说，除了要美援的国家，苟且同情它以外，其他是深恶痛绝于美帝的行为了。由于这样美帝是楚歌四面，无论如何是要言和，中朝必获最后胜利。……①

邓军凯先生不仅从国民党和共产党的历史实践上看到了中华人民共和国的希望，也预测到了正在进行的抗美援朝战争的最终结局，得出了“中朝必获最后胜利”的断言。

当时，有不少华侨青年对刚刚诞生的中华人民共和国日新月异的建设形势充满着希望。在那些激情的岁月里，他们一批批踏上回国的征途，有的组织“返国学习团”，有的参加“返国观光团”，有的直接回中国开

① 《纪念邓军凯先生逝世三周年特刊》，[毛里求斯]《新商报》，1957 年 11 月 15 日。

始自己的新生活,有的回国参加各种学习。为了对他们的行动表示祝福,不少人在毛里求斯报刊上发表诗歌或文章,表达自己的真实想法。1954 年 4 月 23 日,毛里求斯的《中国时报》还专门发表了一组这样的诗歌和文章。一些诗句真实地表达了作者的想法,他们祝福那些即将返回中国的同志们或同学们,表示要"结束流浪奔波的凄凉生活,投向祖国的怀抱"。其中有一首标题为《同志们!回去吧》的诗歌是这样写的:

同志们!回去吧:
我们应该为前途着想。
把握时光,抓紧学习,
响应返国学习的号召。
用理智战胜这恶劣的环境,
向着光明大道迈进。
同志们!回去吧:
不要为了一点物质的享受,
虚度宝贵的光阴。
我们伟大的祖国,
是值得我们热爱的。
同志们!回去吧:
一群群,一帮帮的返国同志,
他们是多么地热爱祖国。
他们抛弃了优异的生活,
奔向他们理想中的乐园。
同志们!回去吧:
祖国有美好的田园,
有我们的事业远景。
我们应该警惕自己,
离开这人间地狱般的毛岛,

投向祖国温暖的怀抱。
今天你们已经达到了返国的目的。
我谨在此为你们的前程,
祝福欢乐和歌唱。①

从这种热情和诗句里,我们可以感受到当时毛里求斯华侨青年对祖国的热爱之情。

当然,并非所有的非洲华侨都是这种心态。有的对华侨返国持不同意见,有的进行谴责或攻击。1954 年 3 月 17 日,毛里求斯一份当地报纸刊登了一篇题为《社论:那些回共产祖国的人》的文章,对所谓的“共产宣传”“中共中国”以及回国的侨生进行攻击:

> 我们常常谈及共产宣传,鼓励侨生回中国要求深造的成就,共产报满载诗篇,歌颂这些年青英籍人称为祖国的中共中国。假如这些年青侨生接受中共中国的邀请,则他们应该一去不复返,因为他们对毛泽东的革命,比对英皇更忠实,所以英政府应安慰自己,失了几十位人民。但很明显的,他们不愿放弃英籍,原因是他们以为脚踏双板桥比较安全。如埠政府准许他们回祖国,以后他们会武装着说谎的技能,回到毛岛,以优异的宣传家姿态,传播毒素。我们希望对这问题,不能再容忍下去,相反的应即刻停止。同时我们更希望新总督呵啤司葛脱先生,特别注意这问题。这样毛岛才不致被共党麻醉。
>
> 现在对于入口的共产书籍,已有了限制,希望这将是一个有效的方法。但政府对共产媒介,还要有同样的限制,因为他们与共产书籍同样危险。我们询问政府几个问题。这些侨生常常没得到父母同意返中国,为了用费,他们不是用种种方法,用毛币换中国币吗?我们不相信本埠经济管理局,愿意给他们许可证;相反的,香港

① 焕云(为元康、耕云、李耀、菊新、美云诸同志返国学习而作):《同志们!回去吧》,[毛里求斯]《中国时报》,1954 年 4 月 23 日。

汇单可以自由发给他们。这些寄钱的人，不是宣传目的地是中国吗（《中国时报》已为他们说了这问题）？他们不能说这些换的钱是在香港用的。所以当局应通知香港政府，注意本岛资本被用在别一个国家去的问题。谁人都知道，把钱由香港寄到中国，是很容易，这已成为平凡的问题了。难道香港政府不能强迫毛埠英籍人，把钱用在香港吗？同时下令他们每星期二次或三次到警局报到，这样可以知道他们是否仍住在英属地或回毛岛。更进一步，读者们希望知道，当局是否直接给他们签证到中国。①

华侨社团的这种不同态度甚至对立情绪是国内政治的反应，虽然是一种正常现象，但却一直影响着海外华人社区的团结。有的华侨甚至根据华侨社会中不同的政治立场以及态度将他们分为不同类型：所谓“前进阶层”，指华侨中的最大阶层，由大多数侨胞组成；得过且过的“念西文的同胞”和“做政府工的侨生”；关心政治又担心自己儿女的利益的“游移分子”；“为了美金，为了享乐，会丧尽天良地破坏他人的幸福”的“极端反动的人渣”以及“反动人渣的附和者”。在这种情况下，需要“更紧地巩固我们自己的阶层，要多多教育不过问政治的侨胞，使他们知道不过问政治是不正确的观点，我们要吸收游移分子，指引他们应走的道路，多多介绍新书刊给他们，无情地揭发反动派的阴谋，使每一位有血性的侨胞，都知道这一小撮反动人渣的末日就要到了”。②

从中华人民共和国成立到“文革”这一段时间里，虽然中国的侨务工作及扶持政策从总体上说是沿着正确方向向前发展，但当时囿于战争时代遗留下来的传统和对经济工作的认识不足，中国政府在如何利用华侨的资源优势，采取什么方式来吸引华侨投资，如何促使国内因素与海外华侨资源的有机结合等方面认识不足，在实践上受到“左”倾思想的影

---

① 《那些回共产祖国的人》，[毛里求斯]《中国时报》，1954 年 3 月 18 日。此文译自[毛里求斯]《些能报》，1954 年 3 月 17 日。

② 红花：《我们目前的任务》，[毛里求斯]《华侨商报》，1953 年 11 月 10 日。

响，因此存在诸多缺陷。华侨投资只限定在单一的公有制经济上，投资者对企业没有任何发言权。这样，作为投资人的海外侨胞失去了追求利润的积极性，对于投资国内经济领域也失去了动力。他们对回国投资犹豫观望，最终导致了华侨投资日渐稀少。

(二)“文化大革命”带来的后果

从20世纪50年代后期起，中国国内发生的一系列政治运动不仅打乱了国内正常的政治秩序和经济建设，对海外侨胞也产生了一些消极影响。特别是在“文化大革命”期间，不正常的党内斗争以及对知识分子的迫害和摧残确实使海外华侨心寒，特别是随后对华侨实行的一些极“左”政策给华侨华人造成了极大的伤害。

“文革”开始后，中国在政治、经济、文化、教育等方面受到各种冲击，中国的侨务工作也不例外。从1966年至1978年十一届三中全会的12年间，随着“左”倾错误不断发展，执行的“侨务政策”出现了严重错误，侨务工作走了弯路，侨务领域成为“文革”“重灾区”。1969年，成立近20年的从中央到各省、市自治区负责执行侨务政策和侨务工作的“华侨事务委员会”被撤销，标志着侨务工作进入“文革”黑暗十年。这种冲击和破坏主要表现在以下方面：

首先，侨务机构和归侨组织受到冲击与破坏。中侨委和各地的华侨事务委员会被红卫兵占领，负责外交及中侨委工作的陈毅、廖承志等中央领导先后遭到撤职或批判，负责侨务的各级领导也遭到批斗或软禁，各级侨务部门的正常工作无法开展。大批侨务干部被打成“资产阶级代理人”，侨务工作陷入全面停滞和瘫痪。作为群众组织的全国侨联和地方各级侨联也被迫停止运作。第二，归侨和侨眷在政治上受到歧视和迫害。华侨成为有害的“海外关系”，而“文革”中“为害最大、流毒最深、影响最广的就是所谓‘海外关系’的反动谬论”。① 华侨都成了资产阶级，有

① 廖承志:《批判“四人帮”所谓“海外关系”问题的反动谬论》,《人民日报》,1978年1月4日。

“海外关系”的人是“反动社会基础”，对他们实行“六不给”原则，即一不给出国，二不给探亲，三不给通信，四不给通汇，五不给外籍华人回乡，六不给华侨回国定居。第三，归侨和侨眷的经济利益受到无情剥夺。侨汇被看作万恶之源，侨汇政策受到灾难性破坏。此外，相当多的华侨的私人房产被无端没收或占有；华侨农场和工厂的生产建设受到严重破坏。第四，侨办学校和归侨侨眷教育受到严重摧残。有的学校房屋被占用，有的学校财产被没收。①

非洲当地的华文报刊对大陆的一些大字报的内容进行了转载和披露。有的报道频繁被打倒的中共干部，如“陆定一遭整肃”②，“吴晗提倡孝道，又被中共抨击”③，“清算周扬，指其煽动反毛反共革命”④。有的对知名学者遭到批斗表示不可理解，如“武汉大学校长李达因反毛被整肃”⑤，“史学家夏承焘也遭中共清算”⑥。有的对文学艺术界人士被攻击表示同情，如“夏衍、阳翰笙、田汉均已因反毛被整肃”⑦，“红线女被斗争，指她来历不明”⑧。还有的华文报纸直接转载了国内《人民日报》的社论。祖国大陆发生的这些事件对非洲华人社会的冲击很大，加上一些居留国(地)对华人探亲有各种带歧视性的特殊规定，一些华人逐渐疏远了与祖国的联系。虽然有些政策在 1971 年以后得到某种程度的纠正，但这些政策在海外造成的恶劣影响以及对华侨造成的伤害却一时难以弥补。

(三) 改革开放以来的新政策

1978 年中国改革开放又一次带来了新的希望。侨务政策从拨乱反

① 郑甫弘：《文革时期的国内侨务与归侨侨眷生活》，《南洋问题研究》，1995 年第 2 期，第 40—47 页。

② [南非]《侨声报》，1966 年 7 月 24 日。

③ [南非]《侨声报》，1966 年 6 月 7 日。

④ [南非]《侨声报》，1966 年 7 月 30 日。

⑤ [南非]《侨声报》，1966 年 7 月 21 日。

⑥ [南非]《侨声报》，1966 年 7 月 14 日。

⑦ [南非]《侨声报》，1966 年 7 月 23 日。

⑧ [南非]《侨声报》，1966 年 9 月 15 日。

正到促进繁荣发展，这种积极变化使海外侨胞认识到中国的发展面临新起点。

中国政府从推进我国改革开放伟大事业的战略高度重视侨务工作，将积极调动和发挥数千万海外侨胞、留学生和归侨侨眷的作用作为我国大发展的独特机遇。根据归侨侨眷、海外华侨华人群体呈现出的新变化、新特点，中国政府不断调整侨务工作的整体性思路，以与时俱进的战略思维制定新的侨务政策，使侨务工作迅速打开新局面，并呈现蓬勃生机。这种政策转变使海外侨胞认识到中国政府为他们在海外生存和发展提供了新机遇，激发了他们对国内经济投资和促进家乡发展的热情，加强了他们为传播中华文化做出重大贡献的参与感。

从 20 世纪 80 年代起，非洲与中国的双向交流一方面使中国人移民非洲的人数逐年增加，另一方面又促使已在非洲定居的华侨华人进一步加强了与中国的联系，他们或是回国回乡投资办厂，或是促进中非双方的进出口贸易。他们与其他侨胞一起，成了中国经济走向世界的推动力量。与海外华人一样，非洲华人对中国的再次崛起和日益强大充满了骄傲和自豪。

毛里求斯的华人作者吴越天在他的诗歌中动情地写道：

形势比人强，
东风永远压倒西风，
从北京传来的暖流，
吹得人心花怒放，
记得四十八年前的今天，
我们伟大领袖毛主席，
在天安门城楼上庄严地宣布——
中华人民共和国成立了！
这是何等宏亮的声音，
震撼了五洲四海！

光明的火炬照亮了中华大地，
高山展笑颜，江河尽欢唱！
祖国啊！
亲爱的母亲，
您四十八年英姿焕发，
不畏艰险，乘风破浪！
以一穷二白，
走向强国的行列，
从衣不蔽体，
奔向富足安康！
从城市到乡村，
从学校到工厂，
祖国处处繁花似锦，
灿烂辉煌！
看，改革的步伐越迈越劲，
开放的国门客似云来，
我们的事业如日中天，
红红火火千秋万代！
百年耻辱已经洗雪，
东方明珠回到了祖国的怀抱，
三通已经有期，统一大业翘首在望……
赞美您，
中华民族的好儿女，
伟大的中国共产党！
是您领导中国人民摆脱枷锁见青天。
祖国啊，伟大的母亲，
在这万众欢腾的时刻，
海外的儿女祝福您万寿无疆！

更繁荣更兴旺!①

这首诗歌表达了华侨华人对祖国的深情厚谊。改革开放以后,中国政府对侨务工作日益重视,侨务理论不断发展,侨务政策思维不断创新,这主要体现在邓小平提出的“海外关系是个好东西”论中。邓小平同志深刻指出:“对于中国来说,大发展的机遇并不多。中国与世界各国不同,有着自己独特的机遇。比如,我们有几千万爱国同胞在海外,他们对祖国做出了很多贡献。”邓小平同志将发挥华侨华人的作用作为我们国家的一个独特机遇,并且将它与我国大发展的机遇紧密联系起来,成为这一时期党对侨务工作的战略地位和理论实践的纲领性总结。

正是改革开放带来的新政策开启了中国海外移民的新一波浪潮。

二、各居留国(地)政策的变化及华侨的反应

当然,对非洲华侨华人影响最大的是各居留国(地)的政策。这种政策一方面导致了华侨华人对当地或居留国的各种反应,另一方面也决定了华侨华人移民这些国家的取向或是否采取积极态度。

(一) 积极参与当地的政治反抗运动

非洲华侨华人参与当地政治的虽然不多,但仍然有这样的典型。非洲战后各殖民地的政治变化和随之而来的民族独立运动从根本上改变了持续了数百年的殖民主义体系,政治上的独立为非洲各国的受压迫民族(包括华人)提供了更多的机会,有的华侨或华裔积极投身于当地的民族独立运动之中。

前面提到的马达加斯加民族解放运动在 20 世纪 40 年代后期风起云涌。当时,一些华侨也以各种方式参与其中,这实际上成为法国人迫害华侨的一个理由。有证据表明,确实有华侨与当时马达加斯加的起义

① 吴越天:《祖国我们为你歌唱!》,[毛里求斯]《镜报》,1997 年 9 月 27 日。

者进行合作。马达加斯加革新民主运动组织开给两位华侨杂货商的收据，后来被称为对“暴乱者”提供“无偿援助”的证据，说明华商向这一民族运动组织提供谷物和其他物资。[①] 1947年，4名华侨因“与反叛分子勾结”而在瓦图曼德里被捕，其中有两人是中国-马尔加什混血人，他们“请求加入反叛军队，因为他们想保卫祖国”。还有传言说，另外两人偷窃了欧洲殖民者的东西，并向起义军提供食物和弹药。[②]

1947年10月一份报告也试图说明中国人与马达加斯加民族主义运动的各种关联。

中国领事馆应于1947年1月向马达加斯加革新民主运动组织中央委员会交纳了40万法郎，目前无法得到已经交纳这批款项的证据；1947年3月，马达加斯加革新民主运动组织成员拉科通德拉沃(Rakotondravao)访问中国领事馆，据说受到欢迎；中国领事对当地中国人参与叛乱分子密谋策划的行为常常采取妥协态度；在叛乱地区，许多华人向叛乱分子提供了货物；在武器交易中，有的华人采取了妥协的态度，但有关武器交易的事情至今尚未查明……[③]

1949年，当时的法国驻马达加斯加的高级专员这样评价华侨在这场运动中的作用：

> 在这场叛乱中，中国人的态度并不清楚。他们与当地生活融为一体，又散居于乡村，他们中很多人对叛乱者采取的是一种如果不说是好感至少是漠然的欢迎态度。他们几乎所有人都与叛乱者有

---

① Malagasy Archives, No. 372, Letter, Commander, French troops in Madagascar to High Commissioner, May 24, 1947, in Leon M. S. Slawecki, *French Policy Towards the Chinese in Madagascar*, pp. 165–166.

② Malagasy Archives, No. 372, Telegram, District Chief, Vatomandry to High Commissioner, November 18, 1947, in Leon M. S. Slawecki, *French Policy Towards the Chinese in Madagascar*, p. 166.

③ Malagasy Archives, No. 372, “Renseignements: La Colonie Chinoise et la Kuo Min Tang ã Madagascar”, Bureau de Documentation, Colonie de Madagascar, October 4, 1947, in Leon M. S. Slawecki, *French Policy Towards the Chinese in Madagascar*, p. 166.

安排，留守原地并给予某种许诺。如果后来他们的财产遭受损失，那是因为后来的事态发展超出了他们的预期。①

实际上，马达加斯加的华侨持同情当地民族解放运动的态度甚至以实际行动支持起义者是完全可以理解的。首先，他们自己就深受法国殖民政府的长期统治，也一直遭受着各种为法国殖民者服务的歧视政策的伤害，这种被压迫者的积怨与长期受殖民主义统治的马达加斯加民众的感受完全一致。其次，他们也长期目睹了各种法国殖民主义者对当地民众的压迫和剥削，对这种不公正的境遇颇为反感。再次，马达加斯加起义者一直在山区活动，也一直是华商的长期顾客，华商对这些人抱同情心十分正常。

在南非，虽然华人社团对当地政治一直持不介入的低姿态，但仍有一些华裔青年积极参与非国大的反对种族隔离制的斗争。如一位名叫雷长福(Ley Changfoot，音译)的华裔即积极参与了反对白人种族歧权的斗争。他于 1916 年生于金伯利，在孩童时代即被送到中国读书并参与了中国共产党的活动。在 20 世纪 30 年代回到南非后，他在金伯利和东伦敦建立了一个共产党支部。1950 年，共产党被宣布非法。1960 年沙佩维尔事件后，他被警察拘捕后来经审判关押了六个星期。此外，一些在大学就读的华裔青年也积极参与了抵抗运动。一个小名叫“托卓”的比勒陀利亚的华裔青年断然拒绝了在南非大学就读的机会，去到美国的佛蒙特求学，学成后回到南非。在“蔑视运动”中，他驱车将黑人青年送到一些专供白人使用的车站入口，以此来表示对种族歧视法令的蔑视。②

津巴布韦的华裔朱惠琼也是这样。朱惠琼的祖籍为广东台山，其祖辈于 1904 年移民到罗得西亚，与其他华侨一起构成当地华裔居民的主体。她的外祖父不仅是当年孙中山先生革命运动的支持者，而且移民到

① Malagasy Archives, No. 372, Letter, High Commissioner, Madagascar, to Minister, Overseas France, March 19, 1949, in Leon M. S. Slawecki, *French Policy Towards the Chinese in Madagascar*, p. 163.

② Melanie Yap and Dianne Leong Man, *Colour, Confusion and Concessions*, pp. 386 - 387.

非洲后也积极支持当地的民族主义运动。朱惠琼在当地完成大学教育之后，又前往英国里兹大学学习，获得文学学士学位后回到非洲。1973年她任赞比亚大学讲师时，就参加了津巴布韦非洲人民联盟，投入争取独立的运动。朱惠琼在加入联盟后，主要负责游击队人员的训练及材料的编选。1980年津巴布韦独立后，朱惠琼在新政府中担任制订教育政策的工作。1988年，津巴布韦总统穆加贝任命朱惠琼为初等和中等教育部部长。自1992年7月起，朱惠琼接受了津巴布韦的就业创造及合作部部长的职位，她的工作目标是促进津巴布韦的工商发展，以增加就业机会。[①]

(二) 西印度洋群岛及沿岸地区移民政策的影响

更重要的是，非洲各国(地区)的移民政策或政治局势对当地华人产生了巨大影响。[②] 华侨移民非洲地区一般注意两点：一是赚钱比较容易，二是移民政策比较宽松。移民政策相对宽松的地区总是容易吸引华侨。

1946年，留尼汪岛成为法国的海外省。法国政府对入籍的要求与其他非洲殖民地一样，只要满足所需条件，任何人均可加入法国籍，当地中华商会第一任会长刘文波早在1920年就加入了法国籍。法国政府对外国侨民限制较多，在所从事职业和出入境等方面有诸多歧视性规定。1950年明确规定禁止外国移民入境，外侨出外旅行也受到限制，规定出境期不得超过三个月，逾期不归，则失去返回留尼汪的权利。这样，虽然留尼汪政府对华侨没有制定特别的歧视法令，但由于对外国移民入境的限制极为严格，华人也在外籍人之列，因此也受到同样的歧视。曾在留尼汪执教25年的何静之先生在他的书中详细列出了这些限制。

> 一出入境之限制：
>
> 华侨离境旅行当地政府只准许三个月的期限；

---

① Fay Chung, *Re-living the Second Chimurenga*, pp. 75 - 321；湘：《血管里流着中国血的津巴布韦女部长》，《广东侨报》，1993年2月23日。

② 关于中国学者对非洲各国(地)华侨政策的研究，可参见廖小健《战后各国华侨华人政策》，广州：暨南大学，1995年，第355—377页。

外籍人入境当地政府亦只准许居留三个月期限。

二有关外籍人文教事业的限制：

(1) 外籍人不能在留尼汪设立学校(现有的华侨学校是华侨聘请法籍人当校长，由该校长以开办私立学校之名义向当地政府申请立案)。

(2) 讲授外文的学校，其外文授课时间不能超过法文的授课时间。

(3) 各侨校的法籍校长缺席时，非法籍教师只许看管学生，不能上课。

(4) 外籍人不得创办报纸及出版事业。

三业务经营的限制：

下列各项行业均在禁止外籍人经营之列：

(1) 经理保险；

(2) 报关业；

(3) 私家侦探：

(4) 代办移民业务；

(5) 银行业；

(6) 货币兑换；

(7) 军火制造买卖；

(8) 金融业；

(9) 珠宝业：

(10) 船舶代理；

(11) 戏院；

(12) 公共运输承揽；

(13) 无线电制作买卖；

(14) 民用测量；

(15) 旅馆及音乐厅：

(16) 印刷业：

(17) 船舶燃料供应;

(18) 注册事务;

(19) 酒吧业(现在虽然有华侨经营酒吧生意,但这是在 1947 年以前获得酒吧牌照的,如今外人已无法领得酒吧牌照了)。①

一方面是对外籍人的严格限制,另一方面对入籍条件又相对宽松。这种内外有别的政策迫使华人开始选择加入法国国籍,从而更好地获得生存和发展的便利条件,经营少受限制,旅行更为方便。这一点将在下章论及。

到 20 世纪 70 年代,留尼汪 2 万多华侨华人中,保留中国国籍的只有 800 余人。随着经济条件的改善和受教育程度的提高,华人参政的也日益增多。有的华人还通过竞选走入高层政府机构,如华裔曾宪健就是通过竞选成为法国的第一名华裔议员。

留尼汪岛外籍人数(1936—1954 年)

年度	中国人	印度人	加科人*	阿拉伯人	马加士人**	其他
1936	2 845	170	169	920	481	594
1946	1 910	414	—	—	—	403
1947	2 500	976	—	—	—	—
1949	2 229	709	—	—	—	—
1954	2 820	900	—	—	—	655

资料来源:何静之编著:《留尼旺岛华侨志》,第 26—27 页。
* Cafres,卡弗尔人,欧洲人对非洲本土人的蔑称。
** 马尔加什人。

由于居留国入籍多实行出生地原则,出生在居留国的华裔全部成为当地公民。同时,中国在相当一段时期内与世界其他国家(地区)基本处于隔绝状态,很少有人移民国外,这样,非洲华人中保留中国国籍的日益

① 何静之编著:《留尼旺岛华侨志》,第 77 页。

减少。1981年,保留中国国籍的只有430人。① 留尼汪的华侨一直缓慢增长,1987年有1.34万余人,华裔人口占90%。1993年,华裔与华侨人口约为1.7万余人。②

马达加斯加的华侨一直在比较严峻的环境中求生。在殖民统治下,华侨经受了各种歧视,主要是在限制职业和出入境方面。如经理要由马尔加什人担任,如果华侨需要找工作,必须事先与老板签订合同,然后向劳工部申请就业许可证(连子女在父母亲开的商店帮忙也须办理此类手续)、商业证、工作证及其他证件均需一大笔钱。1960年马达加斯加赢得独立后,对移民的政策一直比较严格,华侨经济继续受到限制。1962年的移民法严禁外侨未经批准从事某些行业,外侨欲购买房地产,须经内务部长批准。当地政府对外侨申请入籍基本持不欢迎态度。除极少数长期居留,有一定专业特长或是高级知识分子,以及对马达加斯加有过特殊贡献者,对外侨申请入籍一般不予接受。

马达加斯加政府基本上以"血统主义"为依据,接受外侨入籍的主要条件为:必须具有马尔加什人血缘或与马尔加什人有亲缘关系;长期在马岛居住并已适应马达加斯加的风俗习惯;从未触犯过马国法律,未从事损害马国利益的事;必须会说马尔加什语。1970—1980年十年间,马当局仅批准接受了76个华侨入马籍,其中28人为与马尔加什人结婚的华侨妇女。有的华侨为了求学或求职的方便,申请加入马籍,但被批准者寥寥无几。1972年,马达加斯加政府宣布实行社会主义后,政策多变,政府成立国家贸易公司以控制内外贸易,对以经商为主要职业的华侨颇为不利,华侨受到很大打击,华侨再移民人数大大增加。同年12月,塔马塔夫市发生暴乱事件,随之各种抢劫案件发生,导致华人店铺损失惨重。根据塔马塔夫华侨总会事后调查,有17家华侨商店被焚毁,5家华侨商店遭受抢劫,财产损失达8 500万马达加斯加法郎。1975年,马达

① 多米尼克·迪朗、让·亨顿:《留尼汪华侨史》,载方积根编:《非洲华侨史资料选辑》,第505页。

② 华侨经济年鉴编委会:《华侨经济年鉴1994年》,台北,1994年,第925页。

加斯加政府制定国有化政策，将所有银行及其他重要生产事业全部收归国营，对华侨经济造成了新的冲击，进一步加快了当地华侨再移民的进程。经营困难，前景暗淡，加之社会秩序不稳定，使得马达加斯加华侨变卖财产后移民他国的增多，估计有 2 000 多人，其中去香港的约 500 人，去澳门的约 500 人，去法国的约 500—600 人，去加拿大的约 400—500 人。这种趋势一直在持续。① 由于马达加斯加的政局多变，加上入籍困难，华侨很多均保留了中国国籍。当然，近年来，抵达马达加斯加的新移民也在增加。1993 年，华侨人数增至 2 万—2.5 万人左右。②

在毛里求斯，1947 年颁布的新宪法规定，住何年满 21 岁的成年人，只要会一种语言(英语、法语、克里奥尔语、印地语和汉语)的简单句子，都有权利参加选举。这样，有权参加投票的成年人从11 437人增加到71 230人。这一新宪法为当地已入籍的华人提供了参与地方政治的机会。朱梅彝也因此入选毛里求斯立法委员会，成为华侨利益的代言人。③ 1960 年，另一条宪法修正案将选举权扩大至任何文化水平的成年人，这一政策无疑为华侨参政提供了更好的机会。然而，凡事有利有弊，这一修正案使占人口绝大多数的印度人在政治事务中的作用大大加强，从而加重了华侨的担忧。

独立后，毛里求斯采取多元文化政策，对华人(实际上是所有移民)的政策十分宽松。虽然在对华政策上多少受前宗主国英国的影响，但在移民问题上采取欢迎华侨入籍的政策，入籍条件比较宽松。在毛里求斯的 3 万多华侨华人中，90%以上加入了毛里求斯国籍。9%保留中国籍的华侨中，绝大部分是新入境的移民。1987 年，毛里求斯的华侨华人已增至 3.07 万人，到 1993 年增至 3.8 万人左右。④

由于政府对移民的就业政策没有歧视规定，毛里求斯华侨华人的就

① 方积根:《马达加斯加华侨的历史与现状》，载方积根编:《非洲华侨史资料选辑》，第 83—84 页。

②④ 华侨经济年鉴编委会:《华侨经济年鉴 1994 年》，台北，1994 年，第 923 页。

③ Larry W. Bowman, *Maurtius, Democracy and Development in the Indian Ocean*, pp. 19 - 26.

业也呈现多样化的趋势。他们中约有75%经商，约25%为自由职业者或公职人员。与非洲其他地区的华人相比，这种多元化是比较突出的。在毛里求斯政府多元文化政策的鼓励下，一些公立学院和中小学也开办了中文班和中文课，在国家控制的广播电台和电视节目里还专门设有华语节目。华裔中的一些优秀分子通过公平竞争成为毛里求斯的政府官员，如毛里求斯的旅游部部长，文化、艺术和娱乐部长，检察总长等职位都由华人担任过，首都路易港的市长职位也多次由华人担任。

葡属东非殖民地华侨在1958年约600余人。根据台湾方面的数据，华侨人数在1969年增至3 500人以上，主要是广东四邑人，其次是广东台山人。华侨主要集中在贝拉港和洛伦索-马贵斯两地。华侨在这里历史悠久，以前多从事手工，有的逐渐成为工程师，有的经营种植园或商店，经济状况相当不错，与当地民众关系颇为融洽。曾经有位当地的华侨记述了这一地区华侨的情况：

> 我住在东非洲，葡属莫桑比给的贝拉。贝拉是个吞吐港。……贝拉人口未有确实统计数字，大约是八万至九万。其中欧洲白人共约三万五千，黑人约四万，黑白混血儿约八千，其余是印度、巴基斯坦[人]和华侨。华侨约一千七百人。华侨大多数是广东四邑人。他们古朴好客，自称“唐人”，怀念“唐山”(家乡)。华侨子弟都会说“唐话”，认识“唐字”。他们称外国人为“老番”。称葡萄牙人为“西洋鬼”，称英国人为“红毛鬼”，称美国人为“花旗鬼”，称黑人为“黑鬼”，称黑白混血儿为“十一点”(以时钟十二点为正，十一点为偏差)。他们开东方瓷器古玩店、餐馆、茶馆、相馆，大多数开杂货店。年轻的一辈已开始在政府机关和银行等处供职。华侨普遍都生活得很好。每家都有“唐车”(汽车)。若有外地来的“唐人”，他们必争先邀请到家里来“饮茶”、“食餐”，然后还要“游车河”。假如这“唐人”不但是同乡，还是同姓、同一个村庄，那就更殷勤了。①

① 徐姁：《侨居东非掇拾》，[台北]《侨务月报》，1969年4月16日。

华人在这里的口碑不错。葡萄牙总理麦西路·契丹努(Marcelho Caetano)曾于1969年4月17日从葡属安哥拉殖民地经贝拉转洛伦索-马贵斯港,当时贝拉各侨团及侨校童军代表团在中华会馆主席甄会友先生率领下参加各界欢迎行列。晚上全港各界举行盛大欢迎酒会时,甄会友先生夫妇及副主席甄景炎先生均应邀与会。当地行政官员在介绍甄主席伉俪时,盛称贝拉华侨为全港最守法纪外侨之一,并提及华侨率先响应救济葡萄牙水灾的义举。葡萄牙总理听完后亦称誉华侨之崇法务实,誉为最受欢迎之外侨。①

莫桑比克和安哥拉的情况与马达加斯加的颇为相似。据1972年台湾方面的调查,莫桑比克华侨及华裔人口增至4 400余人。然而,1975年独立后战乱不断,给华人经商和生活带来极大的不便,华人多数被迫迁移他国。据1984年的统计,华人人数已减至650人。② 到1994年,华侨人数降到200余人左右。③ 后来,和平局面恢复后,华侨经济逐渐恢复。安哥拉原有华侨500余人,1975年独立后内部争夺又起,华侨被迫逃往其他国家谋生,1984年人数减至250人左右。④

(三) 南非各种歧视政策之变动

南非华人的处境比较突出。1948年,南非马兰领导的国民党上台执政,即开始全面推行种族隔离政策。虽然在移民流动、土地所有权、土地使用权、商业执照、营业地区、职业选择、就学问题、社会设施等方面一直存在各种种族歧视法令,但1950年颁布的《种族集团分居法案》⑤可谓集种族隔离制之大成,其影响至深且远,对一些长期定居在南非的华人构成了直接的威胁。虽然种族歧视的直接对象是黑人,但种族隔离制殃及

---

①《葡国总理巡视卑拉赞我侨胞最守法纪》,[南非]《侨声报》,1969年5月6日。

② 陈怀东:《海外华人经济概论》,台北:黎明文化事业股份有限公司,1986年,第33页。

③ 华侨经济年鉴编委会:《华侨经济年鉴1994年》,台北,1994年,第930页。

④ 华侨经济年鉴编委会:《华侨经济年鉴1984—1985年》,台北,1984—1985年,第581页。

⑤ 国内一般译为《集团住区法》。

有色人种（亚洲人包括在内）。当时，华人的主要职业是经商，实行种族集团分居从两个方面对华人的生计构成了威胁：其一，华人本人必须按规定搬迁，搬到政府划定的区域，这意味着一切须重新开始；其二，华人的服务对象主要是其他种族的居民，种族分居实际上是从根本上剥夺了华人经商的对象。制定了分区歧视法令后，华人受到很大的威胁，虽然店铺仍然开着，但华人毫无安全感，不知哪天会被迫搬迁。

1950 年 9 月 20 日，中华人民共和国政府侨务委员会主任委员何香凝就《种族集团分居法案》的颁布发表讲话，强烈谴责南非联邦政府实行种族歧视政策。何香凝指出，

> 南非联邦政府所公布的所谓“种族分区法案”，是一种极端反动的、实行种族歧视的法案。南非联邦的人民，尤其是非白色人民，正进行斗争，反对这种反动的措施。中国人民是支持这一斗争的，毛主席已于 9 月 13 日在答复南非杜邦地方印度人民的电文中作正式的表示，这正表明我中央人民政府保护海外侨胞正当权益的意志。查该法案规定，南非联邦政府当局得指定南非联邦内某一区域仅属某一种族的人居住，亦闻白种人所居住的区域，不许亚洲人与非洲人居住，而非洲人所居住的区域，亦不许亚洲人居住。我旅居南非联邦的华侨，数在六千人以上，他们多年来勤俭自持，一向与当地人民杂居，和好共处，从事正当营业。如按“种族分区法案”规定，必使侨胞商不安于市，工不安于业，使他们的正当权益横受侵犯与损害。我中央人民政府，对南非侨胞们的处境，甚为关切。希望南非侨胞们团结一致，联合当地各族人民，为维护自己的正当权益而奋斗。①

这一讲话首先将南非的《种族分区法案》（即《集团住区法》，也译作《种族区域法》）定性为“极端反动的、实行种族歧视的法案”，同时表明了

① 《华侨事务委员会主任委员何香凝发表谈话，斥南非联邦政府实行〈种族分区法案〉，望南非侨胞联合当地各族人民争取正当权益》，《人民日报》，1950 年 9 月 20 日。

南非人民反对这一法案的斗争的正义性。她明确表示了中国政府对南非侨胞处境的关切以及支持南非人民反对这一法案的立场和态度。

南非种族歧视法令(1949—1968年)

英文	中文	颁布年份与法令编号
Prohibition of Mixed Marriages Act	禁止混合婚姻法	1949年第55号
Immorality Amendment Act	不道德行为修正案	1950年第21号；1957年第23号
Population Registration Act	人口登记法	1950年第30号
Group Areas Act	集团住区法	1950年第41号
Suppression of Communism Act	镇压共产主义法	1950年第44号
Separate Representation of Voters Act	分离选民代表法	1951年第46号；1956年第30号
Immigrants Regulation Amendment Act	移民条例修正案	1953年第43号
Reservation of Separate Amenities Act	分离设施保留法	1953年第49号
Industrial Conciliation Act	工业调解法	1956年第28号
Extension of University Education Act	大学教育延伸法	1959年第45号
Community Development Act	社区发展法	1966年第3号
Prohibition of Political Interference Act	禁止政治干涉法	1968年第51号

南非的华人对政府的种族歧视政策提出了抗议。1950年的《集团住区法》颁布后，于1952年和1955年进行了修正。南非华人从法案公布之日起，就一直进行抗争。1950年8月2日、1951年2月21日、1952年10月15日，南非侨领梁禄元等人曾与中国台湾驻约翰内斯堡总领事厉昭一起多次会见当时的南非内务部长唐吉士及其他政府官员，就华人权益问题进行交涉。1954年3月29日，南非各地侨领与台湾驻约翰内斯堡总领事邵挺一起，向南非总理马兰呈递了请求改善华人境况的备忘录。备忘录涉及十个问题，其中就《集团住区法》提出了四点改善要求：

(1) 华侨在分区法下应划入欧洲人集团；

(2) 任何地点,所有华人既有商业权益,须予以切实保护;

(3) 华侨营业处所房地产权,如果非华侨本人所有,应予在该处附近购置产业之权,俾于被迫迁出时,仍得在邻近建屋,继续营业,以维持生计;

(4)同意接受划定某一适当地区作为华人住宅之用,但该地区须正在非土人或有色人接壤之处,并应予华侨在该住宅区有购置产业之权。[①]

对于华人的正当要求,南非政府官员多次表示愿在法律允许范围内通融处理。不过,尽管"亚洲人"这一概念主要是针对印度人,但也包括华人,因此这些官员的表态往往是口惠而实不至。在南非,为数极少的日本人(大多数为非长期居留的商人)被当局划归"名誉白人",而所有华人(甚至包括在南非出生者)均未被列为"南非人"或"非白人",而须登记为"华人"。根据选举条例,他们又被划为"非白人",因而没有投票权。对华人的各种歧视性措施也是逐步实行的。例如,在一些公共娱乐场所,华侨过去一直享受与"白种人"同样的待遇,可以自由进入所有"只限欧洲白人"进入的影戏院以及体育比赛场。然而,在1958年2月1日,南非联邦政府颁布一项命令,规定自当年2月1日起,限制华侨进入"白人"电影院。[②]

必须承认,印度移民在南非的人数之多和影响力之大已达到惊人的地步,使南非联邦政府不得不防。这样,南非政府制定的有关亚洲人的歧视政策往往主要是针对印度人的,而属于亚洲人的华人也就在被殃及的范围之内。正因为如此,南非政府有时不得不对华人采取一些灰色政策,或是允许华人例处,或是对华人的规定并不严格照章执行。南非的印度侨民人数增长非常快。1951年,36.6万个亚洲人中,华侨只有不到5 000人,除了少数叙利亚人之外,绝大多数是印度人。[③] 1961年1月,南非政府设立亚洲人事务部,专管印度人与华人之事务。华人对此进行抗

① 萧次尹编著:《非洲华侨经济》,第39—40页。

②《南非联邦政府限制华侨进入"白种人"电影院》,《侨情参考资料》,1958年2月3日。

③ Melanie Yap and Dianne Leong Man, *Colour, Confusion and Concessions*, p. 316.

争，经各方交涉，南非总理于当年8月2日宣布：取缔亚洲人事务部而另设印度人事务部，华人事务改由内政部负责处理，与欧洲人同属一部。

实际上，早从20世纪60年代初起，南非政府对华人的政策有所松动。1963年5月31日，南非政府发布宣言，掀起同化运动，承认华人对南非民族的建设做出重大贡献。① 到1963年，涉及华人的种族歧视政策在各个省也多有改善之举。

（1）在约翰内斯堡、东伦敦和开普敦等城市，划分华人居住区事宜已无限期延缓。

（2）伊丽莎白港一改20余年供欧洲人乘坐的公共汽车不准华人搭乘的歧视政策，华人可以乘坐。

（3）开普省各城市的欧洲人医院决定接纳华人。

（4）开普省的欧洲人和私立中小学校逐渐接纳华侨儿童。

（5）德兰士瓦省欧人私立中小学校接纳华侨儿童的由原来的18所增至26所，德兰士瓦省教育厅厅长表示愿意给华人各种便利。

（6）南非准许华侨学生就读的大学原来只有金山大学（Witwatersrand University，亦译作“白水岭大学”）和开普敦大学，1962年又增加了罗兹大学（Rhodes University，亦译作“罗得斯大学”）和纳塔尔大学。这样，共有4所大学接纳华人学生。

（7）德兰士瓦省白人控制的赛马会数十年来从不准华人入会，开始接受华侨入会。当然，在其他省，这一种族隔离制的规定并未取消。

（8）有关购酒例之改变。南非政府曾于1918年颁布酒律，禁止亚洲人（包括华人）饮酒和购酒。后经多方努力，南非政府于1943年9月24日宣布将华侨排除出“亚洲人”定义之外，准许华侨购酒。然而，由于华侨中的一小撮不法之徒将酒卖给其他“亚洲人”或当地人，南非政府遂于1952年8月15日再次将华人归入“亚洲人”之列，不许购酒。经过多方交涉，南非政府解除对有色人、亚洲人及当地人购酒限制，并于1962年8

① 李卓凡：《西印度洋华侨史》，载方积根编：《非洲华侨史资料选辑》，第258页。

月 15 日起实施。这样,南非华侨自该日起皆可购酒和饮酒。①

1969 年,开普敦大学对华人的禁令进一步开放,其学生宿舍准许华裔学生寄宿。② 根据南非政府 1969 年的统计数字,在 12 863 所学校中,共有学童 3 558 723 人,其中 158 098 名亚洲裔学生在 364 所学校就读。③

尽管种族隔离政策在执行过程中对华人有所缓和,但南非政府对华人的政策并不十分明确。1962 年,一位被归类为"白人"的华人宋先生(David Song)的遭遇是这种互相矛盾的法律政策的典型。1962 年 3 月,家住德班的宋先生向种族区分委员会(Race Classification Board)提出申请,要求被重新归类为"白人",其理由是与他长期一起工作的白人同事都将他看作白人。他的白人同事都被传来作证,他们都同意他被重新划分为"白人"。这样,宋先生的身份被重新定义为"白人"。然而,他却没有为长期生活在一起的家人申请再归类。这样,议员们对他的妻子是否有权利与他住在一起提出质疑,因为根据《禁止混合婚姻法》,作为"白人"的他与华人妻子是不能结婚的。由于一位参议院议员认为种族区分委员会的做法不妥,即这一再划分将白人身份与对白人的待遇混为一谈,由此宋先生家庭其他成员的再归类一直没有成功。在随后的几年里,他们一家也一直处于各种申请和申诉之中。由于按法律规定,白人如果与其他种族的人结婚后,白人必须住到其配偶所在的区域去,这样,宋先生一家原来一直住在属于白人的区域,因为他被再归类为"白人",他与非白人的妻子及其他家人最后被迫按照《集团住区法》搬出他居住多年的住宅。④

1965 年 2 月 11 日,南非政府宣布禁止不同种族的观众一同出现在任何公共场所里。到了 1965 年 8 月,华人被禁止进入赛马场之会员栏。根据南非的《赛马条例》,华人分别被归为"半白人与半非白人",这样,赛

① 华侨经济年鉴编委会:《华侨经济年鉴 1963 年》,台北,1963 年,第 621—622 页。
② [南非]《侨声报》,1969 年 8 月 14 日。
③ [南非]《侨声报》,1969 年 8 月 9 日。
④ Melanie Yap and Dianne Leong Man, *Colour, Confusion and Concessions*, p. 320.

马场也特别设立了专供非白人"马迷"入场之围栏，受影响者包括华人、亚洲人与有色人。另外，根据南非的《不道德条例》，华人也被划为"非白人"，此项条例禁止不同种族之人民之间发生性关系。在公共交通方面，华人却仍被划为"白人"。此外，华人在白人医院中也可有病床供应。然而，在戏院、电影院以及其他娱乐场所，华人则被划为"非白人"。①

1966 年 11 月，南非政府为清除非法入境者，突然对华人社区进行搜查，数天之内拘捕华人十余名。约翰内斯堡的梁侠飞被捕后，不堪受辱，于 11 月 19 日撕破内衣，"扭成索状，悬于监栏铁门顶上自缢"。11 月 22 日，柳柯监狱另一华人囚犯杨平(Larry Yun-Pin)也在监狱中自尽。比勒陀利亚的刘梓仁在被无故囚禁中也自缢身亡。这对南非政府和华人社区都是一个极大的震动。当时台湾驻南非总领事罗明元前往比勒陀利亚会见警察署负责人，提出交涉。② 当时，除梁侠飞外，还有多名华人及印度人、葡萄牙人被捕。这些人被捕后，既未出庭审讯，又不准保释。最后，此事也就不了了之。

为了对南非政府的种族分居政策提出华人的看法，德兰士瓦中华公会会长霍汝芬、副会长刘荣申和监事长黎宗彦趁着针对这一事件华人社会表达出来的极大不满，专门晋谒南非总理维沃尔德，就种族歧视以及华人人才离开南非就业他国等提出自己的问题和看法。维沃尔德谈到南非人种分区是南非政府传统政策，这一政策自史末资总理以来即已制定，分区并非人种高下之分，而是分别发展之谓。他还指出，以中华民族悠久的历史和优秀的文化，华人绝非其他民族所能相比，即是白种民族，亦有不及中华民族之处。南非政府对于中华民族持有特别的看法。因为华人太少，南非政府应当研究一个可行的切合实际的办法，以期华人在南非各种族间能够生存。他在负责司法部时，就知道华人为一优秀民族，勤奋耐劳，奉公守法，希望能继续自勉。霍汝芬会长提到南非大学近年造

---

①《南非禁华人入马场白人会员栏》，[台北]《华侨经济参考资料》(237)，1965 年第 10 期。

②《梁飞侠自缢身亡事件》，[南非]《侨声报》，1966 年 11 月 22 日。还可参见[南非]《侨声报》，1966 年 11 月 24 日、1966 年 12 月 3 日等相关报道。此处"梁飞侠"为"梁侠飞"之误。

就华人医师、建筑师、工程师不少，但以待遇关系，大多离开南非，服务他国，这是南非一大损失。他还提出疑问：南非技术人员目前极端短缺，南非技术专校为何不让华人青年前往受训以共同建设南非？维沃尔德总理对这一建议表示感谢，并表示会与有关部门相商。他最后表示，南非政府对于华人自当另眼相看，绝不致使受困苦，唯在实行分区法时难免遭受牵连。从维沃尔德的讲话中，我们也可以看出南非政府对华人的矛盾态度。①

华人人数不多，加之他们为人谨慎，从抵达的第一天起即对当地政治事务采取低姿态。他们主要关心的是与其切身利益相关的事。在各自的居住地区，他们的人缘颇佳，一般都为当地的白人或黑人所接受。从19世纪末到种族隔离制肆虐的20世纪50—60年代，南非华人在抗议政府的种族歧视政策时，主要是提出三点理由：第一，中华文明是世界上光辉灿烂的文明，华人是这一文明培育下的民族，不应受到任何歧视；第二，华人在南非一直遵纪守法，没有劣迹；第三，华人为社区提供的服务是当地不可或缺的。南非政府对这些理由都很清楚，因而对华人的政策一直缺乏固定的模式，华人的地位十分尴尬。在国际国内各种政治力量的推动下，南非政府开始了逐步的改革，华人的处境也逐渐得到改善。在80年代取消了一些使用公共设施的种族隔离法，华人可以享受与白人同等的待遇。②

我们注意到，在1985年以前，移民南非的华人每年获得南非永久居留权的只有1—3人，顶多4人(1978年，1980年，1984年)，1986年有7人。然而，从1987年起，获得永久居留权的华人人数大大增加。1987年为133人，1988年为301人，1989年为483人，1990年高达1 422人，

① 《南非共和国总理霍士特谈政府对华侨政策》，[南非]《侨声报》，1966年11月26日。

② Karen L. Harris and Frank N. Pieke, "Integration or Segregation: The Dutchand South African Chinese Compared"; Karen L. Harris and Jan Ryan, "Chinese Immigration Australia and South Africa: A comparative of Legislative Control", in Elizabeth Sinn, ed, *The Last Half Century of Chinese Overseas*, pp. 121－122, 378－379; Melanie Yap and Dianne Leong Man, *Colour, Confusion and Concessions*, pp. 414－418.

1991 年获得永久居留权的华人人数达到最高峰，达 1 981 人。① 这种给予外国人永久居留权人数大幅增加的一个重要原因是美国及国际社会对南非制裁力度的加强使南非内外交困，不得不通过给予更多居留权来鼓励外来的投资移民。实际上，在这段时间里，相当多的中国人特别是中国台湾来的投资移民落户南非，这一点将在后面章节专门论及。

三、非洲华人观念之演变

战后非洲华侨华人的社会生活经历了一个质的变化。② 对于非洲华侨而言，二战后的主要变化之一是本土化或是融合过程的开始。这种变化根源于观念的变化：大部分华人逐渐经历从“叶落归根”到“落地生根”的转变，相当一部分决定在非洲扎根。这是一种根本性的转变，并导致了很多连锁性反应。当然，这是各方面条件（主要是中国政局和定居国移民政策的变化）的变化使然，也正是海外华人适应性的一种表现。

（一）老一辈态度的转变

一般而言，老一辈华侨对祖国的感情非常深厚，他们有的明确表示：“生为中国人，死为中国鬼”。1946 年 6 月 27 日在南非华文报纸上的一篇社论说得十分明确：“出路是有的。个别应付恶环境本是中国人的拿手。利用唯一值得留恋的优点，拚命挣钱，钱到手，溜回老乡，吃自由空气，这几乎是每个人的思想，每个人的行动。没有这条出路，没有这个希望的寄托，‘困兽犹斗’，华侨必不逃避这一个最后关头的壮举。有了这条出路，有了这个希望的寄托，民族的荣辱，本身所受的痛苦，暂时容忍

① Melanie Yap and Dianne Leong Man, *Colour, Confusion and Concessions*, p. 419. 此处数字与 Karen Harris 的略有不同。参见 Karen L. Harris and Jan Ryan, “Chinese immigration to Australia and South Africa: A Comparative Analysis of Legislative Control”, in Elizabeth Sinn, ed., *The Last Half Century of Chinese Overseas*, p. 382.

② 关于对海外华侨战后变化的研究，可参见杜剑章《略述二次大战后华侨的几点变化》，《八桂侨史》，1987 年第 1 期。

得起，日常生活可以马虎过去，连教育也可以敷衍算事。”①的确，老一辈华侨对祖国故乡的感情特别深厚，“唐山”“唐人”“唐话”“唐书”“唐车”等用语，都反映了他们对祖国的怀念。由于亲戚朋友均在中国，在非洲居留又诸多阻碍，他们大都有赚了钱回“唐山”与亲人团聚、娶妻置业的想法。

然而，各种情况变化开始动摇这种根深蒂固的“叶落归根”的观念。1946—1949 年的内战开始动摇一些人“钱到手，溜回老家”的想法，他们开始犹豫。虽然有的人出于对祖国和家乡的热爱，坚持将子女送往国内学习，但不少华人彻底放弃了回国定居的想法。中华人民共和国成立后，有的华侨开始回国定居，有的采取观望态度。虽然中华人民共和国的成就确实激起了一些人回国的愿望，但随之而来的一系列政治运动又使老一辈中的部分华人放弃了这一打算，有的已经回国的华侨甚至又回到居留国。“文化大革命”对侨务部门的冲击以及对归侨侨眷政策的改变更是彻底打消了他们叶落归根的想法，他们决定在居留国安顿下来。

所在国定居政策的变化也促使华人开始转变观念。作为移民，华侨在入境、登记、出境、回国探亲和从事的职业等方面都受到诸多限制，在毛里求斯、马达加斯加、留尼汪岛、南非及其他各地均有各种针对移民的限制条例。以留尼汪在教育方面的限制为例，移民不能在留尼汪设立讲授外文（包括华文）的学校，其外文授课时间不能超过法文的授课时间；各侨校的法籍校长缺席时，外籍教师只许看管学生，不能上课。有的华侨学校只好聘请法籍人当校长，由该校长以开办私立学校之名义向当地政府申请立案。② 反过来，一旦成为当地公民，虽然社会上仍对“黄皮肤”有某种歧视，但作为公民的各种权利会受到法律的保障。

在非洲定居的观念引发了一连串的连锁反应。一个最明显的改变是，以前华人拼命挣钱，然后将钱寄回故乡置田买地。观念改变后，华人

---

①《南非华侨的出路》（社论），[南非]《侨声报》，1946 年 6 月 27 日。
② 何静之编著：《留尼旺岛华侨志》，第 77 页。

纷纷尽力供子女上大学，或是高中毕业后送到欧美去读大学，或是学成后送到美国、英国或加拿大做事。其次，华人的教育水平有很大的提高。华人认识到，要在当地入籍谋生，没有文化是绝对不行的。虽然华侨中有人开始参与政党或涉猎政治活动，但华侨中绝大多数人仍然不关心政治，他们主要还是关注自身的利益。因此，在各种选举活动中，华侨总是表现得不太积极，特别是在20世纪50—70年代。以1956年毛里求斯的补缺选举为例，在市政厅登记的15 000余人中，华侨只有300人左右。①

20世纪60年代，非洲国家独立的浪潮汹涌澎湃，毛里求斯的民众也开始酝酿独立。然而，当时印度人在毛里求斯占绝对多数。根据1962年的《毛里求斯调查报告》，当时全岛总人口为681 619人，毛里求斯-印度人为454 909人，占总人口的66%，华人只有23 058人，占总人口的3.8%。②在毛里求斯争取独立的过程中，由于华人担心会产生一个由印度裔支配的政府，他们中相当多的人都反对毛里求斯独立。有的由于担心独立后的局势，选择了移民欧洲、北美或澳大利亚。实际上，华侨的这一立场与其他少数民族相同。这样，在1967年进行的有关毛里求斯独立的投票中，8 218名华侨投票人并未支持独立，而是希望毛里求斯保持作为英国殖民地的地位。最终，赞成毛里求斯独立的一派获得了胜利。③

独立后，毛里求斯华侨似乎仍然坚守自己的历史传统，保持着一种远离政治的姿态。1974年，代表毛里求斯华人利益的组织华联（Hua Lien）成立，目前的主席由李国提（Bernard Li Chap Yin）担任，该组织的成员已达1 500人。1998年，毛里求斯在华商总会之外又成立了一个华商经贸联合会（Chinese Business Chamber），其目的“并非分裂毛里求斯的华人社区，而仅仅是为了创造另一个活动平台”。成立以来，华商经贸联合会向中国、纳米比亚和马来西亚等国派出了代表团，与多个国家的商会签订理解备忘录，并接待了多个国家的代表团。

---

①《立法议会波累市补缺选举》，[毛里求斯]《华侨时报》，1956年5月18日。

② [法]奥古斯特·图森：《马斯克林群岛史》，第598页。

③ Marina Carter and James Ng Foong Kwong, *Abacus and Mah Jong*, pp. 132 - 134.

（二）代沟与青年才俊

如果说第一代、第二代华侨对中国还怀着深深的眷念，第三代、第四代华裔生于非洲，长在非洲，在当地接受的英、法语教育，华文学校又颇不景气，加之中国的政局变化，华侨与祖国的联系极少，这样，他们对中国的感情就明显淡漠了。在出生的国土上落地生根，这对华裔已是十分自然的事了。斯拉威斯基在撰写他有关在马达加斯加的中国移民的调研报告时曾采访了不同层次的华人，有在马达加斯加生活多年的老一辈华侨，也有多位当地的华裔青年。他们的表态十分明确地表达了不同的观念和意向。

一位25岁的华裔青年表示在他们的父辈与自己之间存在着观念上的差异：

> 马达加斯加华人的传统观念非常强，因而他们的风俗习惯没有什么改变。对于追求时髦、跳舞和社交，他们严加批评，甚至责备年青一代华人不尊重自己的祖先和传统，使中国灿烂的文化随之消失。我们土生土长在马达加斯加，受西方文化的影响。因而我们的观念当然不同于我们的父母。但是细想起来，他们总是因循守旧，力图为自己的旧思想辩护。

另一位24岁的华裔青年在采访中明确批评他的父辈，觉得“老一代华人不注意自己的名声，不讲究衣着，不注意礼貌和公共卫生，在大庭广众之下大声嚷嚷”。他认为自己这一代华人“能够消除这些坏习惯”。①

南非总统咨询委员会议员——霍成坚（Kenneth Winchiu）是新生代华人中的佼佼者。霍成坚在20世纪80年代被任命为总统咨询委员会的华人代表。他毕业于比勒陀利亚华侨公学，随后进入纳塔尔省Michaelhouse学校。高中毕业后，他考入约翰内斯堡威特沃特斯兰特大

① Leon M. S. Slawecki, *French Policy Towards the Chinese in Madagascar*, pp. 45－46.

学动物系，获学士学位。1969 年初，霍成坚申请加入比勒陀利亚青年商会，困种族歧视被拒绝。他并未灰心，于 1977 年 7 月再度申请，获得该会批准，成为华人中第一位青商会会员。他精明能干，热心公务，于 1979 年荣获最杰出南非青商会会员奖。同年 5 月作为南非青商总会代表出席在香港举行的亚洲青商会大会。1983 年他被选为南非全国青商会副主席。

1981 年，南非政府决定成立总统咨询委员会（President's Council），成员 60 名，由白人、有色人、印度人和华人的代表组成。该委员会要求各种族派出代表参加；倘若各种族没有推派代表，则由政府在各种族中委派。总统咨询委员会就各种棘手的种族问题提出看法以供总统决策参考。在南非，华人对政治历来持低姿态，这几乎成了当地华人的一种习惯性“政策”。由于有的政党对这种将广大黑人排除在外的做法颇有微词，华人当时没有推选代表参加该委员会。霍成坚于 1981 年被当地政府委任为南非总统咨询委员会议员。当时就霍成坚是否应当接受当地政府这一任命，南非华人中各方意见不一，此事在华人中引起骚动和冲突。为了对此事做出决定，专门召开了南非全侨大会进行讨论，反对声浪大大高于赞成声。最后，霍成坚还是决定就任此职。

霍成坚在 1981—1984 年的任期内，曾参与过计划委员会和公共关系委员会的工作，并在三年半的任期内提出了几项动议，如南非境内的华人应得到当地政府赋予的充分权利，俾使他们亦能尽其应尽的义务；人口过多拟采取大家庭制度为宜；促进各种族自由平等和谐；取消限制种族营业市场的法令，要求各种族均能享有自由选择营业地点的权利；华人做生意可以不受区域性限制；1983 年所订之“新宪法”应彻底执行。

以上各项建议对南非政府的政治变革无疑也起到了重要作用。霍成坚对自己能作为华人代表与其他各族议员共同参与研制“新宪法”感到非常自豪。该宪法于 1984 年 9 月颁布施行，同年第一届总统咨询委员会解散，部分议员或转入其他政府部门工作，或退休，或转业。1986 年南非总统博塔先生曾有意聘请霍成坚为国家福利委员会委员，但为其婉拒。其主要理由是:在此期间,中国人不宜参加这项工作。国会依照新宪法改制,分别成立白人、有色人、印度人三个议院。在分区法案中,中国人可以享受到与白人同等的待遇。①

(三) 华人精英分子的从政

既然打算在当地留下来,华侨华人中的活跃分子开始寻求政治上的表现机会。以毛里求斯为例,管少康为毛里求斯联合会拉票,陈阶君加入毛里求斯工党,也有以独立身份竞选者。在1956年路易港的立法委员会补缺选举中,一些党派如毛里求斯党、毛里求斯工党、毛里求斯联合会等,纷纷将目光投向了华侨,将广大华侨视为自己的潜在支持者。当时的毛里求斯联合会在《告华侨选民书》中表达了自己的政治意愿,他们的代表管少康出面呼吁,希望华侨支持毛里求斯联合会:

> 亲爱的华侨选民们:本岛本年度立法议员之选举,将于后日开始投票,连日来各党派政团的竞选运动密锣紧鼓进行得白热化。华侨以前不关心政治,不过问政治,但目前面临一个严重的考验,而且全体华侨的生存机会也面临一个严重的危机,取舍决②择,成败利钝,全靠我们自己去决定。目前两大政团的竞选运动中,工党标榜自治政府和普遍选举的政策,目的在维护一个民族的利益,成立一个民族的政府,其他民族,一概置之不顾,像这样的政党能否为我们华侨谋利益?我们能否投他们的票?假如他们选票胜利了,全体华侨的前途怎样?
>
> 毛里线联合会(即毛里求斯联合会)刚完全以公正平等的立场,谋本岛各民族的共存共荣,华侨的前途与幸福,当然毫不例外地与其他民族同样关顾维护。所以像这样能保障我们利益的政团,我们

① Melanie Yap and Dianne Leong Man, *Colour, Confusion and Concessions*, pp. 410 - 411;欧铁编著:《南非共和国华侨概况》,第81—84页。

② 原文如此。

> 应否投他们的票，假如他们选举胜利了，对我们华侨的利益是否有密切关系。这些问题都希望有选举权的华侨男女再三考虑。就我个人的意见，则坚决地毫无保留地拥护毛里线联合会的政策，并投他们的票。我们千祈不可疏忽这种神圣的责任，更不可放弃这争取生存权利的武器——选票——凡是能为我们的利益着想的候选人，都要热烈地投他们的票。否则，我们自己不管，谁来管我们。①

与此同时，毛里求斯工党也通过各种手段来争取华侨的支持。该党通过在《华侨时报》上发表文章，批驳一些攻击工党的言论。文章指出，"少数华侨曾经说过：工党鼓励发展本岛合作社，这是想打击华侨商业，这种说法，当然为你们侨界明智之士所齿冷！因为发展合作社是英国政府和本岛政府的基本政策，发展合作社是世界的潮流，同时也是英国殖民地的潮流。"文章建议鉴于华侨人数少，比例代表制对华侨不利。因此，为了自己的前途，华侨应尽量与本岛主要党派联合，才有机会参加议会。文章特意提醒"以前你们华侨曾有不少人参加资本派，但从未有人当选过立委或市议员，这是资本家党派歧视你们华侨的缘故，但我党则完全不同，如陈阶君加入本党不久，即在本党支持下获选为市厅议员"。文章也批驳了有关工党欲取消华语广播的说法，说明是因为现任华语广播员抱有政治偏见，捏造新闻，污蔑中国，工党曾"在立法委中促广播当局注意"。文章还表示：工党一直以来"为你们华侨大多数零售商人的利益着想"，希望华侨继续拥护工党。②

教育程度的提高从根本上改变了华人不关心政治的习性。华人从逃避政治到他们中的一部分积极参与政治，他们对政治权利的诉求也在增加。有的华人通过自己感兴趣的政党来表达自己的意愿，有的则自己开始争取华人的选票。有的作为华人代表参与咨询过程，还有的则直接通过竞选当上了总统、部长、议会议员。

---

①《管少康："告华侨选民书"》，[毛里求斯]《华侨商报》，1953 年 8 月 24 日。
②《[工党]告华侨选民[书]》，[毛里求斯]《华侨时报》，1956 年 5 月 18 日。

塞舌尔第一任总统陈文咸(James RichardMarie Mancham,詹姆斯·曼卡姆,一译陈文锦)具有华人血统。他于1939年出生于塞舌尔,祖籍顺德。其先人早年到非洲创业,定居在塞舌尔。他曾在伦敦大学和巴黎大学受过教育,1961年成为律师。他热心政治和社会活动,通过努力成为塞舌尔民主党领袖。陈文咸于1969—1974年曾任塞舌尔首席部长,当时塞舌尔仍是英国殖民地。1976年6月29日,塞舌尔获得独立,民主党和人民联合党达成协议,组成联合政府。作为塞舌尔民主党领袖的陈文咸就任第一任总统,人民联合党领袖勒内任总理。1977年6月5日,乘陈文咸在伦敦出席英联邦会议之机,人民联合党发动政变,他被推翻,勒内继任总统。作为首任总统,陈文咸对塞舌尔有着深厚的感情。他出版过《来自塞舌尔的思考与回声》(*Reflections and Echoes from Seychelles*,1972年)和《塞舌尔:一个在大世界的惊涛骇浪里航行的小国的传说》等著作。①他曾被禁止回国,近年来积极参与塞舌尔的各种政治和社会活动,多次当选为东部和南部非洲共同市场贤人会成员。陈文咸于2017年1月8日去世。

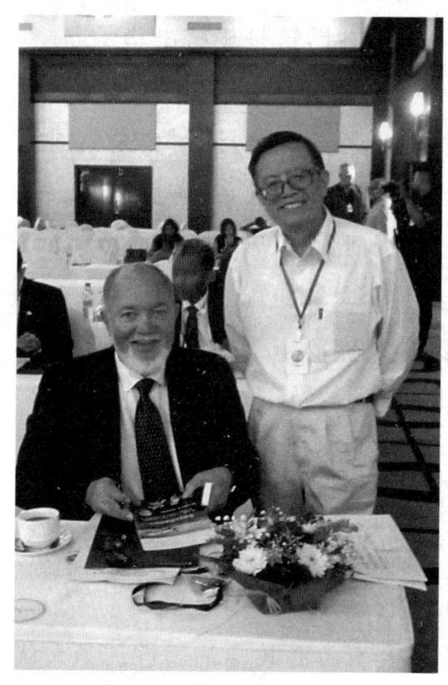

陈文咸先生与李安山的合影

① Sir James R. Mancham, *Seychelles The Saga of a Small Nation Navigating the Cross-Currents of a Big World*, Paragon House, 2015;《陈文咸》,载周南京主编:《华侨华人百科全书·人物卷》,北京:中国华侨出版社,2001年,第76页。笔者有幸于2016年12月6日在毛里求斯参加"海上丝路与毛里求斯"国际研讨会时见到这位有着华人血统的政治家,他送给笔者一本签名的专著。

留尼汪的第一位华人市长曾宪建(André Thien Ah Koon)是客家人,祖籍广东梅县,其父于1939年来到留尼汪。他在留尼汪出生长大,兄弟五人,他是兄长。父亲去世时,他才15岁,不得不辍学,帮助母亲在家干活,种土豆、天竺葵,做木炭。用他自己的话来说,“我什么活都干,挣钱供弟弟们上学”。1964年(一说1965年),他决定到法国马赛艾克斯大学(Aix-Marseille)大学攻读法律,毕业于该校企业管理学院后回到留尼汪。他年轻时就成为一些社团的负责人,16岁开始公开表达对法国政府的不同意见,20岁时成为工会领袖。1968年,他参与了青年进步联盟(Union des Politiques pour le Progrès)的创建。1976年,曾宪建当选为顶磅市(Le Tampon,一译丹蓬市)市议会总参事,为华裔在市议会机关参政议政争得了一席之地。他于1982年连任,并当选为地区议会的副主席。1983年,他当选为顶磅市市长。他恪尽职守,热心为民众服务,至今仍为该市市长。1986年4月,他通过竞选,登上法国国会的议坛,成为法国有史以来的第一位华裔议员,1988年当选连任。他曾当选为法国总统顾问,帮助希拉克政府促进法中两国友好合作。①

在毛里求斯从政的华人更多。第一位华人立法委员会议员朱梅彝1911年出生于毛里求斯,20岁时就出任一家公司的管理委员会主席,1942年被任命为华商总会主席。二战中毛里求斯遭受封锁,朱梅彝做了三件事:建议成立自卫队,即“华人保家大队”;作为供给委员会的成员,他竭尽全力解决全岛的日用品和食品的供应问题;积极组织华人为抗日战争捐款。1948年,他入选立法委员会,并于1953年、1959年两次当选。他积极为增加议会中少数族群的代表性而努力。1963年,他作为毛里求斯华人协会代表当选议员,同年在“路易港-马里蒂姆”(Port-Louis Maritime)选区以毛里求斯社会民主党(Parti Mauricien Social Démocrate)党员身份两次当选为议员。在毛里求斯工党-社会民主党联

① 庄炎林主编:《世界华人精英传略:大洋洲与非洲卷》,南昌:百花洲文艺出版社,1995年,第179—184页;周南京主编:《华侨华人百科全书·人物卷》,第657页;汤曼莉编著:《海上传奇:留尼汪华人华侨志》,第119—121页。

合执政时期，他被任命为地方政府部长，一直任至1976年。1980年，毛里求斯国父西沃萨古尔·拉姆古兰爵士荐请伊丽莎白二世授予朱梅粦爵士称号。他一直积极从事各种社会活动，还担任过华人天主教会(Chinese Catholic Mission)负责人。1991年，朱梅粦先生去世。[①] 为了永久纪念这位为毛里求斯政治、经济和社会做出了卓越贡献的华人，毛里求斯银行发行的纸币中的25卢比票面上用了他的肖像，他是目前世界上唯一一位在通用货币上留下自己头像的海外华人。

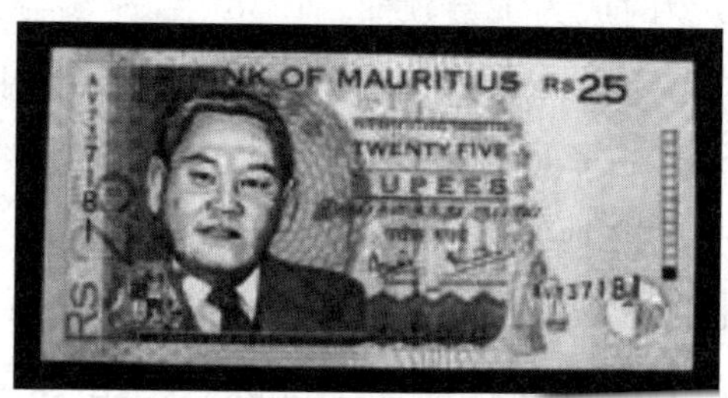

印有朱梅粦肖像的毛里求斯纸币

毛里求斯文化、艺术和娱乐部长曾繁兴(Joseph Tsang Mang Kin)既是外交家，又是文学家。他祖籍广东梅县，于1938年3月12日出生于毛里求斯的路易港唐人街。他曾求学伦敦，获文学士学位，后又到瑞士日内瓦国际高等研究学院研修，获外交研究证书。曾做过记者和教育官员，出任过毛里求斯驻巴黎和布鲁塞尔外交官、伦敦英联邦基金会副会长、外交部公使衔参赞等外交职务，也担任过毛里求斯工党总书记、国会议员、文化部部长、公职部部长等要职，并任职于非洲联盟同行评审委员会，获得毛里求斯共和国高级勋章。他也是一位用英语和法语写作的散文家和诗人，创作了大量主题广泛的作品，包括中西方的文化分歧、中国人心理、海外离散人群、奴隶制度、殖民制度、世界事务、共济会纲领等，

① 周南京主编：《华侨华人百科全书·人物卷》，第730页；Marina Carter and James Ng Foong Kwong, *Abacus and Mah Jong*, pp. 127, 132, 134；李卓凡：《西印度洋华侨史》，载方积根编：《非洲华侨史资料选辑》，第325—328页；Pascale Siew：《唐人街：毛岛往事》，第91页。

发表过《客家人之歌》等文学作品，并经常应邀参加联合国教科文组织、英联邦国家以及加拿大、留尼汪、中国等国及大学组织的研讨会和论坛。① 他一直热心于社会活动，现任中国侨民文物协会(Chinese Diaspora and Heritage Association)会长，致力于中华文化的保持与发展。他曾当选为“中华之光—2012年年度人物”。

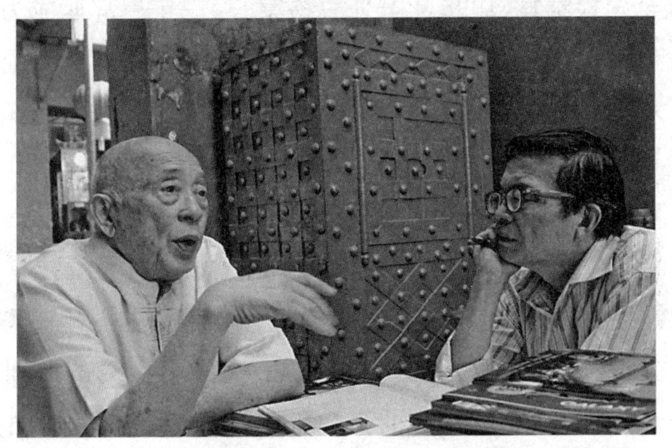

曾繁兴先生与李安山的合影

从政的非洲华人中还有前面提到过的津巴布韦教育部部长朱惠琼女士。塞舌尔的警察总监安东尼·加米尔，其中文名为韦怡和。韦怡和的父亲为顺德农民，于20世纪初移民到此，韦怡和曾于1988年特地到顺德来寻根。还有塞舌尔原工程部副部长李华荣。李传豪于1989年3月在法国市政选举中当选为留尼汪圣但尼市副市长；10月份又当选为留尼汪省议员。毛里求斯路易港市的第一位华裔市长是霍恩祺，他于1967年当选，独立后又当选为议员。他同时担任南顺会馆会长和霍家祠堂的族长。毛里求斯的第一位华人部长李国华曾于1984年当选为路易港市的市长，1988年当选为毛里求斯国会议员。毛里求斯检察总长陈念汀曾

① 周南京主编:《华侨华人百科全书·人物卷》，第652—653页；曾繁兴:《客家史诗》(苗在芳译)，Coromandel: T-Printers Co, Ltd.，2002.

于 1987 年荣获英国女王颁发的 Q. C. 勋爵荣衔，以嘉奖其对司法行政界做出的卓越贡献。他先后担任高等法院大法官、国会议员以及司法与人权部部长。祖籍梅县的第二代华裔杨钦俊先任毛里求斯国家检察官，后被任命为首席大法官。1989 年，第四代华裔陈凯被任命为毛里求斯驻法国大使。华人女性也在毛里求斯政坛上任职。例如，第二代华裔张丹嫣 1992 年任全国检察官，1996 年升任总检察长，三年后辞职成为修女。朱梅彝的长女朱志筠曾任毛里求斯驻华大使。① 华裔李淼光目前担任毛里求斯驻华大使。

此外，一些新移民和华裔积极投身当地政治。20 世纪 80 年代移民南非的台湾华商陈仟蕙女士经过 15 年的努力，成为南非很有影响的企业家。在 1994 年的南非第一次民主大选中，她在为曼德拉举行的总统竞选募款餐会上担任主持人，后来赢得地方大选。② 还有一些华人成为政治上的新星，如南非独立民主党的王翊儒、来自台湾的非洲国民大会党党员黄士豪和印卡塔自由党的张希嘉在 2004 年成为南非国会议员。③ 2006 年 3 月，孙耀亨成为南非约翰内斯堡市的华人议员并成为公共安全局局长。④ 非洲联盟委员会前主席让·平(Jean Ping)也是一位有着中国血统的华裔，1942 年 11 月 24 日出生于加蓬滨海奥果韦省。他的父亲程志平祖籍浙江省温州市永嘉县临江镇(今鹿城区临江镇)驿头村。让·平早年留学法国，获经济学博士学位，并获中国外交学院名誉博士和莫斯科科学院非洲研究学院名誉博士学位。1990 年起在加蓬政府担任各种要职，2007 年 1 月任副总理。2004 年 6 月当选第 59 届联合国大会主席，2008 年 2 月 1 日，在非洲联盟第十届首脑会议上当选为非盟委员会

---

① 侯碧红：《毛里求斯从政华人探析》，载吕伟雄主编：《海外华人社会新透视》，广州：岭南美术出版社，2005 年，第 238—244 页。

② 李新烽：《南非华人开始关心政治：陈仟蕙进军政坛》，《环球时报》，2000 年 12 月 8 日。

③《南非四华裔国会议员在媒体亮相展示风采与抱负》，中国新闻网，2004 年 5 月 17 日，转引自李安山编注：《非洲华侨华人社会史资料选辑(1800—2005)》，第 368—369 页。

④《南非约堡新任华裔公安局长：设专线处理涉华人案件》，中国新闻网，2016 年 8 月 29 日，http://news.ifeng.com/a/20160829/49855016_0.shtml.

主席。[①] 马达加斯加的华裔也有多位开始在国家机构和行政部门任职。[②]

我们看到，中国的政局以及相应的政策变化与华侨华人的去向和选择紧密相连，非洲各国(地)的政治环境和移民政策成为华侨华人从落叶归根到落地生根这一变化的关键因素。当然，华侨华人自身的观念变化与他们的海外实践一直互连互动。《唐人街：毛岛往事》的作者指出："毛里求斯的中国移民最终通过艰苦奋斗在这里扎根立足，摆脱了曾经的贫困与苦难。其中大多数人当初选择只身离开祖国，初衷是通过在此打拼，改善家人生活质量，有朝一日重返家乡，与家人团聚。20 世纪中叶发生在中国的政治事件让他们改变想法，大多数人选择留在毛里求斯。华人在毛社会地位的提升固然与其勤奋、付出与智慧息息相关，但更离不开他们团结一心、守望相助。"[③]

---

① 《非盟委员会前主席让 · 平携全家回温寻根》，http://news. 163. com/13/0704/15/92US9VR000014JB6. html. 还可参见他的著作《非洲之光》(侯贵信、朱克玮等译)，北京：世界知识出版社，2010 年。

② 王奕华：《马达加斯加的混血华裔》，载吕伟雄主编：《海外华人社会新透视》，第 35 页。

③ Pascale Siew：《唐人街：毛岛往事》，第 215 页。

第十九章　战后非洲华人人口统计与变化

“你必须停止生育，你可怜的妇人需要休息。”她说道。

我说：“Mee Yin，你已经成为外国佬了。在中国，人们认为子女越多，家庭劳力越壮大。我们计划回国买房。”

——选自《珊瑚之心——一个店主的旅行》(1994)

从小跟当地人打成一片的生活，让我感觉自己是地道的克里奥尔人。……不过，中式教育也让我受益良多：勤奋、守信。我的大多数中国同龄人都拥有这样的品质。没有这种文化传统，我们很难成功。

——留尼汪独立律师吴玉莲

第二次世界大战以后，世界经济经历了一个飞跃发展的时期。与世界其他地区的华人一样，非洲华人以坚忍不拔的毅力和勇气，以惊人的洞察力和适应能力，以变应变，取得了骄人的业绩。当然，这种业绩的取得与华侨华人人口的变化之间是一种互动关系。本章将从非洲华侨华人人口变化、战后华侨华人移民非洲的三个阶段、华侨华人在非洲大陆及相关国家的分布以及性别和国籍选择等方面进行分析，试图得出一些有意义的结论。

一、非洲诸国华人人口的基本情况

人口变化包括很多因素，例如人口年龄构成的变化、性别比例的变化、受教育人口的变化、职业的变化等等，这里主要集中探讨一下非洲及各国华侨华人总数的变化、性别的变化以及职业的变化。除已在非洲定居的华人的自然增长率之外，向非洲各地移民的华人仍旧是持续中有高潮。如前章所述，这主要与中国的政局以及相关政策密切相连，同时与目标国的移民政策和政治局势直接相关。

在这一时期有三个因素对非洲华侨华人的人口变化起了至关重要的作用。如前所述，战后中国的内战局势使中国人的生存环境恶化，当时的移民政策相对宽松；中国大陆 20 世纪 50 年代开始的土地改革运动引起一些人的不满而移民国外；20 世纪 80 年代又开始大大放宽对移民国外的政策。这些因素形成了中国人移民国外的推力。与此同时，战后各殖民宗主国为摆脱二战带来的困境，均实行各种殖民地发展计划，希望通过这些措施来增加出口，以英国尤为突出。这种政策无疑刺激了非洲殖民地的发展，形成了华侨移民非洲的拉力。

(一) 毛里求斯华人人口统计

在 1944 年到 1952 年这短短八年中，毛里求斯的华人增加了近 7 000 人。从 1952 年到 1962 年，华人新移民共有 5 000 多人。华侨人数从 1972 年以后持续增加。根据 1987 年底的侨情调查资料，当时毛里求斯华侨人数已达 3.07 万人。1993 年，根据华侨的自然增长率，华侨人数应该已达到 3.7 万余人。再加上香港、东南亚的华侨投资商人和台商以及当地聘请的各类制造业和经营管理技术人员，还有相当一部分中国大陆的新移民，毛里求斯华侨人数估计已达到3.8万人。①

毛里求斯华人人口统计(1944—1996年)②

年份	人数	年份	人数
1944	9 701	1972	22 817
1952	16 459	1975	27 400
1957	21 157	1987	30 700
1961	23 266	1990	30 700
1962	21 641	1993	38 000
1970	25 000	1996	40 000

资料来源：李卓凡：《西印度洋华侨史》，载方积根编：《非洲华侨史资料选辑》，第160页；李安山：《非洲华侨华人史》，第566—567页；[台北]《华侨经济年鉴》历年统计数据。

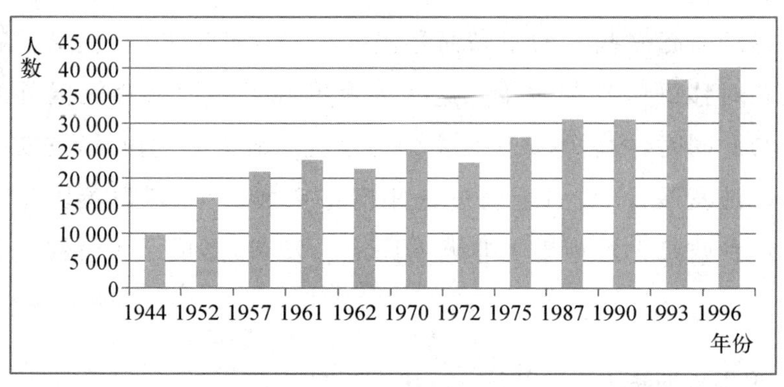

毛里求斯华人人口统计(1944—1996年)

近年来，毛里求斯华裔青年移民海外的人数不断增加。这主要有三个原因。一是毛里求斯是双语制国家，英语、法语通用，华裔青年基本都掌握这两种语言，有的还能熟练地使用中文。这样，他们的语言能力超

① 华侨经济年鉴编委会：《华侨经济年鉴1993年》，台北，1993年，第923页。

② 这一表格的数字与毛里求斯《周末报》上的文章所列出的数字有出入。参见《毛里求斯华人简史》，载方积根编：《非洲华侨史资料选辑》，第51页。

过一般人，在国外找到工作的机会较多。其次，他们中的优秀青年往往能获得到英联邦国家留学的奖学金，在进一步深造后，他们的国际竞争力非常强。第三，国际上对人才的竞争十分明显，这种大环境造就了他们在世界舞台上大显身手的机会。然而，毛里求斯优越的地理环境却使中国人对这个小岛特别青睐。一方面，不少华裔青年从毛里求斯走向世界；另一方面，相当多的中国人陆续走进这个美丽的小岛。根据中国台湾侨务委员会的统计，2003 年，毛里求斯的华侨仍然保持着 3 万余人这个规模。① 然而，近年来，青年华裔离开毛岛去外国留学谋生的日渐增多，华人人口下降明显。

(二) 马达加斯加华人人口统计

在马达加斯加，1941 年的华人人口为 3 630 人，到 1951 年增加到 4 900人，随后有一个飞跃，到 1961 年达到 8 900 人。在经历了独立后的几年的徘徊后，华侨人口从 1964 年起持续上升。然而，由于马达加斯加在一段时期内政局动荡，导致经济发展缓慢，华侨也曾一度撤离这个国家。不过，由于马达加斯加发展潜力巨大，生物多样性高居世界前列，物产丰富，劳动力充足，所以华侨不断从外涌进。华侨人口从 1965 年的9 008人到 1996 年的 2.7 万人，增加了两倍。2003 年，马达加斯加的华侨人口仍然保持在 2 万多人。② 这些新移民多来自三方面：一是中国大陆的移民，他们多开拓小商业或餐馆，对沟通中国与马达加斯加之间的商业贸易起到重要作用；二是中国台湾迁移过去的企业家；三是由中国香港、新加坡和毛里求斯等地过去投资办厂的华商。

---

① 中华经济研究院编：《华侨经济年鉴欧非篇 2002—2003 年》，台北，2004 年，第 287 页。

② 同上书，第 289 页。

马达加斯加华人人口统计表(1941—1996年)

年份	人数	年份	人数
1941	3 637	1963	8 066
1951	4 900	1964	8 045
1957	7 349	1965	9 008
1958	7 428	1966	9 203(9 069)
1959	8 032	1975	11 500
1960	8 900	1984	13 600
1961	8 901	1990	14 500
1962	8 519	1996	27 000

资料来源:Leon M. S. Slawecki, *French Policy Towards the Chinese in Madagascar*, pp. 52, 55;李卓凡:《西印度洋华侨史》,载方积根:《非洲华侨史资料选辑》,第221页;《华侨经济年鉴》等相关资料。

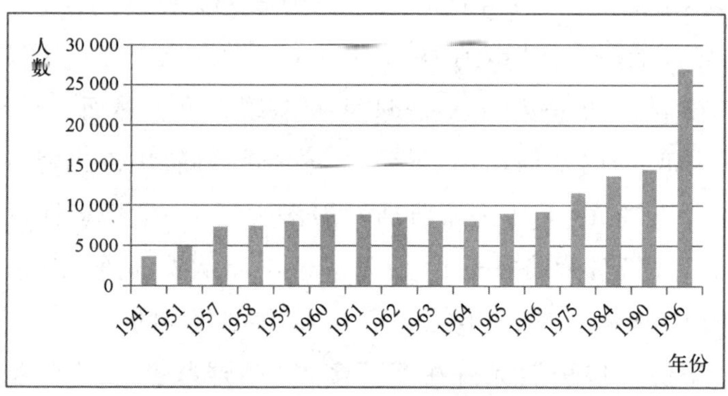

马达加斯加华人人口统计(1941—1996年)

(三) 留尼汪华人人口统计

留尼汪在1955年大约有5 000多华人,[①]根据1955年台湾驻约翰内斯堡领事馆统计,留尼汪华人人数为3 800人,这种统计大概未将华裔计算在内。1958年的《华侨经济年鉴》载,据当时的留尼汪中华总商会估计,华人人数为4 000人,如将土生土长的华人计算在内,约在6 000—

① 华侨问题研究会编:《华侨人口参考资料》,第140页。

7 000 人。到 1967 年，留尼汪华人人数已达 1.5 万人。1975 年，留尼汪华人人口 1.2 万人，其中 5 000 人为华裔或取得当地国籍者，应包括不少克里奥尔人。[①] 1987 年统计表明，留尼汪有华侨、华人和华裔 1.34 万人，其中 40%是华裔。随着留尼汪与中国香港、东南亚、中国台湾和中国大陆间经贸关系的加强，相当多的华商从这些地区涌向留尼汪，投资者与新移民促使当地华侨人口增加，到 1993 年，当地华人估计人数已达 1.7 万人。[②] 2003 年，留尼汪的华侨已达 2 万余人。[③]

留尼汪华人人口统计(1947—1996 年)

年份	人数	年份	人数
1947	2 229	1975	12 000
1954	2 820	1984	13 400
1955	3 800	1987	13 400
1958	4 000	1990	13 400
1962	6 628	1993	17 000
1967	15 000	1996	25 000
1973	15 000		

资料来源：何静之编著：《留尼旺岛华侨志》，第 26—27 页；李安山：《非洲华侨华人史》，第 565—566 页；《华侨经济年鉴》相关年份报告。

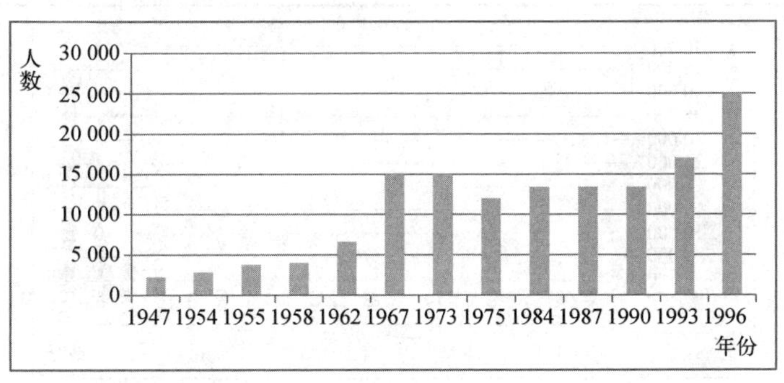

留尼汪华人人口统计(1947—1996 年)

① 华侨经济年鉴编委会：《华侨经济年鉴 1975 年》，台北，1975 年，第 469 页。
② 华侨经济年鉴编委会：《华侨经济年鉴 1993 年》，台北，1993 年，第 925 页。
③ 中华经济研究院编：《华侨经济年鉴欧非篇 2002—2003 年》，第 288 页。

(四) 南非华人人口统计

从1945年到1952年，从中国大陆移民南非的有346人。从1953年到1962年的十年中，只有7人从中国移民南非。1963—1973年，17人从中国移民南非。在1974年这一年，有49名中国移民。从1976年起，对华人移民的统计开始分为中国大陆、中国台湾和中国香港三种。[①]

南非华侨华人人口统计(1946—2000年)

年份	人数	年份	人数
1946	4 340	1987	10 000
1954	7 000	1988	11 000
1955	5 163	1989	15 000
1959	5 105	1990	20 000/23 000
1966	8 000	1991	25 000
1972	8 700	1994	26 000
1973	8 800	1995	27 515
1976	9 000	1996	28 000
1981	8 500	2003	45 000
1986	9 710		

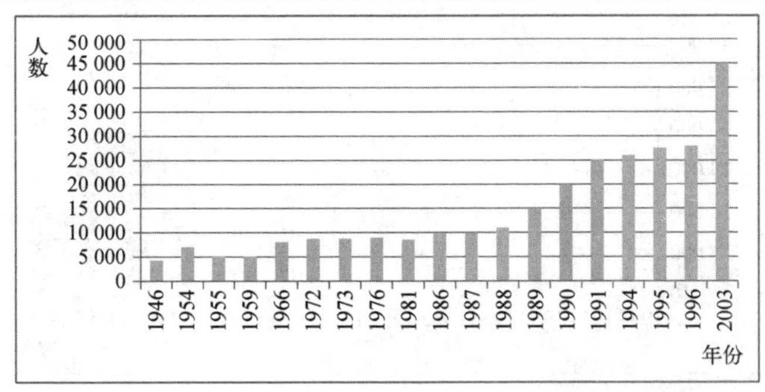

南非华侨华人人口统计(1946—2000年)

① 这些人都是获得永久居住权的华人。Karen L. Harris and Jan Ryan, "Chinese Immigration Australia and South Africa: A comparative of Legislative Control", in Elizabeth Sinn, ed., *The Last Half Century of Chinese Overseas*, pp. 382 - 383.

获得永久居留权的南非华人移民(1961—1995年)

年份	人数	年份	人数
1961—1975	69	1986	7
1976	2	1987	133
1977	1	1988	301
1978	4	1989	483
1979	3	1990	1 422
1980	4	1991	1 981
1981	1	1992	275
1982	2	1993	1 971
1983	—	1994	869
1984	4	1995年1—10月	350
1985	1	共计	7 883

资料来源：Melanie Yap and Dianne Leong Man, *Colour, Confusion and Concessions*, p. 419.

注：此处数字与Karen Harris的略有不同。参见Karen L. Harris and Jan Ryan, "Chinese Immigration to Australia and South Africa: A Comparative Analysis of Legislative Control", in Elizabeth Sinn, ed., *The Last Half Century of Chinese Overseas*, p. 382.

中国台湾投资移民在南非获得的永久居留权名额(1987—1990年)

年份	人数
1987	129
1988	286
1989	432
1990	1 382
总计	2 229

资料来源：华侨经济年鉴编委会：《华侨经济年鉴1990年》，第982页。

从1976年到1979年，抵达南非共和国的中国台湾移民只有12人，在1980—1989年，移民南非的台湾人达935人。1990年一年内，1 422名南非华人移民全都是从台湾去的。至于到南非做生意的台湾人，则数目更大。从 1995 年开始，中国大陆华人移民南非的逐渐增多。2003 年，南非的华侨华人已达 4.5 万人，其中台湾移民约 1.2 万人，其中在南非国会有 4 位华人议员，代表华人族群的利益。① 从上表还可以看出，1987 年南非政府给予华侨的永久居留权人数突然增加，这一方面是国际社会对南非种族主义政权的制裁行动的结果，特别是美国加入制裁队伍，这些制裁使南非在国际社会中的地位相当孤立，它需要用各种手段来吸引移民特别是投资者；另一个原因是南非政府蓄意制造的“黑人家园”的各种优惠政策开始吸引外来投资者，台湾企业家看准了这一机会。

二、对非洲华人人口的估算

这里之所以用“估算”，而不用“统计”，是因为人口统计至少需要两个条件：标准和机构。何为“华侨”？何为“华人”？目前，中国还没有制定关于“华侨”和“华人”的标准。负责华侨华人的国家机构有多个，由于形成“五龙治水”的局面，实际上便是无具体负责这一类人口统计的机构。非洲相关国家似乎也没有相应的机制。南非的体制相对完善，但仅限于取得南非国籍或永久居留权的华人人数的准确统计。对于远远大于这一类人的“华侨华人”，实在无法确定相应标准。例如，中国企业的建设者是否也纳入“华人”一类？一些非法移民是否也列入？

（一）战后华人移民非洲的三个阶段

从以上四个非洲国家和地区以及整个非洲的华侨华人人口演变的情况看，战后华侨华人移民非洲经历了三个较明显的阶段或是小高潮：20 世纪 50—60 年代、20 世纪 70—80 年代、20 世纪 90 年代中期以后。20 世纪 50—60 年代是第一次高潮，这从以上有关马达加斯加、毛里求斯、南非和留尼汪的例证中可以看出。20 世纪 70—80 年代是第二波，其

① 中华经济研究院编：《华侨经济年鉴欧非篇 2002—2003 年》，第 237—248 页。

中中国台湾与非洲的农业技术合作起到某种推动作用，南非移民政策的改变也吸引了大量台湾、香港和东南亚的华商。20 世纪 90 年代中期以来是第三次高潮，中国大陆企业走进非洲也带来了移民潮。

在 20 世纪 50—60 年代华人移民非洲有一个较大的增长过程，这在毛里求斯、马达加斯加、留尼汪和南非都比较明显。在马达加斯加，华人人口从 1941 年的 3 630 人增加到 1951 年的 4 900 人，1961 年达到 8 900 人。① 葡属东非的贝拉港 1950 年统计时有华人 663 人，但到 1954 年警察局统计时，该地的华人已达 970 余，如果将偏远地区的华人统计在内，人数已超过 1 000 人，再加上洛伦索-马贵斯的华人，共有 1 700 余人。② 留尼汪在 1955 年大约有 5 000 多华人，③ 到 1967 年，华人人数已达 1.5 万人。如前所述，毛里求斯的华人移民也在这一时期大大增加。南非中国大陆新移民的数字也可以说明这一点。

从 20 世纪 70 年代起，从 1960 年开始的台湾援非农耕队和其他发展合作遍布非洲的 25 个国家，这对 70—80 年代华商走进非洲起到了重要的推动作用，从香港和东南亚一带移民非洲的也逐渐增多。这一时期的移民呈现出几个特点：第一，与以往迁移目的地限于南部非洲和西印度洋地区不同，新的移民分布范围更广。有的到西部非洲的加纳或尼日利亚，有的到北非，有的到东非。其次，由于国际社会对南非实施禁运等制裁措施，南非的移民政策相对宽松，因而南非和境内及周边几个小国吸引了较多的移民。第三，这一类型的移民在 20 世纪 80 年代末和 90 年代初达到高潮，随之而来的是日益增多的大陆移民。第四，由于这些移民（尤其是台湾的移民）中有相当数量的高素质人才，因而在很短时间内即开始推动当地经济。

20 世纪 90 年代中期，华人移民非洲进入了战后的第三个阶段，这些移民中有的来自中国香港和中国台湾，有的则来自中国大陆和东南亚地

① 李卓凡：《西印度洋华侨史》，载方积根编：《非洲华侨史资料选辑》，第 221 页。

② 萧次尹编著：《非洲华侨经济》，第 74—76 页。

③ 华侨问题研究会编：《华侨人口参考资料》，第 140 页。萧次尹根据当地华人的说法，再加上土生华人，认为共有 6 000—7 000 人，参见萧次尹编著《非洲华侨经济》，第 74—76 页。

区。这主要有三个方面的影响：首先，中国的改革开放政策给国人移民国外提供了方便，20 世纪 90 年代的体制改革特别是大型国企的改制致使大批中国大陆人移民非洲。其次，一些香港居民担心 1997 年香港回归后的局势变化。当时，南非在香港移民心目中成为继加拿大、美国、澳大利亚之后的第四个移民目标国。香港华人每年迁往南非的人数达 1 000户。再次，迁移的目的地(以南非为主)采取了鼓励移民的政策。香港移民到非洲其他国家的偏多，如尼日利亚的第一位华人酋长朱南扬和第一个获得尼日利亚国籍的华人沈文伯都是由香港到该地投资的移民。

非洲也成为台湾移民的优先选择之一。在 1994 年移民南非的 869 名华人中，从台湾去的有 596 人，从中国大陆去的有 252 人，从香港去的有 21 人。在 1995 年 1—10 月的 350 名华人移民人数中，从台湾去的有 232 人，从中国大陆去的有 102 人，从香港去的有 16 人。① 在非洲各地新一代的华人移民中，台湾华商占有很大的比例。以 1994 年为例，南非的台湾华商约7 000余人，到 2003 年，南非的台湾投资者和其他移民已达 1.2 万人。科特迪瓦 1994 年年底有华侨及侨商 135 人(不包括持有香港居留证、英国及东南亚国家护照的华人)，其中 100 人系台湾地区前往者。2004 年，莱索托的华侨已达 6 600 人，其中有一些是南非华侨的后裔，但相当部分来自台湾，而且是投资的领军性人物。此外，马拉维、加纳、尼日利亚、利比里亚等地的台湾华商也都有一定规模。②

(二) 关于华人人口的历年估计

非洲华侨华人为数并不多，但 20 世纪以来增长很快。1996 年，非洲的华侨华人只有 13.6 万人。③ 笔者当时指出：由于中国经济发展需开拓新的市场，非洲发展具有巨大潜力，东亚快速发展以及华侨华人在世界各国树

① Melanie Yap and Dianne Leong Man, *Colour, Confusion and Concessions*, p. 419.

② 参见华侨经济年鉴编委会《华侨经济年鉴》(1991—1995 年)。

③ 李安山:《非洲华侨华人史》，第 568—569 页。

立的吃苦耐劳的形象，欧美国家开始实施严格的移民政策和非洲国家相对宽松的移民政策，这些因素将促使中国人走向非洲，中国人移民非洲将形成势头。① 2002 年非洲华侨华人有 25 万人，②2006—2007 年为55 万人。③ 根据新华社报道，2007 年高达 75 万中国人在非洲“超期”居住或工作。④ 2009 年，非洲华侨华人的估计数为 58 万—82 万人。⑤ 李新烽认为，非洲华侨华人的数字在 2012 年达到 110 万。⑥ 从他的这一估算数字看，非洲华侨华人人数在不到 20 年的时间里增长了 9 倍。⑦

非洲华侨华人人数估计表(2012 年)

类别	国名	人数	说明
第一类(10 万以上)	南非	300 000⑧	
	安哥拉	260 000⑨	
	尼日利亚	200 000	李新烽与尼日利亚驻华大使馆负责人交流意见所得。
小计	3 国	760 000	

① 李安山：《非洲华侨华人史》，第 513—514 页。

② 丘进主编：《华侨华人蓝皮书》，北京：社会科学文献出版社，2011 年，第 24 页。

③ 王望波、庄国土编著：《2008 年海外华侨华人概述》，北京：世界知识出版社，2010 年，第 7 页；李鹏涛：《中非关系的发展与非洲中国新移民》，《华侨华人历史研究》，2010 年第 4 期。

④ Giles Mohan, Ben Lampert, May Tan-Mullins & Daphine Chang, *Chinese Migrants and Africa's Development: New imperialists or agents of change*, London: Zed Books, 2014, p. 3；吴晓琪：《一百万中国人在非洲摸爬滚打》，http://data. 163. com/12/1017/01/8DVTB39G00014MTN. html，查阅日期：2015 年 9 月 15 日。

⑤ Edwin Lin, "'Big Fish in a Small Pond', Chinese Migrant Shopkeepers in South Africa", *International Migration Review*, 48:1(June 2014), p. 181.

⑥ 李新烽：《非洲华侨华人数量研究》，《华侨与华人》，2012 年第 1—2 期，第 7—12 页；李新烽：《试论非洲华侨华人数量》，http://iwaas. cass. cn/dtxw/fzdt/2013 - 02 - 05/2513. shtml，查阅日期：2015 年 8 月 20 日。

⑦ 根据中国台湾方面的统计，1990 年华侨数字为 2 529. 5 万，其中非洲华侨为 9. 9 万；2000 年的数字分别为 3 504. 5 万和 13. 7 万；2009 年的数字分别为 3 946. 3 万和 23. 8 万。Peter S. Li & Eva Xiaoling Li, "The Chinese overseas population", in Tan Chee-Beng, ed., *Routledge Handbook of the Chinese Diaspora*, Routledge, 2013, Table 1. 1, p. 20.

⑧ 王森等：《南非华侨华人的现状》，《海外纵横》，2010 年第 4 期，http://www. 360doc. com/content/15/0924/00/19204025_501141558. shtml.

⑨ 雷磊：《中国商人在华人黑帮阴影下的安哥拉》，2012 年 9 月 6 日，http://www. infzm. com/content/80513/.

续　表

类别	国名	人数	说明
第二类（3万—5万之间）	毛里求斯	40 000①	
	马达加斯加	40 000②	
	加纳	30 000③	
	留尼汪	30 000④	
	坦桑尼亚	30 000	李新烽与当地华侨华人交流所得。
	刚果金	30 000	
小计	6国	240 000⑤	
第三类（1 000—10 000）	埃及	5 000⑥	此类国家华侨华人数量相差大，估算困难。
	肯尼亚	5 000⑦	
	刚果布	4 000⑧	
	……	……	
小计	20国	50 000—100 000	
第四类	西非诸国等	1 000人以下	此类国家估算更困难。
小计	20余国	15 000	

资料来源：李新烽：《非洲华侨华人数量研究》，《华侨与华人》，2012年第1—2期，第7—12页；李新烽：《试论非洲华侨华人数量》，http://iwaas.cass.cn/dtxw/fzdt/2013-02-05/2513.shtml，查阅日期：2015年8月20日。

---

①《毛里求斯华侨华人概况》，2006年6月30日，中国侨网，http://www.chinaqw.com/news/2006/0630/68/34596.shtml.

②《马达加斯加华侨华人概况》，2006年6月30日，中国侨网，http://www.chinaqw.com/news/2006/0630/68/34599.shtml.

③《加纳华侨华人欢庆元宵节》，2010年2月28日，新华网，http://news.xinhuanet.com/world/2010-02/28/content_13070448.htm.

④ 黄之豪：《袖珍岛上不老松：记留尼汪中华总商会》，《人民日报》（海外版），2004年7月21日，http://www.china.com.cn/chinese/ChineseCommunity/615626.htm.

⑤ 因6个国家的统计数字为2004—2006年，静态总计为20万，动态总计为24万。

⑥ 欧亚非：《埃及华侨华人经济发展现状与前景展望》，2006年6月13日，http://www.360doc.com/content/13/0707/16/11567645_298274505.shtml.

⑦ 中国驻肯尼亚前大使张明估计。参见《肯尼亚骚乱尚未殃及华侨华人》，《北京晨报》，2008年1月4日。

⑧《刚果（布）华侨华人欢歌庆"双节"》，新华网，2010年9月13日，http://news.xinhuanet.com/world/2010-09/13/c_13492745.htm.

李新烽的这一篇文章对非洲华侨华人人数的估算入情入理，逻辑清晰，特别是他对以前的估算数字提出的意见非常中肯。然而，这一估算也存在着一些问题。首先是由于定义不清，我们难以得出华侨华人的准确数字。当然这牵涉到学界与政治的关系，并非他的责任。其次，对世界移民研究中的移民、流动劳工和中国学界研究的侨民等概念未能区别，以他所列出的华侨华人最多的三国(南非、安哥拉和尼日利亚)而言，中国移民虽然很多，但永久居留者并不多，已成为当地公民的华人人数更少。这种计量数字的庞大主要是因为在当地短暂居留或承担各种建筑项目(机场项目、社会住房项目等)的建筑工人占绝大多数。这些人难以用华侨华人来定义。例如，安哥拉的华侨华人数字为 26 万人。这一数字包括了大量的参与项目的建筑工人，自 2015 年安哥拉货币贬值以来，有的工程停止，有的因治安情况恶化而放弃在当地谋生的机会，40%—50%的中国人返回中国。[①] 我们是否还应该将他们算作安哥拉的华侨华人呢？三是个别地方似乎并没有注意到。例如西班牙所属的加那利岛群岛东距非洲西海岸约 130 公里，东北距西班牙约 1 100 公里。根据大加那利群岛华侨华人协会副会长周俊杰介绍，目前该岛有华人经营的餐馆 100 多家，共有华人 1 万人左右。[②]

需要强调的是，笔者对华侨华人人数的统计一直持怀疑态度。笔者认为，如果不确定华侨华人的标准，这种统计在学理上没有意义，也不会准确。[③]

2017 年 1 月 19 日，一家有关非洲事务的网站发表了一篇文章，标题很有意思：《20 个中国移民最多的非洲国家：为什么这些数据有问题》。作者谈到位于美国华盛顿特区的全球发展中心的研究人员波斯托尔正在进行的一项有关非洲国家的中国移民人数的调查，已完成了一个未公

---

① 卡罗斯·奥亚致笔者电子邮件(Carlos Oya to Li Anshan，2017 年 01 月 25 日 16:26:12。

②《探访西班牙加那利群岛华人一族：繁荣岛上旅游业》，2009 年 2 月 11 日，中国新闻网，http://www.360doc.com/content/13/0125/10/2064683_262285143.shtml.

③ 李安山等：《双重国籍问题与海外侨胞权益保护》。

开的移民许可数据库，对 2.5 万多个移民许可信息进行分析。项目负责人波斯托尔指出，赞比亚的中国移民数据一般认为是 8 万，这是赞比亚前总统萨塔在 2006 年首次竞选总统时敲定的。然而，经过调查的数据远远低于此数，2014 年只有 1.3 万(顶多至 2.3 万)。她的这一大致估计也被赞比亚内部事务部副部长的 2015 年的估计数(2 万)所证实。这种大大膨胀的数据容易使人产生某种恐惧，如担心中国移民正在“非洲构建一个新帝国”。她认为，虽然非洲的中国移民在过去 10 年内有所增长，但有关中国移民的人口估计从 25 万到 200 万不等，所有这些估计都只是“信息的猜测”(informed guesses)。①

该文列出的非洲中国移民最多的 20 个国家的数据如下：

非洲国家的中国移民数量估算表

	国家	中国移民数量	年份	信息来源
1	南非	350 000	2009	Representation, Expression and Identity
2	安哥拉	259 000	2012	Visao
3	马达加斯加	70 000—100 000	2011	African Review
4	埃塞俄比亚	20 000—60 000	2014—2016	Science Direct, ENCA
5	毛里求斯	38 500	2010	US State Deaprtment
6	阿尔及利亚	35 000	2009	Reuters
7	坦桑尼亚	30 000	2013	Daily News
8	留尼汪	25 000	1999	Chinese Language Educational Foundation
9	刚果共和国	15 000—25 000	2013	American Journal of Humanities and Social Sciences

① Dana Sanchez, “20 African Countries With The Most Chinese Migrants, And Why These Statistics Are Problematic”, *AFKI Original*, January 19, 2017, http://afkinsider.com/137127/20-african-countries-with-the-most-chinese-migrants/#sthash.okuJ8kMa.dpuf.

续　表

	国家	中国移民数量	年份	信息来源
10	尼日利亚	20 000	2012	China Daily
11	加纳	6 000—20 000	2010	"Drivers of change or cut-throat competitors? Challenging Cultures of Innovation of Chinese and Nigerian migrant entrepreneurs in West Africa," p. 10/wikipedia
12	赞比亚	19 845	2014	Zambia Daily Mail
13	莫桑比克	12 000	2007	International Relations and Security Network
14	津巴布韦	10 000	2016	Chronicle
15	埃及	6 000—10 000	2007	African Studies Review
16	苏丹	5 000—10 000	2005—2007	African Studies Review
17	肯尼亚	7 000	2013	Business Daily
18	乌干达	7 000	2007	New Vision
19	博茨瓦纳	5 000—6 000	2009	France 24
20	莱索托	5 000	2011	Chinese Engagement In Lesotho And Potential Areas For Cooperation/Wikileaks

资料来源：Dana Sanchez，"20 African Countries With The Most Chinese Migrants，And Why These Statistics Are Problematic"，*AFKI Original*，January 19，2017，http://afkinsider. com/137127/20 - african-countries-with-the-most-chinese-migrants/ # sthash. okuJ8kMa. dpuf.

由于正式报告尚未公布，笔者在此不想对此篇文章披露的内容进行过多评论，但想说明两点：第一，这一报告的重要性不可低估，特别在正确评价中非关系的今天；第二，学术的公正性在于对事物的客观分析，只有公正客观的研究才能为社会提供有价值的公共产品。

（三）关于非洲华人人数快速增长的说明

不可否认，非洲华侨华人人数从20世纪80年代特别是90年代中期开始增长很快，但有三点不容置疑：

第一，相对于华侨华人在全球其他地方的分布，非洲华侨华人的数目很小。例如，根据近年来中国大陆与中国台湾相关侨务部门的统计数据，2013年，亚洲各国共有3 000万华侨华人，美洲约有790万，欧洲为250万，只有几个岛国的大洋洲也有100万华侨华人。仅仅在美国，2010年已有402万的华侨华人。[1] 如果从国家分布数看，华侨华人在非洲每个国家大约平均只有2万人，这个数字无法与在美国或加拿大华侨华人数目（150万）相比。

其次，中国移民与其他国家在非洲的移民数字也无法相比。我们知道，中国人和印度人移民南非的历史较长，遭遇也相似。[2] 然而，由于南非和印度历史上同属大英帝国，印度人迁移南非的条件相对宽松，人数一直远比华人多。根据印度官方的调查，南非的印度移民人数在20世纪末至少达到100万。[3] 根据海外印度人事务部网站的资料，截至2015年年初，印度侨民共计28 455 026人，非洲的印度侨民约占10%，计2 760 438人。其中印度移民最多的国家为南非，已达155万；其次是毛里求斯，为891 894人。[4] 虽然海外华侨华人的总数（按6 000万人计）肯定比印度人多，但非洲的中国移民数目远不及印度移民数目。在南非的华

---

① 数字取自 *Statistical Yearbook of the Overseas Community Affairs Council*, Taipei, 2013；贾益民主编：《华侨华人蓝皮书：华侨华人研究报告（2014）》，北京：社会科学文献出版社，2014年。

② 李安山：《论早期南非华人与印度移民之异同》，《华侨华人历史研究》，2006年第3期。

③ High Level Committee on the Indian Diaspora and Indian Council of World Affairs, *Report of High Level Committee on the Indian Diaspora*, 7. 29. 2001, p. 84, http://indiandiaspora.nic.in/diasporapdf/chapter7.pdf，查阅日期：2015年9月14日。

④ "Population of Overseas Indians"，参见海外印度人事务部网站的统计，http://moia.gov.in/writereaddata/pdf/Population_Overseas_Indian.pdf，查阅日期：2015年9月14日。

侨华人 2008 年约为 30 万人,[①]2008—2009 年估计为 35 万人,[②]2011 年达到 50 万,[③]人数远不及 155 万印度人。英国总人口为 6 400 万,2011 年南非政府的人口统计表明南非的英国人达 160 万。[④]

第三,这些所谓的中国移民中,入籍非洲国家的人极少;绝大部分为建筑业公司的雇员,或是从事其他行业的短期工人。以南非和安哥拉这两个中国移民最多的国家为例。在南非,已经成为当地公民的华人人数很少,1994 年以前抵达南非的华人仅 10 000—12 000 人左右。[⑤] 此外,申请成为南非公民并获批的华人很少。1985—1995 年,仅 7 795 名中国人获得南非国籍。[⑥] 在安哥拉经商的中国人中约 87%表示他们肯定要回中国,相当多的中国人均在当地从事工程项目或短期经商。[⑦] 其他非

---

① Sanusha Naidu, "Balancing a Strategic Partnership? South Africa-China Relations", in Kweku Ampiam & Sanusha Naidu, eds., *Crouching Tiger, Hidden Dragon? Africa and China*, University of KwaZulu-Natal Press, 2008, p. 185.

② Yoon Park, "Recent Chinese Migrations to South Africa: New Intersections of Race, Class and Ethnicity", in Tina Rehima, ed., *Representation, Expression and Identity: Interdisciplinary Perspectives*, Inter-Disciplinary Press, 2009, p. 153; Edwin Lin, "'Big Fish in a Small Pond', Chinese Migrant Shopkeepers in South Africa", p. 182.

③ *Mid-Year Population Estimates*, Statistical Release, Pretoria: Statistics South Africa, 2011. Edwin Lin, "'Big Fish in a Small Pond', Chinese Migrant Shopkeepers in South Africa", p. 182. 关于南非华人新移民人数的变化,参见朴尹正《荣誉至上:南非华人身份认同研究》,第 164—167 页。

④ "Census 2011, Census Brief", from https://en.wikipedia.org/wiki/British_diaspora_in_Africa,查阅日期:2015 年 9 月 14 日。

⑤ Andrew Leonard, "What color are Chinese South Africans?", June 20, 2008, http://www.salon.com/2008/06/19/chinese_declared_black/,查阅日期:2015 年 8 月 30 日。李安山对南非华侨华人的统计数在 1994 年为 26 000 人,1995 年为 27 500 人,这包括一些新移民,参见李安山《非洲华侨华人史》,附录六:非洲国家(地区)华侨华人人数统计表(一)南非华侨华人人数统计表(1693—1995),第 562—563 页。

⑥ Melanie Yap and Dianne Leong Man, *Colour, Confusion and Concessions*, p. 510.

⑦ Terence McNamee, et al., *Africa in Their Words: A Study of Chinese Traders in South Africa, Lesotho, Botswana, Zambia and Angola*, The Brenthurst Foundation, Discussion Paper, 2012/13, pp. 36,42. 高欣、尹丽、汲东野:《中国人在非洲》,2013 年 4 月 23 日,《法治周刊》,http://www.legalweekly.cn/index.php/Index/article/id/2568,查阅日期:2015 年 9 月 10 日。

洲国家也如此。①

三、华人人口统计：性别比例与身份认同

（一）性别不平衡问题

从早期移民开始，性别问题一直是华侨华人不得不面对的一个问题。这种情况的产生有三个方面的原因：一是男性苦力往往不得不离乡背井，到海外谋生。由于漂浮不定，或是生活没有着落，他们不愿意家人跟着受苦，只好暂时与妻儿告别。二是当时的清朝政府也有相关规定，女性不得离开国土。这一规定直到20世纪初才放开。三是殖民地政府需要的是劳动力，往往制定歧视政策，不许妇女一起移民。随着契约华工制的终结以及殖民政府逐渐认识到劳工的稳定性与妇女的相伴有直接关系，相关的移民政策才开始有所改善。限制女性移民的一个直接后果是早期华侨社会中存在着众多男性与极个别女性共存的比例失衡的情况，从而促使一部分男华侨与当地妇女（马尔加什人）、其他移民（白人或印度人）或克里奥尔妇女通婚的现象，随之而来的是一大批混血华裔的出现。

当然，这种华人父系的混血家庭的出现除了这种客观的历史原因和华人男性生理上的需求外，还存在着其他社会原因。在经济上，这种混血家庭为经商的华人店铺提供了更广泛的社会资本、更便捷的销售（或进货）渠道，并保证了更稳固的顾客群体。马达加斯加社会在法国殖民统治时期对华人或外籍人经商有各种歧视政策，规避这些政策的一个变通办法是与当地女子结婚。马达加斯加独立后，对外籍人在拥有土地和

① 例如，2011年2月从利比亚撤出的35 860名中国人中，绝大部分是中资公司的工程承包人员。外国学者的调研也得出类似印象。French, *China's Second Continent*, pp. 68,70,114,195,206.

房产方面也有严格规定，这种混血家庭则可以享受马达加斯加公民的待遇。① 政治因素有时也在考虑之列。华人在马达加斯加定居后，如果希望在仕途上有所发展，混血家庭提供了这种途径。不少混血的华裔已经在参与当地政治，如在总理办公室任职的潘伟喜、马达加斯加驻华大使陆社恒、马达加斯加工贸部顾问陈威廉等。②

中华民国驻南非总领事馆所辖部分区域人口统计(1946 年)

殖民地名称	辖区名	城市名*	男人	女人	男童	女童	合计
	南非联邦	约翰内斯堡	485	281	374	327	1 467
		比勒陀利亚	116	61	95	91	363
		德班	31	18	19	20	88
		开普敦	66	32	66	59	223
		东伦敦	48	34	78	59	219
		金伯利	42	26	47	37	152
		伊丽莎白港	244	187	285	244	960
葡属东非	莫桑比克	贝拉	335	103	182	147	767
		洛伦索-马贵斯	193	92	152	138	575
英属东非	肯尼亚	蒙巴萨	29	12	18	13	72
		内罗毕	43	12	17	11	83
	坦噶尼喀	达累斯萨拉姆	28	5	17	6	56
英属中非	南罗得西亚	布拉瓦约	23	10	28	21	82
		索尔兹伯里	26	7	15	13	61

资料来源：[南非]《侨声报》，1946 年 1 月 15 日。

* 原来的旧译名均已改为正规译名。

① 笔者于 2016 年在毛里求斯参加国际研讨会时，会议举办方专门从马达加斯加请来一位中国厨师。他是连云港人，目前已在马达加斯加定居，妻子是一位马尔加什人。两人和睦相处，还生了一位混血男孩。

② 王奕华：《马达加斯加的混血华裔》，载吕伟雄主编：《海外华人社会新透视》，第 35 页。

从上表中可以明显看出，男女比例较为悬殊。无论是在人多的城市，还是人少的地方，男性人数总比女性多出不少。最突出的是葡属东非，贝拉港的华人中男性人数是女性的3倍。其次是洛伦索-马贵斯，男性人数达到女性的两倍。在南非，开普敦和比勒陀利亚的情况相对比较突出，男性华人基本上是女性的两倍。然而，从华裔（即男童和女童）的比例来看，则已基本达到平衡。

毛里求斯华人男女比例统计(1944—1972年)

年份	男性	女性	总数
1944	6 808	2 893	9 701
1952	10 421	6 038	16 459
1957	11 926	9 231	21 157
1961	12 860	10 406	23 266
1962	12 654	8 987	21 641
1970	13 000 余	11 000 余	25 000
1972	12 849	9 968	22 817

资料来源：李卓凡：《西印度洋华侨史》，载方积根编：《非洲华侨史资料选辑》，第160页。这一表格的数字与毛里求斯《周末报》上的文章里的数字有出入。参见方积根编《非洲华侨史资料选辑》，第51页。此外，1957年、1961年和1970年的数据来自相对应年份的《华侨经济年鉴》。

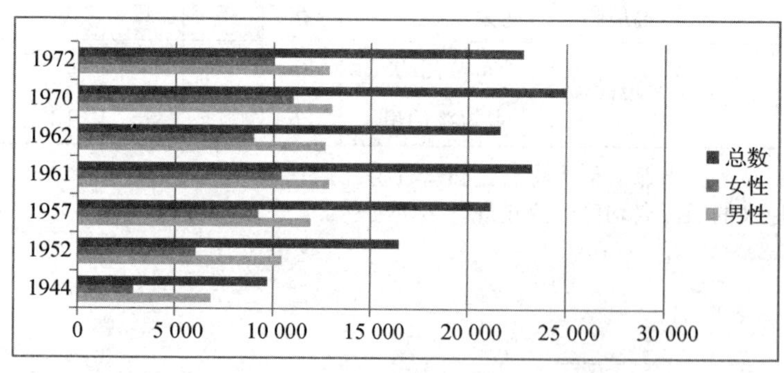

毛里求斯华人男女比例统计(1944—1972年)

从上表可以看出，在1944年到1952年这短短八年中，毛里求斯的华人增加了近7 000人。与此同时，女人在华人人口中的比例从29%提高到37%，这无疑对一个移民社区能起到重要的稳定作用。1952年到1962年，华人新移民共有5 000多人。这些数据也验证了我们所说的第一次华人移民高潮期。然而，女性在华人总人口中的比例一直持续上升，1962年达到41.5%，1970年达44%，1972年下降0.3%，仍保持在43.7%的水平。可以说，到20世纪70年代，男女比例已不再是一个影响毛里求斯华人社会稳定的因素。

在1941—1953年，共有321名华侨进入马达加斯加，这些移民主要是以妻子和亲戚的身份进入的。1951年，在4 900名华侨中，男性有3 466名，女性有1 434名，约占华侨人口总数的29.4%。① 在1967年马达加斯加的人口统计中，9 069名华侨中男性为5 052人，女性为4 017人，占华侨人口总数的44.3%。男女比例已经趋向平衡。当然，如果将年龄因素放进去的话，男女比例还是不平衡，因为21岁以上的女性只占38.5%，而14岁以下的女性占到总人口的48.4%。②

马达加斯加华侨人口统计表(1975年)

地名	人口总数	男	女
塔那那利佛	1 005	560	445
塔马塔夫	1 449	867	582
菲亚纳南楚阿	726	552	174
马任加	51	32	19
迭戈苏瓦雷斯	715	452	263
图莱亚尔	93	59	34
总计	4 039	2 397	1 642

资料来源：方积根、李秀华：《马达加斯加华侨的历史与现状》，载方积根编：《非洲华侨史资料选辑》，第73页。

① Leon M. S. Slawecki, *French Policy Towards the Chinese in Madagascar*, p. 52.
② *Ibid.*, p. 57.

从上表可以看出，马达加斯加华人的男女比例问题1975年虽然在有的地区(如非亚纳南楚阿)还比较突出，但基本上比较平衡。这种情况比20世纪初好多了。我们要知道，原来马达加斯加华人中的男女人数相差甚远。1904年，马达加斯加的446名华侨中，只有3名女性。[①] 正是这种早期的男女比例失衡导致了大批混血华裔的出现。

(二) 混血家庭与克里奥尔华裔

在马达加斯加，华人男性与当地的马尔加什女性结合的情况时有发生。由于当地的人口登记习惯，父系为华人的混血儿往往被作为马尔加什人记入档案，因此要查清混血儿的确切人数很难。1954年马达加斯加一次非正式的人口调查表明：华人-马尔加什人"非正常"结合的共有1 111对，正常结合即合法婚姻的有125对。正是因为这种情况，加上混血儿得到生父及华人社团的认可，在马达加斯加社会存在着数量颇大的混血华裔。一位在马达加斯加工作的操广东话的法国神甫估计，1957年，华人-马尔加什人混血儿达5 000人。如果按一般的人口规律统计，1969年，华裔中应有近1万名是混血儿。[②] 根据目前的非官方统计，马达加斯加有5万华人(包括老侨和新侨)，而混血华裔达30万人，二者相加已占马达加斯加1 700万人口的2%。在塔马塔夫省和有着"金三角"之称的桑巴瓦、安塔拉和安塔拉哈地区，由于历史上契约华工和抵达马达加斯加的华人多在这些地区集中，因此居住着大量的混血华裔。[③]

在种族主义盛行的南非，华人与白人或其他人种结合的情况也时有发生。一位约翰内斯堡的神甫米歇尔·图奥希(Micheal Tuohy)坦率承认他曾主持过19对华人与白人的婚礼：

> 我的态度是你无法阻止人们跨越种族界线坠入爱河，他们有结婚

① Leon M. S. Slawecki, *French Policy Towards the Chinese in Madagascar*, p. 52.

② *Ibid.*, pp. 60 - 61.

③ 王奕华：《马达加斯加的混血华裔》，载吕伟雄主编：《海外华人社会新透视》，第33页。

的天赋权利。并非国家可以决定谁可以结婚谁不可以结婚。……这些人是天主教徒,他们有进天主教堂举行仪式的权利。……我刚开始为他们主持婚礼时还真有些紧张,担心一旦被发现,我可能因此失去主婚的资格执照,甚至可能被驱逐出境。在大约1968年刚开始的那会儿,有些婚礼是偷偷进行的。但是,后来我觉得这颇为荒谬,便公开主持婚礼。这并非什么故作英勇的行为或是为了蔑视谁。我的良心告诉我,这些人是天主教徒……,他们在上帝面前结合到一起。①

留尼汪华人历史上也记载着不少华人-克里奥尔人混血家庭的例子。以下是有关这种混血家庭的两个例证。

个案一:一个华人-克里奥人混血家族史

父亲1877年生于广东,15岁时来到留尼汪,在圣贝努瓦定居,并在此开一家小店。他与一位克里奥姑娘结婚后,曾带着年轻的妻子一起到过中国。他的夫人去世后,他又娶了一位克里奥女人,有7个孩子。他的6个儿子中没有一个继承他设在圣贝努瓦的5家小店的任何一家。大儿子是建筑业承包商,第二个儿子是银行副行长,第三个儿子是厨师,第四个儿子是建筑师。一个十分偶然的机会使他成为建筑家:"我们都是在一位邻居、我们的教母的教养下成人的,受的是法国传统教育和天主教教育。四岁那年,我上了女子学校(原文如此)。战争中,我中途辍学,做过多种工作。我终于获得一张职业能力证明书,然后去攻读材料学。战后,韦尔热博士给我弄到一份奖学金,我因此进了布勒学校,攻读内部建筑。回留尼汪后,我被建筑部门的建筑家雇用了……"。第五个儿子是企业家,第六个儿子是公务员。除了6个儿子外,他还有一个女儿,排行第四,是一位小学校长。她与一个克里奥男人结婚成家,他们的孩子

① Melanie Yap and Dianne Leong Man, *Colour, Confusion and Concessions*, p. 368.

在高等学府里攻读医科、牙科、土木工程等。①

个案二:“我是克里奥人”——吴玉莲律师的故事

“从小跟当地人打成一片的生活,让我感觉自己是地道的克里奥人。……不过,中式教育也让我受益良多:勤奋、守信。我的大多数中国同龄人都拥有这样的品质。没有这种文化传统,我们很难成功。”这是留尼汪独立律师吴玉莲(Lee Mow Sim Lynda)的自白。她出生于一个华人-克里奥人的家庭。祖父是第一代创业者,有两个妻子,一个是中国人,一个是克里奥人。虽然他与华人妻子生育了4个孩子,但父亲让两个孩子住在克里奥妈妈家,另外两人与自己的中国妈妈生活在一起。吴玉莲的父亲吴伟新(Wu-Tao-Shee Alexandre)与母亲刘美莲(Lao-Tive Emilie)结婚后,曾负责打理一位叔叔在圣安德烈的小商店。这家小商店曾名噪一时,因为一位摄影师将这家商店拍成照片后制成明信片广为传播。商店的工作很忙,吴玉莲和她妹妹放学后必须帮父母在商店干活。他们一家与邻居和睦相处,邻居大多数是印度人和马拉巴尔人。他们家是邻居中第一个拥有电视机和卡车的,父母经常招呼邻居一起看电视,有时还开车带大家去电影院看电影。她说:“从小跟当地人打成一片的生活,让我感觉自己是地道的克里奥人。”吴玉莲也深刻认识到中式教育给她留下了宝贵的遗产。她在17岁时就担任圣伯努瓦留尼汪中国文化协会(Chinese Cultural Association of Reunion)的副秘书长。后来,她又在会长霍明祥的领导下负责留尼汪中华总商会的行政事务。她在法国受的教育,专业是法律。作为一名独立律师,她擅长处理与企业经营有关的事务。②

① 多米尼克·迪朗、让·亨顿:《留尼汪华侨史》,载方积根编:《非洲华侨史资料选辑》,第492—493页。

② 汤曼莉编著:《海上传奇:留尼汪华人华侨志》,第98—100页。

1950年，英属塞舌尔人口普查时，华侨人口为81人，华裔有213人，其中多数为华人-克里奥尔人混血。该国独立后的第一任总统陈文咸即为混血华裔。1968年，马达加斯加的华侨人口统计数为8 489人，但由于有大量的华人-马尔加什人的混血家庭人口，因此存在着相当数量的混血华裔，华侨人口估计有15 000人，这应该是将混血华裔统计在内的。[①] 实际上，在毛里求斯和留尼汪也有大量的华人-克里奥尔人混血家庭。

(三) 国籍选择与身份认同

华人人口变化的另一个方面是保留中国国籍的华人逐渐减少。在前一章，我们谈到非洲华人的一个根本性的变化是观念的变化。实际上，在20世纪50—60年代，“叶落归根”的观念仍存在。当时，在中国出生的华人不少，大部分华人在家里说的仍是汉语。然而，随着时间的推移，特别是中国国内因素和居留国移民政策等因素的影响，华人面临着身份认同的问题，往往是因为居留国的政策和待遇直接影响到生活条件（就业、入学和税收）。这种身份认同的直接反映是选择国籍的问题。由于居留国入籍多实行出生地原则，出生在居留国的华裔全部成了当地公民。同时，中国大陆在相当一段时期内与世界其他地区处于基本隔绝状态，很少有人移民国外，这样，非洲华人中保留中国国籍的日益减少。

华人一直是毛里求斯的少数民族，他们在整个社会中所占比例很小。由于印度和毛里求斯原来均为英国的殖民地，在殖民统治期间，印度人迁移到毛里求斯相当于在英帝国范围内的移民，因此印度人在毛里求斯人口中比例相当大，一直保持在60%—70%，而华人往往只占总人口的3%左右。

---

① 华侨经济年鉴编委会：《华侨经济年鉴1969年》，台北，1969年，第474页。

毛里求斯种族集团(1901—1962 年)

年份	一般人口	印度-毛里求斯人*	中国人**	总数	资料来源
1901	108 428	259 086	3 509	371 023	《毛里求斯调查报告》,1901 年
1911	107 432	257 697	3 662	368 791	同上,1911 年
1921	104 216	265 524	6 745	376 485	同上,1921 年
1931	115 666	268 649	8 923	393 238	同上,1931 年
1944	143 056	265 247	10 882	419 185	同上,1944 年
1952	148 238	335 327	17 850	501 415	同上,1952 年
1962	203 652	454 909	23 058	681 619	同上,1962 年

资料来源:[法]奥古斯特·图森:《马斯克林群岛史》,第 598 页。
* 原译文如此,即毛里求斯的印度人。 ** 原译文如此,即华人。

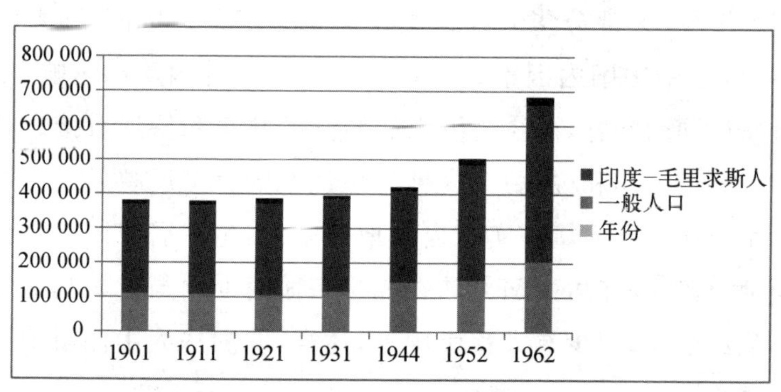

毛里求斯种族集团(1901—1962 年)

我们注意到,1944 年,印度-毛里求斯人的数量为 265 247 人,到 1952 年,这一数字增加了 7 万余人,达到 335 327 人;到 1962 年,印度-毛里求斯人在此基础上又增加了近 12 万人,已有 454 909 人。从 1944 年到 1962 年,印度-毛里求斯人的人数增加了约 19 万人,这与二战结束后印度独立以及随后印巴分治带来的动荡明显相关。华侨的增长速度与之有相近之处。在 1944 年以前的 30 年里,每 10 年的增长数约为 2 000—3 000 人。然而,在 1944—1952 年的 8 年时间里,华人人数增长了近7 000人；在接下来的10年里，华人再增长5 000多人。这种情况与中国国内的局势有密切关系。由于中华人民共和国成立后频繁的政治运动，中国向海外包括毛里求斯的移民有所增加。

毛里求斯华人的国籍(1952年)

	男人	女人
英国国籍(出生)	6 501	6 018
英国国籍(婚姻)	—	80
英国国籍(入籍)	861	261
中国国籍	3 042	1 060

资料来源："MA Census Report, 1952", in Marina Carter and James Ng Foong Kwong, *Abacus and Mah Jong*, p. 131.

1944年，毛里求斯华侨为10 882人，其中保留中国国籍的占42.44%。1952年，毛里求斯仍为英国殖民地，在当地出生的华裔已有12 519人，加上申请入英国籍的华人1 122人，英国籍的华人已达13 641人，而保留中国籍的只有4 102人，已不到30%。到了1962年，华侨总数达12 178人，保留中国国籍的降至15.32%。主要原因是华人已经融入当地社会，有的加入英国籍并进入行政机构，成为公职人员。①

马达加斯加华人入籍情况(1970—1980年)

年份	华侨入籍人数	华侨妇女入籍人数(与马尔加什人结婚)
1970	14	6
1971	15	2
1972	0	6

① 李卓凡:《西印度洋华侨史》，载方积根编:《非洲华侨史资料选辑》，第153页。这处的数字与该书另一处数字有差异。1944年华人人口的另一数字为6 808，1962年的华人人口数为12 654。参见方积根编《非洲华侨史资料选辑》，表五《1850—1972年毛里求斯华人人口统计》，第160页；Marina Carter and James Ng Foong Kwong, *Abacus and Mah Jong*, p. 131.

续 表

年份	华侨入籍人数	华侨妇女入籍人数（与马尔加什人结婚）
1973	0	2
1974	0	3
1975	1	4
1976	1	0
1977	8	0
1978	1	3
1979	2	0
1980	6	2
总计	48	28

资料来源：方积根、李秀华：《马达加斯加华侨的历史与现状》，载方积根编：《非洲华侨史资料选辑》，第83—84页。

1949年中华人民共和国成立后，从中国移民马达加斯加的华侨华人也有所增加。1951年，马达加斯加的华侨华人共有4 900人，到1961年，华侨华人已达8 900人，10年内人数增加了4 000人。这种人数的增加主要有两种原因：一是自然增长率使然；二是从国内迁移过去的，或是为了继承遗产，或是投亲靠友，或是为了找职业。① 后来，由于局势动荡，华侨人数一度减少。马达加斯加入籍的华人数量也较少。

南非华人出生于中国、说汉语人数统计表

	1936	1946	1951	1960
出生于中国	1 648	1 878	2 108	1 755
在家说汉语	2 332	—	4 738	4 831

资料来源：根据休谟提供的资料整理。参见 Linda human, *The Chinese People of South Africa*, p. 36.

① 方积根、李秀华：《马达加斯加华侨的历史与现状》，载方积根编：《非洲华侨史资料选辑》，第75页。

以上统计表明,在南非定居的华侨华人仍然力图保持他们的中国人身份。虽然出生在中国的人数不多,但他们坚持在家说中文。1936 年,南非华人中 1 648 人出生在中国,但在家说中文的为 2 332 人,远远多于中国出生者。1966 年,这种局面不仅没有改变,反而有所加强,出生在中国的人为 1 755 人,而在家说汉语的达 4 831 人。

移民南非的华人在种族隔离制的后期开始增加,这主要与南非政府的政策有直接关系。南非白人政权在遭到国际社会的制裁后,极力想打开局面,放宽移民条件是措施之一。这一政策鼓励台湾华商移民南非。从 1976 年到 1979 年,抵达南非共和国的台湾移民只有 12 人,在 1980—1989 年,移民南非的台湾人达 935 人。1990 年一年内,1 422 名南非华人移民全都是从台湾去的。至于到南非做生意的台湾人,则数目更大。由于台湾采取承认双重国籍的政策,台商移民南非无所顾忌。从 20 世纪 90 年代开始,中国大陆华人移民南非的逐渐增多。

留尼汪岛外籍人数(1936—1954 年)

年份	中国人	印度人
1936	2 845	170
1946	1 910	414
1947	2 500	976
1949	2 229	709
1954	2 820	900

资料来源:何静之编著:《留尼旺岛华侨志》,第 26—27 页。

留尼汪长期以来一直是法国的殖民地,1946 年成为法国的海外省。因此,印度人在这里不多。从历史上看,华人人数一度远比印度人多。直到 1954 年,华人人数仍然是印度人的三倍。当然,这只是 20 世纪 50 年代中期的情况。目前华人中超过 90%都是华裔。这里的华人有一个重要的政治身份认同,那就是他们选择法国国籍。虽然一些老华侨一直想保留中国国籍,但人数日益减少。

留尼汪华人保留中国国籍人数变化表(1926—1981 年)

年份	保留中国国籍人数	年份	保留中国国籍人数
1926	1 629	1954	2 820
1931	2 242	1961	1 967
1936	2 854	1967	954
1941	3 835	1972	850
1946	1 910	1973	820
1947	2 500	1981	430

资料来源:多米尼克·迪朗、让·亨顿:《留尼汪华侨史》,载方积根编:《非洲华侨史资料选辑》,第 505 页。

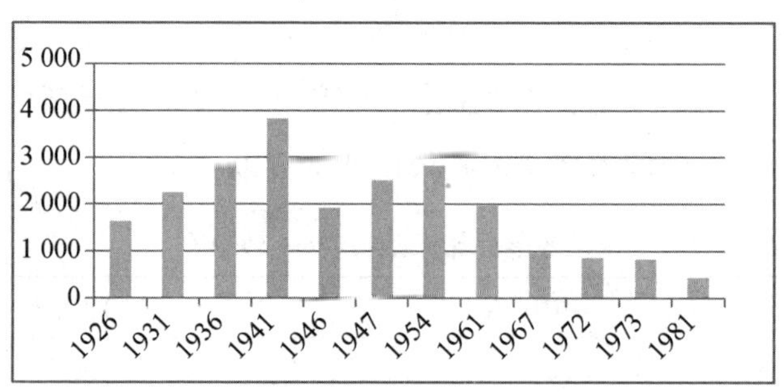

留尼汪华人保留中国国籍人数(1926—1981 年)

留尼汪与法国本土一样,相当多的行业和领域是不许外国人涉足的,如保险、报关、私家侦探、代办移民业务、银行业、货币兑换、军火制造与买卖、金业、珠宝业、船舶代理、戏院、公共运输、无线电制造与买卖、民用测量、旅馆与音乐厅、印刷业、船舶燃料供应、注册事务等。一旦成为法国公民,他们就可以经营以前不能涉及的各个领域。华侨在从事商业贸易的同时,多获得酒类经营的牌照。后来,法国政府发出禁令,对于已领有零售酒类牌照的华侨,在其去世或离境后,子女不得继续经营此项业务。这一限制对华侨的影响相当大。此外,法国政府从 1950 年以来,开始对外籍人员征收商业证特别税,每两年为一期,每期换取商业证,其征收税款递增。第一期征收 360 元,第二期征收 2 400 元,第三期征收

3 400元,第四期征收 3 600 元。① 华侨对此项税款一直耿耿于怀。因为华侨多以经商为业,对这样高的税收难以承担,加之增率过高,实有不胜负荷之苦。获得法国国籍之后,所有这些不利条件均得以免除。

从上表看,1926—1941 年,保留中国国籍的人持续增加,这表明中国移民的人数持续增加。1926 年,留尼汪的华侨人口为 1 629 人,1929 年为 1 988 人,随后不断递增,1941 年为 3 835 人。然而,1946 年的华侨人数突然减至 1 910 人,随后逐渐增加,直至 1954 年以后又逐年减少。其主要原因是中国内战引起留尼汪华侨的极度失望,打消了他们叶落归根的期盼。同时,1946 年留尼汪成为法国的海外省以后,法国将原宗主国实施的各种法令都引进留尼汪。“最有助于把华人固定在留尼汪的税法,是阻止资本外流法。它迫使华人把积蓄的钱,进行就地地产投资”。1950 年,留尼汪明令禁止外国人入境,对已在岛上的外籍人士严格管理,禁止那些无法证明自己是出生在留尼汪的华人移民,逐渐收紧了对外籍人士的管理。1952 年 2 月 13 日,法令规定免收投资盈利税。华人因为投资地产,成为重要的不动产主。他们中有人甚至用经商赚来的钱在法国投资地产,其社会地位也因之大大提升。可想而知,如果光靠经商,他们是不可能得到这种地位的。“上述种种因素都有助于使当地的华人疏远了自己的祖先。”②

一方面是对外籍人的严格控制和各种禁令,另一方面是对入籍者的种种宽松条件,从而导致大部分华人直接申请法国籍,华人中持有法国国籍的人数增加,保留中国国籍的人数减少。1962—1980 年,在 1 192 个入籍者中,526 个是中国人,其中 2/3 是商人。1979—1980 年,74 个中国人被接纳入籍,他们大部分是 20 世纪 30 年代来到留尼汪的广东人。他们为什么要加入法国籍呢? 首先是非常实用的考虑。这些人并不会讲法语,更不具备书写法文的能力。然而,取得法国国籍后,他们得以享

① 华侨经济年鉴编委会:《华侨经济年鉴 1958 年》,台北,1958 年,第 725 页。原文如此,货币单位应为法郎。

② 李卓凡:《西印度洋华侨史》,载方积根编:《非洲华侨史资料选辑》,第 191 页。

受多项以前不曾享有的权利,包括个人旅行、子女上学,缴纳税款等方面,待遇从优。特别在经济方面,主要包括允许经营的领域和范围、零售酒类的权利和交纳营业税方面。

研究留尼汪华侨史的迪朗和亨顿指出,这里的华人往往自认为具备三个身份:中国人、留尼汪人和法国人。

> 感到是中国人,因为他们的父辈与祖父辈出生在中国,因为他们在那里还有主要亲戚,因为他们信奉中国传统的道德与宗教。
>
> 感到是留尼汪人,因为他们的孩子出生在留尼汪,在那里学习,讲当地语言,在那里生活,采纳当地风俗,并且融合了来岛建设的人民的各种风俗习惯。
>
> 感到是法国人,因为他们获得了法国毕业证书,书写用的是法国语言,结婚仪式是法国式的,所接受与投票表决的法律是法国的法律。①

实际上,相当部分的华人认为自己是留尼汪人,也包括他们中的另一个身份:克里奥尔人。正如吴玉莲指出的:"比起法国人或中国人,我更愿意说自己是克里奥尔人。"②

留尼汪的华人只是非洲华侨的一个缩影。实际上,非洲甚至海外华侨华人往往趋向于这种多重身份的认同。对于那些长期在国外定居入籍的华人而言,他们的政治身份无疑以当地国籍论,特别是 1958 年中国放弃承认双重国籍以后,然而,他们在文化认同上却往往倾向于中国。

四、非洲国家华人人口的分布

(一) 人口分布的两个层面:大陆与国家

从华侨华人的海外发展的策略看,他们最早选择居住的往往是最容

① 多米尼克·迪朗、让·亨顿:《留尼汪华侨史》,载方积根编:《非洲华侨史资料选辑》,第509页。

② 汤曼莉编著:《海上传奇:留尼汪华人华侨志》,第98页。

易生存、机会最多、赚钱最容易的地区。当然,人类聚居的地区机会最多,需要各种服务的城市最容易生存。由于华侨多从事商业贸易,因此顾客最多的地方最容易赚钱。这里的分布有两层意思:华侨华人在整个非洲大陆的分布,华侨在一个国家不同地区的分布。

如前所述,随着中非关系的拓展,一些以前华侨很少的非洲国家成为中国移民的理想目标国,如安哥拉、尼日利亚等,有的传统的华人居住国保持着原有地位,但从人口数量而言已经降为第二等级,如南非、毛里求斯、马达加斯加等,还有一些发展很快的非洲国家吸收了不少的华侨华人,如埃塞俄比亚、肯尼亚、苏丹等。当然,如果有战乱或政局不稳,华侨则会很快调整其选择目标。还有一点值得注意,一些以前没有引起学界关注的地方(如加那利群岛)或与中国没有外交关系的国家(斯威士兰、布基纳法索等),华侨华人也开始移入。由于前面已经涉及华侨在不同国家的分布情况,这里主要集中讨论华侨在个别国家的分布。

从非洲华侨华人的定居模式看,如果当地没有特别的歧视法律,他们一般先落户在城市,特别是一个国家的最大城市,然后从这个点逐渐向其他地区扩散,特别是向有人口聚居区的地方渗透,如矿区、种植园等地。随着竞争加剧,后来者开始向农村发展定居。最后不论城市乡村,华人的店铺如水银泻地,无孔不入。这种扩展方式既与他们经营方式有关,也与他们的销售策略有关。

(二) 留尼汪华人的分布

留尼汪的华侨华人在 1958 年只有 4 000 人,4 年后增加了 2 000 余人,1962 年达到 6 628 人,1967 年增加了一倍多,达到 1.5 万人。然而,他们在 1962 年已经分布在全岛近 69 个地方。根据以下两个表的统计,几个主要城市的华人占了总数的绝大多数。首府圣但尼市的华人最多,有 1 328 人,主要是广府人。其次是圣皮埃尔市,有华人 495 人,多为客家人。最少的是两个地方,一个是圣但尼区的莫卡(6 人),一个是圣保罗区的驴背村(5 人)。69 个华人分布的地方,华人少于 50 人的竟达到 40 个地方。这种情况可以充分说明华人的生存能力、渗透能力和分布地域的广泛性。

留尼汪岛各地人口与华侨人数统计(1961 年*)

地区	人口总数	华侨人数
圣但尼(St. Denis)	65 205	1 642
圣皮埃尔(St. Pierre)	35 903	608
圣保罗(St. Paul)	35 538	796
圣路易(St. Louis)	29 335	640
顶磅(Le-Tampon)	24 044	253
圣约瑟夫(St. Joseph)	20 043	338
圣安德列(St. Andre)	19 260	399
圣贝努瓦(St. Benoit)	16 390	390
圣累(St. Leu)	16 271	265
港口市(Le Port)	14 966	372
圣玛丽(Ste. Marie)	11 533	122
圣苏珊(Ste. Suzanne)	10 114	176
小岛镇(Petie Ile)	7 325	100
布司桑(La Possesion)	6 747	59
沙拿芝(Salazie)	6 597	56
监池镇(Etang-Sale)	5 704	72
巴拍朗(Bras-Panon)	4 792	49
圣玫瑰(Ste. Rose)	4 606	41
三潭市(Trois Bassin)	4 217	89
爱维昂(Les Aviron)	4 124	46
昂都特(L'entre-Deux)	3 610	55
圣菲利普(St. Philippe)	2 957	22
宝美士平原(Plaine Des Palmistes)	1 969	38

资料来源:何静之编著:《留尼旺岛华侨志》,第 27—28 页。

* 原书中注明此数为“1961 年各区人口总数与该区内华侨人数”,但华侨总数却与后表相同,均为 6 628 人。

留尼汪岛华侨分布地区及数目(1962 年)

地名*	人口	地名	人口
圣但尼市(La ville de St-Denis)	1 328	圣告奴哲(Canons et Sainte-Clotide)	127
升旗山(La Montagne)	32	布列塔尼(La Bretagne)	36
枇杷木村(Bois de Nefles)	12	到文祖(Donmenjod)	25
圣弗朗索瓦(Saint-Francois)	16	雨河(La Riviere des pluies)	42
贝呢(Brule)	18	莫卡(Moka)	6
圣但尼区共计华侨 1 642 人			
圣玛丽(Sainte Marie)	65	当高(Commune d'Ango)	14
拿马及红木村(La Mare)	57	加昂(Commune Carron)	10
圣苏珊(Sainte Suzanne)	86	布力(Beauford)	12
巴嘉爹(Bagatelle)	16	法兰西区(Quartier-Francais)	38
圣苏珊区共计华侨 298 人			
圣安德烈市(Saint Andrè)	293	旗竿河(Riviere du Mât)	21
监不士当(Cambuston)	58	沙拿芝(Salazie)	24
巴地舍域(Bras de Chevrettes)	27	意布(Hell-Bourg)	32
圣安德烈区共计华侨 455 人			
巴拍朗(Bras Panon)	49	宝美士平原(Plaine des palmiste)	38
石河(Riviére Des Roches)	28	圣安娜市(Sainte Anne)	52
圣贝努瓦市(Saint-Benoit)	274	圣玫瑰市(Sainte Rose)	41
巴加律(Bras Canot)	36		
圣贝努瓦区共计华侨 518 人			
布司桑(Possession)	29	枇杷木(Bois de Nèfles)	118
加里河(Rievere des Galets)	13	比劳曼(Bellemene)	24
圣特艾士(Sainte Thérèse)	12	记坎(Le Guillaume)	89
驴背村(Dos-D，Ane)	5	上圣毡(Saint-Gilles-Hauts)	126
港口市(船坞)(Le Port)	372	拿沙连(La Saline)	100

续 表

地名*	人口	地名	人口
圣保罗市(Saint-Paul)	264	秉里加(Bernica)	26
夏湾拿(Savannah)	28	下圣毡(St. Gilles Les Bains)	39
圣保罗区共计华侨 1 227 人			
圣累市(Saint-Leu)	103	拿沙笠(La Chaloupe)	97
澳拔辣(Le Plate)	36	三潭镇(Trois-Bassins)	89
罗必当(Le Piton)	29		
圣累区共计华侨 354 人			
爱维昂(Avirons)	46	圣路易河(La Riviere)	196
监池镇(Estang Salé)	72	高卢奥(Gol le Haut)	20
圣路易市(Saint Louis)	371	司拿柯士(Cilaos)	53
圣路易区共计华侨 758 人			
圣皮埃尔市(Saint Pierre)	495	山羊坑(Ravine-Des-Cabris)	48
大木镇(Grand Bois)	65	昂都特(Entre-Deux)	55
担邦镇(Le Tampon)	186	绿山(Mont Vcrt)	48
加菲平原(La Plaine-des-Cafres)	67	小岛镇(Petite-Ile)	52
圣皮埃尔区共计华侨 1 016 人			
圣约瑟夫市(Saint Joseph)	252	温桑都(VIncendo)	34
朗治温(Langevin)	22	圣菲列(Saint Philippe)	22
里尼安(Les Lianes)	30		
圣约瑟夫区共计华侨 360 人			
留尼汪岛共有华侨 6 628 人			

资料来源:何静之编著:《留尼旺岛华侨志》,第 21—25 页。

* 有的地名根据原有译名,有的地方根据现有译名。原文将九个大区称为“县”,均改为“区”。

需要说明的是,上表所登记的 6 628 名华侨是 1962 年的数字,留尼汪华侨青年及当地可口可乐汽水厂推销员(多为华侨青年)于当年秋天分区调查所得。然而,如果按照当地户籍处的登记,全岛有中国人姓氏的居民人数约有 15 000 人，这些人中间有相当一部分即 8 000 多人是早期来留尼汪的华侨或劳工与当地妇女所生的华裔，目前已是第三、第四代了。此处登记的是依然保持着中国人生活习惯的华侨。①

（三）马达加斯加华人的分布

马达加斯加的华人从 19 世纪起就在此地居留。如前所述，1949 年中华人民共和国成立后，从中国移民马达加斯加的华侨华人有所增加。1951 年，马达加斯加的华侨华人共有 4 900 人，到 1961 年，华侨华人已达 8 900 人，十年内人数增加了 4 000 人。这种人数的增加主要有两种原因：一是自然增长率使然；二是从国内迁移过去的，或是为了继承遗产，或是投亲靠友，或是为了找职业。② 我们注意到，在 1966 年，马达加斯加华人人数已达 9 000 多，然而，到 1975 年，人数降至 4 500 左右。一个主要原因是马达加斯加实行社会主义革命和国有化，导致大批华人迁移到其他国家。

根据斯拉威斯基自己的调查研究，1966 年马达加斯加的华侨人数为 9 069 人，其中六个地区的统计分别如下：

马达加斯加华人人数分区统计(1966 年)

地名	人数
塔马塔夫	3 321
塔那那利佛	1 804
迭戈苏亚雷斯	1 985
菲亚纳南楚阿	1 615
图莱亚尔	252
马任加	92

资料来源：Leon M. S. Slawecki, *French Policy Towards the Chinese in Madagascar*, p. 55.

---

① 何静之编著：《留尼旺岛华侨志》，第 26 页。

② 方积根、李秀华：《马达加斯加华侨的历史与现状》，载方积根编：《非洲华侨史资料选辑》，第 75 页。

马达加斯加华人人口城乡分布(1975年)

地名	人口总数	城市	农村
塔那那利佛	1 005	848	157
塔马塔夫	1 449	1 096	353
菲亚纳南楚阿	726	552	174
马任加	51	49	2
迭戈苏瓦雷斯	715	527	188
图莱亚尔	93	79	14
总计	4 039	3 247	792

资料来源:方积根、李秀华:《马达加斯加华侨的历史与现状》,载方积根编:《非洲华侨史资料选辑》,第73页。

上表说明了三个问题:第一,居住在城市里的华人远比在乡村的多。从华人总数看,80.4%以上住在城市,住在农村的只占华人人口的19.6%。第二,华人主要集中在大城市,包括首都塔那那利佛,还有塔马塔夫、菲亚纳南楚阿以及另一个港口城市迭戈苏瓦雷斯。居住在这些大城市的华人占了总数的绝大多数。第三,塔马塔夫的华人最多,比首都塔那那利佛的要多。因为塔马塔夫是一个海港,历来是华侨华人抵达马达加斯加的第一站,早期的华人社区从这里发展起来,各种社团组织也是以此为轴心向其他地区扩展。近些年来,随着华人的增多和首都经济的发展机会增多,塔那那利佛的华人人数逐渐超过了塔马塔夫。马达加斯加西部华人较少的主要原因是印度人早已在此定居,他们在经商方面远远超过了华人。

(四) 毛里求斯华人人口与职业分布

毛里求斯的情况与马达加斯加相似,大部分华人集中在路易港及周边地区。1861年,华人总数为2 006人,在路易港有1 520人,占总数的75%。1972年,居住在路易港的华人为12 787人,占华人总数的53%,其余分布在八个地区。

1861 年和 1972 年毛里求斯华人分布情况

区名	1861 年	1972 年
路易港	1 520	12 787
庞普勒穆斯	224	617
朗帕尔河	8	387
弗拉克	33	644
大港	7	976
萨凡纳	16	485
黑河	31	406
威廉平原	92	7 307
莫卡	75	478
总计	2 006	24 084

资料来源：李卓凡：《西印度洋华侨史》，方积根编：《非洲华侨史资料选辑》，第 114 页。

毛里求斯华人早在二战前即开始向制造业进军，成立了各种中小型家族企业，包括面包、酿酒、烟草、火柴、糖果点心、地板蜡、蜡烛、意大利通心粉、胶鞋、制衣、建筑、家具制造、黑胶和密纹唱片、肥皂等行业。然而，在 20 世纪 30 年代，华人小卷烟厂受到英美烟草公司的排挤而一蹶不振，二战后面包行业的机械化也使大量华人面包厂关闭。然而，毛里求斯的华人总是能在各种困境中求生存，谋发展。尽管一部分华人涉足各种制造业，但绝大部分华人仍然以经商为业。20 世纪 80 年代初的毛里求斯华人已拥有 3 500 余家商店，遍布全国各地，但一半以上集中在首都路易港。20 世纪 60 年代在非洲进行过调研的萧次尹先生认为：

该岛出产蔗糖、抽麻（又名龙舌兰或芦荟）、酒精、茶叶等，销于英属各地，而粮食及其他日用品，均全部仰给外来，而成为一庞大销场，华侨即为经营此种庞大销场的中介商，所以华侨什货商，遍于全岛各地，凡一千五六百间，无形中握住了商业的牛耳，成为繁荣该岛的支柱。因此，华侨在该岛的经济地位，举足轻重，为当地政府与各民族所重视。①

20世纪80年代，一位毛里求斯华人经济学家林满登爵士（Sir Edouard Lim Fat）提出设立工业出口加工区的建议得到政府的重视，这一加强制造业的政策为华侨华人提供了更多的机会。然而，也正是从这一时期起，华人零售店铺开始丧失其在毛里求斯经济领域的突出地位。一位当地作者在她的新作里指出了20世纪60年代华人商店的重要性以及毛里求斯逐渐变化的场景：

> 60年代，中国商店在一个地区通常最早拥有电视、电话、甚至汽车。商店老板会与店里的老主顾分享这些“奢侈品”。在遭遇去世、生病或失业等重大打击时，他们常常会向中国商店求助。如今，中国商店遍布毛岛的时代已经过去，它们因各种原因无人继承而逐渐消失。社会不断发展，商店老板们的后代都成了会计、律师、医生、工程师或计算机专家，在城里定居。他们中的很多人甚至离开毛岛，定居他乡，寻求更美好的生活。随后，超市和大型仓储超市的出现改变了商品供销模式。面对超市的竞争，一些坚持经营的中国商店似已失去存在的意义。然而，对中国商店的记忆却已经深刻在毛岛民众心里，成为毛里求斯重要的社会文化遗产。②

这种变化要归结于多方面的因素：一是华人的经济触角已伸向各个方向和不同领域；二是当地人开始在零售业方面发展，形成较强的竞争力；三是超市等新型经营方式的出现；四是华裔特别是第三、四代华裔已不再满足于求生存，他们的视野超出了店铺生意。

我们可以发现，华侨华人集中的地区在城市，而不是乡村。华侨华人最集中的城市往往是一个国家的首都和一个地区的首府。例如，在南非，约翰内斯堡一直是华侨华人最多的城市，其次是比勒陀利亚、开普敦

① 萧次尹编著：《非洲华侨经济》，第99—100页。

② Pascale Siew：《唐人街：毛岛往事》，第75页。

这些重要的政治经济中心，以及德班、伊丽莎白港、东伦敦、金伯利等重要城市。毛里求斯的路易港是早期华侨抵达该岛后的第一个落脚点，也是华侨向全岛各地辐射的轴心城市。留尼汪的圣但尼以及后来的圣皮埃尔都华侨的集中地。马达加斯加的塔马塔夫和塔那那利佛一直是华侨华人的中心城市。在莫桑比克，贝拉港和马普托从葡萄牙殖民统治时期就一直是华侨华人的聚居地。同样，津巴布韦的哈拉雷和布拉瓦约、肯尼亚的内罗毕和蒙巴萨、坦桑尼亚的达累斯萨拉姆、安哥拉的卢安达等城市既是华侨华人抵达这些国家后的第一站，也是华侨华人人数最多的城市。

如果我们认为华侨华人只是待在城市，那就大错特错了。实际上，他们往往是在一个大城市定居下来，不仅因为这里人多，机会多，也是因为这里是政治经济中心，政府机构集中，各种信息多，谋生和发展的条件比其他地方更有利。在后来的发展过程中，他们寻求一切机会，向各种人群聚居区发展。除了马达加斯加的农村地区有大量的华人店铺外，毛里求斯、留尼汪的华人向甘蔗种植园进军即是典型的一例，20 世纪 80 年代南非的特兰斯凯等“黑人家园”投资又是一例。

五、新移民：一个不断流动的群体

（一）台湾农业援非的“先锋案”

华侨人口变化的另一个因素是台湾来的华商或投资者日益增多。这一趋势与 20 世纪 60 年代台湾在美国支持下对非洲的农业技术支持有关。台湾于 20 世纪 60 年代初开始对非洲国家开展的“农技外交”是特殊历史时期的产物。正如龙向阳教授所指出的那样，“它是当时美国、台湾、非洲新兴国家三方利益交集和政治考量的一种呈现”。[①] 这一被称

① 龙向阳：《中国台湾与非洲的关系（1950—2016）》（手稿），第 69 页。有关台湾对非洲技术援助的系统研究，可参见王文隆《外交下乡，农业出洋：“中华民国”农技援助非洲的实施和影响（1960—1974）》，台北：政治大学历史系，2004 年。

为“先锋案”的援助计划由美国精心策划并实施领导，台湾只是具体运作者。对此，刘晓鹏博士已有专文精辟论及。[①] 根据一项1967年的统计，台湾派出农技团的23个国家中，有18个（含利比亚）是非洲国家（后来又有所增加）。由台湾派出的援助人员包括在撒哈拉以南非洲的513名农技专家，还有在利比亚的228名工程人员。到1970年，台湾在非洲的工作人数已超过800人。这个由美国出金钱、台湾出人力援助非洲农业的冠冕堂皇的“三赢”计划（台湾由此获得非洲选票、非洲学习精耕技术、美国可由此安抚蒋介石的躁动），结果并不圆满，“至于解决非洲粮食问题，从来不是这个计划中最重要的考虑”。[②] 笔者在此不想对“先锋案”作过多解读，只希望在台湾援非农技团与后来在这些受援国投资并居留的台湾华人间建立起某种联系，以说明此案的实施很可能对台湾投资者和华商走进非洲起到了某种推介作用。

“先锋案”最早是向利比里亚派出的农技团，时间是1961年11月28日。[③] “先锋案”涉及援助的国家还有博茨瓦纳（1968年2月1日）、喀麦隆（1963年，1964年11月7日）、中非共和国（1968年11月13日）、乍得（1965年4月17日，1968年8月16日）、达荷美[④]（1963年3月10日）、埃塞俄比亚（1963年8月21日）、加蓬（1963年10月23日）、冈比亚（1966年6月11日）、加纳（1968年11月1日）、象牙海岸[⑤]（1963年3月15日，1968年4月2日）、莱索托（1969年1月24日）、利比亚（1962年3月4日）、马达加斯加（1966年12月20日，1969年4月15日）、马拉维（1965年12月24日）、毛里塔尼亚（1965年10月10日）、毛里求斯（1969

---

① 刘晓鹏：《从非洲维护美台联盟：重新检视“先锋案”》，《台湾史研究》，2007年第14卷第2期，第161—181页。

② 同上文，第164，178页。

③ “先锋案”（Vanguard Project）的加快推行主要受到两个因素的影响：1960年第十五届联合国大会的投票状况和1960年9月中华人民共和国与几内亚签订经济技术合作协定并于11月派遣农业技术专家到几内亚的行动。

④ 即今贝宁。

⑤ 即今科特迪瓦。

年10月10日)、尼日尔(1964年7月27日)、卢旺达(1964年1月30日,1968年8月1日)、塞内加尔(1964年4月29日)、塞拉利昂(1964年6月15日)、斯威士兰(1969年9月23日)、多哥(1965年8月6日)、上沃尔特[①](1965年4月15日)、扎伊尔[②](1966年8月12日)等国。[③] 在整个过程中,台湾充当着美国对华冷战的工具,但也在为自己的利益——在联合国获得非洲国家的支持——而努力。"先锋案"从1961年开始,到1974年结束。

(二)"先锋案"的牵引效应

在受到台湾"先锋案"援助的非洲国家中,相当多的国家在接受援助后的时间里,华侨人数迅速增加。有的国家的华侨几乎全部由台湾派去。石油是利比亚的经济命脉和主要产业,20世纪50年代发现石油以来,石油开采发展很快,炼油工业迅速崛起。虽然利比亚资金充足,政府也有意发展,但缺乏各种人才,为此,利比亚一方面鼓励教育,专家人才则从国外重金引进,以推进各方面计划的实施。当时,台湾不断向该国派出各方面专家,包括医务、工程建设、港务、公路以及民航各界。这里的工资及待遇远比其他地方好,年薪高者达3 000利镑(约为8 000余美元),最低之护士也有2 500美元左右。随同抵达的眷属待遇也不错,利比亚负责交通和宿舍,每两年休假两个月。1968年,在利比亚工作的来自台湾的侨胞已有数百人。[④] 台湾华侨在利比亚人数最多时达2 000余人,有的期满后回台湾,也有人根据该国条件决定居留。1977年,利比亚

---

① 即今布基纳法索。

② 即今刚果民主共和国,刚果金。

③ *Sino-African Technical Cooperation*, "Attachment IV Technical Missions Sent to Africa A. Under Project 'Vanguard', Agricultural Missions", Secretariat, Sino-African Technical Cooperation Committee, Republic of China, 1972, p. 71; *Technical Missions of the Republic of China in Africa and Other Areas*, Secretariat Sino-African Technical Cooperation Committee, Republic of China, June 1969 - 1971.

④ 华侨经济年鉴编委会:《华侨经济年鉴1968年》,台北,1968年,第515页。

的华侨有 600 人。①

在随后的日子里，其他多个非洲国家的华侨人数均有大量增加。有的非洲国家以前没有华侨，台湾援非“先锋案”之后，出现了人数不少的华侨，这无疑是台湾“先锋案”的一种牵引效应。从后来华侨在多个非洲国家移民或投资的情况看，不少非洲国家的华侨人数增长与台湾 1960—1974 年的“先锋案”有正相关关系。换言之，20 世纪 60 年代开始的台湾对非洲国家的农业技术援助在一定程度上推动了台湾的华商或投资者在 20 世纪 70—80 年代向非洲的移民趋势。这一点我们将在下一章论及。

（三）非洲的华人新移民

具有经商敏感性的台湾华人很快发现非洲是他们的优先选择之一。在非洲各地新一代的华人移民中，台湾华商占有很大的比例。前面已经谈到 20 世纪 80 年代最后几年内南非给予台商投资移民的永久居留权配额大大增加。1984 年，南非的华侨为 8 850 人，到 1990 年增至 2 万人。1994 年，南非的台湾华侨约 7 000 余人；斯威士兰的华人有 200 人，其中台湾华侨为 160 人。1994 年底，科特迪瓦有华侨及侨商 135 人（不包括持有香港居留证、英国及东南亚国家护照的华人），其中 100 人系台湾前往者；莱索托的华侨已达 1 000 余人。这些华人中有一些是南非华裔，但绝大部分来自台湾。此外，马拉维、加纳、尼日利亚、利比里亚等地的台湾华商也都有一定规模。②

到 21 世纪，台湾在非洲的移民继续增长。2003 年，根据台湾方面的统计，南非的华侨华人约为 4.5 万人，其中台湾华商为 1.5 万人。关于台湾移民在非洲特别是南非的投资情况，将在下面章节分析。在南部非洲小国斯威士兰和莱索托，2003 年的数据表明，这里的台商相当多。莱索托的华侨华人达 6 600 人，台湾投资者为 600 人左右；斯威士兰的华侨

---

① 华侨经济年鉴编委会：《华侨经济年鉴 1977 年》，台北，1977 年，第 458 页。

② 参见华侨经济年鉴编委会《华侨经济年鉴》（1991—1995 年）。

华人为 1 700 人，台湾来的约为 200 人。① 这两个小国之所以有如此多的华侨华人，一方面是台湾 20 世纪 60 年代的农耕队打下了基础，从而不仅使台湾各界知道这两个南部非洲的小国，而且这些农耕队的成员很有可能后来回到这两个国家居留或投资。当然，南非从 20 世纪 80 年代吸引外资的特殊政策对这两国华侨人数的增加也应有某种刺激作用。

中国大陆到非洲的新移民主要从 20 世纪 90 年代开始。这些新移民中既有直接从大陆迁移过去的，也有从欧洲地区再移民过去的。以浙江省青田县人为例。早在清朝时青田人就开始向海外移民，他们可以说是遍布世界各地。从 20 世纪 90 年代起，青田人又开始向非洲移民。根据统计，1995 年，青田人在非洲的侨民有 231 人，但到 1996 年底，非洲的青田人已达1 231 人。

青田人在非洲的分布(1995—1996 年)

国名	人数	
	1995 年 12 月	1996 年 12 月
利比亚	26	50
阿尔及利亚	37	57
佛得角	35	50
刚果	108	142
乌干达	13	13
加蓬	12	12
多哥	—	112
赤道几内亚	—	388
喀麦隆	—	407
共计	231	1 231

资料来源:《青田县旅居世界各国和地区华侨华人统计表》，转引自张秀明:《青田人出国的历史与现状初探》，《华侨华人历史研究》，1998 年第 3 期。

① 中华经济研究院编:《华侨经济年鉴欧非篇 2002—2003 年》，第 240—241，249—252，259—261 页。

从上表可以看出，青田人移民非洲的增长速度是非常惊人的。在一年的时间内，增长了400%之多，迁移的目的地也由6个增加到9个。从20世纪90年代初以来，中国大陆移民非洲的越来越多，并明显呈上升趋势。除青田人外，从上海、浙江和南部沿海地区来的新移民较多，也有从北京和东北地区来的。在南非的北京新移民还成立了自己的联谊会。

我们前文主要涉及的是四个极为传统的华侨移民国家(地区)，毛里求斯、马达加斯加、南非和留尼汪。中国的改革开放所释放出来的能量大大推进了国人移民海外的速度，拓展了华侨华人的移民范围，一些新的目标国开始出现。我们在这里以西非小国贝宁为例。

贝宁现有的华侨华人大部分是最近几年从中国大陆出去的新华侨，在当地时间最长的也不过十年左右。他们主要来自上海、浙江、福建等沿海地区，另外北京、东北也有一小部分。这些人分为两种：一部分年纪较轻，文化水平不高，主要是通过投亲靠友来到此地的；另一部分是看好贝宁市场，前来投资经商、办厂的。此外，也有一些贝宁留学生在华学习期间与中国人结婚，毕业后带着中国配偶回到贝宁定居。中国人在当地主要从事贸易、餐饮等行业，也有人开诊所、办工厂，规模普遍较小。经营贸易多是小本经营，以批发国产轻纺产品为主，个别兼营零售。办厂的主要生产凉席、塑料袋等。

当地华侨华人主要集中在首都科托努。科托努现有六家中餐馆，其中两家是旅越华侨开的，三家为大陆人所有，均为一家人独自经营，另外一家是泰国人经营，香港人作厨师。一位东北人还在科托努开设了一座娱乐中心，设施包括桑拿、卡拉OK、酒吧。餐饮业主要集中在使馆所在的富人居住区。华人企业经营状况普遍良好，大部分人依靠自己的聪明才智和辛勤劳动在竞争激烈的当地市场站住了脚，为活跃市场，促进当地经济建设发挥了积极作用。然而，当地华人尚未形成自己的社团组织。由于处于创业阶段，生活节奏较快，除亲戚同乡外，相互之间往来不多，居住也较分散。近两三年来，到贝宁来的华人越来越多。随着人数日新增多，也发生一些纠纷，但总的来说，华人在当地还是安分守己的。当地政府和老百姓对华人印象良好，华人与当地人之间也比较和睦。①

我们注意到，从 1995 年到 2015 年的 20 年里，中国大陆移民非洲的日益增多。这种移民非洲的势头主要有以下原因：中国改革开放释放了广大民众移民海外的积极性，他们希望了解这个充满神奇感的大陆。中国企业和事业单位的改制使得相当大的一批人陷入困境，或是将他们彻底解放出来，他们需要寻找新的创业机会。同时，中国企业也将目光伸向非洲，因为那里有他们需要的市场和丰富的自然资源。非洲国家也在寻找新的商业机会和投资者，它们对外来移民和投资采取相对开放的态度。与此同时，西方国家提高了移民的各种条件，进一步加强了审批手续。在这种情况下，中国人移民非洲是一种自然的选择。然而，近两年来非洲华侨华人中出现了一些新情况。男性移民需要成家、赚了钱无人继承开始思乡、子女教育、经济不景气、社会治安不理想、部分非洲国家货币贬值使生意难做以及一些国家的签证开始收紧，这些情况促使一些华侨返回或再迁移。② 以安哥拉为例，伦敦大学亚非学院正在进行的一项调查表明，安哥拉的中国移民在 2015 年经济困境后出现了大量回国的情况，中国人的数量下降了 40%—50%，而且还在继续下降。③ 同样的事也发生在南非和尼日利亚等地。在毛里求斯，大量的青年一代华裔在国外接受了高等教育后直接在国外找到工作，致使毛里求斯华人人数大量减少，目前人数由原来的 3 万减少到 1.8 万。④

---

① 李安山：《非洲华侨华人史》，第 476—477 页。资料主要引自外交部官员朱京先生致笔者的私人通信（1999 年 4 月 11 日）。笔者对朱京惠寄资料表示由衷的谢意。

② 陈肖英：《南非中国新移民面临的困境及其原因探析》，载张秀明主编、乔印伟副主编：《追逐梦想：新移民的全球流动》，第 474—489 页；李新烽：《非洲华侨华人数量研究》，《华侨与华人》，2012 年第 1—2 期，第 7—12 页。

③ 卡罗斯·奥亚致笔者电子邮件（Carlos Oya to Li Anshan，2017 年 01 月 25 日 16:26:12）。

④ 沙伯力致卡罗斯·奥亚的电子邮件（Barry Sautman to Carlos Oya，2017 年 01 月 25 日 18:42:08）。

六、结论

在这一时期,非洲华人的增长成为一种常态,在华人人口变化方面有三种表现:这一时期出现了华侨华人增长的三次小高潮;华侨华人的性别比例逐渐平衡;老一辈华人中持有中国国籍者日益减少。

二战后直到20世纪50年代是第一个移民高峰期,在马达加斯加、留尼汪、毛里求斯、葡属东非和南非都是如此。从20世纪70年代起,从香港和东南亚等地移民非洲的人数开始增加,他们迁入南非、尼日利亚、加纳等国家,这是第二次高潮。20世纪80年代起是第三次高潮,从台湾和香港等地区移民非洲(特别是南非)的人口猛增。这与当时南非的鼓励投资移民的政策有关。华人男女的性别比例在这一时期逐渐趋于平衡。

华侨华人中的男女性别比例逐渐趋于平衡,这是二战后非洲华人社会的另一个特点。以前由于性别比例差异过于悬殊而出现了混血家庭,克里奥尔华裔人数增多,但这一现象在二战后逐渐减少。

老一辈华人中持有中国国籍的人口益减少,这是这一时期的第三个特点。值得注意的是,这种情况主要是指老华侨集中的几个国家和地区,如南非、毛里求斯、马达加斯加和留尼汪。一方面是非洲各国的国籍政策大多采取出生地政策,日益增多的华裔理所当然地成为当地人。老华侨因各种实用主义考虑,也多申请当地国籍。然而,他们始终保持着政治认同(当事国)与文化认同(中国)的双重认同。在非洲其他国家,新移民的出现改变了这一状态,大部分来自中国的新移民都保持着中国国籍。

最近几年出现的中国人从非洲回流的现象引发了学者的讨论。有学者据此认为“非洲华侨华人的数量不会继续增加,而会在目前的数量上略有减少”。[1] 笔者在一篇文章中提出了不同的看法。笔者认为,尽管

---

① 李新烽:《非洲华侨华人数量研究》,《华侨与华人》,2012年第1—2期,第11—12页。

存在着各种实际问题，中国移民返回中国的现象也确实存在，最近非洲一些国家货币贬值直接影响到移民的收入，回流现象相对明显。然而，中非经济关系的基础有望从贸易转到包括贸易、投资和金融等方面的多方位的合作。随着中非经济关系的提升，建立在中非产能合作基础上的投资会大大加强。此外，中非民间交往与文化交流也将促进中国人到非洲从事各种活动。大部分非洲国家仍愿以宽松的移民政策吸引外资。从各种迹象看，非洲华侨华人的数量仍会持续增加。①

① 李安山：《国际政治话语中的中国移民：以非洲为例》，《西亚非洲》，2016 年第 1 期，第 76—97 页。

第二十章　非洲华人经济：守成与开拓（20世纪50—60年代）

毫无疑问，华人在马达加斯加商业中处于举足轻重的地位，特别是在零售商方面……此外，并非所有的华人都在经商，他们中有的已经成为种植园主。他们善于耕种自己开垦的肥沃土地。无论是从马尔加什人或是华人的真正利益的角度看，缺乏更多的华人从事他们所擅长的农业生产是令人遗憾的。面包及糕点制造业吸引了越来越多的华人。在上述大部分城市里，人们发现一个甚至多个华人已经从事这方面的职业。另一些华人则开设了中式餐馆或汽水制造厂。

——斯拉威斯基

帕斯卡尔先生是这样解释的："留尼汪大商店联合会的代表——中国人，他们是天生的商人，而不是形式上的商人。他们在欧洲旅行时，就发现了这种新的出售形式。回到留尼汪后，便开设第一批无人售货商店。当然，商店的能力是有限的，但这为后来设立超级市场作了尝试。"

——多米尼克·迪朗、让·亨顿：《留尼汪华侨史》

战后以来，非洲华人的经济一直稳步发展。从根本上来说，非洲华人经济的发展是对居留国的贡献。在原来华人较多的国家和地区，华人对当地经济发展的贡献分为两个层次:第一,在非洲居留时间较长的华人以经商为主要职业,为激活国内外贸易、连接国内各地经济、沟通城乡之间关系做出了自己的贡献。第二,20 世纪 60—70 年代,少数华商从香港、东南亚和台湾等地移民非洲,开始新的创业。这些华商的投资使自己的企业有了较快的发展,同时这些新的产业既为所在国解决了一部分就业问题,也为这些国家赚取了大量外汇,从而为当地经济发展做出了贡献。

一、商贸地位的巩固和制造业的开拓

非洲早期华人基本上是从肩挑串户摆摊设点从事商贸经营开始的,并逐渐形成势头。毛里求斯、留尼汪、马达加斯加、南非以及随后遍布非洲大陆的华商以各种方式从事各种贸易活动,并打下了属于自己的一片天地。由于形势的变化、超市的出现、职业分布多样化以及青年华裔的外流等各种因素,这种经商传统虽然并未全部传承,但也在各地一直保持下来。

(一) 马达加斯加的商贸传统

马达加斯加的华人经济一直以经商为主。在独立以前,马达加斯加殖民政府对外籍侨民的经济活动多有掣肘,很多职业仅法籍人或本地人可以从事。华侨的对策是以法籍人或以当地妇女的名义申请执照,自己掌握实际经营权。在 20 世纪 50 年代,仅 5 000 余人的华侨中竟有大小商店 1 500 余家。全岛 5 省 58 县,华侨商店遍及 48 县。[①] 1960 年,马达加斯加赢得独立,华侨的经济生活有所发展,当时台湾向马岛派出农耕队,并帮助发展当地的竹木器制造业。1972 年马达加斯加发生政变,随后进行的社会主义运动对华侨经济有一定负面影响。根据 1951 年的人

① 萧次尹编著:《非洲华侨经济》,第 128—130 页。

口普查，当时的华侨多从事商业。

马达加斯加华人的职业分布(1951年)

职业	人数
商业	2 181
工业	41
农林渔业	34
运输业	12
教员	7
军人	1

资料来源：Leon M. S. Slawecki，*French Policy Towards the Chinese in Madagascar*，p. 63.

从上述数据可以看出，马达加斯加华人主要集中在商业经营。华人就职人数为2 276人，其中经商者为2 181人，占总数的95.8%。这种情况似乎一直保持至今。根据《华侨经济年鉴1958年》的研究，马达加斯加华人的商店并不算多。然而，马达加斯加的华人经商有三个显著的特点：其一，他们的商店分布极广，在该岛5个省包括58个县，48个县有华人店铺，这一点其他各国的华商均无法比拟。除马达加斯加西部的马任加、图里亚拉等地属印度人势力范围外，其他各地华人商店均占优势，且把握了经济重心。其二，华人的零售商遍布农村各地，并兼具收购土产之业务。这样，兼收当地土产成为华商的主要赢利之道。其三，马达加斯加全岛有6项主要土特产，其中4项(咖啡、云尼剌豆、丁香和丁香油)的经营收购转售欧洲商人的业务操于华人商店之手。①

这些统计表明，当时马达加斯加从事各类经济活动的华人为绝大多数，其中经商的又占90%以上。虽然后来的情况不断发展，华人经济活动的多元化也十分明显，他们从商业贸易领域逐渐散布到其他第三产业，然后扩展到其他领域。根据1959—1960年的一份针对马达加斯加6

① 华侨经济年鉴编委会：《华侨经济年鉴1958年》，台北，1958年，第724页。

个大城市的调查报告,97.9%的华侨从事第三产业(包括商业、交通业和服务业)的经济活动。[①] 然而,华人主要经商的这一趋势一直延续下来。马达加斯加的华人虽然起步较晚,但他们以自己特有的方式逐渐在马达加斯加站稳了脚跟,并开始在这里起着十分重要的作用。

(二) 毛里求斯华人商业及其困境

前面章节已经提及,华人在毛里求斯商界的地位一直是不容置疑的。一方面,他们为当地民众提供了各种方便,提高了各个民族的生活水平;另一方面,他们通过与香港、澳大利亚以及欧洲各地的供货商的联系,开拓了毛里求斯的商业渠道。然而,20世纪50年代后期,由于时局艰难,竞争激烈,毛里求斯的华商遇到了各种困难。

当时的一篇由零售商写的时论分析了毛里求斯华商面临的五大问题:第一,失业人口增多,消费群体受到影响。失业群体的增加无形中导致商店的客源减少,华商的顾客受到影响。第二,商店数量激增。由于商店的数量近期内增加不少,从而减少了原有华人商店的客源,生意受到严重影响。第三,劳动者工资低。作者认为劳资双方关系一直未处理好。劳动者工资低导致消费力低,影响商场销售,使商店生意萎缩。第四,货源充足。毛里求斯独立以后,各种货物来源甚多,从而影响到各种货物的价格普遍低落。第五,商家互相倾轧。各商家之间竞争激烈,从而使用各种手段,或将商品贱卖,或是滥赊,导致商场动荡不已。文章要求各位华商"无论在若何情况下,决不贪做生意,而损害侨商大众的利益",并呼吁:"非团结我们侨胞,采取一致的行动不可。如果同过去一样,各自为政,一盘散沙,那么我们华侨商场的危机,诚不堪设想矣。"[②]这篇文章涉及的问题除第四点有些牵强外,其余都很到位,特别是点到了华商的根本问题:华商中的内部恶性竞争问题。

---

① Leon M. S. Slawecki, *French Policy Towards the Chinese in Madagascar*, p. 64.

②《在商言商:团结我们的力量,挽救侨商的危机》,[毛里求斯]《新商报》,1957年2月9日。

毛里求斯华侨主要进口商一览表(1954年)

	名称	业务	负责人
1	商联贸易有限公司	采办澳欧货品	朱梅彜
2	线业联营有限公司	专办各种线类	陈栢麟
3	华联入口有限公司	采办欧澳货品	李伯允
4	洲应有限公司	采办亚欧澳货品	朱梅彜
5	公兴父子有限公司	同上	陈逸棠
6	永生有限公司	同上	李伯允
7	龙标商号	同上	梁龙标
8	信昌隆	同上	李昌燊
9	广协成	同上	黎顺同
10	广洪昌	同上	崖洪常
11	裕丰公司	同上	黎于达
12	广源昌	同上	廖梅朋
13	广生昌	同上	黎润青
14	广华昌公司	同上	侯棣华
15	林发公司	同上	林普丁
16	永丰公司	同上	刘晓鸿
17	怡隆泰	采办香港货品	张豪
18	永泰庄	同上	张晧波
19	庆祥号	采办欧亚货品	吴庆祥
20	环球公司	同上	谢锡环
21	香港公司	采办香港货品	李廷稳
22	保和隆	采办属岛货品	陈荣辉
23	远源号	采办欧亚澳货品	萧缉初
24	新振隆	同上	吴相光
25	三友公司	同上	黄焕森
26	利民公司	同上	张普如

续　表

	名称	业务	负责人
27	锦生公司	同上	李锦生
28	梅东公司	同上	
29	顺成隆	同上	莫少清
30	联益隆	同上	吴澄兴
31	生聚公司	同上	陈埔能
32	泰康公司	同上	陈泰康
33	展昌	同上	
34	永生堂	同上	霍伯滔
35	振昌	同上	梁振祥
36	仁和号	同上	李承铁
37	昆根号	同上	萧昆根
38	平平公司	同上	
39	建泰庄	同上	廖梅朋
40	广生昌*	同上	黎润青
41	瑞生	同上	饶喜彝

资料来源:萧次尹编著:《非洲华侨经济》,第 108—111 页。

* 似乎与前面的广生昌相同,负责人也为黎润青,重复。

从事商业贸易的华人有的经营批发,有的是零售商或进出口商等。作为殖民地,毛里求斯经济在独立前期的最大特征是单一经济作物。毛里求斯的主要出口产品是糖浆及其以蔗糖为原料的朗姆酒,此外还有茶叶和苎麻,而进口的产品则从矿物原料到生活用品,还有各种机械、化学产品、车辆等。① 华人经商分为批发商与零售商两种,批发商往往具备较强的经济实力,各种社会资本较为雄厚。

1954 年,毛里求斯华人已有 19 159 人,除极少数从事医师、教授、老

① 萧次尹编著:《非洲华侨经济》,第 103—111 页。

师、记者或当地公务员外，几乎全部从事商业，分为进出口商、批发商和零售商，共有商店1 300余家。除集中在路易港市的40余家主要进出口商和30余家批发商外(进出口商往往也兼为批发商)，其余均为零售商。由于毛里求斯华商全部来自广东(约80%为客家人，20%为广府人)，加上从香港定期开往南非和南美的航线均在毛里求斯停靠，这些华商的商业往来对象亦以香港为多，因此，这些进出口商在交通和外汇方面较为便利。零售商分布在全岛各地，主要经营各类日用品、布匹、粮食及各种食物。一直以来，华人中的批发商与零售商互相配合，从而使得华人在毛里求斯商界的地位十分稳固。然而，双方的分歧在20世纪50—60年代出现了。这一点下面将详细论及。

个案：李允保的进口生意

李允保是毛里求斯商号永生号(Li Wan Po & Co.)的主人。其父李润兴于1895年来到毛里求斯，在贝隆(Bel Ombre)地区开设商店。1815年，他在回中国之前决定将处理生意委托给29岁的儿子李允保负责。李允保接管这一商店后，生意不断拓展。他先后又在路易港Magon街和La Reine街开设商店，生意越做越火红。1948年成立永生号，主要业务是进口并销售饼干、糖果酒类。李允保等一批华商为独立后的毛里求斯提供各种贸易服务。在毛里求斯仍以蔗糖这一单一作物为经济支柱的年代，他们以广泛的海外联系为毛里求斯民众的生活带来了保障。李允保共有16个孩子，13个儿子，3个女儿。由于他自己不懂外文，做生意吃了不少亏，因此特别重视子女的教育，尽可能将儿子送到国外留学，结果都学有所成。其中一个学药物学的学成后成为英国的大学教授，一个成为会计，另外四个成为医生，另外有三个儿子在他于1972年去世后接管了家族企业。他自己乐善好施，经常接济其他处境不好的商人。①

① Marina Carter and James Ng Foong Kwong, *Abacus and Mah Jong*, pp. 100 - 101; Pascale Siew:《唐人街：毛岛往事》，第180—181页。

(三) 留尼汪的华商

留尼汪的情况与其他两个岛屿的情况十分类似。华人在当地一直执商业贸易之牛耳,在留尼汪商品流通领域起着举足轻重的作用。华人主要经营食物、杂货、进出口及零售等商业业务,人数约占全体华人的90%。这些华人商店均有较好的条件,其中70%有自己的运货车及冷藏设备。华人的经济状况也比较富裕。据1958年统计,在当地约5 000辆汽车中,华人占有1 000辆左右。①

根据1961年的统计,在791家华人商店中,绝大部分是小商店,共有702家,占比88.7%。如果将其他的商店加上,它们占到商店总数的90%以上。② 这791个华侨店铺遍布留尼汪岛的各个地方,不论是市镇还是村落,都留有华侨店铺的印记。特别是702家杂货店,虽然名类一样,但实际上各有重点,有些偏重粮食供应,有的偏重熟食糕点,还有的着重收购当地的农副土特产。最重要的是,这些店铺品类齐全,商品包括粮食、鲜肉、蔬菜、生果、书籍、文具、炊具、农具、服装、家具、日用百货、电器、五金、建筑材料等,应有尽有。以上店铺中规模较大者如经营进出口的商号、大百货商店、制烟厂、制汽水厂等,因为当地各种法律的制约,大都是以法籍华裔的名义向当地政府申请开业的。有的杂货店也是以法籍人名义开设的,实际上,这些店铺的资金全都是华侨所有。因此,上述所有商号虽有法籍人士的名义,但财产权均属于当地华侨。

在留尼汪,负责批发的华人商家只有40家,约占总数的5.5%。虽然华人批发商在华商中占比很小,但他们已经在留尼汪整个进口行业的批发业务中拥有30%—40%的份额,占有不小的分量。战后,法国资本的流入导致了留尼汪各方面的变化,法国人对进出口贸易的控制给华商

---

① 华侨经济年鉴编委会:《华侨经济年鉴1958年》,台北,1958年,第725页。

② 何静之编著:《留尼旺岛华侨志》,第30—31页。原表的统计有误,总数应为791,而不是793。

造成了一定的困难，迫使华人对自身的商业结构进行调整。华人进行了两方面的调整：一方面，他们组织了采购小组，团结起来与进口商打交道，以防止进口商与华商一对一地贸易以获取高额利润；另一方面，华商也开始尝试经营进口商品。在这些新兴的批发商中，两大华商家族较为突出：一个是侯绍尧（Ah Yon）的永泰隆，另一个是侯兴长（Ah Sing）的广泰昌。侯绍尧出生于广东梅县，永泰隆经营的业务主要是从法国进口商品在本地销售。后来，他将弟弟侯绍城（Ative Edouard）从梅县接来帮忙。1961 年，侯绍尧去世前将公司业务以及两个儿子侯永皇（Ah-Yon George）和侯永承（Ah-Yon André）托付给弟弟。侯绍城于 1968 年回到故乡访问，再次发现商机，并开始从留尼汪进口中国大陆和中国香港的食品。他回忆："那时我们 80％的商品来自法国本土，只有 20％来自中国，但后者的利润更高，因为在本地非常罕有，而法国食品之间的竞争十分激烈。当年在物流并不发达、储藏设备不太先进的情况下，我们比其他中国商人更早开始进口生鲜食品。"①

个案：批发商侯兴长的故事

侯兴长出生在留尼汪，其父侯天赐将年仅 11 岁的他带到中国接受教育。1949 年，18 岁的侯兴长回到留尼汪。七年的中文教育在他身上取得了显著的效果。当他在 1990 年接受采访谈及这段时光时，他怀着对故乡的深厚感情，"当时我的老师们在教室里各个角落都张贴了一些中文的明言古训，有很多我到现在都难以忘怀，比如'事业如逆水行舟，不进则退'"。他重返留尼汪后，需要重新了解这片自己童年生活的土地上的语言、思想以及生活方式。他先在佩蒂岛一个叔叔的店铺里打了两年工，随后正式接管了圣但尼的侯氏家族产业。他的弟弟侯元长（Camille Ah-Sing）担任副手，这对兄弟搭档从此投身于振兴父辈留下的事业中。这家位于 Maréchal Leclerc 街上的店铺成为他们事业发展的最初成就。1953 年，侯兴

① 汤曼莉编著：《海上传奇：留尼汪华人华侨志》，第 82—83 页。

长开始从事批发,并将经营的杂货铺迁到了圣但尼的中心商业区。几年以后,侯氏兄弟又在另一条人口更多的大街上建起了新店铺,继续经营食品批发。从70年代开始,他们的经营范围逐渐扩大,开始涉足家用电器,如空调机等。他们的供货渠道多元,主要是从欧洲、毛里求斯、马达加斯加以及香港进口货品。①

留尼汪的华商逐渐掌握了全岛约30%的进口贸易业务。圣但尼市共有20名进口商,华人占了12名。圣皮埃尔市有进口商14名,华人占7名。他们在法国与中国之间进行着各种贸易,并逐渐建立了稳固的关系。② 关于华人进入批发商领域,迪朗和亨顿是这样评论的:

> 如同留尼汪的商业发生变化一样,商店也起了变化。首先,出现了批发商,因为商店供应的需要促使那些生意最兴隆的零售商设立半批发性质的商店,后来,设立了批发商店。在这种活动中,中国籍的留尼汪人入了部分股份,直到控制将近百分之四十的进口商品。他们真实没有使进口物资专业化。商店里什么都卖。他们必须进口最大批的物资,有时竟达一千种。后来,开始扩大了批发商的专门化,如同在零售商里实行专门化一样。③

帕斯卡尔描述:"留尼汪大商店联合会的代表——中国人,他们是天生的商人,而不是形式上的商人。他们在欧洲旅行时,就发现了这种新的出售形式。回到留尼汪后,便开设第一批无人售货商店。当然,商店的能力是有限的,但这为后来设立超级市场作了尝试。"④ 这不是说引入无人售货商店这件事多么成功,但这反映了一种敏感的商业触觉以及对不断变化的世界经济的接受和适应。这一点正是每一个成功的竞争者所必须具备的条件。刘锡辉就是这样一位成功的竞争者。

---

① Edith Wong-Hee-Kam, *La Diaspora Chinoise aux Mascareignes*, pp. 441 - 442.

② 李卓凡:《西印度洋华侨史》,载方积根编:《非洲华侨史资料选辑》,第187页。

③④ 多米尼克·迪朗、让·亨顿:《留尼汪华侨史》,载方积根编:《非洲华侨史资料选辑》,第483页。

个案：刘氏家族商场的升级

广刘信生产的香烟销量不错，80%的留尼汪人"边走边叼着广刘信号香烟"。为了将香烟生产现代化，公司从法国进口了现代设备。可惜，这次投资完全失败了。事实上，在留尼汪成为法国海外省以后，法国香烟与火柴工业开发公司(SEITA)形成了烟草业的垄断。刘氏家族停止了香烟生产。他们的新机器才投产就被贱卖。① 刘锡辉和父亲一样从事不同的社会活动。他任留尼汪工商会的成员、留尼汪中华总商会(Association des Commerçants Chinois de La Réunion，ACCR)的主席(1936—1948)和名誉主席、圣但尼商业法庭的法官、法兰西共和国经济和社会委员会委员等职。他发表报刊文章，捍卫因为生活成本提高而成为替罪羊的商人，力图证明商人在信用体系中扮演着积极的角色。"商人是庇护者，因为他还起到了银行家的作用。"他将第一家大型超市引入留尼汪。1961 年，他通过获得特许权，成立了第一家独价超市(Prisunic，法国的出售廉价商品的商店)，取得了巨大成功，从而将岛上的商业带入了一个新纪元。这一新事物遭到了小商贩顾客的抵制，他们拒绝到超市消费。但是，独价超市日益受到顾客欢迎并引起效仿的风潮，成为当时重要的事件。②

(四) 南非的华人商业经济

南非的华人经济从早期起就一直专注于商业，后来餐馆业也随之兴起，这与南非长期以来实施的种族歧视政策有很大的关系。毛里求斯、留尼汪和马达加斯加等地的华人虽然大部分从事商业贸易，但也都有少数人卷入了其他方面的经济活动。然而，在南非的华人中，这种情况几乎没有。华人中约 90%为零售中间商，经营杂货店，具有规模小、小本经

① 法国博物馆(Stella Matutina)1994 年举办的名为"烟草：从花到烟"的展览展示了这些机器。
② Edith Wong-Hee-Kam, *La Diaspora Chinoise aux Mascareignes*, pp. 450 - 451.

营、分布广泛、家庭企业的性质。

这种批发及零售杂货店在20世纪50年代后期开始陷入困境。这些商店中资本额在10万英镑以上者仅3—4家，数万英镑者约2—3家，占华侨商店的1.5%，其余绝大部分是零售商，一家人辛苦劳动，维持业务，资本额仅在1 000英镑或数千英镑不等。这类零售商店占总数的95%，[①]这种情况一直维持到20世纪60年代末。但华人中从事医师、会计师及建筑师等较为高级的职务的人也开始出现。根据1969年的统计资料，华人的构成中绝大多数为华裔，从事杂货与零售商店的仍为绝大多数，为数众多且规模不大，经营批发与餐馆业者有千家以上。根据伊丽莎白港中华会馆主席侯胡元先生的统计，当地华人1 800人，多属客家人，经营杂货店150家，投资额约30万英镑，经营餐馆业4家，投资约1.6万英镑，娱乐业2家，投资约2万英镑。东伦敦中华会馆主席黄腾章先生统计了该地的情况：华人约300余人，经营杂货店42家，投资额约为30万英镑，餐馆1家，资本约2 000英镑，进出口商1家，资本约为1万英镑。另一个城市德班的华人约百人，经营杂货店和餐馆。由于该地的种族歧视政策相对较宽松，加之华人店铺多在种族隔离制正式实施前已置业，华人经济和社会条件相对较好。开普敦有华人300余人，其中有数十名华裔在开普敦大学攻读学位，职业的多元化也开始出现。

二、非洲华商面临的五重困境

那个时期时局艰难，当时华人要面临多重困境，这种困境表现在对外关系与内部关系两方面。对外包括与政府以及与其他种族的关系。对内表现为华人内部的政治派别、商业竞争和阶级矛盾的问题。这些问题均有代表性，在各个国家(地区)均有表现，其中有的问题在前面章节已有涉及。下面以毛里求斯为重点，分别论述，有的地方涉及其他国家。

---

① 华侨经济年鉴编委会：《华侨经济年鉴1958年》，台北，1958年，第718页。

(一) 当地政府歧视政策的实施与变化

首先是政府对华侨歧视之政策，这是一种历史的延续，前面已经说得很多，在此不再赘述。这里想强调的是，在毛里求斯，对外侨的政策虽然比较平等，但当地政府对零售商征收的执照费却逐年增加，致使华商负担加重。根据调查统计，自 1939 年至 1946 年，华人经营的粮食杂货业，红酒零售执照、朗姆酒执照等费用，已持续增多 150%。1956 年，毛里求斯财政局再次提出要提高零售商业执照费，相比 1939 年增加 250%，后经代表华人的立法委员会委员朱梅彝极力反对，才没有在立法议会通过。①

20 世纪 50—60 年代，南非华商受到各种歧视政策的影响和限制。一方面是对华人经济产生宏观影响的各种歧视政策和苛例，主要包括涉及面广泛的种族歧视政策、分区法即“所有商业均由该区内的人种经营”、限制购地和限制转移土地及房屋的法令以及出入境限制的苛例等。由于南非绝大多数华人均从事商业贸易，涉及其经营的法令限制主要有以下五种：禁止经营、限制经营、限制执照发放或执照转移、限制售价以及租税负担。这些多在前面章节已有叙述。20 世纪 60 年代后期，南非涉及华人的种族歧视政策在各个地方有所改善。这些政策的改善无疑对从事经商或其他行业的南非华人起到了较好的作用。

(二) 种族矛盾的影响

其次是不同种族之间的矛盾，主要是指印度人与华人的矛盾或当地人与华人的矛盾。印度人在毛里求斯总人口中占绝大多数，在经商领域也一直是华人的竞争对手。由于毛里求斯当地民族主义思想的崛起，当地人开始以自组消费合作社的方式与华商抗衡，华人经商的利润受到一定影响，但基本地位未变。还有一种是由于种族隔阂而引发的冲突。毛

---

① 华侨经济年鉴编委会:《华侨经济年鉴 1958 年》,台北,1958 年,第 723 页。

里求斯归侨刘新彝曾叙述了一件印度人与华人冲突的事件。一位名叫苏文甫的华侨店员在其堂兄店里工作。一个星期六下午，一批印度人顾客在酒吧里喝过酒之后，未付钱却硬说已付钱。当时，给他们倒酒的苏文甫与他们发生争执。在混乱中，印度人从背后捅了苏文甫一刀，他被送进医院，却因流血过多，挽救无效而死亡。警察拘留了一名嫌疑犯。为了打这场官司，双方都花了不少钱请律师。经过一年左右的诉讼之后，法庭以证据不足为理由将嫌疑犯释放。苏文甫就这样不明不白地死在异乡。①

然而，其他种族之间的争夺有时也会殃及池鱼，从而使华人的正常经营受到破坏。这种种族之间的矛盾牵一发而动全身，1968年的种族冲突是一个很好的例子。

随着独立日期的临近，各种族对独立意义的认识并不一致，他们之间的关系日益紧张。1968年1月，毛里求斯穆斯林与克里奥尔人之间爆发冲突，路易港市成为暴力冲突的重灾区。骚乱导致了各种破坏活动，种族间的交往一度变得非常困难。作为种族交流的重要场所，毛里求斯的唐人街特别是华人店铺的正常运作受到了极大的困扰，正常交易、社会活动和以前最吸引不同种族的夜生活不得不一度中断。虽然毛里求斯政府邀请英国干预，但英国军队的介入特别是进驻唐人街使正常的商业经营受到干扰，不断的武器排查和各种盘问使普通的顾客感到极度惶恐。这种情况几个月后才得以消停。② 这种种族矛盾在马达加斯加、留尼汪和南非都有所表现。

(三) 华商内部的政治派别之争

华侨内部的不同政治派别之争在20世纪50—60年代表现得尤为突出，这种对立的情况我们在前面章节已经涉及。当时，毛里求斯的不

---

① 刘新彝：《他山之石》，第67页。

② Pascale Siew：《唐人街：毛岛往事》，第180—181页。

同报纸代表不同政治派别的利益。例如,《中华日报》由国民党所办,得台湾经费支持,代表那些倾向于台湾当局的华人的利益,《新商报》等则取不同政治立场。当时,不断有归国观光团回中国大陆并探望家乡亲戚,《中华日报》对此种倾向颇为不满,有时甚至不惜造谣惑众。丰顺侨商吴昌金于 1957 年年初返乡数月,在国内受到多种优待,感触良多。然而,令他想不到的是,《中华日报》于 1957 年 10 月 9 日的社论中言及:

> 有一位丰顺侨商在未回大陆之前,惑于尾巴报(华侨时报)之宣传,颇同情共党,每次伪国庆都被邀请参加宴会。最近回去丰顺观光,险被匪干清算,幸得闻风走脱,始知“优待华侨”的宣传,完全是欺骗的伎俩,此次伪国庆宴会,毅然拒绝参加。于是伪国庆庆典,在冷落暗淡的情形之下,宣告“胜利闭幕”。

吴昌金读到这一条报道时,“不胜惊骇”,便投稿至该报,澄清事实并表明自己的立场:

> 爱国为国民天职,亦为每个人人性的自然表现。华侨背井离乡,漂泊海外,得有机会重回故里,实系全体华侨的共同愿望,不足为异。数年来本人已将子女数人送返祖国求学,获有关当局无微不至的照顾。今年初,本人返国观光数月,畅游祖国南北各大城市及名胜古迹,已偿平生之愿,本人于上月离丰顺前夜,且蒙陈县长特地设宴欢送。抵毛后不久,欣逢“十一”国庆,即参加是日华侨庆祝国庆大聚餐,并一连三晚,带家中老幼,参观国庆演出和球赛,至深夜尽兴而返。贵报所述,与事实完全不符,特是函请予更正。丰顺侨商吴昌金。①

这种侨胞中互相对立的情绪不时通过各种方式表现出来,从而影响到广大侨胞的经济活动甚至日常生活。

在经济形势严峻,商业竞争恶劣的情况下,这种政治歧见也曾影响到华商的团结。1957 年 1 月 22 日,为了应对日益严重的华商经营困难

① 盱衡:《中华日报造谣出丑记》,[毛里求斯]《新商报》,1957 年 10 月 17 日。

局面，毛里求斯华商总会曾举办侨商大会以讨论对策。然而，出席会议者很少，只有 50—60 人。一篇文章分析甚是到位：

> 近年我侨商形势之恶劣，若不急谋补救，将不堪设想。日前华商[会]召开侨商大会，思有以补救之，其用意至善，但是到会人数寥寥无几，尤其批发商方面，更若晨星。如此大问题，意置若不闻，殊堪叹惜！于是笔者回忆往昔李丽棠先生，当其组织扩商会时，大家都能一致拥护，但此次之现象为何如此坏呢？吾可一语道破，寔因吾侨内部政治意见之分歧也。

作者因此提议，华商面临生死关头，只有抛开政治见解，才能挽救危机，并希望委员会集中各方俊彦以求襄助，集思广益。① 这种因中国大陆与中国台湾争斗而引发的分裂现象在战后的各个非洲国家和地区都有所表现，特别在华人较多的国家或地区。后来，这种政治分歧引发争执之事虽偶有发生，但由于中国大陆与中国台湾间力量对比已发生根本性的变化，这一问题在华人中已不再是重要议题，因此不再提及。

（四）批发商与零售商之矛盾

批发商与零售商的矛盾在各国都存在，只是在不同国家有不同的表现方式，在不同时期冲突的程度不同。在 20 世纪 50—60 年代期间，毛里求斯的批发商与零售商之间的关系曾经一度紧张。1954 年，据毛里求斯政府统计，全岛有华人商家 1 534 家，而印度商家只有 558 家，穆斯林有 382 家，其他民族 138 家。批发商中华人有 50 家，印度人有 24 家，穆斯林有 27 家，其他民族 24 家。红酒销售的执照持有者也以华人居多，有 1 245 家，印度人只有 404 家，只有华人的 1/3，其他民族仅有 93 家。这种情况一直延续下来。持有朗姆酒零售执照者中华人占 744 家，印度

---

①《在商言商：论华侨不可因政治见解之不同而破坏商场之团结》，[毛里求斯]《新商报》，1957 年 1 月 29 日。

人只有149家，当地人6家，合作社67家。[1] 批发商与零售商之间出现矛盾。一些批发商家为了生存，出现了商品贱卖的情况，因而失去了批发与零售之分别。一批居尔皮普的零售商在《新商报》上发文，对批发商贱卖的行为进行指责："这些批发商贪小失大之举，实属不智，不顾大局，只顾自己，破坏商规，倾轧全体零售商，直接间接会破坏华侨共存共荣的安全。"[2]为了对付这种困难局面，毛里求斯的华侨连续举行了两次会议。华商总会于1957年1月22日举行的侨商大会，然而，只有50—60人参加。侨领朱梅彝认识到局势之艰险，如不能通力合作，后果不堪设想。他指出，华商必须团结一致，共谋生存。[3] 毛里求斯华商众多，为何到会者如此之少？前面已提及，政治分歧影响了会议组织者的运作。

然而，1957年1月24日举行的华侨大会有所不同：一方面与会者有100余人，另一方面对局势的理解有所不同。华人律师陈庆彝在华侨大会上提出了自己的看法，并以当时的实际情况反驳了所谓不景气的论点。他认为，毛里求斯不存在不景气的问题。1949年，当时全岛零售店铺只有1 229间，现在却有2 880间，5—6年增加了146%。就人口而言，1949年毛里求斯只有46万余人，到1956年已达56万人。同时，他指出，经济是否景气也不能以个别月份的情况一概而论。规定营业时间也不会影响利润。在会议上，陈庆彝律师谈到了几个具体问题：第一，有关朗姆酒的执照费增加的问题。1939年朗姆酒的执照费是500盾，1945年为640盾，1957年为1 240盾。目前政府属下的委员会正在讨论增加执照费的问题。陈庆彝自己也是该委员会成员。其次是华人批发商与零售商中存在的不良现象。有的批发商用批发价格零售酒，有的零售商到西人洋行买货获得发行价格。这些现象都不利于华商的发展。华商要一致行动，批发商和零售商都要守规矩。他还提出华商之间要互相帮助，不要互相拆台。有趣的是，他对华商之间长期存在的赊账现象提出

① [毛里求斯]《新商报》，1957年1月23日。
② [毛里求斯]《新商报》，1957年1月19日。
③ [毛里求斯]《新商报》，1957年1月23日。

了异议。他认为,有些人赊账的目的是夺他人的生意,为了争夺顾客,不惜赊账。如果全体华商都不赊账,情况会好转。①

(五) 店主与店员之关系

劳动力待遇低的情况也被提上议事日程,这一点表现在工作时间长和工资低两个方面。工资低确实导致消费力低,但这一问题已经触及阶级矛盾的实质。具体对华商而言,主要表现在店主与店员的关系上。当时有的店员提出商店不遵守时间,对自己的过长的工作时间提出意见。②

以上这些问题实际上在华人居留的各非洲国家或地区均或多或少有所表现。

三、不断开拓的华人制造业

(一) 毛里求斯工业的开拓者

1954年5月28日,毛里求斯的法文报纸《前进报》上刊载了一篇文章,盛赞华人企业"华强胶鞋产品优良"。该报记者曾有机会参观了华强树胶厂,并看了该厂出产的胶鞋。当记者看到胶鞋的生产过程及其质量后,颇为诧异,"我料想不到在毛岛竟会出产这样优良的产品"。该厂总经理萧耀盛先生幼年移居毛里求斯,是较早在毛里求斯开设工厂的实业家。他来到毛里求斯后,先是帮着做各种杂务,早上6时起来开铺门,然后烧火、上货;晚上7时关店后,还要封米、装酒。经过一段时间的艰苦创业,他积蓄了一笔钱,开设了裕昌金铺,后来又利用当地资源,开设裕昌藤器店,在毛里求斯颇有名气。1954年,他又投资鞋业,开设了华强树胶厂,专为毛岛居民生产胶鞋。为了保证胶鞋质量,萧耀盛专程赴香港和新加坡考察学习,又从香港请来两名专业技师对工人进行培训。该厂

---

① [毛里求斯]《新商报》,1957年1月26日。
② [毛里求斯]《新商报》,1957年1月24日。

当时雇用工人45名，其中25名为女工，从事较为轻松的工作，男工则多在机器上工作。厂房设备齐全，各部工作分门别类，井井有条。工厂对工人的安全照顾周到。①

在这一期间，还有吴应奎创立的振东皮革厂和振东胶鞋厂。这些表明了毛里求斯华人的创业精神。

华侨在毛里求斯的主要职业统计(1952年)

职业	男华侨	女华侨
农业	15	8
面包制造	73	4
酿酒	71	6
制鞋	79	5
修鞋	37	17
制衣	33	68
家具	54	—
印刷与出版	21	1
化学制品	11	6
金属制造	19	—
汽车修理	39	—
建筑业	47	—
批发	82	2
零售	4 382	137
保险	22	—
道路交通	33	—
水路交通	14	—
政府部门	62	6

①《前进报记者颂扬“华强胶鞋产品精良”》，[毛里求斯]《中国时报》，1954年5月29日。

续　表

职业	男华侨	女华侨
教育部门	43	42
医药卫生部门	11	16
企业管理	13	1
娱乐业	48	—
家政	34	37
旅馆客栈	151	3
理发与美容	10	1
照相馆	33	—

资料来源:"MA BIA 1952 Census," in Marina Carter and James Ng Foong Kwong, *Abacus and Mah Jong*, p. 99.

如前所述,毛里求斯的老一辈华人的传统职业为经商。根据上表,华侨经济集中在服务业,除开设店铺外,有的开餐馆、旅馆,有的从事娱乐业、照相,或是理发、美容、家政等等。零售商占绝大多数,为4 000余家,还有 82 人为批发商。华人从事制造工业的已初具规模,包括面包厂、制鞋厂、制衣厂、家具厂等。此外,从事金属制造者达到 19 人,从事化学制品业者为 11 人,还有汽车修理等。值得注意的是,这里的照相馆有 33 家。这些照相馆的出现标志着生活水平的提高。照相馆除了在设备、场景、图案上有所讲究外,在速度和价格上兼备优势。顾客们有照全家福的,有照结婚照的,还有基督教徒为了纪念洗礼照相。华人照相馆还有一个优点,即照片可以冲洗多张,以寄给亲朋好友,特别是寄给在国内的亲友以资留念。毛里求斯华人中在事业单位工作的远比其他非洲国家或地区为多。在政府部门的有 68 人,教育部门的有 85 人,男女基本达到平衡;在医药卫生部门工作的为 27 人,女性多于男性。14 人从事企业管理。华人经营的各类工厂可参见下表。

毛里求斯华侨经营工厂一览表(1954年)

名称	类别	负责人
中央酒厂	红酒厂(葡萄酒)	黎允卓
广德酒厂	同上	陈汝添
和平酒厂	同上	黎潮幹
联泰酒厂	同上	吴小垣
协振泰	同上	陈文新
林发酒厂	同上	林朝登
广珍酒厂	同上	陈谦珍
中华酒厂	同上	陈景廪
广隆酒厂	同上	温兆智
星兴寿酒厂	同上	梁盛辉
杞和隆	同上	—
中央饼干厂	制造饼干糖果	黎庆育
福利饼干厂	同上	崔洪常
黎东饼干厂	同上	黎东生
华声饼干厂	同上	古练声
新明火柴厂①	制造火柴	陈荣和
南华枧厂	肥皂厂	李喜捷
芦荟厂	制造纤维	黎念祖
华强胶鞋厂	制造胶鞋	萧辉盛
敏捷木厂	木材	陈汝添

资料来源:萧次尹编著:《非洲华侨经济》,第107—108页。

毛里求斯的大型红酒(葡萄酒)厂有12家,华人竟然占了11家。这些酒厂生产的酒主要是供当地人消费。据调查,毛里求斯全岛对红酒的需求量极大,每月可以消费2 500—3 000桶(每桶为300瓶),即每月的消费量达75万—90万瓶。另外,还要加上每月消费朗姆酒约45万瓶。

① 原书为"新朋火柴厂",应为"新明火柴厂"。

这样,每月消费酒量为 120 万—135 万瓶以上。由此可见岛民对酒的嗜好。然而,朗姆酒批发业务销路大、利润高,因此需要政府配发的执照。这样,享有执照者即享有接受政府配售的专利权,华商大部分享有这种批发朗姆酒的执照。以上这 11 家酿酒厂中以中央酒厂的规模最大,经营有道,产量最高。店主为黎允卓先生(广东顺德人),曾任毛里求斯华商总会会长。他除生意做得好外,也热心公务,服务侨社,深得侨胞拥戴。[①] 华人还经营火柴、胶鞋、芦荟、肥皂和木器厂等工厂。

从 20 世纪 50 年代起,经办企业的华人对日益激烈的竞争颇有感触。有的华人认清形势,适时进行了技术革新。毛里求斯的华人企业新明火柴厂就是一例。新明火柴厂于 1940 年开办,虽然规模较小,但在毛里求斯很有市场,并一直得到华侨的支持。为了适应新的环境,新明火柴厂的华侨厂主于 1956 年决定进行技术革新。以下是新明火柴厂为扩张招股的广告:

招股宣言

> 本公司由 1940 年开始,惨淡经营而至今日,堪称托赖。在此过程中,亦藉侨胞拥护不鲜。敝公司实深感谢。惟美中不足,有费善后将来,关乎近日工商生意竞争,冀能出品精、成本廉、生产多为主。而敝公司之工厂,规模既小,而又机与手工半兼,殊属落后,最可惜者,问遇无法供应,每每辜负侨胞推销之雅意。转念我侨之众,咸知合力易举,故敝公司决意改组,愿与同侨合作共繁荣。兹为扩大组织起见,招入新股,增添资本,采办先进新机器,不特使火柴增加生产,出品成本也要低廉,使零售侨商取息更大。希望吾侨竭诚拥护,踊跃加入。将来生意发达,利益均沾,亦未始非团结合作之功力也。谨此宣言。……
>
> (一)新明火柴制造有限公司。
>
> (二)组织集资劳卑[币?]四百五十千。

① 萧次尹编著:《非洲华侨经济》,第 104—105 页。

（三）招活期股份投资二百千，每股定十盾。

（四）股份定有股息，周息五厘计。

（五）股权份有权活期买卖。

（六）资本溢利达到百分之二十外，抽出均派各股东。

（七）聘请华商总会辅导参考。

（八）由商会委托会计稽查涉理每年营业状况公布。

（九）商会领导各区侨商，使知投资利益。

（十）代招投资酬劳，以百分之二奉送各区商会占股。

（十一）该奉送占股所值由[本?]公司缴出，藉表贡献公益。

（十二）零售销购火柴置本，务使成本低、取息高。

（十三）惟股份集收妥成事时，始作实行。

（十四）招股款项交存华商总会，或由募股委员会管理，候支新购近代生产机械应用。

利益说明

人力、物力，凑合健全，投资者有巩固保障；

侨商投资，购买火柴，成本廉，利息高；

股份有利息，胜过储蓄银行；

要款周转，随时可将股出卖，胜过埋会与及添置装饰；

火柴公司发达，年年分利，股份其利无穷。……①

这一事例表明，华人厂主对形势的估计切合实际，相应采取的引进先进机械的措施是符合经济规律的。在日新月异的经济大潮中，变则可以图生存，变则可以求发展。海外华人正是时刻注意各种新的变化，不断对自己的企业提出适应性措施，从而使自己处于不败之处。

阙氏家族的快乐园有限公司（Happy World Ltd.）创建人阙兆忠（Sir Rene Seeyave CBE）的祖父阙锡耀于19世纪90年代赴毛里求斯谋

① 《新明火柴厂扩张招股录》，[毛里求斯]《华侨时报》，1956年5月25日，转引自李安山编注：《非洲华侨华人社会史资料选辑（1800—2005）》，第279—280页。

生。移民当局将他的名字"锡耀"作为姓氏，译作"Seeyave"。其父阙玉生(Antoine New Seng Seeyave)①曾创立永和酒店，经营以甘蔗酿制的朗姆酒。1952年创立快乐园冰激凌厂。阙兆忠于1935年生于毛里求斯，1954年中学毕业后，在一家甘蔗榨糖厂任质量检验员。他后来赴英国深造，专攻冷藏技术。毕业后他返回毛里求斯，引进先进生产设备，提高快乐园的冰激凌质量，占有国内市场的3/4。1966年，快乐园有限公司获得著名英国冰激凌品牌Lyons Maid的连锁经营权，开始在毛里求斯生产该品牌冰激凌。②

(二) 留尼汪华人的适时应变

留尼汪的华人以善于开拓进取而著名。他们既具有中国人勤劳朴实、锲而不舍的传统，又从法国文化中汲取了开拓创新、标新立异的精神。尽管当时处于法国殖民政府的统治下，面临各种歧视法律，但他们的创新精神一直保持着。早在1925年，留尼汪华人先驱刘文波先生就创立了印第安那卷烟厂。

留尼汪华侨所开店铺统计(1962年)*

店名	数量
批发店	26
半批发店(零沽批发兼设有酒吧者)	14
酒家	2
饭店(以饭店牌照而经营杂货者不算)	14
制烟厂	3
照相馆(以杂货为主兼营照相业者不算)	8

① "Antoine Seeyave, l'homme qui avait foi en l'ile", *L'Aurore*, No. 2, 24 June, 1987. 阙兆忠先生的父亲阙玉生一作"阙玉"，疑为笔误或印刷错误。参见杨保筠主编《华侨华人百科全书·人物卷》，北京：中国华侨出版社，2001年，第445页。

② 梁英明主编：《华侨华人百科全书·经济卷》，北京：中国华侨出版社，2000年，第238页。

续　表

店名	数量
饮冰室	2
西药房	1
制面厂	1
制面包厂	7
制百事可乐及鲜橙汽水厂	1
小型汽水厂	2
首饰店	3
汽车修理厂	3
大百货公司	2
零沽杂货店	702
总计全岛华侨商店	791

资料来源：由何静之编著：《留尼旺岛华侨志》，第 30—31 页；李卓凡：《西印度洋华侨史》，载方积根：《非洲华侨史资料选辑》，第 198 页两表合并而成。

＊两个表各有一个错误。何静之表格的商店总计有误，应为 791，而非 793 家。李卓凡的表格上的年份写的 1967 年，应为 1962 年。

上表说明，早在 1962 年，留尼汪华人经济在多元化方面已是初具规模：卷烟厂已有 3 家，专业照相馆已有 8 家，面包厂有 7 家，汽车修理厂有 3 家。此外，还提供各种适应东西文化的销售服务。我们注意到，这时已经出现了 2 家小型汽水厂，其中包括至今保持着留尼汪岛饮料销售市场 20％份额的 COT 品牌的陈安详父子公司和陈耀基兄弟汽水公司。在留尼汪，COT 就好像汽水的代名词，它是这一品牌的创始人、华裔商人陈安详（Chan-Ou-Teung）名字的首字母缩写。目前，陈安详父子公司（Chan-Ou-Teung Ltd）的老板是陈安详的儿子陈志雄（George Chan-Ou-Teung）。陈志雄对自己公司的历史有一种由衷的自豪感："我们公司于 20 世纪 50 年代成立，很多留尼汪人从小喝着 COT 汽水长大，他们的孩子也一样。到现在大家已经养成习惯，要喝汽水就买 COT，认为我们家的汽水比较好喝。"另一家华人饮料公司是陈耀基兄弟汽水有限公司。

该公司在引进世界品牌的同时,开发了适合留尼汪岛居民饮用的饮料品牌。①

此外,根据 20 世纪 60 年代的研究,华商掌握着留尼汪 80%的食品市场份额,共有 14 位规模较大的华商,700 多名小商人。整个华商在贸易方面的职业分布为小商人占 87%,批发商占 4.9%,1.7%为餐馆经营者,1.4%为司机,1%为摄影师,0.9%为面包店主。在北部,刘锡辉于 1961 年创建了全岛第一家独价超市(Prisunic)。在南部,曾昭敏(Frédéric Tsang King Sang)创建了全岛第一家连锁超市。曾氏家族企业的创始者曾广敬(Trang King Sang)早在二战前已经在圣皮埃尔的中心地带经营着一家半批发商店。其长子曾昭敏从法国求学归来后,对商店进行了全面装修改造,使原有铺面增加了一倍,并在圣皮埃尔国家大道开了法国超市品牌(Nouvelles Galeries)在当地的第二家连锁店,随后将生意扩展到留尼汪北部,又在圣但尼开了两家类似的品牌连锁店。生意兴隆时,曾家曾拥有 14 家超市,员工总数 600 人。遗憾的是,1972 年,曾昭敏的生意失败,旗下的商店被白人接管,留尼汪的华商事业受到严重打击。②

个案:陈氏家族的冰糕生意

陈绍宏在 15 岁时开始管理家族的店铺。陈绍宏在父亲陈焕南手下干了 10 年,他的三个兄弟和姐妹们亦如此。家庭生意很快就容不下所有孩子了。1963 年,一次车祸迫使这位长子两度前往巴黎接受手术,因此有机会感受了新的商业理念。出院后他前往巴黎集市,在那里发现了商店用的展台,尤其是家族店铺中从来没有用过的线型的售货架。他和兄弟们一直希望改造家族的店铺。于是,陈绍宏向一家公司征求布局图和估价表。他带着彩色的布局图回到留尼汪,交给父亲看。1965 年,父亲同意将店铺改造成了自选超市。从这个意义上讲,他是这种新的销售方式的先驱之一。新的销售方

① 汤曼莉编著:《海上传奇:留尼汪华人华侨志》,第 171—173 页。
② 同上书,第 83—84 页。

式让店里焕然一新，营业额大幅提升。

从1965年到1968年，店里生意一直兴隆，家中有了足够的资金扩张店铺的规模。陈氏兄弟在寻找新的投资领域。在朋友的建议下，他们决定进入冷饮制造业。“我们曾经用碎冰和一台冰糕机做过冷饮。每个周日，我都用自行车驮着去圣皮埃尔的海滩上卖。”早在1950年，陈焕南就在圣皮埃尔海滩上开了一家小酒吧，出售“白鸨”牌手工冰糕。冰糕的生意很好，这又让陈氏兄弟有了新想法。陈绍宏想找一家拥有特权的经营商让家族的手工冷饮变得专业起来。他决定建一家冷饮工厂并马上着手筹办。然而，他接触的两家制造商都建议他做进口，他最后通过报纸上的广告找到法国和路雪(MIKO)公司的总经理路易斯·奥尔蒂兹(Louis Ortiz)先生。奥尔蒂兹15岁就从西班牙来到法国创业，1951年确定“MIKO”品牌。“MI”指牛奶，“KO”指巧克力。奥尔蒂兹与陈绍宏一见如故。“他很喜欢我。午饭时，他让我只谈自己的家人。饭后他说：‘你是中国人，我是葡萄牙人，你的家人白手起家，我的父母也是这样。你最早在海滩上卖冰淇淋，我则是在教堂里卖冰淇淋。我们就像双胞胎！从今天开始你可以在留尼汪代理我的冰淇淋品牌。”

这样，一个中国移民和一个西班牙移民的相同经历彼此吸引，奥尔蒂兹先生同意陈绍宏在留尼汪开办一家制造厂。1968年是关键的转折点：家族的第一家公司成立了。陈氏的兄弟姐妹们一直都在家族商店里工作，从未领过工资，他们对公司的建制多少不太适应。在朋友的建议下，陈焕南决定将生意交付给长子。于是，陈绍宏在30岁的时候成为家族公司的负责人。1969年，他的第一批冰糕投放市场，店铺从此成为MIKO旗下的一家公司，全称为SEICAR(留尼汪工商业开发公司)。①

---

① Edith Wong-Hee-Kam, *La Diaspora Chinoise aux Mascareignes*, pp. 443 - 445；汤曼莉编著：《海上传奇：留尼汪华人华侨志》，第123—126页。

(三) 马达加斯加的华人企业

马达加斯加的华人协会会长陈福胜先生是另一位创新以图存的典范。早在第二次世界大战期间,他就开始从事地产买卖,辟林开荒,随后又垦殖农林园,成为当时马岛华人中少数几位实业家之一。他的成功主要在于适时进取、勇于创新。1950年,他又开始开采贵重木材并进行出口买卖。他的举动打破了西方人对出口木材的垄断,为华人经商打开了一个新的局面。1969年,他第三次创新,将从塔马塔夫购得的一块面积为300公顷的土地辟为甘蔗园,开始从事甘蔗酒的酿制。他的行为表现出华人相时而动、锐意进取的精神。由于他对马达加斯加建国后的贡献十分突出,1963年12月26日,他获得马达加斯加功绩骑士勋章,1964年6月26日获马达加斯加共和国骑士衔民族勋章,1966年1月27日获大哥么落明星骑士勋章,1969年10月14日获马达加斯加将士衔民族勋章。他后来还获得诸多荣誉。①

此外,20世纪60年代的马达加斯加出现了三位华人企业家。塔那那利佛的梁广诚经营综合性工厂颇具规模,1968年已有制造蜡烛等9个部门,仍在购地扩充设备,并拟聘请技术人员以扩大生产。吴金松经营面包厂,拥有8部大型电气烤面包机,供应首都3/5的市场需求。北部迭戈苏瓦雷斯的华人企业家岑赖均经营的仁明渔业公司,经营冷冻鱼虾运销留尼汪市场。此外,从事农场种植的梁玉麟占地1 000余公顷,种植咖啡及胡椒;周卓所营农场占地750公顷,种植稻米。②

1968年,有关马达加斯加华人的一篇文章指出,虽然大部分华侨仍然从事商业,但他们中已经有人开始从事种植和面包制造业。

> 毫无疑问,华人在马达加斯加商业中处于举足轻重的地位,特

---

① 陈洪才:《陈福胜:马岛首席华人代表、企业家》,载庄炎林主编:《世界华人精英传略·大洋洲与非洲卷》,第61—71页。

② 华侨经济年鉴编委会:《华侨经济年鉴1968年》,台北,1968年,第512页。

别是在零售商方面……此外，并非所有的华人都在经商，他们中有的已经成为种植园主。他们善于耕种自己开垦的肥沃土地。无论是从马尔加什人或是华人的真正利益的角度看，缺乏更多的华人从事他们所擅长的农业生产是令人遗憾的。面包及糕点制造业吸引了越来越多的华人。在上述大部分城市里，人们发现一个甚至多个华人已经从事这方面的职业。另一些华人则开设了中式餐馆或汽水制造厂。①

（四）莫桑比克的华人

葡萄牙东非殖民地（莫桑比克）的华人早期多从事木工，主要居住在贝拉港和罗埠（即洛伦索-马贵斯，现在的马普托）两地。后来者逐渐散布于各个行业，包括杂货零售、餐馆业、中国土产、百货、农场，有的还经营修船厂、电器业、摄影、酒吧等。该地的特点之一是殖民政府对外侨虽有一定限制，但在从业方面无特别歧视。这里的主要经济活动仍为农业，一些轻工业多与日用、农业或渔业有关，如鱼类罐头厂、面粉厂、卷烟厂、油厂、肥皂厂等，农产品包括蔗糖、稻谷、玉米、椰干、龙舌兰、棉花、烟草、橡胶、油籽、花生及其他蔬菜。华人就业和置业的自由度较高，在洛伦索-马贵斯也有多人从事农业种植园。正是由于各种政策与种族歧视的邻国南非存在极大的差别，一些相对富裕的南非华人也多在莫桑比克的洛伦索-马贵斯等处购地置业以取得居留权。

莫桑比克的洛伦索-马贵斯有华人约700余人，多从事杂货零售及其他行业。贝拉港的华人1955年的统计数为970人。20世纪50年代末，近千人的华人中有商店150家以上，其中只有批发商3—4家，其余均为零售商。此外，华人还经营照相馆2家，大农场3处，小农场10余处，从事渔业者30—40人，木匠70—80人，机械工10余人。华人中经济

---

① "Le Centre Catholique Chinois de Tamatave", *Lumière*, No. 1639, October 27, 1968, in Leon M. S. Slawecki, *French Policy Towards the Chinese in Madagascar*, p. 64.

上较有影响者为洛伦索-马贵斯中华会馆主席谢冠荣,他经营电器业,规模宏大。他还经营房地产业,是当地的富商和侨领,热心公务,同时兼任中华学校董事会董事长,致力于华文教育和中华文化的传播。何金开设的金利农场颇具规模,周畅经营的金龙酒店生意兴隆。侨商开设的摄影店因设备精良广受侨胞喜爱,生意应接不暇。这里对华商开店较有约束力的是雇佣律,即需要雇用75%的当地人。由于一些早年移民此地的华人的子女多在当地出生,可以作为当地人雇用。①

20世纪60年代末,莫桑比克的华人已达3 500余人,华人经济的多元化也有所体现。华人经营的商店约230余家,包括批发商5家。此外,有古玩店27家,照相馆10家,电器行7家,饭店5家,汽油站1家,铁工厂1家,汽车修理厂4家,洗衣厂1家,农场大小30处。

(五) 香港移民在尼日利亚的投资

在20世纪60年代,有多名华人企业家到非洲投资。然而,做得比较大也比较有名的则是来自香港的沈文伯、查济民、李文龙、董纪勋和华亨集团。一位正在研究尼日利亚当代华人投资史的学者指出:"令我十分吃惊的是,华人从20世纪60年代开始就对尼日利亚有着巨大的经济影响力,四大家族(查氏、李氏、董氏和华亨)在纺织、搪瓷、拖鞋和金属屋顶等方面统治着尼日利亚市场,也对当地工业化有着很大贡献。"②除了沈文伯是20世纪50年代来到尼日利亚的,其他几位都是20世纪60年代来到这个国家,而且他们均来自香港。为什么会出现这种看似奇怪的现象——20世纪60年代多名香港企业家到尼日利亚来投资制造业?

首先,尼日利亚于1960年宣布独立,尼日利亚联邦共和国于1963

① 萧次尹编著:《非洲华侨经济》,第74—88页。

② 刘少楠:《在尼日利亚和加纳调研华人华侨的经历》,载李安山、潘华琼主编:《中国非洲研究评论(2014年)》,北京:社会科学文献出版社,2015年,第345页。刘少楠是笔者的学生,目前已从美国密执安州立大学历史系获得博士学位后回国,在北京师范大学历史系工作,专攻尼日利亚早期华人企业史。

年成立。尼日利亚有丰富的石油资源，始于1958年的石油开采为新独立的国家创造了大量外汇。更重要的是，尼日利亚为了保证石油工业的独立，在伊拉克、沙特阿拉伯、伊朗、科威特和委内瑞拉等国率先成立石油输出国组织后不久即加入这一组织，成为成员国。这样，尼日利亚控制了本国石油的生产、价格、税率，在这方面掌握了自己国家的命运。尼日利亚石油产量在1961年为4.6万桶，1967年增至60万桶，在短短6年里产量增长12倍多。这种雄厚的经济实力为国家的快速发展提供了物质基础。其次，1962年，尼日利亚政府颁布第一个国家发展计划(1962—1968年)，决定加大对农业、工业和教育的投资力度。① 1962年，为了争取国外的投资和技术资源，尼日利亚新政府决定到香港招商。这些香港家族公司正是在这一感召下来到了这个百废待兴的非洲国家。20世纪60年代初的香港正处于快速发展阶段。一些位于香港的企业(如怡和洋行、九龙巴士等)开始上市，中国大陆三年困难时期导致的大量新移民涌入，为制造业提供了大量劳动力，注册公司从3 000家增至1万家，特别是纺织业从业人口大增。这种发展促使一些香港企业家开始考虑到香港以外的地方投资。

沈文伯在尼日利亚独立前就来到这个西非国家，可以说是第一批来尼日利亚投资办厂的先驱者。1959年，他与周启元、成志良和滕瑞圣三位朋友一起来到尚未独立的尼日利亚。他首先在黎巴嫩厂主的搪瓷工厂干活，并当上了机器部主任。他之所以能在这一行出人头地，主要得益于三点：首先，他具有当地其他人缺少的技术；其次，他不仅能干，而且肯干，能吃苦耐劳；第三，他为人正直，品质清廉。

沈文伯不仅掌握了有关机器方面的技术，而且善于钻研，对修理机器的事特别感兴趣。在当时的尼日利亚卡诺州，不论是什么工厂的人，只要有问题，都愿意来找他。由于他确实在机械维修方面比较熟悉，因

---

① 有关尼日利亚经济发展与石油的关系，可参见李文刚《尼日利亚的现代化模式：石油资源支撑的"贫困现代化"》，载李安山主编：《世界现代化历程：非洲卷》，南京：江苏人民出版社，2013年，第518—574页。

而往往能手到病除，得到了其他老板和同事的认可。其次，他做事认真负责，往往亲自动手。不论人家是否认识他，只要是找他帮忙，他都十分乐意。时间一长，人家对他的精湛技术和认真负责的精神都有所了解，有什么困难都愿意找他帮忙。再次，他为人也非常清廉。卡诺有两位黎巴嫩友人开设的厂，经过沈文伯帮助修理和改进机械设备，生产率大大提高。两位老板对他心存感激之情，除了按合同规定的付给他每小时2英镑报酬外，还另外送他钱和其他礼物。沈文伯除了收取应得的报酬外，其他一概不收。这样，他不仅得到了别人的尊重，其他厂主也非常钦佩他。

沈文伯将赚来的钱投资在尼日利亚和香港的朋友开设的工厂，逐渐积累了一笔不小的财富。尼日利亚独立后的经济发展和随后进行的石油开采，使沈文伯的事业越做越大。1972年，当时尼日利亚的搪瓷业不景气，黎巴嫩厂主决定出售搪瓷厂。沈文伯与友人李健等人一起买下了黎巴嫩厂主的北方搪瓷厂，经过技术革新和对管理体制的改造，他与董事会一起将工厂扩大为北方搪瓷有限公司。由于他有战略眼光，具备长期在这一行业的生产和管理经验，加上他为人诚实，信誉好，用人得当，他的公司得到了华人侨胞和黑人朋友的帮助，不仅恢复元气，而且逐渐发展壮大，在尼日利亚已占有十分重要的地位。

经过几十年的苦心经营，沈文伯已逐渐使搪瓷工业成为尼日利亚的基础工业之一。在早期，尼日利亚采用的是德国的瓷釉，与德国瓷釉相比，中国的瓷釉不仅质量上毫不逊色，价格也要便宜一些，但尼日利亚的一些商家对采用中国瓷釉有一些顾虑。为了向尼日利亚推销中国的瓷釉，沈文伯提出承担厂家的试用风险及经济责任。同时，他还积极鼓励和帮助尼日利亚搪瓷业同行采用中国生产的搪瓷机器及生产工艺。这样，尼日利亚搪瓷业开始使用中国的瓷釉，改变了由德国瓷釉一统尼日利亚搪瓷业的局面。①

---

① 顾龙生：《沈文伯：第一位尼日利亚籍华人》，载庄炎林主编《世界华人精英传略·大洋洲与非洲卷》，第72—90页。

李文龙是另一位穷毕生精力开拓非洲市场的尼日利亚华人企业家。1962 年，刚刚在海外完成学业回到香港的李文龙，遇到在港访问的尼日利亚工业部部长。当时尼日利亚摆脱英国殖民统治才两年，可谓百废待兴。李文龙不久后即跟随父亲移民尼日利亚并创立西非格兰工业公司。经过 20 余年的努力，西非格兰工业公司成为该地区最大的拖鞋制造公司，主要从事塑料制品和钢铁的生产和销售。其塑料拖鞋年产量约 2 亿双，在尼日利亚的市场占有率将近 90%，被称为“拖鞋大王”。公司在尼日利亚还拥有 10 余家企业，如轧钢厂、模具厂、塑胶厂、搪瓷厂、电池厂和纸箱厂等。李文龙还在尼日利亚经营北京楼饭店，在当地颇负盛名。经过不懈努力，李氏企业集团已经发展成为集鞋制品、塑料袋及工业用食品包装、钢材、水泥、地产、运输、食品、羊皮、美容、商业数据服务和搪瓷器具等产业为一体的综合性跨国企业集团。①

尼日利亚的纺织业在历史上早已存在，早期的卡诺城邦以生产纺织品著称。1957 年 11 月 22 日，尼日利亚北部的卡杜纳纺织有限公司开工，这是尼日利亚第一家最大的纺织厂。然而，独立后的尼日利亚急需扩大纺织品生产。查济民早年在中国大陆经营印染厂，1949 年移居香港，经营纺织印染业。20 世纪 60 年代，非洲国家独立浪潮，查氏集团看准时机，逐渐将业务转向西非，在尼日利亚、加纳等国投资办厂。1964 年在卡杜纳设立的统一尼日利亚纺织厂是查氏公司在尼日利亚投资的第一家工厂，是中国与非洲国家在纺织业生产、管理和销售方面的第一次合作，实际上也是查氏集团在海外拓展的首次尝试。随着公司业务的扩大，查氏集团又在拉各斯(1971 年)和范图瓦(Funtua，1978 年)建立纺织厂。随后，又在加纳和其他西非国家建立了新的工厂。统一尼日利亚纺织有限公司主要从事纺织品的生产和销售，母公司为中国染厂。该公司长期以来一直是尼日利亚最具影响力的华资企业，而且是尼日利亚第一

①《专访宁波市荣誉市民、尼日利亚李氏集团董事长李文龙》，http://zt.cnnb.com.cn/system/2014/06/20/008092763.shtml.

批上市公司之一。截至 20 世纪 90 年代,查氏集团在尼日利亚已开办 6 家纺织印染企业,共有纱锭 17 万枚,约占尼日利亚全国纱锭总量的 1/3。由于其工厂所生产的纺织品占有的市场份额大,查氏被称为“西非纺织大王”,所辖印染厂所生产的蜡染花布深受当地非洲人的喜爱,市场销路极好。查氏还在尼日利亚经营一家具有中国特色的雅亚华饭店,生意兴旺。20 世纪 90 年代末,因亚洲其他国家以及中国大陆纺织品的冲击,该公司业绩逐年下滑。[①]

尼日利亚董氏集团(Western Metal Products Company Limited, WEMPCO)也是 20 世纪 60 年代来到尼日利亚投资的。当时,董氏集团创始人董纪勋先生看到尼日利亚这个非洲人口大国资源丰富,有着巨大的商机,毅然远涉重洋,从香港来到尼日利亚。他从民众最需要的搪瓷产品着手,于 1968 年在尼日利亚最大的城市拉格斯建立工厂,生产销售搪瓷产品。创建至今,经过三代人近半个世纪的不懈努力、奋斗,董氏集团已具备了相当的规模和实力,现已成为尼日利亚最大的华人企业之一。如今在金、铁等矿产和土地资源方面也做出了重要战略部署并准备开发,产品覆盖整个西非市场,远销欧洲。

现任董氏集团董事长董瑞萼先生是著名华商,现任西非暨尼日利亚华侨华人联合会会长、西非暨尼日利亚和平统一促进会会长。董氏集团旗下共有 1 万多名员工,其中有来着香港、上海、江苏、浙江、四川、重庆等十几个省市区的国内员工 800 余名,并聘请了德国、美国、菲律宾等国的外籍员工。目前集团属下有十多家工厂和一家五星级酒店(东方酒店),主要涉及的行业有木材加工、纤维板制造、彩涂瓦楞板、搪瓷制品、墙砖、地砖、洋钉、轧钢、钢管等,产品覆盖西非,有些还远销欧洲,现在部

---

① Elisha P. Renne, “The Changing Contexts of Chinese-Nigerian Textile Production and Trade, 1900—2015”, *TEXTILE*, 13:3(2015), pp. 212 - 233, http://dx.doi.org/10.1080/14759756.2015.1054105; Salihu Maiwada and Elisha Renne, “The Kaduna Textile Industry and the Decline of Textile Manufacturing in Northern Nigeria, 1955—2010”, *Textile History*, 44:2(November 2013), pp. 171 - 196.

分工厂已集中到公司新建的可以说是西非最大的工业园(IBAFO 工业园)中。2013 年 4 月,从中国大陆引进的 900 毫米冷轧线落成投产,当时尼日利亚总统乔布森亲自前往公司剪彩,盛赞集团旗下的冷轧线填补了尼日利亚及西非钢铁工业的空白,为增进两国友谊做出了贡献。①

华亨集团[WAHUM,West Africa Household Utilities MFG. Co. (Nig.) Ltd]于 1963 年落户尼日利亚,它也是所谓尼日利亚华人企业的"四大家族"之一。从创办第一家搪瓷厂起,经过近半个世纪的经营发展,至今已成为实力雄厚、信誉卓著的尼日利亚顶级华人企业集团之一。华亨集团在尼日利亚生产的主要产品包括搪瓷制品(普通和高级搪瓷)、瓦楞纸箱和纸盒、电线电缆(电力、建筑及通讯电缆)和建筑材料(镀锌瓦楞铁等)等。②

当然,在其他非洲国家,也有来自香港的企业家。例如,范思尧于 1965 年来到象牙海岸(今科特迪瓦)开设搪瓷厂,为华商前往该国创设工厂的第一人。③

我们看到,这些在尼日利亚的香港华人为当地的工业化做出了不小的贡献。然而,他们的一些经营领域在后来中国大陆企业拓展非洲市场时遇到了新的挑战,我们将在后面的章节论及这一问题。

---

① "WEMPCO 尼日利亚董氏集团",*CHINAFRICA*, No. 3, 2016. 在此感谢董先生在笔者于 2011 年访问尼日利亚时的热情款待并接受访问。

② "Introduction to WAHUM Group of Companies", http://www.wahumgroup.com/.

③ 陈怀东:《海外华人经济概论》,台北:黎明文化事业公司,1986 年,第 314 页。

第二十一章　非洲华人经济：多元化与创新（20世纪70—80年代）

亲友告诉我，华人经济状况得到根本性的改善是在毛里求斯于1968年独立之后。像粮食进口批发这类生意，过去他们是被排除在外的，现在做这项买卖的华人越来越多了。过去，华人开洋行的很少，现在也多了，日本本田牌汽车、摩托车的代理商便是华人。

——刘新粦：《他山之石》

它宣告了我们的理念：《日报》并非政治报刊，不依赖于任何党派，也不属于任何一方。我们不允许任何人对报纸的内容施加压力……我们每天都将谈论政治、经济、社会话题，但不会带有任何色彩……这一点从来没有改变过。

——留尼汪《日报》创办人陈剑豪

几百年来，丰富多元的中国美食满足着全球食客的味蕾。直到今天，路易港唐人街依然是全岛各族裔饕客品尝地道粤菜、客家菜的美食圣地。几十年来，中国厨师忙碌在餐车后、炉灶前，不分昼夜地为客人们烹制价廉而可口的街头美食：煲仔饭、炒面、炒饭、饺子、包子、盖饭、鱼翅汤、烧鸭、叉烧、年糕、姜糖等等。

——Pascale Siew：《唐人街：毛岛往事》

非洲的存在不是孤立的，它处于世界政治经济体系之中，其发展离不开国际形势的制约。在20世纪70—80年代这段时间，非洲发生的几个重要事件直接影响到中国移民向非洲的流动和华人在非洲国家的生存。第一，南非国民党政权自1948年上台后，变本加厉地推行种族隔离制，遭到国际正义力量的谴责。1960年3月发生了震惊世界的“沙佩维尔惨案”，联合国安理会为此通过了关于南非问题的第134号决议，谴责南非政府的恶劣行径。1962年11月，联合国又通过决议，呼吁成员国断绝同南非的外交关系。由于这种制度倒行逆施的性质，加之制造了不少灭绝人性的惨案，联合国于1973年通过《禁止和惩罚种族隔离罪行的国际公约》，并于1974年中止南非参加联合国大会的资格。国际社会的这些举动使南非政府在外交上陷入困境，推动了南部非洲的民族独立运动。为了改变在国际上受孤立的状况，减轻国际制裁的压力，南非政府采取鼓励外国投资的政策，这使一些香港、台湾和东南亚的华商闻风而至。第二，南部非洲特别是葡属殖民地在20世纪70年代先后独立，先是葡属几内亚(1973年)，然后是安哥拉(1975年)和莫桑比克(1975年)。第三，一些非洲国家的动荡直接影响到华人的生存环境，他们有的只能选择离开。例如，莫桑比克的华人一直是比较多的。在1950年的人口统计中，华人有663人，到1954年已达1 700余人，1972年增至4 400人。后来发生战乱，华人被迫迁往他处。当时，迁往巴西的约1 000人，大部分前往巴西的库里蒂巴(Curitiba)，从事农垦；有的迁往美国、加拿大、英国、葡萄牙、香港或澳门等地投亲靠友；还有的则迁往邻近的津巴布韦和南非共和国等地另谋生路。到1988年，莫桑比克华人只剩200余人。安哥拉华人遭遇到同样问题。第四，南非种族主义政权制造的所谓“黑人家园”如特兰斯凯、西斯凯吸引了大批的台湾华商到这些所谓的黑人国家投资。这些政治局势引来的移民政策的变化、非洲国家的独立以及独立后政局的变化无疑影响到当地华人的经济社会生活。

本章将分别讨论三个问题，即本土华商继续巩固自己在居留国的优势地位、他们中的企业家的创新驱动以及来自台湾、香港等地的华人投资非洲的状况。

一、本土华商传统的继承

(一) 非洲华人的商业活动

非洲华人的传统谋生手段是开设店铺,从事商业贸易,这也是他们最重要的生存方式。可以说,在整个 20 世纪,华人在非洲的经营方式一直以贸易为主打。尽管这种优势在 20 世纪后期开始衰落,特别是 70 年代以后台湾华商投资于非洲各个制造行业,从而逐渐改变各个行业在非洲国家经济中的比重,然而,华人在贸易行业的优势一直保持着。这种行业优势体现在两个方面:一是华人在非洲社会各行业中的总体优势仍在商贸领域,二是他们在当地社会的经商贸易以及进出口方面仍然保持着突出地位。

根据毛里求斯华商总会的报告,1973 年,华商店铺已达 3 500 余家,以销售杂货、百货、粮食和各种生活日用品为主,同时收购当地土产以供出口。其中从事进出口贸易的华商约 100 余家,构成当地经济对外流通的渠道。这个国家的华人自独立以来保持着某种稳定状态,1970 年开始的出口加工区计划给他们从事各种行业以巨大的推动,这一点后文将论及。

马达加斯加的华商在 20 世纪 70—80 年代已有了较大发展。据 1986 年的统计,1.36 万余名华人中华裔占 80%以上。华人经营的商店约 2 000 家,以杂货和百货零售为主,兼收购土产。塔那那利佛的岑伟材、陈湛源、黎五珠所属的杂货店较具规模。塔马塔夫的陈汝添、陈广仁的商店发展较快。在沿海和山区的华商杂货商店兼营收购咖啡、丁香、胡椒等土产品。1972 年马达加斯加与中华人民共和国建立外交关系后,各方面发展相对稳定,华人经济发展较快。①

① 陈怀东:《海外华人经济概论》,第 170 页。

在南非，虽然各种歧视政策对华人经济有所阻碍，但华人克勤克俭，自谋发展。他们一方面利用各种可能的条件，在夹缝中求生存求拓展，另一方面对子女的教育加大投资，使得新一代华人在经济上取得了应有的地位。除了主要经商外，在教育界、医药界、公务界等也开始涉足，有的成为医生、药剂师、律师、工程师、建筑师和各种管理人员。1976—1977 年的一次社会调查表明，在回答问卷的华人中，18.2%的男性受访者表明他们是自我雇用的店铺经营者(self-employed shopkeepers)或是批发商，36.4%的受访者回答他们的工作与买卖或贸易(saleswork of various sorts)相关，这也就意味着店员的比例也是 18.2%。受访的女性中有 27.8%从事与经商贸易有关的工作。受访者的男性中，70.7%表明他们从事非体力劳动。1977—1978 年的一次社会调查表明，尽管有种族隔离制的歧视，南非华人的经济收入却被描述为“从舒适到富裕”。他们中大约 1/4 的人的年收入至少为 1.2 万兰特，76.4%的年收入至少为 6 000 兰特。① 当然，当时的这种调查结果我们不能过于相信。首先，南非大部分年老的华人受教育水平和英文水平并不高，未必理解问卷的内容。其次，他们生活在一个种族歧视极其严重的国家，对问卷的目的并不清楚，做一切事都需谨慎小心，其回答可能难以反映其实际情况。更重要的是，在一个等级森严的种族歧视社会里，没有人愿意自称是体力劳动者。一个很明显的漏洞是：店铺主人的比例与店员一样。因此，这种调查结果只能作为某种参考。

非洲华人经营店铺一览表

国家	年份	数目	经营商品	年份	数目	经营商品
毛里求斯	1973	3 500	批发零售进出口兼收购土产	1987	3 500	批发零售进出口兼收购土产
马达加斯加	1972	2 000	批发零售进出口兼收购土产	1986	2 000	批发零售进出口兼收购土产

① Linda Human, *The Chinese People of South Africa: Freewheeling on the Frings*, pp. 52-55.

续　表

国家	年份	数目	经营商品	年份	数目	经营商品
南非	1983	497	杂货为主	1987	450	杂货为主
留尼汪	1984	1 000	批发零售进出口兼收购土产	1987	13 00	批发零售进出口兼收购土产
莫桑比克	1972	324	进出口、杂货为主			
尼日利亚	1983	50	进出口、杂货为主	1987	50	进出口及零售
塞舌尔	1983	70	进出口、杂货为主			
罗得西亚①	1978	15	进出口、杂货为主	1984	15	
加纳	1983	10	进出口、杂货为主			
象牙海岸	1985	24	进出口、杂货为主	1989	22	进口及杂货
莱索托	1980	2	杂货			
斯威士兰	1985			1989	17	杂货及餐馆

资料来源：陈怀东：《海外华人经济概论》，1986 年，第 170—175 页；陈怀东主编：《华侨经济年鉴 1989 年》，台北，1989 年，第 714 页；其他相关资料。

20 世纪 80 年代中期，除了在这两个“黑人家园”有大量来自台湾的华商投资外，在南非其他地区也有不少成功的华商。主要原因之一是政府的力量关注于采矿业和冶炼业，劳动密集型的工业以及商业和服务业发展的潜力巨大，也在逐渐发散。以 1983 年的统计数据看，497 户华人商家中杂货店为 417 家，超过 80%。其中约翰内斯堡有 250 家，开普敦 122 家，伊丽莎白港 45 家。潘标在南非建立连锁店（MAKDO-HORONG），已达 25 家之多，资本达 600 万兰特，占当地的 2%。区伟明经营超市 4 家，资本共为 300 万兰特。华人专营进出口生意的有 13 家，其中吴乃安在约翰内斯堡经营进出口业，资本为 100 万兰特。华人经营肉店 50 家，这是一个特色，90% 以上在约翰内斯堡。马荣带的 Lionel

① 即今津巴布韦。

Meat Group 肉食公司,共有连锁店 7 家,资本高达 180 万。[1]

留尼汪的华人有自身的困境和适应。为了应付法国人的挑战,华人进行了调整。他们组织了采购小组,称为"采购合作社",集体与进口商打交道,同时他们自己开始经营进口商品。这一点上一章节已提到。留尼汪的华商在 20 世纪 70 年代仍保持着在该岛商业经营方面的优势。1972 年,华商自己组成采购合作社,在与法国或亚洲(中国大陆、中国香港和日本)供应商打交道时充当中间人。1974 年,岛上 34 家进口公司中,华商占了 19 家。然而,华人在 80 年代却丧失了自我扩展的机会。[2] 这样,法国人垄断了传统的制造业、制糖业及金融业,印度人和巴基斯坦人掌握着交通(加油站)、制衣手工及房地产领域,华商却在逐渐失去自己的传统优势领域。当然,具有眼光和能力的华商还是能够抓住机会的,刘满添(Law Han-Tien)正是这样一位华商。

刘满添于 1917 年出生于广东顺德,1934 年离开家乡来到留尼汪。他与其他在此奋斗的华人一样,有过做伙计打工的经历。经过一段时间,他开始独立经营,先后从事过行商、坐商、林业、餐饮、冷冻行业等。他首先深入农村山区,收集各种土产,贩运到圣但尼出售。后来,他在圣但尼开设了一家咖啡馆。1948 年,他通过加工被淹的蔗糖从而恢复其食用价值后,获得大笔利润,后于 1951 年投资购买了圣菲利普的大片森林。他不断开拓新的投资领域,经营杂货店后又在 20 世纪 60 年代将商店改造成为第一家自选商场。他又投资餐饮业,先后于 1963 年和 1972 年开办了两家中餐馆,生意兴隆。他继而经营冷冻食品。1989 年,其冷冻店的营业额已经达到 1.28 亿法郎。1992 年,他在圣但尼开设有 600 个座位的餐馆。由于他对留尼汪做出的卓越贡献,1982 年获得由法国总统密特朗颁发的共和国骑士荣誉勋章。[3] 虽然在留尼汪像刘满添这样成

---

① 陈怀东:《海外华人经济概论》,第 170—171 页。还可参见华侨经济年鉴编委会:《华侨经济年鉴 1986 年》,台北,1986 年。

② 汤曼莉编著:《海上传奇:留尼汪华人华侨志》,第 85 页。

③《刘满添》,载周南京主编:《华侨华人百科全书·人物卷》,第 366 页。

功的华商不多，但与他一样从事贸易的华商不少，他们默默无闻地生存、发展，同时服务于留尼汪大众。

(二) 两个成功的经商家族企业

个案一：侯氏家族的成功秘诀

“我时刻提醒自己要敏锐地窥探到新的潜在市场和新的可能性。甚至晚上睡觉的时候都要继续思考如何捕捉到新的机会和可能。我一直怀有努力不懈工作的精神”。这是侯兴长的典型表述。适应需求、大胆创新以及家族团结是这位商业领袖采取的经营战略中的关键。任何一家企业要想获得成功，必须适应当地需求。这种对消费者需求的关切可以说是侯兴长及其家族事业在竞争激烈的环境下保持事业发展的制胜法宝之一。

创新则引领侯兴长将家族产业打造得更具竞争力。侯兴长与他的弟弟一起创办了一家红酒装瓶厂，兼并了他们最主要的竞争对手科维诺(Covino)。1972 年他继续努力扩大其经营范围，并转向日本进口电器产品，建立了专门的音响设备和家用电器经营部门“广泰昌有限公司”。侯兴长同时经营“波旁啤酒”(Brasserie de Bourbon)并成为这一品牌管理委员会的成员。侯兴长养育了 7 个子女。弟弟侯元长于 1978 年去世，侯兴长便成了侯氏企业的唯一领袖。此时，他经营的产业与 1951 年相比规模已经扩大了近十倍。他努力使家族内团结一致，并使这种团结能够长期发挥作用。

1972 年，在经历了大型商场的出现带来的动荡以后，侯氏集团作为批发商受到小型商铺的青睐。侯氏企业或许错过了在这一新的经营领域扩大势力的机会，但其多样化的经营范围通过商业活动的纵向整合继续发展，如旅馆业及餐饮业。1988 年，侯氏集团在圣但尼商业区建立了一座有 52 个房间的旅馆，并在毛里求斯北部 Pullman 旅馆以及马达加斯加的一些旅馆中参股。1987 年侯氏又在姊妹岛(l’Ile Soeur)的免税区收购了一家纺织厂，并将其改造为一家成衣加工厂。

侯兴长的长子弗里德里克(Frédéric)已经接班,担任了家族企业的负责人,三个女儿在完成管理学的学业之后在家族企业中工作。侯兴长退居二线后仍然关注着企业事务的运行。1989年,侯氏集团已经进入留尼汪大型企业的50强,以177 038法郎的营业额位列第34名。根据法国国家统计及经济研究所(l'INSEE)发布于1992年10月的调查估计,侯氏企业已经上升至第30位。①

个案二:刘氏家族续写辉煌

刘锡辉去世以后,其弟刘锡江(Guy Lawson)继续管理家族企业。他1918年出生在留尼汪,先在Leconte-de-Liste中学学习,1932年前往香港La Salle中学求学,后来在岭南大学学习法律和经济。抗日战争期间,他曾在广东省政府工作,1944年在广东梅县任职。1950年,他来到留尼汪,曾长期担任中华总商会会长。1955年,政府出台法律,规定酒吧和商店必须分离。他成为商人和政府之间的协调人。在他的努力下,法律被延期实施。他先是与哥哥刘锡辉后来和侄子一起经营Prisunic商场。

刘锡辉的儿子让(Jean Lawson)在巴黎完成法律学业后,父亲召他回到留尼汪帮助自己管理独价商店。刘锡辉当时曾招募了三任副经理,但都不如愿,最后将希望放在儿子身上。刘氏集团于1987年在圣保罗开了第二家店,1990年在圣吉乐开办了第三家。圣但尼的店铺逐渐变成现代化,后又加盖一层,面积扩大一倍。店铺商品从此更为丰富,包括食品、百货和纺织品。刘锡辉的儿子成为留尼汪多家独价超市的经理,在叔叔刘锡江退休后责任更重。他继承了刘氏家族热心公益的传统,当过超市与大卖场联盟的主席和圣但尼商业法庭法官(直到1992年)。他将父亲的相片摆在自己办公室显著的位置,承认父亲对自己人生的影响。这个家族企业会继续由刘氏掌管吗?当一家报纸的记者在1993年向他提出这个问题时,他的回答

① Edith Wong-Hee-Kam, *La Diaspora Chinoise aux Mascareignes*, p. 442.

是:"我的长子正在伦敦就读一所商业学校。他目前被一切欧式的,国际化的事物所吸引……我不知道他未来会是什么样"。①

我们列举了留尼汪两个成功的华商家族的例子。历史再次证明:成功是属于那些有准备、有眼光又愿意不断努力的人的。②

(三) 非洲华人的餐饮业

华侨华人在非洲创业的另一个捷径是从事餐饮业。由于中国菜款式多,既可服务于名流贵族,也可服务于普通民众,加之城市人口增加,人民生活水平提高,生活节奏加快等因素,中国菜颇受欢迎,中国餐馆应运而生。中国菜的特点是取材范围广泛,烹调方法繁多,菜肴款式无穷,各地口味独特,受到世界各地民众的喜爱。然而,与世界其他地区相比,此时非洲诸国的中餐馆并不算突出,但它却成为华人谋生的一个重要渠道。

非洲餐馆业一览表(20世纪80年代)

国家	数目	资料来源	备注
模里西斯(毛里求斯)	80余	1982年侨胞报告	顾客以本地客和海员为主
马拉加西共和国(马达加斯加)	30余	1983年侨胞报告	多小型家庭企业,所占分量小
留尼旺(留尼汪)	20余	1983年侨胞报告	多小型家庭企业,所占分量小
南非	300余家	台湾驻南非有关机构	
其中:约翰内斯堡	93	同上	高档次餐馆每家投资8万兰特

① 何静之编著:《留尼旺岛华侨志》,第77页;Edith Wong-Hee-Kam, *La Diaspora Chinoise aux Mascareignes*, pp. 451 - 452.

② 有关毛里求斯华商的近期发展,还可参见陆桢《1980年以来毛里求斯华商发展初探》,《八桂侨刊》,2010年第4期,第67—71页。

续 表

国家	数目	资料来源	备注
开普敦	19	同上	每家投资 10 万兰特
伊丽莎白港	4	同上	
南非各地	200 余	同上	称“烤鱼小吃店”，顾客为黑人
奈及利亚(尼日利亚)	5	华侨经济年鉴 1983—1984 年	
塞舌尔	3	同上	
罗得西亚(津巴布韦)	20	同上	
迦纳(加纳)	2	同上	
衣索匹亚(埃塞俄比亚)		同上	韩立民经营一家历史较长
萨伊(扎伊尔)	3	同上	首都文华饭店开业时即投资 10 余万美元
波扎纳(博茨瓦纳)	3	同上	资本共约 8 万美元
狮子山(塞拉利昂)	1	同上	
史瓦济兰(斯威士兰)	2	同上	系侨营观光饭店内附设餐厅
赖索托(莱索托)	2	同上	资本约 12 万美元
马拉威(马拉维)	2	同上	资本约 5—10 万美元
象牙海岸	9	远东服务中心驻当地办事处 1983 年 9 月报	资本共约 100 万美元，尚有两家在筹备中
摩洛哥	数家	华侨经济年鉴 1989 年	
赖比瑞亚(利比里亚)	5	同上	2 家独资，3 家承包
肯尼亚	数家	同上	刘太太的香江餐馆有 30 年历史，侄子岑浩江在蒙巴萨开分店

资料来源：陈怀东：《海外华人经济概论》，第 209—210 页；陈怀东主编：《华侨经济年鉴 1989 年》，第 714 页；其他相关资料。

从上表可以看出，这一时期华人在非洲经营的餐馆具有以下特点：首先，这里的中餐馆与其他各洲比较起来很少，还处于发展阶段。以亚洲国家为例，泰国、马来西亚和新加坡等国的华人餐馆均在 3 500 家左右，还不算小吃店和遍地都是的饮食摊位。美洲的华人餐馆也相当发达。美国华人餐馆早在 1960 年即达到 1 万家。1982 年仅在大纽约地区，华人餐馆已有 3 000 家左右。加拿大的华人餐馆有 2 000 余家，就连牙买加这个小岛国也有华人餐馆 250 家。欧洲的华人餐馆发展迅速，在英国 1982 年达 4 500 余家，荷兰 1984 年达 300 余家，法国在 1982 年增至 2 600 余家。[①] 非洲这个有 50 余个国家的大陆在 20 世纪 80 年代只有不到 500 家华人餐馆，实在是少得可怜。这固然与当地华人人数有关，也与生活水平呈正相关关系。

第二，除了一些具有历史传统的中餐馆之外，相当多的餐馆为近年来建立，这与 20 世纪 60—80 年代不断涌入的香港、台湾和东南亚的华人投资商有直接关系，有的饭店名称是直接从台湾移植过去的。这种发展趋势也表明，非洲华人餐馆虽然不多，但增长很快。利比里亚以前没有华人餐馆，1989 年台湾投资利比里亚的新移民共 60 余人，经营餐馆业 5 家，其中 2 家独资，3 家承包当地外商俱乐部营业，共投资 10 万美元。斯威士兰在 1983—1984 年只有 3 家华人餐馆，到 1989 年时增至 6 家。[②]

第三，非洲的中餐馆开始逐渐分为不同档次。有的消费额较高，主要针对的顾客是华人、白人或驻当地使馆人员和商务机构雇员；有的服务于普通大众，主要提供价廉物美的各种佳肴；还有的专门提供快餐服务。这种分等级分层次面向当地不同群体的服务使这些中餐馆在激烈的竞争中能够发展。

当然，非洲华人的这些餐馆也存在诸多问题。首先，低端重复是一个较普遍的问题。如果看到人家赚钱就跟着上，不做市场调研，这样的

---

① 陈怀东：《海外华人经济概论》，第 186—211 页。

② 陈怀东主编：《华侨经济年鉴 1989 年》，台北，1989 年，第 712 页。

投资是不能持久的。只有关心顾客的消费取向，时刻注意同行和市场的变化，才能经常保持主动地位。其次，培养专门的管理和烹饪人才是餐馆业制胜的另一个关键因素。如果仅依靠传统的老办法，不关注时代的变化和管理方法的进步，华人餐馆业的整体提高难以实现。当然，有的餐馆将重点放在烹饪质量上，而忽略餐馆的装饰和内部设备（特别洗手间），不能给顾客一个舒适优雅的就餐环境，这也是一些中餐馆逐渐衰落的原因之一。

个案：毛里求斯的金龙饭店

毛里求斯有很多华人经营的饭店和餐馆，如金龙饭店、华园、中央酒楼、华珍席馆、密园餐室以及蓝天饭店、联合国酒店、白雪饭店等。这些餐馆有起有落，有盛有衰，最为著名的是藏身于路易港唐人街的毛里求斯最古老的餐厅、一直享有盛名的金龙酒家。金龙饭店的老板黎永棉(Edmond Lai Min)于20世纪20年代来自广东顺德。当时的中国军阀混战，民不聊生。黎永棉的生活苦不堪言，决定出外逃生。他抱着碰运气的想法登上了一艘开往路易港的船。抵达毛里求斯后，他先在一家小店做伙计，拼命攒钱。等到有了一定的资本后，黎永棉决定投资餐饮业，便于1946年买下了位于皇家路(Royal Road)56号的一栋两层木质建筑的店铺。他在底层的左侧划出一角来专门出售猪肉制品，右侧改为酒吧，楼上则用作餐厅。供应中国各地风味的美味佳肴，招待四方来客，这就是金龙饭店(Lai Min Restaurant)的由来。早年，金龙酒家除了正规的酒菜外，还有炒面、盖饭、姜片鱼和竹荪炖鸡。

1968年，金龙饭店进行了翻修。由于担心木质结构不结实并可能引发火灾，饭店改成用水泥建筑来替代。通过购买邻居的地皮，金龙饭店的面积大大扩展。金龙饭店的翻修可谓正逢其时，随之而来的毛里求斯经济改革特别是贸易加工区的建设引来了大批从香港、台湾和东南亚来的投资华商。与此同时，20世纪70年代来自世界各地的旅游者开始蜂拥而来，来到这个美丽的小岛享受自然风光和阳光海滩。金龙饭店很自然地受到众多华商和游客的青睐。餐馆也将游客作为重点的潜在客户。在餐厅长期从事管理事务的让·皮埃尔回忆："我非常荣幸能够接待众多享誉世界的名人，如法国女星碧姬·芭铎(Brigitte Bardot)，男星杰拉尔·德帕迪约(Gerard Depardieu)以及中非共和国前总统让·贝德尔·博卡萨(Jean Bedel Bokassa)。我记得随他一起前来的代表团中有一队'试吃员'，要先把他点的每一道酒菜都尝一点，才让总统入口。"除上面提到的名人外，一些知名人士如卡伦·谢里尔(Karen Chéryl)、凯瑟琳·丹尼芙(Catherine Deneuve)等都来过这里用餐。

餐厅拥有自己具有特色的配料秘方，其成功的秘诀取决于多种因素，除各种脍炙人口的招牌菜如清蒸无骨鸡、芋头填鸭、三珍滑豆腐等，还在于餐厅热情周到的服务、热闹欢愉的氛围和清洁舒适的环境。后来，黎永棉决定将餐馆交给长子黎窝甜(Laval Lai Min)经营。他引进了更多的川菜。餐厅的新菜肴很快得到了当地上流社会一些人士的喜爱，金龙酒家成为中餐厅的翘楚，为很多当地富豪光顾。后来，黎窝甜将餐馆交给弟弟让·皮埃尔(Jean Pierre)管理，他们可以说是金龙饭店的第二代管理者。目前，黎氏家族的第三代Joelle正在协助他的父亲皮埃尔负责饭店的日常运作。随着旅游业的发展，目前毛里求斯度假酒店盛行全包套餐，外出就餐的旅客明显减少。为了更好地吸引顾客，金龙饭店每周五和周六的晚上都会举办舞会，并邀请现场演奏的乐队为当地客人表演助兴。①

金龙饭店这种新的营业方式何尝不是一种适时应变的创新呢？

① *China Town Magazine*, 1 December, 2015, pp. 29 - 31. 关于金龙饭店开业的年份有另一种说法，即1948年，参见Pascale Siew《唐人街：毛岛往事》，第121页。

二、本土华人企业家的创新驱动

(一) 本土华人企业家的开拓创新

华人在海外生存、发展、壮大的根本原则是开拓创新,非洲的华人企业家也是如此。在这里,我们可以看到很多优秀的华人企业家。他们知难而进,不断开拓,为拓展自身的业务以及更好地体现自身的存在价值而不断创新,从而也为当地民众带来福祉。在留尼汪、毛里求斯和马达加斯加等地出现了不少典型人物。

曾慧珍(Marie How-Choong)是留尼汪的一位杰出的女企业家。曾慧珍的父母 1927 年从广东梅县来到留尼汪。父亲曾广敬(tsang King Sang)也是一位曾在留尼汪商界叱咤风云的人物,他为自己子女的事业打下了基础。曾慧珍 1928 年出生于圣皮埃尔,从小在华文学校接受教育。她生性好学,特别喜爱医学,虽然成绩优异,但她还是遵照父母的期望,嫁给了侯聪创(How-Choong André)。他们一起开了一家店铺,后来决定投身于香根草根茎蒸馏行业。香根草 19 世纪末从印度移植于留尼汪,主要生长在海拔 400—600 米的圣约瑟夫高原地区以及小岛(Petite Ile)地区。香精油从香根草的根部提炼,需要经过蒸馏及一系列精心细致的工艺过程。一吨根茎可以提炼 10 公斤精油。1960 年,他们购买了两个锅炉,建起了一个具有现代技术的蒸馏厂时,侯聪创因脑血管阻塞意外去世,留下年仅 33 岁的曾慧珍及 7 个孩子。面对极其艰苦的条件,她勇敢地面对挑战,一方面承担起家庭的责任,另一方面继续丈夫未完成的事业。经过 20 年的努力,她刻苦钻研,创新了香根草精华蒸馏工艺。20 世纪 60 年代末,其工厂的香根草精油最大年产量达到 25 吨,而当时全岛的精油总产量也只有 45 吨。用她的蒸馏工艺生产出来的精油质量上乘,受到世界香水之都格拉斯和巴黎各大香水商的喜爱,被用于 300 多种香水产品。这样,曾慧珍用她的智慧和努力,让香根草的芬芳品质完好地从法国传播到全世界。1982年,曾慧珍因肺癌去世。虽然香根草精油的生产后来因各种原因陷入困境,这一产业也趋于衰落,但曾慧珍的创新故事却保留了下来。①

留尼汪的另外两位华人企业家也值得一提。陈剑豪(Maximin Chane Ki Chune)和曾昭伦(Germain Chane-Pane)都在众多华商在食品零售业激烈竞争时选择了与众不同的道路。陈剑豪是留尼汪发行量最大的《日报》(*Le Quotidien*)的创办人。20世纪20年代,他的祖父母来到留尼汪,他自己于1937年出生在圣路易,几个月后父亲去世,4岁时母亲也过世了。他先后到毛里求斯、法国和比利时学习过摄影,建立过自己的摄影室,还利用业余时间学习法律并取得文凭。由于频繁与摄影、印刷打交道,他与报社及发行业也有了接触。在创办《日报》前,他曾试办过两种期刊:《消费者》(*Consommateur*)和《期刊》(*Periodic*)。当时,留尼汪有两种报纸——巴黎共产党的喉舌《见证》(*Témoignages*)和代表右派观点的《留尼汪岛日报》(*Journal de l'Ile de la Réunion*)。他觉得办一份中立的报纸完全可能。1976年,《日报》创刊,第二年读者就超过了1.1万人,而留尼汪的人口只有80余万。尽管办报之初他遇到各种困难,甚至被停止出版,但他的报纸得到大众的拥护,目前的日销量为3.5万份。他还办了更多报刊,并开设了广播电台和音乐台。他的女儿卡罗尔(Carole Chane-Ki-Chune)曾在美国和德国留学,并在巴黎完成学业。她在海外生活了十年后决定回到留尼汪。在父亲手下工作了十年后,她成了《日报》的总裁。她说出了家族企业的价值观:"我成长在一个非常看重工作价值的家庭里,所有人都信奉这样的价值观:不工作将一无所获。……在当今社会,女性要掌管一家企业面临很多挑战。但我认为在以男性为主导的商业世界,女老板也有一些优势,比如更脚踏实地,看待

① 汤曼莉编著:《海上传奇:留尼汪华人华侨志》,第109—112页。在此感谢曾慧珍的长子、留尼汪著名华人企业家侯沐凯先生在笔者访问留尼汪岛时热情接待并介绍华人及他的家庭情况。特别是在笔者回国后曾多次就一些华人姓名或往事通过电邮请教他时,他不厌其烦地回答笔者的问题。

工作与生活视角独特。”①

曾昭伦的祖先来自梅县。他的父母在圣皮埃尔经营一家杂货店，连接生下13个子女，曾昭伦为长子。他成年后有了自己的商店，但对经商毫无兴趣。1970年，曾昭伦在巴黎的工业与技术沙龙上见到胶版印刷机，便用所有积蓄买了一台，而当时法国只有3台。1971年，他的印刷厂ICP ROTO在自己店铺的车库里创立。儿子曾宪章（Alfred Chane-Pane）曾回忆，父亲对新领域一无所知，“由于不了解，父亲浪费了许多时间和原材料。每一步都危险重重。他本想靠印刷机开创新的事业，但发现很难，因而感到焦虑甚至有些疯狂。”他妻子和店里的伙计是他的帮手。为了让新开张的印刷厂能真正运作起来，他几乎破产。一次，妻子来帮忙，因为不会操作，不小心切掉了曾昭伦的手指。经过艰苦的努力，他最终取得成功。1974年，他的印刷厂靠印刷请柬、名片、菜单、车票、告示、账本及广告可足以维持家庭的生活，他关闭了原来的商店。曾宪章于1965年出生于圣皮埃尔，在巴黎第九大学学习企业管理并兼修印刷专业。毕业后，他在巴黎找了一份银行的工作。当父亲召唤他时，他决定回来继承父业。他掌管印刷厂后，做了三件事，大大扩展了印刷厂和业务。一是花费2 000万法郎收购了瑞典一家具有先进设备的印刷厂，印刷厂的业务自1997年后增长了四倍；二是加紧对员工的职业技术培训，定期让员工培训或出国进修，或者邀请专家来留尼汪讲课；三是注意更新技术，坚持创新。目前，ICP ROTO是留尼汪规模最大的印刷厂，稳居印刷业的龙头地位。此外，曾宪章还将对直升机的爱好变成了除印刷厂之外的另一门生意，他经营的Corail直升机公司拥有5架直升机和18名员工。这也是曾宪章开拓创新的一个典型事例。②

毛里求斯著名华商阙兆忠的快乐园于1973年创建毛里求斯农业有限公司，设有养鸡场、饮料厂及12家分厂，每周生产6.5万只肉鸡，占全

① 汤曼莉编著：《海上传奇：留尼汪华人华侨志》，第113—118页。

② 同上书，第158—162页。笔者2016年12月在毛里求斯参加有关海上丝路的国际研讨会时听说，他的直升机公司将在毛里求斯开拓业务。

国市场份额的40%。公司拥有可贮藏1 600吨金枪鱼的冷冻库，成为全国最大的冷藏食品销售商。1972年，阙兆忠与香港和记企业有限公司合资创办花辰织品公司，又与香港企业家曹光彪合资兴办顶峰纺织有限公司和顶峰工业有限公司，共有职工2万人。快乐园发展成为多种经营的集团公司，20世纪80年代继续向电器业拓展。1985年创立英国国际电脑有限公司(ICL)在毛里求斯唯一的分公司，并获得美国康柏电脑公司特许，引进先进的个人电脑技术。1985年，创立快乐园电器公司。1987年，引进"索尼"牌彩色电视机生产线，在毛里求斯组装，其产品占全国市场的40%。80年代后期，公司收购一家合资企业的英国股份，改组为快乐园货运有限公司，成为毛岛第一家持有国际航空运输协会许可证的代理行。80年代末，公司再次进军房地产业并创立牛顿房地产开发公司。快乐园拥有毛里求斯最大的食品发送机构，包括一支有60辆大型封闭式货车的车队，配有现代化电脑设备。快乐园所属的顶峰服务公司是船舶公司的代理，可代表在美国、韩国和台湾地区的委托人储存和转运金枪鱼。快乐园也是香港敦豪快递公司(DHL)在毛里求斯的合作伙伴。1990年，又与新加坡厂商合资创立毛里求斯林增控股有限公司。1992年，公司建成现代化、多功能的快乐园大厦，由毛里求斯总理揭幕。1974年，阙兆忠之父阙玉生荣获英帝国勋章(CBE)，1978年，阙兆忠又获此殊荣。1985年，阙兆忠获得英国女王赐封爵士，1993年被毛里求斯一家报纸评为合办经济界八位杰出人物之一。阙兆忠的快乐园有限公司下属70多家企业，年营业额近亿美元，成为毛里求斯的十大公司之一。①

陈兆昌是马达加斯加富士中心的创始人。陈兆昌祖籍广东顺德，1938年生于广州。其祖父陈茂禧于1905年抵达马达加斯加谋生，在塔

① 《快乐园有限公司》，载梁英明主编：《华侨华人百科全书·经济卷》，第238—239页；《徜徉非洲探访天堂之国毛里求斯》，2014年5月2日，平潭网，http://www.pingtannet.cn/html/20140502110.html.上述毛里求斯的华商和创业者多为客家人，他们大都来自广东梅县。有关对毛里求斯客家人的研究，可参见巫秋玉《客家文化在海外的传承与发展——以毛里求斯客家人为例》，《八桂侨刊》，2009年第1期，第19—25页。

马塔夫市经商。1925年,其父陈焯英也移民马达加斯加,继承永和生号商行,从事进出口生意。1949年,陈兆昌跟随母亲和两个哥哥到马达加斯加与父亲团聚。陈兆昌在当地小学毕业后,又在教会学校学习法语。1963年毕业后,他协助经营永和生号。1967年,陈兆昌与他人合作在塔马塔夫开设照相馆并经营摄影器材,代售富士彩色胶卷。1972年中国与马达加斯加建交后,他在当地开办东方书店,负责销售中国出版的中文和法文书刊和图片,为增进中马双方的了解贡献力量。1984年购置一条彩色胶卷扩印生产线,并成为富士独家代理商,后逐步扩大为rede7ts生产线。他还在塔马塔夫以外五省开设分号,经销佳能、美能达、奥林帕斯等名牌照相机。他与深圳中原宾馆达成在马达加斯加合作开发大型旅游项目的协议,与沈阳黎明发动机制造公司合资建立建筑装饰有限公司。20世纪80年代后期,他努力向多元化企业方向发展。到1993年,他已创立九家企业,包括东方书店、装修公司、工艺服装公司以及与中国山东省轻工业品进出口公司合资开办的中国国货商场等。富士中心仍为该集团的核心企业,营业额约占集团各企业营业总额的60%。①

此外,在马达加斯加,唯一一家用甘蔗酒精酿造威士忌酒的酒厂即是华人开创的,该厂还酿制葡萄酒以及甘蔗合成酒。马达加斯加华人投资食品业的资本总额为1.6亿—1.8亿马达加斯加法郎,而华商酿酒业在食品业资本中占九成以上。②

20世纪80年代非洲主要国家华人经营工业企业一览表

国家(地区)	企业数	经营内容	典型	备注
毛里求斯	50余	酿酒、食品加工等	新明火柴厂	传统产业
	10余	人造纤维、成衣业	朱梅辫	新型产业
马达加斯加	数家	肥皂、蜡烛、化工、金属等	梁广诚、陈坤	新旧产业

①《富士中心》,载梁英明主编:《华侨华人百科全书·经济卷》,第131页;《陈兆昌》,载周南京主编:《华侨华人百科全书·人物卷》,第93页。

② 华侨经济年鉴编委会:《华侨经济年鉴1994年》,台北,1994年,第924页。

续　表

国家(地区)	企业数	经营内容	典型	备注
南非：特兰斯凯 西斯凯	7	汽车修理、电器修理		
	12	塑胶、成衣、毛衣、电器等	投资 1 313 万兰特	雇用 2 483 人
	11	成衣、针织、塑胶、五金等	投资 1 484 万兰特	雇用 4 896 人
留尼汪	数家	酿酒、食品加工、木材等		小规模
莫桑比克	12	铁工、搪瓷、成衣等	搪瓷厂	战乱影响
尼日利亚	数家	纺织、搪瓷、玻璃、塑胶等	董之英	规模较大
坦桑尼亚	6	针织、织布、锯木、汽修		
加纳	数家	纺织、搪瓷、塑胶、金属等	天马纺织厂	规模较大
象牙海岸	14	塑胶、玻璃、搪瓷、凤梨等	李师曾、范思尧等	规模较大
莱索托	10	针织、宝石、水泥、成衣等		
利比里亚	1	成衣、人造珠宝	赵公润	
马拉维	1	螺丝制造	资本10万—20万美元	占市场 80%
尼日尔	2	玻璃、化工	投资 50 万美元	
斯威士兰	数家	成衣、不锈钢刀叉、煤油炉		
博茨瓦纳	2	五金、童装		

资料来源：陈怀东：《海外华人经济概论》，第 312—316 页。根据该书及其他相关资料整理。

(二) 本土华人家族企业的适时应变：以陈氏集团为例

在非洲的华商家族企业中，确实存在诸多成功的例证，当然也有失败的例子。陈氏企业的兴衰为我们提供了有益的案例。

前章曾提到陈氏家族的创业和发展。1969 年，陈绍宏的第一批冰糕投向市场，店铺从此变成和路雪(MIKO)旗下的一家公司，全称为留尼汪工商业开发公司(SEICAR)。和路雪不仅为新公司提供自己的品牌，还有产品配方和技术指导。三年以后，陈氏企业又创造了一种糖果(Dévé)品牌。公司产品开始走向多样化，同时还批发从人造奶油到巧克力的各种糕点原材料。陈绍宏的集团逐渐从一家小型的加工厂成为一个农产品联合企业。

1978 年,集团成立了花色面包和甜点制造公司(SOVIPAR),在阿斯特拉公司(Astra)的技术帮助下,生产可以长期保存的食品。这家注册资本 48 万法郎的公司,与法国第一大、世界第三大的通用饼干公司(General Biscuits)合作,获得特许权进行生产,陈绍宏为此购置了一条生产线。他们的资产达到 248 万法郎,其中 35%属于通用饼干公司,65%属于陈氏家族。1984 年,陈氏集团的产业中又增加了第三大领域。即"白鹈"有限公司生产的果汁饮料(商品名"Caprisonne"),由德国维尔德公司(WILD)授权,资金 80 万法郎。1986 年,集团开始投资保鲜面皮(Pasta d'Or),同时是当地第一大软包装生产商,集团也从事食品和油脂类产品的半批发。集团还购买了 SOLPAK 公司 70%的股份(总资产 405 万法郎),生产果汁和矿泉水。一家日报这样报道:"陈氏集团由此几乎控制了留尼汪所有的果汁生产。"1989 年,陈氏集团成立了一家研发公司,与留尼汪大学达成协议,计划开发新的果香提取法。

1989 年,陈氏集团已拥有八家公司,控制了留尼汪 65%的冷饮市场(剩下的 25%来自国内厂家,10%来自进口)。营业额达145 536 000法郎,共有 241 名工人。集团总部迁至圣皮埃尔的新工业区,它包括五个主要部门:冷饮、甜品饼干、果汁饮料、商品批发和产品研发。贸易部门与世界上著名的农产品加工企业都有商业往来。后勤部则拥有 50 辆车来保障配送。研发部已经将果汁和果香的提取技术、植物油的蒸馏技术完善,进入了商业化阶段。

在陈氏集团的发展过程中,人们可以发现中国人创业过程中的传统因素:家庭的和睦建立在长子的中心地位的基础之上。陈绍宏负责全局策略、对外联络和公司的创办,他的三个兄弟则分别掌管公司的管理和生产环节,妻子负责监控销售。企业里还有其他的家庭成员,如第三代子女。他的儿子陈庆添(Chane Nam Victor)负责管理,女儿卡米尔(Camille)则负责实验室。陈绍宏说:"所有的内部决策都是和我的兄弟们一起经过深思熟虑和深入研究后做出的,现在也会和我的员工们一起商量。"这个家族企业具有三个特点:男性家长制、兄妹的房子相邻而建和家庭成员内部继承。

除了传统,还需要有创新。1988 年以来,集团成立并以留尼旺工商业开发公司为龙头,招聘法国蒙彼利埃高等商学院(Sup de Co)和高等经济商业学院(ESSEC)的毕业生进入公司的管理层。同时,技术创新依循两大焦点:提升技能的价值和生产高端产品。留尼汪的品牌认证由留尼汪发展协会(ADIR)推行,而陈绍宏从 1986 年到 1989 年是这个协会的主席。1987 年年初,公司聘用了一位食品工业方面的科技工程师,实验室也有了先进的设备。1986 年 12 月,公司加强了食品监管,研发了更多新产品,比如蜂蜜味或香草味的饼干、果肉冰糕等。公司的一大关注点是技术转让。由于岛内市场很小,而邻国的生活水平甚至还低于留尼汪,直接的出口基本无利可图。这样,公司决定购买进口量不太大的领域的技术来避免竞争,同时培养了自己的技术员,有时得到了特许商的帮助。在这种策略下公司在塞舌尔生产面皮,在毛里求斯建设小型冷饮工厂,还包括在马达加斯加、澳洲西海岸和亚洲的投资。

陈绍宏还积极投身社会活动,来捍卫他的理念。他曾是留尼汪发展协会的主席、留尼汪经济和社会委员会成员、工业指导委员会委员、对外贸易的政府顾问。1986 年,他在圣皮埃尔组织了工业展览,吸引了 7 万观众,因此荣获国家功勋骑士荣誉。陈绍宏积极参与商会活动,捍卫自己的经营理念:原材料免运费、职业培训、资本市场的建立等。他是家族和职业传承的典范,从父辈的店铺和面包房到管理和开发的现代化。他将留尼汪作为参与国际资本竞争的平台。[①] 陈氏集团曾一度成为留尼汪的第二大企业,陈

---

① 以上个案来自黄素珍博士的著作:Edith Wong-Hee-Kam, *La Diaspora Chinoise aux Mascareignes*, pp. 445 - 448,特此说明。笔者在此感谢黄素珍博士在 1996 年为笔者提供资料,2016 年在留尼汪召开的西印度洋历史周研讨会上与笔者一起探讨学术问题,热心解答笔者的相关疑问并陪同中国学者一起参观访问华人社区。笔者还要感谢陈绍宏之子陈庆添为本人提供家族资料和解答疑难问题。

绍宏也享受到各种荣誉:1800—2000年,约400篇关于他的报道散见于各种报纸杂志,德国合伙人安排私人飞机载他到法国南部,法国部长应邀参加他安排的家庭举办的沙龙,他多次率领企业代表团到海外考察……

天有不测风云,在新世纪的一次并购中陈绍宏碰到了麻烦。遭遇到银行利息过高、商业伙伴背叛、员工罢工等一系列挫折后,他感到无力回天,只好宣布放弃。在勇敢地面对人生在商战中的失败之后,他选择了新的书画生涯。2011年,有关他的传记《白鸫》(*Le Merle Blanc*)在法国出版。在韦遨宇(Roger Wei Aoyu)教授所写的序言中,他似乎认为家族企业的弊病是陈氏集团失败的原因:"跟许多中外家族企业一样,陈绍宏正败在他成功的地方。他有着极强的行动力和冒险意识,在市场研究、掌握竞争对手的资讯方面能力出色。同时,在深入认识自身和公司管理之职的家族团队的弱点方面又显得不足……在同心协力之中存在着风险,在习惯性的家族实践和由传统势力决定的社会和经济实践的细枝末节中,隐藏着魔鬼。"①

从根本上说,家族企业有着自身的优势和劣势。陈氏集团的失败难以说明家族企业的所谓弊病是根本原因。我们不想否认家族企业中存在着一些制度性缺失。然而,这些弊病是可以通过其他措施来弥补的,正如其他类型的企业在制度上也需要改革与创新一样。

(三) 出口加工区的创建与毛里求斯华人的贡献

林毅夫曾这样评价毛里求斯的经济改革:"70年代初就开始改革的毛里求斯,经济取得了稳定和快速发展,他们推行的不是华盛顿共识的休克疗法,而是渐进的双轨制。"②这种所谓渐进的双轨制指的就是传统的蔗糖生产行业和逐步成型的进口替代工业与新型的出口加工制造业在较长的时期内并行发展。由于对原有产业和出口加工区实行不同的

---

① 汤曼莉编著:《海上传奇:留尼汪华人华侨志》,第125—126页。

②《林毅夫:中国必须消除双轨制的扭曲》,2012年09月25日,第一财经日报,http://business.sohu.com/20120925/n353902932.shtml.

政策，使原有产业的企业家不仅能安心享受原有的政策红利，同时又看到了出口加工区提供的机会，并乐于将剩余资金和产出的利润投放到出口加工区，这样从某种程度上解决了出口加工区在创建初期遇到的资金瓶颈。华人与这一经济改革的联系主要有两点：政策制定与实际贡献。

毛里求斯经济结构单一，一直以生产蔗糖为主。独立后，克服这种单一作物制的弊病成为当务之急。值得一提的是，首先提出创建毛里求斯出口加工区合理化建议的正是毛里求斯华人学者、经济学家林满登教授(Sir Edouard Lim Fat, 1921—2015，也作林满添、林满丁、林满东)。林满登于 1921 年出生在毛里求斯，父母来自广东梅县。他 1939 年中学毕业后任中学教员兼政府职员，1944 年去英国伦敦大学学习化学工程，毕业后在英国原子能研究中心工作两年。1951 年，他回到毛里求斯，在农业局任职至 1963 年，其间于 1954—1956 年重返英国，在德拉姆大学获农业工程硕士学位。1963—1968 年，林满登任毛里求斯农学院院长。1968 年，农学院与新建的毛里求斯大学合并，他任该校教授、工程技术学院院长兼代理副校长。1969 年，他考察了新加坡、香港、台湾和波多黎各的自由工业区后，在毛里求斯举行的国际糖业大会上极力主张在毛里求斯建立出口加工区(export processing zone，EPZ)。他根据自己的研究，认为要彻底摆脱单一经济的困境，必须发展自己的工业。该提议获得毛里求斯政府认可，林满登因此被誉为“出口加工区之父”。[①] 1991 年，为表彰他对毛里求斯国家进步的卓越贡献，英国女王授予他爵士称号。[②] 实际上，朱梅粦先生早在独立前也提出过毛里求斯的单一经济状况必须

---

① 中非关系研究专家戴博拉·布罗蒂加姆在 20 世纪 90 年代研究了毛里求斯的经济改革与民主政治之间的联系。参见 D. Brautigam, “The ‘Mauritius Miracle’: Democracy, Institutions and Economic Policy”, in R. Joseph, ed., *State, Conflict and Democracy in Africa*, London: Rienner, 1999, p. 148; D. Brautigam, “Institutions, Economic Reform, and Democratic Consolidation in Mauritius”, *Comparative Politics*, Vol. 30, no. 1, 1997, p. 57.

② 林满登还获得了多种荣誉，也担任了多种职务，包括联合国工业发展组织顾问、毛里求斯自由港管理局首任主席。具体参见《林满登》，载周南京主编：《华侨华人百科全书·人物卷》，第 334 页。一说他于 1960 年获得奖学金赴纽卡斯尔大学深造并取得食品工程学位。参见 Pascale Siew：《唐人街：毛岛往事》，第 94 页。

改变。难怪毛里求斯杰出华人曾繁兴先生评价:“朱梅彜部长和林满登教授,都是小岛经济起飞的智囊。”①

毛里求斯政府为了鼓励出口加工工业的建立,在法律、金融和基础设施等方面提供各种便利。1970年通过《出口加工区法》,这一法令旨在吸引各方投资,促进出口导向制造业和出口加工业的发展。此法令为出口导向型的企业提供了免税期、优惠信贷等优惠政策。在财政和金融方面实行鼓励措施,包括减少所得税和减免与出口加工区有关的进出口商品关税,利润和股息可自由汇出,带进毛里求斯的资本可自由带出,还可以按优惠办法进行筹资。② 1985年以后,对公司税的优惠待遇做出了统一规定,其基本上适用于所有的出口公司。基础设施方面的措施也与通常情况有所不同,出口加工区没有被限制在指定工业区或飞地,而是分散于该岛国的各地。现有的基础设施使这一做法成为可能,并且有利于投资者、工人和环境。在20世纪80年代中期以前,大多数企业按补贴的价格租用现成的工业用地,公司还可享受补贴的电费。此外,毛里求斯政府还通过设立专门机构来提供指导、管理和服务,以促进出口加工区的健康发展。毛里求斯开发银行设立出口信贷担保和出口保险计划,政府成立出口发展投资管理局与产业协调部。③

在出口加工区建立后的20余年里,毛里求斯的经济发展取得了长足进步,逐渐形成了蔗糖加工、出口加工和旅游业三大产业支柱。出口

① 曾繁兴:《客家史诗》,第79页。

② 不包括资本增值部分,因为对资本增值部分要进行外汇管理,并按通常的印花税税率征税。

③ 关于毛里求斯成功的权威解释,参见毛里求斯学者L.阿米迪·达尔嘉《毛里求斯的成功故事——为什么一个岛国成为非洲政治和经济的成功范例?》,载莫列齐·姆贝基:《变革的拥护者——如何克服非洲的诸多挑战》(董志雄译),上海人民出版社,2012年,第187—206页。阿米迪·达尔嘉先生是笔者2016年12月在毛里求斯认识的新朋友。他是非洲裔毛里求斯人,曾任毛里求斯前议员和部长、非洲政治学会会员,担任诸多国际组织要职,如南部和东部非洲贸易和信息网络的董事会成员和联合国非洲经济理事会人权发展和公民社会委员会执行局成员,目前担任毛里求斯非洲企业俱乐部(the Mauritius Africa Business Club)董事会主席。2016年11月24日,他发来邮件,希望笔者在12月7日参加海上丝路与非洲国际研讨会的空余时间给该俱乐部做一次“中国与非洲的经济战略关系”的讲座。他主持了笔者的讲座,几位现任政府部长和要员出席了讲座,在此向他表示衷心的感谢。

加工区的设立使原来只有单一蔗糖农产品出口的毛里求斯又增加了60%的工业制成品出口。毛政府在推进出口加工业的同时,也注意大力发展旅游工业,华人的餐饮业和旅馆业因此大显身手,在旅游业方面贡献不小。我们注意到,有关毛里求斯出口加工区的论文和宣传资料多有"20 世纪 70 年代末在国际货币基金组织和世界银行的支持下"这一句。殊不知,正是由于毛里求斯政府拒绝而非接受了国际货币基金组织开出的结构调整的药方才取得了改革的胜利。当时,国际货币基金组织要求毛里求斯取消在大宗食品、免费教育和卫生服务方面的补贴,毛里求斯政府坚决拒绝了这些要求,牢牢把握国家发展政策的自主权,制定了符合自身国情的发展战略,保证了经济改革和发展的成功。毛里求斯学者达尔嘉在文章中客观地指出了这一点:

> 毛里求斯在决定政策时从未采用过教条主义的方法。领导者集中关注的是结果。首先确定结果,政策是为了取得这样的结果而制定。在 20 世纪 80 年代,当毛里求斯不得不从国际货币基金组织借钱时,它拒绝了国际货币基金组织开出的结构调整的药方,即取消在大宗食品上的补贴,停止免费教育和卫生服务以及其他一些措施;它同意的只是结果,即减少他的赤字。毛里求斯找到了自己的方式来减少赤字。这一毛里求斯人与结构调整计划(SAPs)发生冲突的案例迄今很少被布莱顿森林体系所引用。①

毛里求斯的鼓励政策吸引了来自世界各国的投资者。在 20 世纪 80 年代中期,中国香港的投资约占 2/3,其次是法国的投资,占 10%。然而,在出口加工区设立的早期阶段,几乎所有的资金都来自当地,这是毛里求斯经济改革的一个特点,主要原因是剩余资本的客观存在和毛里求斯的政策导向。蔗糖工业长期形成出口优势,主要的出口市场是欧洲共同体(主要是法、德和英三国),其余 1/3 主要向美国出口,制糖业获利颇

① L. 阿米迪·达尔嘉:《毛里求斯的成功故事——为什么一个岛国成为非洲政治和经济的成功范例?》,载莫列齐·姆贝基:《变革的拥护者——如何克服非洲的诸多挑战》,第 203 页。

大,形成了既定的资本积累。此外,政府的双轨制政策使蔗糖工业和20世纪60年代形成的进口替代工业的企业主看到了出口加工区的发展机会,在渐进双轨制的政策引导下愿意将剩余资金投资到出口加工区。①

除了提出建议和制定政策外,华人的作用还表现在身体力行,为毛里求斯出口加工区的成功运作做出自己的努力。可以说,华人既是毛里求斯出口加工区建设的真正受益者,也是贡献者。当时,政府在路易港市西南4.8公里的外围区设立了出口加工区,占地28.5公顷,各种设施齐备。加工区距离国家公路仅3公里,与国际机场和港口也相距不远。加工区在土地租赁和建筑物租用的期限上都有优惠政策,在租金上也有优待,以专供有意在此自行建厂的投资者使用。如前所示,这一政策还规定,投资者的工厂并不限于在指定的加工区内经营,可以在任何地区建厂,但产品必须出口。这些措施为毛里求斯华人提供了诸多方便。随着受教育程度的提高,华人的职业也呈现出多样化。毛里求斯政府大力提倡兴业爱国,华人积极响应政府号召,先后在加工区创立了纺织、成衣、化妆品、罐头食品、糖果饼干、塑胶等工厂,共达30余家。华人在工业上的投资约达50亿卢比,约占出口加工区早期投资总额的52%。②

前面提到出口加工区早期的投资几乎全部来自毛里求斯本土,这些离不开华人的作用。就拿林满登先生自己来说,1970—1985年,他在出口加工区开办了制造玩具、时装等产品的工厂,如1970年的Suzy玩具厂、1978年的France Creationsc,以及后来创建的Emperor,New Unawear,Vogue Fashions,Broderic Industrielle等企业。Suzy玩具厂

---

① Rolf Alter:《毛里求斯出口加工区的教训》,《金融与发展》,国际货币基金组织与世界银行季刊网络版,http://www.cfeph.cn/cfeph/finance.nsf/6a8d70d347f50e6f4825672e001b0184/455a2b60646028b7482568230029 9308? OpenDocument.作者曾在国际货币基金组织非洲局任职。国内相当多的文章都是照抄或引用本文的观点。然而,此文作者对国际货币资金组织强行要求毛里求斯政府进行结构调整的内容避而不提。

② 陈英东:《模里西斯华侨概况》,第37页;《毛里求斯工业村》,载梁英明主编:《华侨华人百科全书·经济卷》,第320页。有关毛里求斯出口加工区的考察,还可参见刘郧生《毛里求斯出口加工区考察记》,《西亚非洲》,1989年第3期,第61—66页。

于1975年获得出口奥斯卡奖。[①] 出口加工区创办之初，全国只有9家出口加工企业，就业人数644人；1974年，出口加工企业增至33家，就业人口为8 000人，其中80%为妇女；1976年，出口加工企业有85家，就业1.74万人；1985年，出口加工区就业人数达46 669人，企业有237家。1971年，蔗糖占出口商品的86.9%，出口加工区的产品只占0.4%。十年后，1981年的蔗糖所占份额下降为54.2%，而出口加工区的产品份额上升至36.3%。1985年，出口加工区的产品份额已跃升为第一位，占出口商品的46.8%，而蔗糖下降至40.9%。[②]

朱梅麟自1977年大选落选后退出政坛，但仍然积极从事各种经济活动。他的女儿曾这样评价他："父亲生在毛里求斯，长在毛里求斯，从小跟着祖父学习经商，但他却有更长远的眼光。他率先在毛里求斯开食品连锁店，进行粮食批发和蔗糖出口，随着业务的迅速发展，他又把业务拓展到船务业和保险业，而且日见成效。"[③]如前所述，他从年轻时就表现出卓越的经济头脑，20岁时创立并担任ABC商店总经理。1955年，朱梅麟又与他人一道发起成立毛里求斯进出口商联合会，并轮番担任正、副会长至1968年。他与其他华商积极引进各种行业，尤其是在劳动力密集工业产品成衣等的外销市场、减轻当地经济对蔗糖的依赖以及经济多元化方面奠定基础。毛里求斯实施出口贸易加工区计划后，他又创立成衣厂，专门制造高级衬衫，外销至欧洲共同市场，获得免税优惠，业务拓展很快，拥有从业员工3 000余人，并设立分厂。他的成衣公司规模庞大，对当地华人再次产生示范效应，并致力于培训人才，为毛里求斯的工业化和产业多元化做出了贡献。[④]

---

① Pascale Siew：《唐人街：毛岛往事》，第94—95页。

② 姜忠尽：《出口工业区为什么能在毛里求斯迅速崛起》，《西亚非洲》，1988年，第5期，第41—44页。相关研究还可参见姜忠尽《非洲出口加工区的形成与进一步发展的思考》，《南京大学学报》(哲学人文社会科学版)，1995年第4期；蒋华栋《政府干预与毛里求斯经济发展：超越新古典经济学》，《西亚非洲》，2008年第8期。

③ 朱志筠：《写我真情》，北京：艺术与科学电子出版社，2006年，第32页。

④《朱梅麟》，载周南京主编：《华侨华人百科全书·人物卷》，第730页；《新明火柴厂》，载梁英明主编：《华侨华人百科全书·经济卷》，第489页；陈怀东：《海外华人经济概论》，第312页；华侨经济年鉴编委会：《华侨经济年鉴1988年》，台北，1988年，第657页。

实际上,朱梅麟先生的女儿、毛里求斯前驻华大使朱志筠也从多方面为毛里求斯的经济发展做出了贡献。她与毛里求斯前总理拉姆古兰先生关系很好,应拉姆古兰先生的要求,她与先生在中国香港做生意时决定努力将香港的纺织业引进毛里求斯。为此,她曾将 30 多名香港企业家领到毛里求斯考察业务,"现在毛里求斯的纺织品加工已达到很高水平,让我们欣慰的是,有一年毛里求斯针织品位居世界第三。外资企业带动了毛里求斯加工业的发展,解决了由于糖业萧条而引发的失业问题"。她与先生还致力于宣传毛里求斯的旅游业,并促进了香港-毛里求斯航线的开通。为表彰他们的贡献,毛里求斯政府委托她的先生李顺才做毛里求斯驻香港名誉领事。①

20 世纪 80 年代,华人经济在非洲大陆渐趋活跃。从下表可以看出,华人较多的国家仍然是西印度洋群岛国家和南非。然而,有的国家的中国移民正在增加(如尼日利亚),有的国家华人的收入相对较高,以利比亚为最(7 500 美元)。从总体趋势看,非洲国家的华侨华人呈增长趋势。

非洲华人人口与所得统计表(1983 年)

单位:美元

国别	华人人口*	人均所得**	华人所得总额(千)
毛里求斯	30 716	1 150	35 323
马达加斯加	13 600	290	3 944
南非共和国	9 500	2 450	23 275
留尼汪	13 400	3 710	49 714
莫桑比克	950	4 270	2 776
尼日利亚	1 500	760	1 140
塞舌尔	670	700	469
坦桑尼亚	510	240	122
安哥拉	250	250	63

① 朱志筠:《写我真情》,第 25—28 页。

续　表

国别	华人人口*	人均所得**	华人所得总额(千)
罗得西亚①	150	200	30
加纳	320	320	102
利比亚	356	7 500	2 670
象牙海岸②	150	720	130
扎伊尔③	200	160	32
莱索托	200	470	94
利比里亚	150	470	71
肯尼亚	80	340	27
乌干达	80	220	18
埃塞俄比亚	55	140	8
马拉维	33	210	7
博茨瓦纳	25	920	23
埃及	110	700	77
塞拉利昂	20	380	8
尼日尔	15	240	4
摩洛哥	20	750	15
斯威士兰	82	890	73
喀麦隆	10	800	8
特兰斯凯④	500	750	375
非洲	73 382	1 652	120 598

资料来源:《海外华人人口与所得统计表》,载陈怀东:《海外华人经济概论》,第39—58页。

* 数据来源:《侨务统计》,1985年;中国台湾驻各国商务代表团、报告等。

** 数据来源:《世界银行1984年报告》。原书中中国台湾使用的诸非洲国家名称均已按中国大陆的国家译名。

---

① 即今津巴布韦。

② 即今科特迪瓦。

③ 即今刚果民主共和国(刚果金)。

④ 这是当时从南非分出去的一个所谓的"黑人独立家园",1976年宣布独立,1994年与南非重新合并。

三、香港、台湾与东南亚华商投资的驱动

20 世纪 70—80 年代是战后非洲华侨华人增长的第二阶段，这一时期的主要推力来自多方面。20 世纪 70 年代中国“文化大革命”致使一部分人从大陆以偷渡方式逃到香港，从而刺激了香港的发展。香港的繁荣促使一部分制造业向世界其他地区转移，非洲成为一个理想的目标地。台湾经济发展趋于稳定，在美国的策划下开始了援助非洲农业的“先锋案”。将技术人员引向非洲这一百废待兴的大陆使相当一部分台湾人看到了新的开展机会，刺激他们涌向非洲。毛里求斯于 1972 年与中国建立外交关系。台湾于 1983 年在路易港设立商务代表团，负责双方的商务事宜。这些机构的设立无疑促进了台湾与非洲国家的经济和商务关系。最重要的是毛里求斯开始的出口加工区的建设吸引了一大批来自香港、台湾和东南亚的华人投资者。南非与台湾的关系在 20 世纪 70—80 年代不断加强，从而推动了台湾华商向南非的投资热。

(一) 香港和东南亚华人资本的引进

华人在海外的华商网络早已引起学术界的兴趣。我们注意到，华人在国外经商有两种基本形态。以唐人街为主要特征的华人少数民族经营模式为其中一种，他们长期以来一直存在于所属国的经济结构之中，虽然华人资本在有的国家已经起到比较重要的作用，但从本质上看，绝大多数仍然处于主体经济的边缘地区。另一种是卷入主流经济与国际经济之中的华商资本。虽然类型的划分往往容易削足适履，从而忽略不同类型的交叉和融合，但简单的划分还是有助于加深我们对不同华商形态的理解。可以说，毛里求斯、留尼汪、马达加斯加、南非等国家的传统华商经济仍属于第一类。然而，20 世纪 70—80 年代走进非洲并在那里留下自己的足迹的华人应该属于第二种类型。以沈文伯、董之英、朱南扬等人为主要代表。

如前所述，香港人沈文伯早在 1959 年就来到尼日利亚。他投资经商的一个最大特点是勤于调查市场状况，并根据市场需求扩展业务。通过对尼日利亚市场的调查，他发现塑料制品在该国很有发展前途。通过与二女儿沈幼丽和女婿田圣灵商量，决定由田圣灵出面组建一家中型规模的塑料制品厂。随后，三女儿沈小丽和女婿邱为梁决定在卡诺经营铝制品厂，并与沈文伯的儿子沈德威在卡诺共同主持一家鞋厂。这样，沈文伯一家人在制造业上不断拓展，主要在各种日用品生产上投资。后来，他们又继续兴建五金厂和铁制家具厂，在扩大自身业务的同时为尼日利亚的工业化做出了自己的贡献。

尼日利亚对外籍人申请入籍是非常严格的，主要有三个条件：第一，申请人必须在尼日利亚定居 15 年以上；第二，必须有 5 位尼日利亚社会贤达人士的介绍；第三，申请人必须会讲当地语言豪萨语。当沈文伯申请加入尼日利亚国籍时，他在当地已生活 20 多年。他对当地民族和文化的适应性不仅使他与尼日利亚的普通民众关系不错，而且能讲一口流利的豪萨语，同时也结交了不少颇有名望的社会贤达。他在 1985 年 12 月正式成为尼日利亚公民。在 1986 年下半年，由于世界市场石油价格下跌，尼日利亚经济遭受了严重的打击，货币贬值，市场萧条，沈文伯的企业也面临严峻的考验。沈文伯有针对性地采取了四条措施：加强对市场的调查研究，并与客户加强联系；加强对工厂的经营管理，既提高了生产效率又降低了成本；对产品结构进行调整，以适应市场的需求；积极开发新产品，扩大在尼日利亚的市场占有率。正是在这种努力下，他的企业不仅渡过了难关，而且有了进一步发展。①

董氏集团的现任董事长董瑞萼先生的堂伯父香港华商董之英先生在非洲创业的事迹也值得一书。与沈文伯一样，他也是在 1959 年来到尼日利亚的，当时尼日利亚尚未独立，仍是英国的殖民地，外人想在尼日

---

① 顾龙生：《沈文伯：第一位尼日利亚籍华人》，载庄炎林主编：《世界华人精英传略・大洋洲与非洲卷》，第 72—90 页。

利亚投资经商十分困难。当时的尼日利亚工业品完全依赖进口，生活用品匮乏，搪瓷品、纺织品很受欢迎，香港商人从中看到了商机。董之英先生创办了第一家搪瓷厂，成为最早在尼日利亚进行私人投资的中国人之一。20世纪60年代尼日利亚独立后，董瑞萼先生的父亲董纪勋先生也来尼日利亚办了工厂。尼日利亚华商有自己的工业协会，由董之英任会长。他在尼日利亚创业十余年，发展顺利，有各种公司，经营搪瓷、塑胶、玻璃、钢管及建筑钢材等，已发展为多元化的国际性大企业，且有巨额盈余，被称为“战后国人前往非洲投资工业成就最大及最快者”。①

此外，还有盛极一时的张恩源集团。张恩源先生于1967年前后在尼日利亚东部奥尼查创办了搪瓷厂，后来企业逐渐拓展到钢铁行业。张恩源先生去世后集团可能出现了分裂，后代也较少来尼日利亚，企业逐渐式微，所以目前在尼日利亚已基本听不到华人谈论张氏了。②

朱南扬在中国大陆接受教育，毕业于大学经济专业。20世纪60年代他到香港开办搪瓷厂，后来将业务扩展至非洲。70年代，朱南扬来到尼日利亚。他的经营方式主要有三条原则：第一，要非常了解当地环境；第二，对市场要有详细调查，看能否与当地人合作；第三，不熟不做。尼日利亚政府对外侨在尼投资有各种规定：第一，外侨工厂不能独资经营；第二，二类企业（纺织、搪瓷、日用百货等），外资股份只能占40%，当地人占60%；第三，外资企业的利润只许兑换16%的外汇，其余部分只能用于在尼日利亚的扩大再生产。后来，由于当地生产不景气，政府放宽了这些法令的实施，华商的情绪开始稳定，有些工厂又开始扩建。朱南扬在投资前往往先进行市场调查，看准了再投资。他在尼日利亚经营的范围也越来越大，包括五金、木材、玻璃、钢管、橡胶等行业，在尼日利亚工业中占有重要地位。在20世纪60—70年代，尼日利亚政局动荡，经济受到影响，外国公司纷纷离开，朱南扬却坚守阵地。

---

① 陈怀东：《海外华人经济概论》，第313页。

② 密执安州立大学历史系博士生刘少楠致笔者的电邮，2017年2月3日。

为了表彰朱南扬的成就，1986 年 7 月 19 日，拉各斯市伊凯贾工业区土王莫莫杜·伊洛任命他为该工业区酋长，这是终身职务。作为工业区酋长，他有权参与政府决策，其职责主要是作为政府和工商业界与当地居民之间的桥梁，具体负责财政事务。他在谈到自己的经营之道时提到了适应性。他在 20 世纪 70 年代来到这里艰苦创业，"非洲人很喜欢吹搪瓷，举个例子，看看嫁女有多少搪瓷制品做嫁妆，便知道那户人家有没有钱。既然市场这么大，我们就决定去那里发展。"在尼日利亚经济困难时期，其他外国公司纷纷撤走，他始终与当地人民和政府保持着密切良好的合作关系，帮助当地发展小工业。"这可能是我们中国人的成功之处"。为什么在困难的时候坚持下来？为什么要帮助尼日利亚发展小工业？这正是他在对当地环境做出调查研究后采取的适应性措施。①

以上这些可以称得上是西非和尼日利亚的老华侨。他们都是 20 世纪 50—70 年代来到非洲经营工业制造生产的实业家，是最早在西非投资做实业的先驱者，特别具有代表性。这些华人企业家经过艰苦创业，对尼日利亚和西非社会发展起了巨大作用。他们建工厂办企业，招募大量非洲工人，既能解决当地人就业，又提高了工人技能，不少非洲工人经过培训和积累工作经验，成为当地的技术骨干。尼日利亚政府和人民对华人华侨在尼国的创业精神和贡献极其尊重，倍加赞扬。他们中不少人成为政府顾问和相关委员会成员，继续为当地的工业化贡献自己的力量。②

① 胡文英：《朱南扬：尼日利亚首位华人酋长》，载庄炎林主编：《世界华人精英传略·大洋洲与非洲卷》，第 20—23 页；蔡国忠：《尼日利亚的华侨酋长》，《华声报》，1986 年 9 月 26 日；何蕙卿：《尼日利亚首位华人酋长》，《大公报》，1986 年 9 月 27 日；廖先旺等：《来自非洲的第一位华人酋长——访香港定威利公司董事会主席朱南扬》，《人民日报》(海外版)，1986 年 12 月 14 日；方积根：《一位善良而宽宏大量的绅士——记尼日利亚首位华人酋长朱南扬》，《华声报》，1987 年 6 月 19 日。有的学者认为他 1961 年已在尼日利亚投资，参见《朱南扬》，载梁英明主编：《华侨华人百科全书·经济卷》，第 517 页。晚年他很少住在尼日利亚，他的产业也无人继承。

② Giles Mohan, Ben Lampert, May Tan-Mullins and Daphne Chang, *Chinese Migrants and Africa's Development: New Imperialists or Agents of Change*, London: Zed Books, 2014, pp. 39,76 - 77,86 - 87;《托起西非华人之花的"萼"》，2011 年 10 月 20 日，http://news.ifeng.com/gundong/detail_2011_10/20/10010585_0.shtml.

此外，非洲其他国家也有不少香港或东南亚来的华商。总部设在香港的范思尧先生早在1965就来到科特迪瓦，为华商前往该国创设工业之第一人。他在科特迪瓦建有搪瓷厂和白铁厂，投资额为250万美元，雇用当地工人600人，其工厂生产的产品占当地金属制品业的第21位。此外，科特迪瓦还有一家1970年来此设厂的香港西非投资集团，投资68万美元，设立搪瓷厂，80年代中期已累积资本超过200万美元。该公司进一步扩大经营规模，建立铁桶厂，雇用当地工人千余人，年营业额超过500万美元。在南非的特兰斯凯和西斯凯也均有香港华商投资的工厂。[①] 埃及1989年有华人约110人，其中除个别老华侨从事小贩或工人外，大部分从香港及东南亚前往推广贸易，也有一些人定居成为新华侨。[②] 苏华杰是泰国华侨，1975年迁居南非，创办跨国集团南非祥发国际集团，经营活动包括投资、旅游、餐馆、娱乐、广告、房地产和国际贸易等，产业遍布13个国家和地区。[③] 这些新华商多走国际化道路，善于开发商业网络，充分调动各种华商资源，开拓了一种将自身融入当地及国际舞台的新的投资贸易模式。[④]

（二）台湾援非"先锋案"的实施

前章已经提到，从1961年开始，在美国的精心策划下，台湾一度希望通过农业方面的援助来获得非洲国家在联合国的支持。这一被称为"先锋案"的项目历时14年，涵盖农林副渔多个领域。虽然美国在1970年启动了与中国关系正常化的计划，从而对"先锋案"的实施已是半心半意，但被蒙在鼓里的台湾政府对这一项目的投入还是非常认真的，一直

---

① 陈怀东：《海外华人经济概论》，第31—316页。

② 陈怀东主编：《华侨经济年鉴1989年》，台北，1989年，第714页。

③《苏华杰》，载周南京主编：《华侨华人百科全书·人物卷》，第473页；《祥发集团》，载梁英明主编：《华侨华人百科全书·经济卷》，第472—473页。

④ 外国学者也注意到华人在毛里求斯这一场改革中的作用。D. Brautigam, "Close Encounters: Chinese Business Networks as Industrial Catalysts in Sub-Saharan Africa", *African Affairs*, vol. 102, issue 408, July 2003.

持续到1974年。这是一个包括两方面内容的项目:一是向非洲国家派遣各种农技队,包括农耕队、技术队、种子中心、渔业队等;二是台湾为非洲国家培训各类技术人员。据统计,台湾向非洲25个国家派遣了39支各种农技队,包括23支农耕队、3支兽医队、1支酿造队、4支手工艺队、1支糖业队、1支油厂队、1支竹工队、1支渔业队、1个良种中心、1个机具制造厂、1个糖厂工程处和1个公路组等。①

受"先锋案"援助的非洲国家的华侨人数统计表

国家(地区)	1958	1968	1975	1984	1990
贝宁(达荷美)		32**			
博茨瓦纳		**	25	45	25
布基纳法索(上沃尔特)		**			
喀麦隆		18②	10	10	10
中非共和国		**			
刚果金(扎伊尔)	55	25	160	200	200
多哥		**			
埃塞俄比亚		55	60	50	55
加蓬		16③			
冈比亚		15**			
加纳	10	100**	300	320	320
科特迪瓦(象牙海岸)		146**	80	180	200
莱索托		**	30	200	500
利比里亚		20④	150	120	120

① 引自龙向阳:《中国台湾与非洲的关系(1950—2016)》,第70页。有关中国台湾向非洲诸国派出农耕队的消息,可参见[南非]《侨声报》,1966年2月1日,1966年2月17日,1969年1月21日,1969年1月25日,1969年2月1日等相关报道。

② 长期居留的老华侨为3人,其余为台湾派驻农耕队队员15人。

③ 除1人为老侨外,其余均为台湾派驻农耕队队员。

④ 除长期在此居留的3家华侨外,主要为台湾派往该国的农耕队队员,约有14人。

续　表

国家(地区)	1958	1968	1975	1984	1990
利比亚		260**	600**①	356	356
卢旺达		15**			
马达加斯加	6 841	8 489	11 500	13 600	14 500
马拉维		38②	50	33	50
毛里求斯	19 159③	23 300	27 400	30 716	30 700
毛里塔尼亚		**			
尼日尔		15**	15	15	15
塞内加尔		**			
塞拉利昂		10	20	25	20
斯威士兰		**		80	90
乍得		20**			

资料来源:根据各种资料综合而成。中国台湾侨委会的《华侨经济年鉴》为重要资料来源之一。

** 包括或均为台湾派驻援非农耕队员或医疗技术援助人员。

前章已经论及台湾在利比亚的大量技术人员,他们涉及多个领域。台湾农复会委员马葆之君已在利比里亚多年,担任该国农业学院院长,还有在热带植物研究所工作的农业专家骆居骥博士和另一位谢博士。1961 年台湾派出第一支农耕队抵达该国,成员共有 14 人,队长邹梅因车祸回台湾。1975 年,这里的华侨人数达到 150 人,这应该与农耕队有某种联系。台湾与喀麦隆的渔业技术合作始于 1963 年。当年渔业专家冯镛、钟玉麟和袁国成等曾到喀麦隆协助训练当地人的捕鱼作业,两年后回台湾。1964 年 10 月 31 日,台湾又派出农耕队协助训练农业技术人员,收效颇佳。1966 年增派专家 4 人,1967 年又签订农业技术合作议定

① 此为 1977 年数字。

② 仅有 2 人为老华侨,其余为台湾派往该国的农耕队队员 36 人。

③ 此数据为 1956 年统计数。

书，扩大对喀麦隆的援助规模，后援助人员增至 18 人。加蓬也得到台湾的援助。当地华侨只有 1 人，1963 年 10 月台湾派出农耕队员 12 人协助加蓬发展农业，后增至 15 人，还担任训练当地农业技术人员的任务，工作人员包括涂本玉、郭朝相、蔡翼飞、邓炳辉、童家锭、赖国栋等。他们的工作受到加蓬的好评。①

(三) 台湾援非项目与非洲工业化

台湾对非洲诸国的援助特别是农耕队的工作颇为上心。这一项目为后来台湾华商在非洲各国的投资活动打下了良好的基础。

最为明显的是科特迪瓦。科特迪瓦以前没有华侨。1963 年起，台湾向当地派出农耕队 18 人。因这些队员工作成绩优异，深得科特迪瓦朝野人士称赞，要求台湾继续提供援助，台湾派出的农耕队逐渐增加。1967 年，双方签订农业技术合作协定，一方面使台湾农耕队就地生产优良种子供应各农耕队的需要，另一方面规定再由台湾派遣专家 16 人前往科特迪瓦工作。1968 年 7 月，台湾派驻科特迪瓦的农耕示范队已达 100 余人。当时农耕队的队长是邹越欧，全体农耕队员分为 24 个小组，每小组为 6 人，分布在科特迪瓦各区，以发挥普遍示范效应，也深得当地民众欢迎。当时科特迪瓦的华侨已达 146 人。② 虽然 1975 年的华侨人数减少到 80 人，但 1984 年又增至 180 人。

科特迪瓦华人企业概况(20 世纪 80 年代)

代表者	主要经营业务	投资($)	备注
庄佑辅	电器制品	60 万	Soleil 公司，当地市场 50%
李师曾等	塑胶及玻璃 6 家	450 万	所产胶鞋和拖鞋占市场 80%
沈台山	塑胶鞋、蚊香	150 万	热心侨务，捐款助学
叶英敏	电扇厂、箱包	80 万	也经营礼品杂货和西点面包

① 华侨经济年鉴编委会：《华侨经济年鉴 1968 年》，台北，1968 年，第 514—515 页。

② 同上书，第 515 页。

续 表

代表者	主要经营业务	投资（$）	备注
范思尧	搪瓷及白铁厂	250万	占当地金属制品业第21位
徐伟飞	针织厂、白铁	100万	占当地重要地位
与黎巴嫩人合作	尼龙纺织厂	1 000万	为当地大企业之一
香港西非投资集团	搪瓷厂	68万	累积资本起超$200万
同上	铁桶厂	不详	年营业额超$500万
台湾凤梨公司	凤梨罐头	160万	合资，凤梨公司出资$60万，10年
鱼翅加工厂	鱼翅加工	40万	外销为主，年营业额超$400万
小型农具厂	农具制造	40万	产品占当地市场70%
电器厂	电器制造	不详	共两家

资料来源：陈怀东：《海外华人经济概论》，第314—315页；陈怀东主编：《华侨经济年鉴1989年》，台北，1989年，第712页。表格为作者自己根据相关资料整理，特此说明。

上表的统计数据主要涉及20世纪80年代科特迪瓦的华人企业。我们看到，科特迪瓦由华人经营的工业企业有18家。与传统华人较多的毛里求斯、马达加斯加或传统华人集中的留尼汪不同，这些企业具有设备新、规模大、在经济中占重要地位等特点。此外，投资者多为香港、台湾和东南亚华商。由于这些工厂多雇用当地工人，如范思尧的企业雇用当地工人600人，香港西非投资集团雇用1 000余当地员工，这些企业不仅成为华人经济的主要支柱，也为当地经济带来了勃勃生机。以台湾凤梨公司为例，1970年与象牙海岸政府合作，从事凤梨罐头制造业，经过十余年的生产，累积资产为出资额的十倍。

刚果金的情况也相似。以前这里的华侨非常少，1961年只有8人，1966年也只有20余人。后来，台湾派出农耕队，1971年为39人。①1975年，这里的华侨增至160人，1984年达到200人。加纳的华侨本来

① 华侨经济年鉴编委会：《华侨经济年鉴1971年》，台北，1971年，第493页。

不多,但自从1968年台湾农耕队到来之后,华侨人数迅速增长。1975年达到300人,1984年为320人。[①] 加纳的纺织厂也是由台湾华商与当地人士合作建立的,由台湾的技术员主持。[②] 尼日尔的农耕队员魏长五后来在当地经营金龙餐馆,"为当地经营最盛者"。[③] 多哥有一位来自台湾嘉义的华侨陈添六(亦作陈添留)。他毕业于台湾大学,专攻农业,后又在美国纽约州立农业大学进修三年。他经营的ETOMARIZ公司采取养殖业与种植业相结合的方式,获得颇丰。资本额为200万美元,经营农产品进口、农场及饭店。他还创立了多哥中华商会并出任第一任会长。[④] 在马达加斯加,华商陈坤与来自台湾的企业家汪德焜合作投资,于1971年创办中马搪瓷厂,资本360万美元,马达加斯加政府出资30%,经营管理全权委托给华商。[⑤] 马达加斯加盛产无色刚玉,从20世纪90年代初马岛政府实行新的经济政策以后,华侨也以各种方式参与了矿业开采。泰国的华商到马达加斯加采购无色刚玉运回泰国加热处理成蓝宝石,从而带动了马岛华侨矿业的发展。根据1989年的《华侨经济年鉴》,利比里亚的华人约120人,其中台湾移民约60人。其中萧瑞雄兄弟经营进出口业,投资100万美元。[⑥]

(四) 台商的投资与南非"黑人家园"

1967年,南非在台北开设"领事馆"。1975年,中国台湾的"中华民国政府"与南非签订贸易协定,相互给予最惠国待遇。1976年4月,南非驻台北"总领事馆"升级为"大使馆"。台湾由于失去了联合国的合法地

① 华侨经济年鉴编委会:《华侨经济年鉴1975年》,台北,1975年,第458页;华侨经济年鉴编委会:《华侨经济年鉴1976年》,台北,1976年,第472页。
② 陈怀东:《海外华人经济概论》,第314页。
③ 华侨经济年鉴编委会:《华侨经济年鉴1997年》,台北,1997年,第931页。
④《陈添六》,载周南京主编:《华侨华人百科全书·人物卷》,第74页;陈怀东主编:《华侨经济年鉴1989年》,台北,1989年,第714页。
⑤ 陈怀东:《海外华人经济概论》,第312页。
⑥ 陈怀东主编:《华侨经济年鉴1989年》,第714页。

位，在国际政治舞台上颇为孤立，南非因其不得人心的种族隔离政策而受到国际社会的制裁。由于双方在国际社会上都遭受到受孤立的相似境遇，双方关系不断升温。20 世纪 80 年代以来，南非经济长期低迷，一方面国际制裁导致相当多的外资撤离，另一方面国内也由于黑人大量失业而处于政局不稳定的状态。为了改善国内经济和政治状况，南非政府提出吸引外资的新政策，希望通过“黑人家园”的工业化，提供就业机会，以达到控制黑人向城市流动的目的，从而可以使政权更为稳固。在国际社会的强大压力下，种族隔离制也逐渐松动，南非鼓励投资移民的政策大大刺激了台湾对南非的移民，使当地华侨人口猛增。

可以毫不夸张地说，20 世纪 80 年代南非经济的一个主要动力来自台湾华商的投资。根据南非官方资料，从 1982 年 4 月到 1985 年 3 月，台湾在南非“黑人家园”（即南非种族主义政权为黑人划出的所谓“班图斯坦”）申请的投资项目有 63 个，总投资为 9 470 万美元，创造就业机会 1.6 万多个。1988 年，台商在南非拥有的工厂数目增至 120 家，投资额达 12 亿美元。[①] 1986 年 9 月，南非政府公布了对外商投资“班图斯坦”地区的优惠性政策，主要有工资补贴、利息补贴、贷款融资和签证优惠。

台湾商人在南非两个“黑人家园”的投资情况（1987 年）

姓名	投资地点	投资范围	备注
江义龙	特兰斯凯	印刷厂	
徐彰和同上	同上	三胜电子厂	
余新发	同上	三胜电子厂	
王明球	同上	打火机厂	
王东章	同上	免洗筷子厂	与日商合作，每日产量约为 5 000万余双，全部外销日本
欧忠义	西斯凯	餐具及厨具两家	
陈昌武	同上	针织工厂	

① 曾厚仁：《台商在斐投资回顾》，[南非]《彩虹商族》，创刊号（1997 年 1 月 1 日）。

续　表

姓名	投资地点	投资范围	备注
黄子建	同上	铜锁工厂	
欧思明	同上	雪衣工厂	
欧思亮	同上	运动鞋厂	
张卓然	同上	衬衫厂	
欧忠男	同上	橡胶鞋厂	
潘慧琦	同上	塑料袋厂	
韩香臣	同上	运动衫厂	
高鹏洲	同上	背心夹克成衣工厂	
李政权	同上	手提式收录音厂	
宗成立	同上	成衣工厂	
张希嘉	同上	牛仔裤工厂	

资料来源：华侨经济年鉴编委会：《华侨经济年鉴》，台北，1987年，第622—623页；陆以正：《南非台资厂商知多少》，载[南非]《彩虹商族》，创刊号(1997年1月1日)。

20世纪80年代中期，除了在两个"黑人家园"有大量来自台湾的华商投资外，在南非其他地区也有不少成功的华商。潘标在南非建立连锁店(MAKDO-HORONG)达25家之多，资本达600万兰特。吴乃安在约翰内斯堡经营进出口业，资本为100万兰特。此外还有电脑销售商曹耀兴、纺织厂业主林锦炫和亚洲化学公司业主孙瑞生等。① 当然，并非所有的台湾企业都皆大欢喜，有的则遭遇到了滑铁卢。东方集团的破产即是一个负面的个案。台湾在南非布隆方丹地区投资规模最大的是东方集团，因其领导者为褚伟钢，因而又称"褚氏集团"。该公司自投资南非后，曾一度发展迅速，所属工厂达20余家，经营项目包括成衣、电子、塑胶制品、鞋类、小五金等，其营业额曾达南非币1亿兰特，投资总额估计在

① 以上资料引自华侨经济年鉴编委会：《华侨经济年鉴》，台北，1986—1994年。

5 000万兰特以上，雇用工人总数约为 2 500 人左右。东方集团在南非与银行关系颇为良好，在融资与补助上均得银行支持，但由于扩充太快，加之南非经济不景气、通货膨胀、工人罢工等问题，以致该集团无法偿还巨额贷款利息。标准银行(Standard Bank)眼见东方集团业绩欠佳，拒绝再予更多融资，并抽紧融资额度，使东方集团周转困难，无法支撑。标准银行于 1991 年 8 月 23 日请示法院查封其所有相关企业。东方集团被查封后，由银行接管清查。东方集团的破产，导致 2 000 多名黑人工人失业。①

四、结论

在 20 世纪 70—80 年代，从台湾、香港、东南亚等地迁居非洲的新移民的特点是资本大、投资多、收效快。他们带来了新的技术和设备。这批华商来到非洲，引进新的企业模式、新的创新产品、新的管理方法。他们来到非洲或创设制造业，或推广贸易，或投资出口加工区，与当地华人相结合，对促进当地的经济发展起到了极大的作用。同时，新一代华商充分利用已在台湾、香港和东南亚地区发展起来的商业网络，采取互相协作的经营方式。由于新一代华商多雇用非洲当地华裔青年作为管理骨干，向他们显示外来华商的成功运作，因而对非洲华侨华人产生了极良好的示范作用。这些因素无疑给当地的华人经济以新的推动力。

① 华侨经济年鉴编委会:《华侨经济年鉴 1991 年》，台北，1991 年，第 1101 页。

第二十二章　20世纪90年代以来的非洲华商经济（一）

据利华旅行社总经理熊国曾君透露：继非吝史“康直乐”超级市场开业后，又一家超级市场将步其后尘来毛开业，……他希望各社团负责人平日除搞宴会活动外，能抽点宝贵时间研究侨商怎样才能长期生存的问题。

——［毛里求斯］《镜报》，1995年1月14日

在非洲，大环境要靠适应，小环境要靠创造。

——董瑞萼（尼日利亚董氏集团总裁）

南非提供了许多机会，进出口将会腾飞。不过我也不想勾画一幅玫瑰花盛开的美好图景——玫瑰花有刺——但机会就近在咫尺。关键是适应你所在国家的生活步调，不然的话，你会发现自己凡事均不如意。

——劳伦斯·张先生（南非政府经济顾问）

20世纪90年代以来的非洲华侨华人经济和社会发展了巨大的变化，主要体现在以下几个方面：首先从经济地理的角度看，华侨华人逐步形成了人数相对集中的三个地区，而且每个地区有一个相对重要的引领

国家。第一个是西印度洋地区,[①]其特点是这些国家(地区)均以传统华人为主。二是南部非洲地区,又集中在南非及周边国家。三是西非地区。其次,从政治局势的发展看,南非从一个长期实施种族隔离制度的国家通过和平手段转变为一个种族关系相对和谐的新南非,这是一个巨大的政治变革。这一改变给非洲地区特别是南部非洲的华人经济带来积极影响。第三个特点是毛里求斯进行成功的经济改革对周边诸多国家产生了溢出效应,特别是从20世纪80年代开始致力于发展旅游业,对其他非洲国家产生了重大影响,从整体上拉动了周边国家的发展,华人经济从中受益匪浅。当然,中国经济的快速发展以及中非合作水平的不断提升也促进了中国与非洲大陆的双向移民。由于20世纪90年代以来非洲华人经济生活的内容太多,特分为两章。本章将重点论述非洲本土华人的经济生活以及香港、台湾和东南亚等地华商对非洲经济的推动。有关20世纪90年代以来移民非洲的中国大陆华侨华人将在下章论述。

一、非洲华商面临的挑战与机遇

(一) 三个区域的商业经营

这一时期,非洲华商开始向三个地区集中,即传统华人居多的西印度洋地区,包括毛里求斯、马达加斯加、留尼汪、塞舌尔、科摩罗等;以20世纪80年代进入的台湾华商为主的南部非洲,包括南非、莱索托、斯威士兰以及安哥拉、莫桑比克、津巴布韦等邻国;20世纪60—70年代香港华商首先投资的西部非洲,以尼日利亚为轴心逐步向外扩散,包括加纳、利比里亚、冈比亚、科特迪瓦、尼日尔、几内亚、塞内加尔、多哥等国家。这些国家有的商业贸易方面比较突出,有的则在吸引外来制造业方面的投资比较成功。

① “西印度洋地区”实际上是指西印度洋诸岛,即马达加斯加、毛里求斯、留尼汪、塞舌尔、科摩罗等位于西印度洋中的岛屿。

非洲主要国家华商贸易情况一览表

地区	国家	商业	贸易进口商	杂货店	餐馆	备注
西印度洋地区	毛里求斯	3 700			5%	经营杂货日用品占80%
	马达加斯加	600	50		多家	餐馆和外卖多由中国新移民经营
	留尼汪	1 599			130	超市 10 余家,餐馆含服务业
	塞舌尔			70		
南部非洲	南非		193	57	50	主要从事制造业投资
	斯威士兰	21		7	5	21 家商业中台湾华商占 15 家
	莱索托	5	4	35		汽车代理及保养
	安哥拉		5		1	方胜公司规模较大
	博茨瓦纳				3	含五金行和童装行各 1 家
	马拉维		3	2	3	餐馆资本 $100 万,占当地 10%
西部非洲	尼日利亚		100	6	22	贸易商多为行商无固定商店摊位
	加纳		1	10	1	主要经营工业
	塞拉利昂		1		1	贸易为进出口业
	利比里亚		1		5	餐馆 2 家独资,3 家承包
	科特迪瓦	18	5		7	主要经营工业
	尼日尔		1		2	
	多哥		1		1	陈添六经营农产品进口与餐馆
	塞内加尔				1	主要经营工业

续 表

地区	国家	商业	贸易进口商	杂货店	餐馆	备注
西部非洲	几内亚		2		1	进口商分别为郑景穗和苏堆龙
	冈比亚		10		4	包括布匹进口商 2 家
其他地区	中非共和国		1		1	分别为中国台湾和中国大陆人经营
	埃塞俄比亚				多家	原有 1 家中餐馆,现有多家
	肯尼亚		1		2	餐馆为刘太太经营
	刚果金		4		1	
	喀麦隆		1			

资料来源:华侨经济年鉴编纂委员会:《华侨经济年鉴 1997 年》,台北,1997 年,第 922—932 页;华侨经济年鉴编纂委员会:《华侨经济年鉴 1998 年》,台北,1998 年,第 810—869 页。

上述数据来自 20 世纪 90 年代末台湾方面的统计数字,一方面这些统计颇有局限性,另一方面,21 世纪华人商业在非洲确实发展很快。这一点我们将在下章论及。从上表看,非洲的华商经过长时间的发展,逐步形成了西印度洋地区、南部非洲和西部非洲三个比较突出的区块。有意思的是,从地理分布看,这三个地区中都有一个国家处于绝对优势地位,该国的华商在商店的分布和经营规模上都远远超出区域内的其他国家,成为该区域的领头羊。西印度洋地区以毛里求斯为先,商铺有 3 700 余间,远远多于其他地区,是处于第二位的留尼汪的两倍多。在南部非洲地区,南非华人店铺的规模(约 300 家)也非其他国家可比,甚至比周边国家合起来的数目还多。尼日利亚(128 家)在西非的领先地位也十分明显。华商的这种地理分布可以称之为以点带面,由一个领头国家引领并带动着周围其他国家,在布点、进货、销售和服务等方面逐渐铺开,即有榜样效应,从某种意义上讲也降低了整体的风险。

(二) 非洲华商的新形势

非洲华商经济在这一时期里有以下特征:其一华人所在国的局势至关重要,这主要包括政局动荡和商业信誉两个方面。这两个因素直接影响华商投资。其二是进口贸易商的急剧增加,这与亚洲特别是中国经济的快速发展呈正相关关系。第三个特征是华商经济呈现出传统经济与新兴模式共存的局面。超市对传统店铺的冲击是另一个非常明显的特征。

1. 所在国政局至关重要

国际大环境的变化固然重要,华人所在国的小环境也非常关键,国家政局和商业信誉也在某种意义上直接影响华商的稳定。这提醒了华商投资的某种脆弱性。有的国家因不同因素使华商移民的起伏较大。例如莫桑比克,独立后的政局动荡使以前的华人纷纷迁移到邻近国家或欧美,从鼎盛时期的5 000余人减少到数百人。1997年,马普托华人只剩300余人,2006年减至50家,约200人;贝拉港从繁荣期的3 000余人到目前只剩2名老华侨。① 安哥拉的情况也类似。尼日利亚的问题又是另外一种,"因当地商业信用欠佳,时起纠纷,华商多谨慎从事"。1997年从事贸易业的华商有100余家,1998年统计只有70余家,且多属行商性质,仅1/4设立机构及仓储。尼日利亚中餐馆在这一年内似乎也有减少,从22家减少到15家。② 南非也一样,1989年,台湾企业家建立了150家工厂,资本达3亿美元;1990年工厂数翻倍,达到300家。然而,1992年,工厂数下降到276家,主要原因是经济衰退、政局不稳、劳工问题,当然还有自身的问题如缺乏充分的市场调研。③

1997—1998年正是政局变化之年,南非决定在1998年与中华人民

---

① 剑虹:《莫桑比克华侨的历史与现状》,《西亚非洲》,2007年第5期,第57—60页。此数字未包括新侨。

② 华侨经济年鉴编委会:《华侨经济年鉴1998年》,台北,1998年,第854页。

③ Melanie Yap and Dianne Leong Man, *Colour, Confusion and Concessions*, p. 421.

共和国建立外交关系，从而放弃与台湾的外交关系。这一决策使众多的台湾华商采取了谨慎或规避的策略。将 1997 年与 1998 年的统计相比较，我们发现华侨经营贸易业者从 193 家减少到 94 家，杂货店从 57 家减少到 48 家，餐馆从 50 家减少到 47 家。① 马达加斯加 1991—1992 年长达 8 个月的罢工，对华人经济的影响颇为严重。1991 年，在莱索托的华侨已达 1 000 余人，其中绝大部分来自台湾，也有来自中国大陆的 80 余名新华侨。1991 年 5 月，因印度商人将一名当地妇女打死，莱索托发生了针对印度商人的排外事件，也殃及在当地居住和经商的华人。华人只好到南非边境小镇勒迪布兰特(Lady Brand)避难，有的白天到莱索托做事，晚上仍回到南非小镇居住，有的则干脆迁往他国。到 1994 年，此地的华人减至 450 人左右。② 科特迪瓦在华人经济兴旺的 1980—1990 年时曾有 350 余台商的规模。自从 1999 年 12 月发生兵变以及 2002 年内战以来，国家机器的正常运作受到极大损害，政治秩序无法保障，整个社会人心惶惶，致使 2004 年台商人数下降至 10 余户约 35 人左右。③

2007 年，津巴布韦颁布本土化法案，规定任何企业必须由当地人控股 51%以上。所谓的"当地人"并非指拥有津巴布韦国籍的公民，而是专指黑人。不仅拥有津巴布韦国籍的白人最多只能控股 49%，像朱惠琼这样参加过民族解放运动并担任过政府部长的德高望重的华人政治家也必须如此。这个法案出台后，在华人中间引起极大恐慌。不少华人和其他族群的企业联合应对本土化的挑战，一些人不仅停止投资，还开始撤资或转移资产。朱惠琼的妹夫李玉海是当地的资深华人，他对这一政策也是无可奈何。他担心自己在津巴布韦几十年来辛苦挣来的企业资金因本土化而缩水，更担心失去对股权的控制后企业会周转不灵。作为对

① 华侨经济年鉴编委会:《华侨经济年鉴 1997 年》，台北，1997 年，第 926 页；华侨经济年鉴编委会:《华侨经济年鉴 1998 年》，台北，1998 年，第 862 页。

② 华侨经济年鉴编委会:《华侨经济年鉴 1994 年》，台北，1994 年，第 929 页。

③ 中华经济研究院编:《华侨经济年鉴欧非篇 2002—2003 年》，台北，2004 年，第 280—281 页。

策，他开始将自己的生意重点转向巴西。①

2. 进口贸易业务增加

这一时期的华商经济活动的另一个特征是从事进口生意的贸易公司大大增加。毛里求斯的华人从事进口贸易的公司除了朱梅彝创设的州应公司外，还有公兴父子有限公司、永生有限公司、谢氏兄弟公司及联合进口公司等，成为毛里求斯对外商品交易的主要促进者。如前所述，留尼汪的华商失去了20世纪80年代的扩充机会，但一些具有战略眼光的华商(如周国亮等人)很快意识到适时应变的重要性，开始改革。马达加斯加的新侨中绝大部分从事进出口贸易业务，其中多以经营广货为主。以杨代雄成立的FDC公司为例。该公司主要从南海采购"坚美"牌铝型材原料，然后按照当地的需求加工成门窗、橱柜等产品，瞄准的市场是价格比较便宜的中低端产品。FDC的业务发展很快，每年与南海有近5000万元人民币的贸易业务，公司在马达加斯加铝型材市场占有超过50%的份额。②

非洲地区华商的进口贸易商快速增加，这应归结于三个原因：一是欧洲一直将非洲作为自己的商品市场，非洲国家也颇为依赖欧美产品。新一批华商的涌入带来了中国香港、中国台湾、中国大陆等地的产品及销售信息，这给非洲带来了新的供货渠道。特别是价廉物美的中国产品得到了广大非洲民众的喜爱。二是中国大陆迅速成为世界工厂，其产品以价廉物美而著称，从而吸引了越来越多的非洲消费者。在这种情况下，作为贸易商的华人地位不断提高。三是随着中非关系的升级，双方需求日益增多，贸易商的利润空间不断提升，从而吸引了更多的华人从事进口业务。

3. 传统店铺经济与新兴经商方式并存

第三个特征是传统的店铺经济与新兴的经商方式并存。一方面，大

① 袁南生：《走进非洲》，北京：世界知识出版社，2011年，第246页。

② 殷民：《马达加斯加的新华侨华人》，载吕伟雄主编：《海外华人社会新透视》，第27—32页。

量的华商店铺仍然存在，相当多的华商仍在以传统的经商方式经营着自己的小店。另一方面，各种不同的经营方式涌进来，有华人加盟从欧洲移植过来的各种超级市场，也有华人自己学到的经营方式，如独价市场等，还有不少华人开始经营与商业贸易密切相关的其他业务，特别是进口贸易、旅游业等领域。前章提到的侯兴长与兄弟侯元长联手，他们曾创立一家食品批发公司，1960—1980 年属留尼汪较大的批发公司之一。后来，侯氏集团又转向电器贸易，从法国、中国、日本等地进口产品，并涉及房地产、红酒、摄影、酒店等业务。现今侯氏集团的 FASCO INT'L 重新聚集食品贸易。超市对传统店铺经济的冲击特别明显，给华人的传统经营方式构成了极大的威胁。

（三）超级市场对华人店铺的冲击

1. 超市的崛起

在传统的商业领域，华人在人数较多的毛里求斯、留尼汪、马达加斯加等国家或地区一直占据着重要甚至是统治地位。然而，形势的发展不断给华商经济带来挑战，习惯于小商店的华人店铺经济面临着超市的巨大挑战。1980 年，留尼汪 95 家小超市中华人经营 75 家，18 家大型超市中的 10 家由华商经营。这些大型超市大都是法国连锁品牌的特约加盟商。20 世纪 80 年代对留尼汪的华商是至关重要的时期。当时，法国政府推行新的税收减免政策，大力支持海外省的发展，鼓励本土居民过去投资。当时，政府颁布特许经营执照，很多小超市顺势而为，通过与其他商业集团合作，或是发展成大型连锁超市，或是将生意延伸到食品零售之外的领域。正是在这一时期，原来经营糖厂的白人乘势扩张，开始挤进商品贸易领域，从而对在经商方面占传统优势的华商构成极大的威胁。1986 年，圣但尼市政府划出一块地以鼓励华商创建一座大型商场，并承诺给予优惠。然而，由于大批华商长期以来对小生意的经营方式已经产生依赖，满足于小打小闹的中小型超市，这种眼光短浅和守旧观念使他们失去了一次自我发展的机会。周国亮先生认识到了这一点："资金障碍是存在的,但我认为真正的原因或许在于中国商人不相信大型商场在留尼汪会有发展前景。80年代,他们眼中的配给领域是中等超市的天下……我想主要就是在那个时候,中国商人错过了飞跃的机会。"①

2. 留尼汪的三种应对之策

留尼汪华人采取的应对措施主要有三种:

有的家族适时应变,将商店改为独价超市,如前章提到的刘氏家族。这个家族企业坚持创新,不断拓展。在1992年10月发布的一份商业调查结果中,刘氏集团独价超市的营业额在留尼汪的商业企业中排名第14位。②

一些家族企业调整经营策略,将店铺转变为小型或中型超市或自选超市。曾宪建担任采购合作社的会长时,曾推动华裔商人顺应食品贸易的要求,将孤立的小商店发展为更受顾客欢迎的自选超市。1949年就在圣伯努瓦开小店的陈锡用(Pichan)夫妇在半个多世纪以后将店铺发展为Pichan超市。林利洋(Lam-Tow Joseph)曾为其他批发商工作,也曾被聘请到马达加斯加从事物流和销售等方面的工作。后来,在朋友的劝说和妻子的帮助下,他决定自己创业,还与四位华商一起创办了CADRE采购合作社,会员达到30名。在国际连锁超市品牌进入留尼汪以前,采购合作社的营业额为全岛第二。经过多年的努力,他现在拥有三家连锁超市,公司总部设在圣皮埃尔。他自己的感悟是"现代社会对人的要求很高,管理能力、眼界是必不可少的,家族成员的团结互助也很重要。我是一个乐观的人,虽然眼下生意人的日子并不好过,但只要你有热情和梦想,就会有未来。我已经70多岁了,但仍在工作。有人建议去散步或做些园艺活计放松放松,我的回答是:办公室是我的花园,生意就是我的花朵,要让鲜花怒放,就要用心去呵护。"③

更多的华商意识到他们丧失了20世纪80年代的机会,决定采取抱

① 汤曼莉编著:《海上传奇:留尼汪华人华侨志》,第145页。

② Edith Wong-Hee-Kam, *La Diaspora Chinoise aux Mascareignes*, pp. 451 - 452.

③ 汤曼莉编著:《海上传奇:留尼汪华人华侨志》,第86—88页。

团取暖的方式，加盟法国本土品牌。留尼汪的华人一直存在着南北之分。华人抵达留尼汪初期，广府人定居在北部，而客家人多在南部安家，二者很少往来。然而，时代发展与商业需要使两部分华人开始寻求合作，北部的广府人周国亮（Pascal Thiaw-Kine）和南部的客家人张财元（Joseph Chong-Fat-Shen）之间的合作即是典型一例。当时，留尼汪主要有 E. LECLERC，LP（Leader Price），Geant Casino，Hyper U，家乐福等多种法国超市品牌。周国亮 1987 年从巴黎学成回来，他曾担任留尼汪 LP（Leader Price）旗下多家超市总裁。LP 的主要服务对象是中低收入家庭，价格往往低于品牌产品 15%—20%。这家超市的另一个特点是员工业务多能，从而节省了人力。来自南部的张财元也曾在法国波尔多学习，有多年的商场打拼经验，他的经营理念是与最优秀的人才和合适的生意伙伴合作。周国亮、张财元两人联手获得 E. LECLERC 特许经营权标志着南、北华商企业的第一次重大合作，也是一次双赢的合作。张财元表示："将加盟品牌从家乐福更换成 E. LECLERC 后，我们超市的营业额从 2 500 万欧元提升到 4 000 万欧元左右。"E. LECLERC 董事长周国亮则踌躇满志，要将市场占有率从目前的 15%提高到 20%—25%，提振留尼汪华商的实力。此外，还有先后将法国连锁超市 Champion（2000 年）和 LP（2009 年）引进留尼汪的陈锡用，将 Hyper U 引进留尼汪的谢伟国（Davie Soui Mine）、将 Geant Casino 引入该岛的以陈彬贤（Thierry Kin Siong）为首的陈氏集团（Kin Siong Group）。①

3. 毛里求斯华商的反应

毛里求斯的华人店铺也受到超市的冲击。1986 年，毛里求斯归侨刘新粦第一次回到他的第二故乡毛里求斯。当时，毛里求斯只有一家白人开的大型现代化超市，坐落在库雷皮佩，一些顾客常常到这家超市来购买东西或游览。当时，他从未听华人提到这个超市对他们的生意有什么影响或威胁。"然而，1995 年 1 月我第三次访问这个岛国的时候，在库雷

① 汤曼莉编著：《海上传奇：留尼汪华人华侨志》，第 143—150 页。

皮佩市以北不远的菲尼克市(意为凤凰城,毛国华侨译为非吝史)新开了一家规模更大,名叫'康直乐'的超级市场,经营日用品和食品。这家超级市场开业前后大力搞宣传做广告,结果门庭若市。这家超级市场的出现,对华人商界震动不小。"刘新粦的一位侄女在附近一座城市经营一家杂货店。一天晚上9点半了,她开车到刘新粦妹妹家来与他会面。她说,这家超市开张以后,每天非常热闹,她店铺生意受到影响,她不得不推迟打烊的时间。①

当时,这家超市的开张牵动了不少华人的神经,当地的中文报纸《镜报》刊载消息:

> 据利华旅行社总经理熊国曾君透露:继非吝史"康直乐"超级市场开业后,又一家超级市场将步其后尘来毛开业,这家超级市场并非经营日用品和食品,而是经营建筑材料,从一枚铁钉到钢筋、水泥,全部建筑特所需材料应有尽有,只要顾客开一张单,保证送货上门。熊国曾君因此说,他希望各社团负责人平日除搞宴会活动外,能抽点宝贵时间研究侨商怎样才能长期生存的问题。面对如此严峻形势,我侨商唯有团结自救才能立足于毛岛市场。②

这一条消息既说明了超级市场给毛里求斯华人店铺带来的冲击,也表现了当地华人的一种习惯性的忧患意识。

二、非洲华商经济的持续发展

从20世纪90年代到21世纪这样一个世纪交替的时期,非洲华侨华人的经济经历着各种发展和变革。其中一个相当显著的变化是第三产业的兴起。这一现象既是一般经济体在发展过程中的必经阶段,也是20世纪90年代以来非洲华人经济的显著表现。在剖析非洲华人经济中的

① 刘新粦:《他山之石》,第117页。
② 《镜报》,1995年1月14日,转引自刘新粦:《他山之石》,第118页。

第三产业之前，我们先展示非洲早期华人中的精英。从第三产业包括教育、文化、科学研究、卫生、体育等行业来看，这些精英是华人第三产业的先驱者。

(一) 早期非洲华人精英

1. 毛里求斯的陈海生医生等人

在早期，非洲的华人及其子女只有极少数受过高等教育，从而有机会从事社会地位相对较高的一些职业，如医生、律师或教师等。早在19世纪，毛里求斯华人中就出现了第一位医生，他名叫 Atcham，于1875年出生在毛里求斯。① 毛里求斯的客家人陈氏家族出了不少高学历人才。陈海生(Maxime Shun-Shin)是毛里求斯最早的华人医生。他1906年出生在毛里求斯，4岁时回到梅县待了三年，并读了两年书，后来返回毛里求斯读了小学和中学。他于1926年作为第一位考上官费去英国留学的华侨子弟(在他之前有吴桂兴等二人考上官费去法国留学)去伦敦大学攻读医学，1936年回到毛里求斯当医生，在政府医院工作并获得当时的最高专业职称——外科专家。据他自己说"来求医的华人我都优先接待，但一定要他们讲唐话才给看病"，"有些唐人学了番话，就不讲唐话，这样会忘记自己的祖宗"。② 他先后在英国的医学杂志上发表过五篇论文，于1966年退休后开业行医12年。1978年以后，他就完全退出了医学界。他的精湛医术受在毛里求斯广受赞誉，并出版了《一个政府医官的回忆录》(*Memoirs of a Government Medical Officer 1936—1966*)。③ 陈庆彝是毛里求斯的第一位律师，是"我侨唯一之经济与法学士"，20世纪50—60年代热心服务侨社，曾受到毛里求斯民众的广泛拥

① Pascale Siew:《唐人街:毛岛往事》，第82页。

②《华声报》，1986年12月9日。

③《陈海生》，载周南京主编:《华侨华人百科全书·人物卷》，第37—38页；刘新彝:《他山之石》，第53页。一说他学成后曾回中国执业，随后回到毛里求斯。参见 Pascale Siew《唐人街:毛岛往事》，第82页。

戴。[①] 他大学毕业后一直从事律师职业,因受家庭影响,对中国文化怀有深厚感情。1977年,他与毛里求斯其他知识分子共同组织华联社,并曾担任会长。[②] 毛里求斯的另一位陈氏家族的成员陈绍礼在1954年被任命为市厅建筑工程师。[③]

2. 留尼汪的霍明祥医生

在留尼汪,霍明祥(Francois Fock-Yee)是留尼汪老一辈中少有的医生之一。如前所述,他的祖辈很早就抵达留尼汪,其父霍长义(Fock-Yee)在1936年回到中国结婚后将新娘陈就俄(Chan Chin Gnor)带到留尼汪。霍明祥是留尼汪第一位在欧洲获得外科手术兼妇科文凭的华裔。他年轻时赴法国本土学医,生活了15年后回到留尼汪,在作为历史遗产的古老宅院临街的一面开了一家私人诊所。1948年出生于留尼汪圣保罗的陈伟立也是一名医生,其父母是来自梅县的客家人。他在法国图卢兹完成了学业后,回到留尼汪当了一名心脏科医生。1979年,当霍明祥回到留尼汪时,全岛500多名医生中,只有5%是华裔。到21世纪第一个10年,华裔医生的比例提高到了10%。留尼汪人口约85万,华人人数3万,约占3.5%,却在医生行业占到10%。[④] 霍明祥和陈伟立两位医生都热心华人社区公务,霍明祥曾任留尼汪中华总商会会长。[⑤] 陈伟立一直致力于留尼汪的华文教育。

3. 南非的梁禄元医生

在南非,最早的华人医生是梁禄元(Luke Nain Liang)。他于1901年出生于梅县,9岁时来到南非,后在约翰内斯堡的一所有色人学校读书。他的父亲于1918年逝世,留给他一个小店铺。后来,他因违法"走

① [毛里求斯]《新商报》,1957年5月29日。

② 《陈庆彝》,载周南京:《华侨华人百科全书·人物卷》,第62页。

③ [毛里求斯]《中国日报》,1954年1月22日。

④ 汤曼莉编著:《海上传奇:留尼汪华人华侨志》,第49,96,102页。

⑤ 笔者在2016年11月应邀访问留尼汪参加西印度洋历史周研讨会时,霍明祥医生曾邀请笔者、陈思伟博士和王秀丽博士等人参观他家(政府作为历史遗产专门列出经费保护)并与当地侨领和精英人士共进晚餐。

后门”购买食粮而被置于一位社会工作者的监管之下，后者发现他的才华并想方设法帮助他到海外接受医学教育。得益于梅县同仁、维益社和一些热心人士的资助，梁禄元于1920—1927年先后在英格兰、苏格兰和爱尔兰等地完成医学学业。回到南非后，他在约翰内斯堡行医，以银针治疗风湿性关节炎而闻名。由于他通晓客家话、广东话、普通话和英语，早在1930年就被政府委派调查亚洲人地位问题。1932年，他被中华民国政府任命为中国驻葡属东非的洛伦索-马贵斯名誉领事，1933年曾任中国驻约翰内斯堡代理副领事。他积极为侨社服务，1950年南非颁布《集团住区法》时他代表华人社区积极抗争，维护南非华人的基本权利。20世纪50年代曾任中华总公会首届主席。① 另一位华人医生是关运添。14岁小学毕业后曾到香港学习中文，16岁后回到南非，帮助父母照顾店铺生意。当时，南非的医学教育对有色人种是严格限制的，很少有华人可以接受这种教育。② 他的成才得益于一位黑人启蒙老师，晚上自修学习，到27岁才完成高中学业。关运添曾远赴纳塔尔省读大学，用七年时间完成纳塔尔省立大学医学学位。毕业后，他先后在巴拉瓜纳医院和比勒陀利亚大学附属医院服务，成为比勒陀利亚医院的第一位华人医生。1971年，他自己开业，并于1975年获得“家庭专科医师”执业证书。他与多名白人医生一起组织家庭专科医师协会，并当选为该协会的副主席。1980年，他将自己的部分诊所改为华文教室，成立华文班，供华裔青年学习中文。③

在其他地区也有一些早期华人精英的例证。例如，在埃塞俄比亚，山东籍华侨韩立民曾担任卫生学院教务长，还有华侨担任牙医等职务。④当然，这些精英在早期华人中只能是凤毛麟角。

---

① Melanie Yap and Dianne Leong Man, *Colour, Confusion and Concessions*, pp. 230 - 231, 252. 还可参见《梁禄元》，载周南京主编：《华侨华人百科全书·人物卷》，第309—310页。

② Melanie Yap and Dianne Leong Man, *Colour, Confusion and Concessions*, p. 309.

③《关运添》，载周南京主编：《华侨华人百科全书·人物卷》，第155页。

④ 华侨经济年鉴编委会：《华侨经济年鉴1977年》，台北，1977年，第528页；华侨经济年鉴编委会：《华侨经济年鉴1978年》，台北，1978年，第469页。

(二) 非洲华商第三产业的崛起

第三产业是除农业和工业以外的其他产业,包括四个部门:第一是流通部门,包括交通运输业、邮电通讯业、商业饮食业、物资供销和仓储业;第二是为生产和生活服务的部门,包括金融业、保险业、地质普查业、房地产业、公用事业、居民服务业、旅游业、咨询信息服务业和各类技术服务业等;第三是为提高科学文化水平和居民素质服务的部门,包括教育、文化、广播电视事业,科学研究事业,卫生、体育和社会福利事业等;第四是为社会公共需要服务的部门,包括国家机关、政党机关、社会团体,以及军队和警察部门等。客观地说,华人涉及非洲国家第三、第四部门的仍然是少数。

西印度洋地区华人移民历史长,现在的华人社区多为华裔。他们的父辈经过打拼,打下了坚实的基础。他们自己受过良好的教育,知识面广,视野宽阔,凭借着各自的才智和勤奋在当地立足,可谓人才辈出。华裔中很多人从事诸如医生、律师、建筑师、房地产商、公证员等自由职业,华人企业还涉足再生能源、新闻、印刷等行业。在当地政府部门及银行、港口等部门,也有华人担任重要职务。出口加工区的设立促进了诸多相关行业的发展,如运输业、仓储以及餐饮等第三产业的发展。

1. 毛里求斯

毛里求斯华人中的第三产业与制造业特别是 20 世纪 70 年代兴起的毛里求斯加工工业区联系紧密,后来发展的金融业和旅游业也随着经济发展日益兴盛。毛里求斯的律师陈念汀 1944 年生于路易港,在毛里求斯圣玛丽学院完成学业后,又到伦敦具有授律师资格的法律协会学习。1970 年,他取得律师资格后回毛里求斯执业,第二年正式加入公务员队伍,成为地方法官。后来,他退出公务员队伍开始从政,担任过政府里的检察总长,并于 1980 年成为毛里求斯社会民主党主席。他还担任过毛里求斯大法官,是毛里求斯担任司法界职位最高的华人。①

---

①《陈念汀》,载周南京主编:《华侨华人百科全书·人物卷》,第 57 页。

徐惠琳(Patrick Chui Wang Cheong)医生在毛里求斯享有盛誉,这并非因为他是医生,而是他 20 余年来坚持周五为当地民众免费看诊的习惯。根据徐惠琳医生的自传,他的父亲(Chui Wan Cheong)于 1906 年 9 月 25 日出生在梅县,1925 年 5 月 25 日出现在毛里求斯移民登记处。他的编号为 93 号的移民证上的日期是 1925 年 5 月 23 日,因为他比预期的抵达时间晚了两天。徐惠琳于 1932 年 10 月 25 日出生在梅县,1934 年 5 月 26 日,母亲带着只有 19 个月大的徐惠琳一起来到毛里求斯与他的父亲团聚。① 他在毛里求斯的华文学校完成了中学学业后,回到父亲的店铺帮忙。他回忆:

> 我在路易港的新华学校读书,一直到 14 岁。我的父亲想让我回中国继续深造,然而,由于当时国内社会不稳定,我只能放弃这个打算,转而去了 Bhujoharry 中学学习英文和法文。我在伦敦大学入学考试中取得了很好的成绩。那个时候,我为那些去 Curipipe(即居尔皮普,旧译鸠必)找 François Darné 医生看病的中国人做翻译,Darné 医生是当时从英国来的唯一一位"外科医师皇家学院"的会员。他鼓励我去爱尔兰学习医学,主修儿科。②

1951 年,他有幸赴爱尔兰接受大学教育。1958 年他从爱尔兰国立大学都柏林大学学院完成医学学习后回到毛里求斯,开始了他毕生的事业。③ 在从医的半个多世纪里,他坚守自己的道德价值观:生命中最重要的是,在你追求高尚的事业时,要努力和奋斗;如果一个人不能切实地履行誓言,保证遵守医生救死扶伤的道德守则,那他就不应该成为一个医

---

① Sydney Sylvon, *A Dragon in Dodoland*, *Dr.Patrick chui wan cheong*, *Pioneer of hi-tech medicine in Mauritius*, pp. 7 - 11. 有一种说法:"徐医生三岁时,他们终于一家团聚",参见"Dr. Patrick Chui Wan Cheong(Senior)", *China Town Magazine*, December 2015, p. 23. 此说明显有误。

② "Dr. Patrick Chui Wan Cheong(Senior)", *China Town Magazine*, December 2015, p. 24.

③ Sydney Sylvon, *A Dragon in Dodoland*, *Dr.Patrick chui wan cheong*, *Pioneer of hi-tech medicine in Mauritius*, pp. 65 - 94.

生。徐惠琳医生在公共服务部门工作了数年后，于1968年在路易港开设了都市医院。虽然其他的民办诊所主要为富裕的家庭服务而一般民众只能在国立医院门口排长队等候，他却明确表示：我想减轻病人的痛苦，跟进病人的治疗，直到他们痊愈。尽管开始时碰到了招募职员等方面的困难，但他从未动摇过。他的诊所向毛里求斯所有阶层开放，他因此得到了一个高尚的绰号：穷人医生。他一直坚持传统中医，并结合正规的西医疗法。他指出："西医疗法讲求病症，而传统的中医疗法则讲求阴和阳，即人体内部正负能量的平衡。当两者相结合，就会创造奇迹。"由于他在医学上和国家社会发展上做出的杰出贡献，徐惠琳医生于1997年获得了"路易港市荣誉市民"的称号。①

毛里求斯学者达尔嘉十分强调创建一个企业家阶级来推动就业和国民财富的创造。他认为，毛里求斯成功的最重要的经验是独立以来在其经济发展中本土企业家阶级所起的作用，而这一点鲜有学者关注。②在兴建出口加工区(工业村)的过程中，当地华商出力不小。据1995年的统计，已有30余家华商在出口加工区内投资设厂，投资额约占总投资额的52%，其中来自台湾、香港等地的华商资本约占42%，毛里求斯华商资本约占10%。③ 由此可见，达尔嘉所指的这个"企业家阶级"中，华人具有非常重要的作用。

2. 留尼汪

在留尼汪，今天的华人绝大部分是第三、第四代华裔。④ 例如，第三代华裔吴玉莲自称是"克里奥尔人"。她的祖父很早来到留尼汪，父亲与

① Sydney Sylvon, *A Dragon in Dodoland*, *Dr.Patrick chui wan cheong*, *Pioneer of hi-tech medicine in Mauritius*, pp. 157 - 192; "Dr. Patrick Chui Wan Cheong(Senior)", *China Town Magazine*, December 2015, pp. 23 - 27.

② L. 阿米迪·达尔嘉：《毛里求斯的成功故事——为什么一个岛国成为非洲政治和经济的成功范例?》，载莫列齐·姆贝基：《变革的拥护者——如何克服非洲的诸多挑战》，第199页。

③《毛里求斯华人经济概况》，载梁英明主编：《华侨华人百科全书·经济卷》，第321页。

④《留尼汪的"中国情"》，2010年4月29日，http://reunion - sdn. chineseconsulate. org/chn/zxxx/t704703. htm.

母亲也是在留尼汪认识的。她从法国本土的法律专科学校毕业。虽然刘锡江及刘锡辉的儿子让都读过法律专业，但吴玉莲是留尼汪第一位毕业于律师学校并获得律师从业资质的华人。作为一名独立律师，她擅长《公司法》，对处理与企业经营有关的事务和法律十分熟悉。侯慧慧(Isabelle Ah-Sing)是企业家侯兴长之女。她在法国留尼汪银行工作多年后，晋升为公司副长，成为该银行的二把手，这在男人为主角的银行界颇为罕见。她对自己作为高层经理会议中的"协调人"的作用很有感觉，觉得女人在人际关系中更敏感，更容易发现一些细微问题并及时处理。"为了证明并持续发挥自己的实力，我们付出的比男性更多，面临的挑战包括平衡日常工作与家庭生活"。①

李传毫(Chan Liat Michel)是留尼汪著名的全科医生。他曾在法国图卢兹读了九年医科，从第五年起开始学习针灸。后来，他又到广州深造，成为留尼汪能用针灸治病的少数医生之一。他不仅医术高明，对社会工作也十分热心。他于1982年创办了一家中国音乐电台，1989年被任命为圣但尼市副市长，并一连干了六年，后又以市议员的身份为社区服务了十年。② 他的儿子李永裕(Chan Liat Damien)也是一名医生。克拉丽丝是第三代移民，目前经营着一家印刷厂和旅行社，丈夫也是当地华人。她谈到自己小时候没有学习中文的条件以及后来如何学习中文："我小时候，并没有学习中文的条件，最开始我得到一本带磁带的教材，每天自学中文，而对我的子女，在他们小时候我就给他们报汉语班，鼓励他们去中国学习，人总要知道自己从哪里来。"③

运输和机械租赁是伴随着贸易和进出口业的发展而兴盛的行业。李木良(Cheung Ah Seung)14岁时跟着亲戚从梅县来到留尼汪。他从

① 汤曼莉编著：《海上传奇：留尼汪华人华侨志》，第98—100，169页。

② 《李传豪》，载周南京主编：《华侨华人百科全书·人物卷》，第266页；汤曼莉编著：《海上传奇：留尼汪华人华侨志》，第135页。

③ 《留尼汪华人的一缕乡愁》，2015年8月23日，http://news.ifeng.com/a/20150823/44496346_0.shtml.

经营杂货店开始,但从 1960 年起就买了一辆车帮人搞运输。1974 年,他收购了留尼汪人开的搬运公司,并将业务拓展到甘蔗运输。1979 年,他又有机会买下了一家经营状况良好的运输公司,第二年又购进了一批更先进的卡车。从 20 世纪 90 年代起,李木良运输公司(Transport Cheung-Ah-Seung)成为留尼汪北部华人中第一位从事运输业并获得成功者。后来,他将运输公司交给后代经营。作为李氏家族企业第三代的李顺成(Jean Cheung Ah Seung)于 2000 年进入公司,弟弟尼古拉斯(Nicolas)于 2005 年与他一起经营这家运输公司。他们的父亲创立了 ABC 机械公司(ABC Equipement),从欧洲、美国和中国进口各种大型工程器械设备如装卸机、升降机等,或是出租搬运,或是出售维修,或是直接提供服务。公司不断发展,现在已在留尼汪有四家分公司。李顺成认为:"在这样一个狭小但竞争激烈的市场环境中,企业必须将产品做到尽善尽美,将生产流程改进到国际顶尖水平,企业家们必须到世界各地学习取经,然后将先进经验充分运用到企业中,如此才能永续经营。"①

侯沐凯(How)的垃圾环保处理厂(HC Environnement)是他在商场上经过多次起落后建立的公司。他早年在巴黎留学,回到留尼汪后曾帮助舅舅曾昭敏管理 15 家超市,后因石油危机,舅舅投资失利。侯沐凯在 30 岁时成为留尼汪工商协会(CCI, Chambre Commerce et d'Industrie)的成员,这个有着法国官方背景的协会管辖着留尼汪机场、港口及专科院校等要害部门,一度由白人控制。三年后,侯沐凯成为这一协会的会长,是该协会历史上最年轻的会长,同时也是首位非白人会长。他所经营的环保工厂从事垃圾的分类、回收和处理,拥有 250 名员工、150 辆配备高新技术手段如 GPS 的垃圾回收和处理车。这一行业不仅为留尼汪的垃圾处理做出了贡献,也可以将垃圾变废为宝。"再生资源是资源循环的新起点,也是循环经济的重要组成部分。在创造财富的同时为社会贡献价值,是企业义不容辞的责任"。他与弟弟侯炎凯共同经营的仓储

① 汤曼莉编著:《海上传奇:留尼汪华人华侨志》,第 53—57 页。

物流公司(Logistisud)是一个物流及仓储服务平台,具有多个不同温度的冷冻库,物品按照不同标准分类存放,高度智能的信息化系统对各库房的温度及库存情况实施监控。侯氏兄弟能抓住机遇,从事这种涉及高科技的环保和物流行业,确实具有战略眼光。另一家专门处理废旧轮胎的环保工厂——Solyval 再生能源公司的总经理是华人刘锐成(Johnny Law-Yen),他于 2000 年创立这家公司,每年能回收 4 000 吨左右废旧轮胎。该项目已得到当地政府支持,被纳入公共环保事业。①

3. 马达加斯加

马达加斯加的第三产业也发展很快。1996 年,马达加斯加的华人约 27 000 人,华商占 80%。马达加斯加华商在第三产业中表现较为突出的有七个领域:第一,杂货零售业已增至 600 家左右,资本为 3 000 万马达加斯加法郎,占当地份额 30%。第二,旅馆业已达 100 余家,投资额增至 5 000 万马达加斯加法郎。第三,从事贸易业的约 50 家,资本总额达 8 000万马达加斯加法郎,约占当地的 5%。由于当地购买力有限,多从中国台湾、中国香港和中国大陆进口中低端日用品如食品、成衣、电器、玩具、手工工具及农具产品,出口马达加斯加的海产品及木材、宝石、矿砂、咖啡、香草、丁香等土特产。第四,机械及食品专业贸易商 5 家,资本约 2 亿马达加斯加法郎,占当地的 2%。华商与中国大陆企业合作,进口大陆制造的锯木、碾米、磨石机械及医疗器材等。第五为服务业,主要是旅游及相关行业。马达加斯加的生物多样性世界闻名,各种原汁原味的旅游景点甚多,只是法国和马达加斯加航空公司实行垄断价格,致使机票偏贵,加之当地政局不稳,旅游者并不多。第六,运输业也是华人经营的行业,共 15 家,资本总额 1 亿马达加斯加法郎,占当地的 2%。此外还有海运业,但多为小型船只的内陆航运,但前途无量。第七,华人经营娱乐业约 10 家,包括戏院、录影带出租店、放映店等,还有带娱乐性质的酒店和夜总会数家。当代华人生活相对安稳,巨商不多。吴绍英经营酒

① 汤曼莉编著:《海上传奇:留尼汪华人华侨志》,第 180—184 页。

厂、铝器厂、木材家具厂、汽车进口代理、进出口贸易、电器行及收购食米等,拥有资产总额约10亿—20亿马达加斯加法郎,为华商首富,在马达加斯加工业界占有相当重要的地位。①

4. 南部非洲

南部非洲地区的制造业比较突出,这一点下面将论及。在南非,由于长期的种族隔离制,华人主要是从事商业贸易。新南非诞生后,一些具有专门技术或接受过高等教育的华裔逐渐加入其他第三产业的行列,他们或是成为白领,从事批发、房地产、报关、旅游业,或是成为律师或医生。南非比较特殊的是除一般进出口贸易、杂货店、餐饮业外,华侨华人还在一些重要领域有所份额。华侨经营金融保险业的有3家,资本额为1 860万美元;从事航运业的5家,包括南泰海运、立荣海运及建恒海运,均在南非设立分公司,占台湾-非洲航运量的50%;经营医药业的2家;还有的从事各种报关、健康、生活、移民等方面的咨询服务。台湾新移民陈仟蕙女士白手起家,现拥有投资顾问、建设开发、房地产、农业及进出口等方面的7家公司,曾获得各种奖项,包括南非全国性的"杰出创业妇女奖"。② 位于南非境内的斯威士兰的第三产业发展较快,华侨经营商业的共21家,包括杂货店10余家、餐馆业5家、贸易业6家,还有旅馆2家。③

从上述例证可以看出,诸多非洲华商从事的第三产业与制造业紧密联系在一起。

(三) 华人制造业的持续发展

第三产业在非洲华人经济中迅速崛起的主要原因有四点:其一,在毛里求斯、留尼汪、马达加斯加等早期华人相对较多的国家或地区,有的华人早已开始涉猎这些领域。其次,对外贸易特别是进口贸易行业的发

① 华侨经济年鉴编委会:《华侨经济年鉴1997年》,台北,1997年,第923—924页。

② 同上书,第926页。

③ 华侨经济年鉴编委会:《华侨经济年鉴1998年》,台北,1998年,第868页。

展进一步推动了运输业,加上一些出口加工区的产品全部对外出口,这不仅带动了交通运输业,也推动了第三产业的相关行业如餐饮、仓储、保险、交通运输、机票代售业务、信息咨询服务等行业的发展。第三,随着一些国家或地区特别是毛里求斯、留尼汪、马达加斯加、南非、肯尼亚等认识到发展旅游业的重要性,甚至将旅游业作为国家发展的战略支柱后,一批旅游公司顺势而起,这也就拉动了旅游产品的开发,而旅游纪念品促进了农业食品和轻工业产品特别是纺织品的发展,旅行箱包等则推动了塑胶、皮革等相关行业的发展。最重要的是,旅游业的发展进一步拉动了房地产市场的繁荣,而这给钢铁、水泥及建材市场等行业以极大的推动。

1. 留尼汪华商的创新

2001 年 12 月 2—9 日,留尼汪华人青年企业家们举办了两场研讨会,主题是——“我们究竟是什么人?”分为三个题目:“我们的前途何在?”“如何看待未来”“以后要怎么做?”结论是要加强与祖国的关系,要将自己的根找回来,要充分发挥自己的华人优势;留尼汪太小,华人要进一步发展,必须加强与祖国的关系。① 利用中国经济发展的机会,搭上中国建设的快速列车,这大概是诸多非洲华商的一致想法。

如果你在留尼汪旅游,应该买上一个“李氏出品”冰激凌。李秀奎(Chan Liat Loius)从小在梅县出生长大,虽然父母一直在留尼汪打拼,但他直到 1951 年才应父母的要求来到留尼汪。抵达留尼汪的第二年,他就在留尼汪创立了自己的冰激凌小型工场。当时,冰激凌全部用手工制作。李秀奎出外推销,妻子在家主持家务和厂务。1969 年,陈绍宏的家族集团加盟著名品牌,开始制造冰激凌。然而,李秀奎团结家人,坚守冰激凌这个领域,在生产上引进成熟的技术。1973 年,李秀奎成立专门生产冰激凌的兄弟有限公司(ADELIS Les Glaciers Réunis),在圣但尼郊外建了一座大型冰激凌厂。该公司生产的冰激凌畅销留尼汪大小餐

① 《留尼汪华人的困惑》,https://book.douban.com/reading/10178775/.

厅,“李氏出品”也因之成为留尼汪的品牌。此外,具有200多个品种、占据30%市场份额的杨氏面包公司(Boulangerie Yong)生产的冷冻面包、刘福华面包公司(Au Pain Long Temps Boulangerie)生产的传统法式面包也都成为留尼汪华人不可或缺的家庭主食。第三代华裔麦娜莉(Nathalie Vitong)经营的肉制品加工厂(Charcuetrie Mak Yuen)是留尼汪第二大肉制品加工厂,公司生产的法式烟熏火腿和其他肉制品占有30%的市场份额。虽然留尼汪岛上的华人企业多由儿子继承,麦娜莉却是一个例外。她对企业管理的经验是“企业家就像一名船长,你跟所有的船员同舟共济,共享欢乐,共渡难关。这是一种真正意义上的冒险。与按部就班的生活相反,他必须敢于挑战,自己做决定,每一天都是一个新的开始”。①

2. 毛里求斯的工业化

达尔嘉在总结毛里求斯的工业化经历时深刻地指出:“尽管外国直接投资是重要的,但在制造业中没有比本土的企业家精神——包括关键的中小企业(SMEs)——更为重要的了。”②出口加工区创建时,毛里求斯政府为外国投资者设置了各项优惠制度。然而,毛里求斯从一个弱小的岛国成为一个为世人敬仰的国家,其中本土华人在制造业方面的贡献功不可没。客家人胡水秀当时便以10万多美元投资纺织厂创业,他的毛里求斯纺织公司(CMT)成为毛岛最大的纺织企业之一,资本额已达5亿美元,雇用员工2 000多人,每年出口500万件名牌服饰,主要销往英国、法国和美国。虽然毛里求斯的纺织和服装业遭遇到中国所谓“廉价纺织品”的冲击,但正如达尔嘉所言:“竞争性不完全在于定价,而在于一系列因素。毛里求斯设法与中国出口的服装竞

① 汤曼莉编著:《海上传奇:留尼汪华人华侨志》,第136—137页,173—177页。

② 其他三条经验如下:附加值比原料更重要;竞争性不完全在于定价,而在于一系列因素;国家必须兼顾国内和出口两个市场。L. 阿米迪·达尔嘉:《毛里求斯的成功故事——为什么一个岛国成为非洲政治和经济的成功范例?》,载莫列齐·姆贝基:《变革的拥护者——如何克服非洲的诸多挑战》,第200—201页。

争,不是在定价的基础上,而是在其生产的灵活性以及按时保质地为顾客提供服务的能力上。”另一位毛里求斯企业家杨锡元是1937年离开梅县家乡来到毛里求斯的客家人。他凭着勤劳刻苦的精神和客家人的精明,从小店做起,发展到今天拥有占地万余平方米、员工近千名、商品万余种的超级市场。①

朱梅彝家族企业ABC集团现在由他的两个儿子朱长淼(Vincent AH-CHUEN)和朱长坪(Donal AH-CHUEN)掌管。ABC集团在汽车销售方面做得比较出色,公司代理日本尼桑(NISSAN)和中国宇通(YUTONG)。该集团在金融行业的发展也不错,ABC银行最近在香港设立了一个代表处。② 前章介绍过的阙氏家族产业已分为两个集团——快乐园(Happy World)和英诺蒂斯(Innodis)。英诺蒂斯属于阙兆忠,快乐园属于他的弟弟安东尼(Antoine Seeyave Jr.,其英文名跟父亲一样)。阙兆忠2013年退休,将英诺蒂斯集团交给儿子维克多负责。英诺蒂斯集团现在不断拓展,除制造、仓储和批发外,还有养殖场和宰鸡厂。作为毛里求斯的龙头企业,还有自己的饲料厂(Meaders Feed),并在莫桑比克投产鸡肉。该集团还生产奶制品,如冰激凌、酸奶等等,原料奶粉从澳洲和新西兰进口。快乐园集团的主要业务是房地产、运输和办公室设备等,集团在首都路易港和艾奔赛博城拥有标志性大厦。③

3. 马达加斯加的制造业

马达加斯加的情况相对较为平稳,一些外资的进入为马达加斯加的制造业带来了活力。与中国建交后,中国台湾的商品需要从东南亚地区转口输入,因而增加了成本;这样,马达加斯加华侨多进口中国大陆货,活跃了当地的市场。20世纪90年代以来,马达加斯加政府开始借助毛里求斯工业自由区的经验,华侨经济因之得到了新的发展机会。

① 巫秋玉:《客家文化在海外的传承与发展——以毛里求斯客家人为例》,《八桂侨刊》,第21页。
② 可参见ABC集团网站,http://www.abcgroup.mu.
③ 英诺蒂斯集团参见 http://www.innodisgroup.com;快乐园集团参见 http://www.happyworld.com

马达加斯加华侨经济一览表(1994年)

行业	公司数目	资本额	占当地经济(%)
商业	600左右	1 500万马法郎	30
餐饮业	100余	2 500万马法郎	10
贸易业	40	5 000万马法郎	11
机械仪器业	5	2亿马法郎	—
药业	20	5 000万马法郎	—
观光业	无信息	无信息	—
海运业	10	1.5亿马法郎	6
娱乐业	无信息	1亿马法郎	—
酿酒与食品加工	50	1.6—1.8亿马法郎	50
电子及电器工业	16	2亿马法郎	2
塑料制品业	10	1亿马法郎	5
建筑业	10	8 000万马法郎	1
针织成衣业	14	10亿马法郎	50
农林渔业	20	1亿马法郎	5
矿业	20	1.5亿马法郎	—

资料来源:华侨经济年鉴编委会:《华侨经济年鉴1994年》,台北,1994年,第923—925页。

从上表可以看出以下几点:第一,马达加斯加华人经济分为传统与新兴两部分。传统部分在当地的影响力还是比较明显的,如商业在当地的比重为30%,酿酒和食品加工比重为50%。第二,新兴工业部分的规模都相对要大,这从资本额上可以看出。传统工业额全部在1亿马法郎以下,新兴工业的资本额几乎全部在1亿马法郎以上。第三,传统商业和轻工业(特别是酿酒、食品业和针织成衣业)在当地占有重要地位。马达加斯加唯一一家以甘蔗酒精蒸制威士忌的酒厂即属于华侨;除酿酒外,还有面包、糕点、酱油、冰激凌、辣椒酱等食品的制造,也多由华侨包揽。在电子及电器工业,华侨参与的时间并不长,M/C公司开业仅两年即在马岛东部和中部各开设分公司一家,资本总额约1亿马法郎,这已占整个华商在电子及电器业资本总额的一半。

4. 西印度洋地区制造业的分化与外溢

从20世纪90年代开始，华人的制造业已逐渐分化为两个部分：一部分是老华侨所从事的生活用品如肥皂、火柴、牙刷牙膏、蜡烛以及酿酒、饼干等食品工业；另一部分是新兴工业，专门生产如电子产品、电器、纺织品、成衣、毛衣等专供出口的产品。这些工厂或是由有眼光的本土华商适时调整所建，或是从中国台湾、中国香港、中国大陆来的移民投资所致。①

值得注意的是，毛里求斯和留尼汪华商除了在本土积极投入第三产业或是制造业外，还积极到其他国家投资。例如，20世纪90年代后期，留尼汪开始发展纺织、成衣等劳动密集型产业，获欧盟国家免配额优惠，中国香港、新加坡的华商前往投资并示范，毛里求斯一些有能力的华商也参与其中。在斯威士兰，毛里求斯华人早从20世纪90年代初期就投资当地的商业。侨营企业共有21家，涵盖杂货、餐馆、贸易、旅馆业，其中中国台湾华商创业15家，其余6家都是毛里求斯华商投资的。毛里求斯华商投资了1家杂货店；他们投资的2家餐馆生意不错，资本额分别为50万美元和100万美元，占当地市场额的10%，每年平均住客率为50%。②

还有的非洲华商将触角伸向其他地区。例如，留尼汪华商张财元从2007年起就关注柬埔寨的大米生意。当他到生活在柬埔寨的堂妹那里探亲时，发现了一个奇怪的现象：当地盛产大米，却喜欢从邻国泰国进口大米。经过市场调研后，他与一位柬埔寨承包商合作，在距离金边50多公里的乌栋开了名为“柬埔寨黄金米”（Golden Rice Cambodia）的工厂，投资总额为4 000万欧元。他的经商理念表现了他的战略眼光：留尼汪人要打开富国的市场。“我们的高档米已经过留尼汪的市场测试，下一步是进入购买力强的国家，如美国、中国、俄罗斯。”其与新加坡达成了销

① 华侨经济年鉴编委会：《华侨经济年鉴1994年》，台北，1994年，第923页。

② 华侨经济年鉴编委会：《华侨经济年鉴1993年》，台北，1993年，第868，873页；华侨经济年鉴编委会：《华侨经济年鉴1998年》，台北，1998年，第868页。

售协议,在意大利也有订单,还在试图打开中国大陆和中国香港市场。①

三、新移民对华商经济的刺激

20 世纪 70—80 年代是华商走进非洲的黄金时代。在非洲诸多国家,外来华商的进入为当地经济带来了活动。这些投资商来自台湾、香港或东南亚。他们的到来为当地社会注入了大量资金,带动了当地经济的发展,特别是以某个领域为重点,推动了当地的工业化。其次,他们投资办厂,吸收了大量的劳动力,解决了一部分人的就业问题,提高了当地的生活水平。第三,他们的塑胶厂生产的各种日常用品和拖鞋,纺织厂和成衣厂生产的棉纱和成衣,玻璃厂生产的玻璃制品等各种不同的产品,均为当地民众带来了便利。第四,他们的投资一方面获得了不少利润,另一方面也通过交纳税收为非洲国家的国库或当地政府增加了不少财政收入。这种由外国投资拉动国民经济的理念和做法 20 世纪 90 年代在非洲流行,并取得了一定的效果。

(一) 新移民的动力:来自香港的华商

1. 南非的香港华商

住在比勒陀利亚的劳伦斯·张是 20 世纪 80 年代中期从香港移民到南非的。“我不喜欢香港的生活方式,它太快太乱了。我不想让我的孩子在一个乱哄哄的社会里长大成人”。尽管他当时任南非政府的经济顾问,但他似乎更具有经商的天赋。“我从不过问政治。我在这里在没碰到过任何问题,关心政治就像读一本杜撰的书。我只想为我的家庭寻求一个较好的环境”。离开官职后,他与南非人弗莱德·范·斯代登和一位台湾人合作,创办了一家合资企业阿波罗汽车制造厂,这被证明是明智的选择,后来这种车在豪华型大客车和公共汽车

① 汤曼莉编著:《海上传奇:留尼汪华人华侨志》,第 154—156 页。

市场上占据很大份额。“南非有第一世界的基础设施，在投资和制造业领域有许多机会，最大的市场在黑人居住区。这是一个与众不同、极富特色的市场。现在，14 岁以下的黑人儿童肯定不下于 1 000 万，如果他们每天买你一个一兰德（Rand，现译为兰特，南非货币）玩具，那就是 1 000 万兰特的生意。这个巨大市场还有待开发，需要探索途径，要努力干”。一方面是市场生意红火，另一方面是国际社会取消对南非制裁，这些都使得张先生的生意发展迅速。后来，张先生还承接了为轻型飞机喷漆的代理业务。

当南非被国际社会制裁时，它与台湾的关系十分紧密，从而使得大量的台湾投资者和游客涌入南非各个城市。这种机遇使张太太琳达・梁成为南非第一位正式的中文女导游，并逐渐成为南非旅游方面的专家。“我是从金珊瑚开始从事旅游工作的。我到那儿去，真实只是玩玩而已，无意中问起他们‘要不要一个会讲中文的导游’，他们说一直想找一个既能讲普通话又能讲广东话的人。旅游公司老板跟我见了面后，感到很满意。”作为导游，琳达定期要带团坐私人飞机去参观动物保护区，让游客有机会见到狮子、大象、犀牛和水牛等南非特有的动物。她发现，每到一处，当地人总是喜笑颜开，根本的原因是她带的团为当地人带来了丰厚的收益。张先生和琳达的夫妻生活十分惬意，他们在比勒陀利亚买了一幢舒适的住宅，拥有多辆轿车，还有一辆跑车。“南非提供了许多机会，进出口将会腾飞。不过我也不想勾画一幅玫瑰花盛开的美好图景——玫瑰花有刺——但机会就近在咫尺。关键是适应你所在国家的生活步调，不然的话，你会发现自己凡事均不如意。”①

另一位南非的香港华商是吴少康。他 1960 年出生于福建省晋江市，早在 18 岁时，就只身一人前往香港从事家电贸易，十几年后生意渐成规模。当他发现与他合作的台湾老板在南非的生意颇为兴隆时，就决定到南非发展自己的事业。1995 年，35 岁的吴少康终于如愿以偿地来

① 马克・格雷厄姆：《在南非的华人》（赵光新译），《编译参考》，1992 年第 11 期，第 28—29 页。

到了南非，经过一番考察，在约翰内斯堡的西罗町主街开了一家“永兴电子行”。初到南非时并不顺利，他人生地不熟，英语不好，合作的股东之间又出现分歧，电子行生意也很惨淡。那时，南非货币兰特也一直在贬值，对于进口商来说，进口的货物越多，赔得就越厉害，所以，进口商们都格外谨慎，渐渐不敢进货了。吴少康以他敏锐的商业直觉逆流而上，开始大量囤积货物，用的都是多年积攒的“老本”。2001年年底，南非成功渡过金融危机，南非国内消费市场回暖，南非货币逐渐升值，吴少康将先前赔本囤积的大量电视、DVD等家电大批量出售，短时间内赚到了第一桶金。不久，他创立南非飞力通科技集团，分别在中国大陆和中国香港设下分公司，成为名副其实的企业家。

全球金融危机导致兰特汇率浮动太大，保证自己的财产不随之缩水成为吴少康思考的主要问题。他很快意识到，如果以美金为衡量单位，兰特的贬值只会使南非房地产越便宜，这时候可以买入房地产。吴少康开始涉足房地产业。2002年，他买下“亚洲城”。第二年，他又联合其他小股东买入“东方商城”。后来，随着南非货币和物业的双重升值，这两个商城果然给吴少康带来丰厚收益。与此同时，吴少康还在莫桑比克港区投资兴建了一些仓库，除自用之外，都出租、出售给其他华人或当地人。他还在国内投资了五星级酒店等长期项目。随着房地产业务的不断做大，吴少康又出重资拿下“东方商城二期”“圣丘苑东方商城”“星河商贸城”等大型华人商城地产项目。2015年，吴少康新开发的地产项目“南非星河商城”进入招商阶段，这是集商铺、住宅、仓储为一体的新模式。项目占地16万平方米，拥有450家店铺、180间公寓、110间仓库、近千个停车位。该项目在南非地产界引起了不小的反响，也为中国与南非之间的经贸往来提供了更多的便利。①

2. 香港华商在西非的投资

香港华商较早地看到非洲各国的发展机会，一方面得益于他们敏锐

---

①《专访吴少康：从小店老板成商业巨擘到造福侨社》，南非华人网，2015年4月13日，http://www.nanfei8.com/huarenzixun/huarenzixun/2015-04-13/15673.html.

的商业眼光和嗅觉，另一方面与中国香港、中国台湾和中国大陆等地制造业的快速发展从而能够提供各种价廉物美的产品有关。在南部非洲、西印度洋地区和西部非洲等地，都不乏从香港等地来的贸易商人和投资者。① 香港华商与这些地区的经济联系首先是贸易关系。以尼日利亚为例，当时在尼日利亚、加纳等西非国家投资的沈文伯、董之英和董纪勋、李文龙、查济民、张恩源、黄耀庭和黄耀舜等人叱咤风云，不畏艰难，在这里打下了一片天地。据《华侨经济年鉴 1998 年》记载，"香港华商前往投资制造业具历史及规模，并富适应及发展潜力，计有金属制品业 10—15 家，每家资产高达 1 亿—10 亿美元，纺织业 8 家，资产额共约 4 200 万美元，均具规模有发展空间。造纸业 2—3 家，资产额 2 000 万—3 000 万美元，营建业 1 家，资本约 20 万美元"。② 在尼日利亚的拉各斯和卡诺，早年创业的香港人仍然活跃，他们的第二代或第三代开始管理公司业务。研究者注意到香港企业家之间的竞争远没有中国新移民之间的竞争那样厉害，他们之间互相帮忙，内聚力也相当强。一对第二代香港企业家夫妇在卡诺专门开了一家为香港华商服务的俱乐部。当然，并非所有的投资都是玫瑰色的。在尼日利亚的拉各斯，一家非常著名的香港公司因为低工资引起尼日利亚工人的极度愤慨，他们甚至"想放把火将整个地方都烧了"。在伊科罗杜，一个香港公司发生的一场大火导致约 30 名当地工人死亡。③

---

① 华侨经济年鉴编委会：《华侨经济年鉴 1993 年》，台北，1993 年，第 868—876 页；华侨经济年鉴编委会：《华侨经济年鉴 1994 年》，台北，1994 年，第 922—932 页；华侨经济年鉴编委会：《华侨经济年鉴 1997 年》，台北，1997 年，第 922—932 页。

② 华侨经济年鉴编委会：《华侨经济年鉴 1998 年》，台北，1998 年，第 854 页。还可参见相关论文，Elisha P. Renne, "The Changing Contexts of Chinese-Nigerian Textile Production and Trade, 1900—2015", *TEXTILE*, 13:3(2015), pp. 212 - 233, http://dx.doi.org/10.1080/14759756.2015.1054105; Salihu Maiwada and Elisha Renne, "The Kaduna Textile Industry and the Decline of Textile Manufacturing in Northern Nigeria, 1955—2010", *Textile History*, 44:2(November 2013), pp. 171 - 196.

③ Giles Mohan, Ben Lampert, May Tan-Mullins and Daphne Chang, *Chinese Migrants and Africa's Development: New Imperialists or Agents of Change*, pp. 22 - 23, 76 - 77, 86 - 87, 95 - 96, 118, 119.

3. 尼日利亚的董氏家族:继承与创新

前章已经提到过董氏家族的先驱于1959年到尼日利亚创业的故事。2017年初,《中国新闻周刊》发表的关于尼日利亚侨领董瑞萼的长篇报道描述了这位尼日利亚企业家的工作和理念。董瑞萼出生于1949年,他随家人由上海前往香港。1975年,他从美国夏威夷大学毕业。1976年,他应家族的召唤,来到尼日利亚。董氏家族早年投资尼日利亚是以搪瓷生意起家的。1959年,董氏企业主要从事香港的搪瓷生产和出口,但一则因为海运费用居高不下,二则因为尼日利亚是英属殖民地,英国人垄断了其搪瓷进出口市场,董氏家族决定直接在尼日利亚设厂。经过两代人的努力,如今的董氏集团从生产搪瓷发展成拥有钢铁、陶瓷、塑料、木材等多个工厂的大型家族企业。此外,集团还在拉各斯拥有一家五星级酒店。因为管理有方,董瑞萼接过了父亲的衣钵,成为董氏集团的掌门人。

董瑞萼在尼日利亚做生意有三条原则:掌握当地民众的需要,成功吸收先进技术和经验,努力融入当地社会。尼日利亚的市场比较大,并且对一些行业采取双重保护性政策:一方面对进口商品征收很高的关税,另一方面采取汇率保护。董瑞萼表示:“我们在尼日利亚开工厂有得做。很多产业,在中国国内竞争激烈得要命,而在这里竞争虽然偶尔会比较激烈,但时间通常都比较短,压力不大。”“有得做”是他挂在口头的三个字。在他的眼里,尼日利亚到处充满了商机,关键是把握当地民众的需求和市场的脉搏,也即“感受市场的温度”。他举例说,香港过去做生产成衣等加工制造业,从20世纪80年代开始就不行了,但现在在非洲还是“有得做”。董瑞萼重视技术改造。他与中国大陆的企业建立了良好的关系,在中国第一重型机械集团公司的大力支持下,引进了西非第一条冷轧钢厂生产线,并成功吸收了美国和德国等国家的先进技术,投产后取得了较大的市场份额。目前,他的很多生产线都实现了自动化或半自动化生产,只有在瓷砖等的包装和运输等环节才使用较多的劳动力。

董瑞萼没有加入尼日利亚国籍，但很在意融入当地社会。“我们是尼日利亚的本土企业，在这里注册，在这里生产经营。”他说，“尼日利亚人已经接受我们是他们的一分子。我们的华人身份没法改，但他们说我们是‘尼日利亚的华人’，是‘中国裔非洲人’。”目前，董氏集团总共雇用了 1.5 万多名当地工人，还不包括经销商和带动的物流等行业。“尼日利亚这么多年轻人，就业怎么搞？以后的生活怎么搞？如果处理不好，就怕有革命出来。”谈到年轻而躁动的尼日利亚，董瑞萼不无担心，“我们做实业就是要创造就业机会，使用大量工人。”作为一名有着香港背景的商人，董瑞萼近些年与中国企业越走越近。在他看来，西非有 3 亿人口，发展前景非常广阔，农业、石油化工、旅游等产业都有商机。做西非与中国之间的桥梁和纽带，是西非华侨华人的责任。

董瑞萼对国际市场保持着敏感，也十分关注中国的“一带一路”倡议。“对我们中国，‘一带一路’战略是长久性的。过去的丝绸之路主要是贸易，现在我们要考虑在当地生产”。他举例说，中国国家领导人 2016 年到西非的科特迪瓦访问时，该国总统并没有要援助，而是提了个要求，希望中国可以帮助他们设厂加工可可豆和腰果这两样农副产品。而在目前，这两样原材料都是直接出口，附加值大大降低。董瑞萼认为，中国企业走出来，一定要注意可持续发展，带来技术，融入当地社会。有了这样的深度合作平台，中国可以派遣管理人员和劳工来这些国家工作，制定与推广行业标准，推动中国的零配件源源不断地出口，达成双赢。“很多国家对中国人有些提防，害怕我们把他们的社区搞乱了。我们要学会尊重当地人，要入乡随俗。”西非一些国家原是法属殖民地，工会和劳工保障门槛很高，尼日利亚水资源和电力等能源都比较短缺，这些国家的投资成本可能与投资者的预期不一样，应有充分的心理准备，切不可急功近利。他指出：“在非洲，大环境要靠适应，小环境要靠创造。”①

① 宋方灿：《尼日利亚侨领董瑞萼：我们和非洲彼此需要》，《中国新闻周刊》，2017 年 2 月 9 日。

(二) 新移民的动力:来自台湾的华商

1. “先锋案”的后续故事

相比香港人而言,台商在南非更为活跃。台湾“先锋案”为大批台湾华商进入非洲奠定了基础,同时说明此案与后来出现的台湾华商非洲投资热有直接联系。郑胜次原任台湾手工艺团团员,1987年从科特迪瓦前往几内亚共和国经营贸易及批发业。创业期虽困难重重,但后来发展为大型贸易商,与西非各国建立贸易关系,累积资本高达800万美元,货源多来自中国台湾、中国香港及中国大陆,为当地资本最大的侨商。[①] 魏长胜为原台湾援助尼日尔农耕队的队长,后来他回到尼日尔经营餐馆,业绩不错。[②] 1994年出版的《华侨经济年鉴1994年》明确指出:台湾派往技术服务团的人员及驻外人员,“优越的技术与诚恳的服务,赢取当地政府及人民的信心。若干离职后应聘各地政府或民营事业服务,部分自行创业者,熟悉当地环境,并具有社会关系基础,引进香港、台湾及大陆价廉物美产品,极获当地人士欢迎,迅速开展营业,已发展为具规模的侨营新事业。”[③]当然,我们也必须注意到,台湾“先锋案”只是导致台湾商人走进非洲的重要因素之一,而且这种情况主要发生在受过台湾农业技术援助的国家,主要分布在中部和西部非洲。

2. 南非对台商的吸引力

另一个吸引台湾华商的重要因素是南非的政局变化。首先是南非因种族隔离制而受到国际社会的制裁,而台湾也被排除出联合国之外,二者可谓因同病相怜而加强了联系。1976年南非与台湾正式建立外交关系后,台湾移民源源不断地涌入南非。为了吸引投资移民和经商的方便,南非投资环境有所改善。应台湾方面的要求,南非政府不得不重新

---

① 华侨经济年鉴编委会:《华侨经济年鉴1992年》,台北,1992年,第1033页。

② 华侨经济年鉴编委会:《华侨经济年鉴1994年》,台北,1994年,第931页。

③ 同上书,第922页。

考虑当时存在于南非的约 8 000—10 000 名华人的地位，并同意废除此前颁布的延长华人歧视待遇的法律修正案。根据 1984 年的《集团住区法修正案》(*Amended Group Areas Act*)第 101 条，该法不适用于华人社区，华人终于有权利拥有自己的财产权、社会交往权，在白人区域内也无需许可就可以享有贸易的权利。① 当然，华人的平等地位并无法律的确切保障，仍依赖于官方赦免或白人的忍耐，因此存在着诸多不便。② 然而，在实际操作中，华人有了诸多可以自由行事的空间。更重要的是，这些改善措施有助于鼓励台湾华商到南非投资。为了进一步吸引台湾、香港和东南亚的华人投资商，南非从 1987 年起大大增加了华人永久居留权获得者的名额。

获得永久居留权的南非华人移民(1961—1995 年)

年份	人数
1986	7
1987	133
1988	301
1989	483
1990	1 422
1991	1 981
1992	275
1993	1 971
1994	869
1995 年 1—10 月	350
共计	7 883

---

① Li Ying, Karen Harris:《中国到南非的第三次移民潮》(姚昭亮译)，载吕伟雄主编:《世界海外华人研究学会地区性非洲国际会议论文摘译》，香港社会科学出版社有限公司，2008 年，第 172 页。

② Melanie Yap and Dianne Leong Man, *Colour, Confusion and Concessions*, pp. 414 - 416.

获得永久居留权的华人按地区分类(1994年—1995年10月31日)

	1994	1995(截至10月31日)
中国台湾	596	232
中华人民共和国	252	102
中国香港	21	16
	869	350

资料来源：Melanie Yap and Dianne Leong Man, *Colour, Confusion and Concessions*, p. 419.

还有一个重要因素是南非国内政治经济使然。1959年,南非政府开始实施"黑人家园"制。白人当局将占南非土地不到13%的原"土著人保留地"定为"黑人家园",而其余87%的土地归白人的南非。占人口75%的非洲人按族体划归10个"黑人家园"。[①] 从1976年起一些黑人"国家"先后从南非"独立"出来。为了解决这些"黑人家园"黑人的失业问题,从而避免他们进入南非其他由白人占统治地位的城市以造成混乱,南非政府实施优惠政策,吸引大量的中国台湾企业家投资南非,20世纪80年代的情况在前章已有所阐述。1988年,约2 500名台商来到南非,随后这一数字增加很快。1989年他们建立了150家工厂,1992年增至300家,资本额约10亿美元,为当地创造了4 000个就业机会。[②] 在随后一个时

① 10个"黑人家园"如下:莱伯瓦(北索托人)、夸夸(南索托人)、博普塔茨瓦纳(茨瓦纳人)、加赞库鲁(聪加人)、文达(文达人)、坎瓜内(斯威士人)、夸恩德贝莱(恩德贝莱人)、夸祖鲁(祖鲁人),科萨人被分成两个"家园"——特兰斯凯和西斯凯。相关研究参见杨立华《南非的"黑人家园"政策》,《西亚非洲》,1981年第6期;张忠祥《"黑人家园"与南非经济》,《浙江师大学报》(人文社会科学版),1995年第6期。

② TuT. Huynh, Yoon Jung Park, Anna Ying Chen, "Faces of China: New Chinese Migrants in South Africa, 1980s to Present", *African and Asian Studies*, 9(2010), p. 291. 还可参见 Yoon Jung Park《华人是落地生根的不是跨国主义的? ——种族隔离制度废除后南非华裔身份的多重性和易变性》(秦天译),载吕伟雄主编:《世界海外华人研究学会地区性非洲国际会议论文摘译》,第114页。

期，中国台湾移民南非的人数增长较快。① 1993 年，台商在南非拥有工厂 300 余家，总投资额已超过 5 亿美元。1996 年 6 月，台资在南非制造业方面总投资额为 10.76 亿美元，约 3.6 万个雇用员工中 90%为黑人。这些工厂每年进口额约 2.53 亿美元，出口额 1.21 亿美元，营业额达 14.82 亿美元，为南非经济做出了不小的贡献。②

3. 陆以正的文章

1997 年 1 月 1 日，时任中国台湾的驻南非"大使"陆以正在《彩虹商旅》创刊号上发表了题为《南非台资厂商知多少》的文章，介绍了南非的台资厂商的基本情况。

当时，台资企业共有 620 家，投资额为 15 亿美元，约合 64.5 亿兰特，雇用的员工人数为 41 240 人。根据此项统计，当时拥有南非永久居留权的台湾移民为 13 176 人，所有华裔的总数是 27 515 人。1996 年制造业工厂的数量为 282 家，但工厂所雇用的员工人数却从先前的约 4.5 万人降至 36 224 人，其中有 32 390 是黑人。员工人数下降的主要原因是工厂自动化程度提高，海关贪污所造成的影响及工会问题日趋严重。过去五年来，约有 50 家工厂停业或迁往他国，大约相近数目的新工厂取而代之。另一方面，从事贸易与服务业的台商家数仍在增加。台商经营的公司有 340 家，包括银行、船运公司、进出口公司、批发及配销商等，总共雇用了 5 012 名员工，其中 2 694 人为黑人；每年的营业额估达 85.4 亿兰特，每年进口总值约 17 亿兰特，出口总值为 6.82 亿兰特，为南非赚进不少外汇。台商投资总额 64.5 亿兰特中，究竟有多少投资在房地产上难以估计。以前使用金融兰特时，动工兴建或购买房产在南非储备银行视为投资，可以动用银行的金融兰特。现在，台商目标已朝向工业用途的房地产交易。1996 年，南泰海运公司与台湾贸易开发公司，在约堡北郊

---

① 有关南非与中国台湾的关系以及台湾企业家移民南非的情况，参见 Melanie Yap and Dianne Leong Man, *Colour, Confusion and Concessions*, pp. 416 - 423.

② 曾厚仁:《台商在斐投资回顾》,《彩虹商旅》(*Rainbow Explorer*)创刊号(1997 年 1 月 1 日)，第 15—16 页。

玫瑰坡(Rosebank)以4 000万兰特买下位于凯悦大旅馆对街的整块地产。自由省中华公会会长许秋扬在豪登省与自由省交界附近的沙索堡(Sasolburg)买下了450公顷的工业用地,有意开发为工业园区。在约堡地区也有两个高尔夫球场是台商的产业。

台商在工业方面共投资280家公司,详细分类见下表。这些制造业工厂主要坐落在四个地区,均在20家工厂以上,即纽卡斯尔48家,博茨哈比罗37家,莱迪史密斯26家,西斯凯20家,共131家。剩余的分布在近20个地区。

南非台商制造业投资一览表(1996年)

种类	数量	种类	数量
成衣	44	针织毛衣	44
塑胶制品	23	提包及旅行袋	4
制鞋	22	铸模厂	4
电器与电子	19	纸品厂	4
PP编织袋	16	汽车零组件	4
纺纱与纺织	14	厨具	4
金属制品	12	钟表	3
家具与木材	8	宝石加工	3
塑胶及保丽龙餐具	6	煤油炉	3
橡胶手套	6	矿业加工	3
体育及休闲品	6	其他杂类	20
化妆品	4	食品	4

资料来源:陆以正:《南非台资厂商知多少》,[南非]《彩虹商旅》,创刊号(1997年1月1日),第17—19页。

台商经营的贸易服务业方面共有340家,以经营原料或成品进出口贸易为主。主要包括以下门类,其中以进出口、批发、零售以及食品饮料为多。

南非台商贸易服务业投资一览表(1996年)

种类	数量
进出口业	94
批发	58
零售	48
食品饮料	47
不动产开发	17
交通、海运及报关行	8
银行及工商服务业	8
旅运业	8
农产品及农场	6
运动休闲用品	3
汽车维修	3
杂类	40

资料来源:陆以正:《南非台资厂商知多少》,[南非]《彩虹商旅》,创刊号(1997年1月1日),第17—19页。

在南非投资的台商大多数是私营中小企业,只有南非台湾银行是公营台湾银行的子公司。当时在英国出版的《银行家》杂志全球1 000家银行的排名中,台湾银行排名第107位,南非标旗银行为第185位。南非台湾银行当时已经贷出的融资总数为6 500万兰特,贷款对象主要是南非中小企业。

台资工厂大多数分布在过去"黑人家园"的工业区。如果以省份区分,这些工厂有40%设在夸祖鲁-纳塔尔省,主要是因德班港进出口方便,而且气候亦与台湾相似。对南非出口的主要项目是电脑与周边设备。振桦集团(Musek Group)是台商在南非电脑业的老字号,旗下有七家公司,振桦电子股份有限公司是其中之一。① 全南非电脑市场中,估计

① 陆以正:《南非台资产商知多少》,《彩虹商旅》(*Rainbow Explorer*)创刊号(1997年1月1日),第17—19页。

振桦公司的总销售量占一半以上。这独霸市场的局面面临另一家来自台湾的宏碁电脑公司的竞争。宏碁台北总公司是目前世界上第七大个人电脑公司,创办人施振荣被美国《商业周刊》列为封面人物。台湾宏碁电脑国际公司(ACI)在南非成立宏碁南非公司,与南非普赛泰公司(Persetel)合作拥有股权。1995年,宏碁公司宣布全部收购普赛泰公司持有的股份,从而使宏碁电脑国际公司拥有股份增至87.5%。①

台商与当地企业和员工的关系值得注意。当时,台商在南非前"黑人家园"地区开设的针织、刺绣、毛衣工厂44家,所需的染色尼龙纺纱原料皆由德隆集团供应,该集团与南非成衣暨纺织工人工会达成协议,因此劳资关系和谐。德隆集团旗下的各种公司在莱迪史密斯雇用了1 000名员工。除毛衣厂外,还有以外销为主的44家成衣厂,因为面临劳工薪资的争执,有些正考虑迁离南非。例如,一家台商公司原在南非和莱索托各设一所工厂,各雇用1 800名员工,但现在生产线正在迁往莱索托。莱索托首都马塞卢的工厂目前有3 000员工,南非这边的工厂则只剩1 000名员工。② 迁厂的原因除其他因素(如治安、薪资等问题)外,应该与南非与中华人民共和国即将建立外交关系有直接关联。

4. 其他的成功台商

还有一些台商也做得不错。甘致竹虽然1986年才到南非,但他的企业发展很快。他带着2 000万美元到约翰内斯堡创业,到1994年已发展为南非最大的电脑制造商,资产总额达2 000万美元,拥有子公司7家。该公司生产的电脑占南非市场的占比大约50%,监视器60%,PC板70%。孙火荣在奥兰治地区投资2 000万美元,经营塑胶、布料、纸厂、制鞋等。区伟明在南非的金伯利经营商业网点,建有6家超级市场,资本达300万兰特。此外还有电脑销售商曹耀兴、纺织厂业主林锦炫和

① 《宏碁南非公司》,载梁英明主编:《华侨华人百科全书·经济卷》,第175页。

② 陆以正:《南非台资产商知多少》,《彩虹商旅》(*Rainbow Explorer*)创刊号(1997年1月1日),第19页。

亚洲化学公司业主孙瑞生等。[①] 康华集团是南非华资企业集团。创建人康陈圳为台湾移民，生于1962年。该集团主要经营自创品牌新产品，拥有9家连锁店。康陈圳曾因其卓越的投资业绩荣获1992年台湾当局颁发的海外杰出青年奖章，并于1995年11月当选为约翰内斯堡不分区议员，为南非华人参政者先驱。[②]

台商在当地成功的策略之一是逐渐适应当地政府的各种规范和投资环境，或是改进经营方式，或是学会让利，一方面善于使用当地人力资源开拓市场，一方面逐步释放股权给黑人。21世纪初，万宇科技以Mercer为品牌，组装电脑在当地销售，并将业务拓展到尼日利亚和巴西。位于约翰内斯堡近郊的南洋电线电缆公司，其董事长潘彗琍为第四届海外磐石奖得主，是塑胶编织业的早期开拓者，后与台湾宏泰电工合作，生产电线电缆销往南非国内市场。南非新政府为了加强黑人的经济实力，推行“黑人经济振兴计划”(BEE，BLACK ECONOMIC EMPOWERMENT)。[③] 该公司努力响应南非政府的这一计划，逐步将公司股权释放给黑人员工。丰兴企业董事长林岂经营有方，被推荐角逐第二届世界杰出妇女“华冠奖”，成为台商华商在南非开拓市场的典范。她既无产业知识，也不会英文，但她一步一个脚印，与大财团竞争，在胶带、打包带和纸管轴行业打下一片天地。[④]

---

① 华侨经济年鉴编委会:《华侨经济年鉴1994年》，台北，1994年，第926页;《甘致竹》，载梁英明主编:《华侨华人百科全书·经济卷》，第141页。

②《康华集团》，载梁英明主编:《华侨华人百科全书·经济卷》，第235页。

③ 这是南非曼德拉政府1993年在消除种族隔离后推出的一项特殊法律制度，主要目的在于推动黑人经济融入白人经济，力图将南非整体发展与提高黑人经济地位相结合，并为此成立专门委员会。参见程云凤《政治经济学视野下的南非BEE政策简析》，《环球市场信息导报》，2014年第7期。有关对BEE政策的批评意见，参见莫列齐·姆贝基《贫穷的设计师——为什么非洲的资本主义需要改变》(董志雄译)，上海人民出版社，2009年，第57—83页、

④ 中华经济研究院编:《华侨经济年鉴欧非篇2002—2003年》，第242—243页。

(三) 新移民的动力:在南部非洲的投资

1. 斯威士兰

南非经济的快速发展使周边国家得益不少。以斯威士兰这个南非境内的小国为例。该国以前几乎没有华侨,20 世纪 70—80 年代,台湾、香港等地的华商及南非的华裔不断涌入,1989 年华侨人数已达 120 人,其中包括华人和华裔。华侨从事商业的只有 17 家,其中有 6 家餐馆,包括元山饭店、营利餐厅、成吉思汗餐厅等。其次为从事贸易业的 4 家,包括格律有限公司、高品实业公司、侯氏进出口公司等,进口成品、食品由门市部销售,出口收购自邻国(莫桑比克)海产干货,输往香港和台湾。另有杂货店 3 家,分别为东方礼品店、立群果菜鲜肉店和九龙中国食品店,外加 1 家电动玩具店,还有成衣店 3 家,为立群成衣店、环球成衣店和来富利商店。另有华人经营的 6 家制造业公司。由台湾和香港迁入的两家纺织厂,从事针织成衣制造及外销,经营良好。摩尔工业公司制造工业用棉手套销往美国,年产 50 万打。由于美国对斯威士兰的产品无配额限制,该工厂还打算扩建厂房,增加生产线。此外,还有南京模具制造公司、立合高级宝石进出口工厂、铭源设计建筑公司等。① 由台湾厂商周森林(Allan Chou)创建的 Trio Courage 有限公司资本额达 600 万美元。该公司初期生产冰棒,后来投资钢铁业,拥有华丰钢铁厂和一家制冰厂,由周森林任董事长,由林政良(J. L. Lin)任总经理。该公司为在加纳有世界银行所属国际金融公司参与投资的唯一企业,其成功事例被列入加纳中小学教科书。②

2. 莱索托

南非境内的莱索托也借助台湾华商投资南非的势头有所发展。台商在当地雇用 6 万名工人,占全国就业人数的 25%。1997 年,当得知

① 陈怀东主编:《华侨经济年鉴 1989 年》,台北,1989 年,第 712—713 页。
② 《Trio Courage 有限公司》,载梁英明主编:《华侨华人百科全书·经济卷》,第 438 页。

中国与南非将于1998年1月1日建立外交关系时，不少莱索托、斯威士兰、博茨瓦纳和马拉维的官员纷纷前往南非，向在当地投资的台商推销自己国家的优惠政策，希望吸引台商将相关工厂移至他们国家。① 根据中国驻莱索托大使馆经济商务参赞处的统计，莱索托现有约70家纺织服装企业，主要为外资企业，其中57家为台商的投资企业，大多从事牛仔和针织服装加工以及配套业务。台湾在莱索托的投资已超过3亿美元，台资纺织企业出口占莱索托出口的73%。台商纺织服装企业规模参差不齐，既有世界著名的纺织企业，也有规模比较小的成衣加工企业。其中，年兴纺织股份有限公司是莱索托最大外资企业。② 年兴纺织是全球知名的牛仔布成衣代工厂商，在莱索托的投资可分为成衣、布及纺纱三大块，厂区占地达27公顷。成衣部分有3个厂，均以生产美国名牌牛仔裤为主，每天可生产6万条。布厂分有2个厂，其中一个专门生产牛仔布，已经开始供应本身的成衣厂；另外还有一个专门生产针织用纱的工厂。年兴的员工总数已达1万人。

3. 马拉维

对于台商而言，马拉维的主要优势是不存在竞争，劳工充沛，劳动力价格低，纺织品可以享受《非洲增长与机遇法案》的优惠。这里的侨胞人数很少，只有60人左右，台商人数为30人，华商经营的工厂都已颇具规模。经营成衣的兴堡成衣公司（Haps Clothing Co.）的董事长和厂长分别为谢胜夫和周水顺。该公司资本约300万美元，产品全部销往美国、南非等地，占当地出口成衣份额的70%，后来业务继续扩大；还有一家奇里姆巴成衣公司（Chirimba Garments），两家雇用员工分别为2 600人和1 900人。兰丝倩企业公司在马拉维湖附近的萨里马租用1.32万公顷

① 陆以正：《南非台资产商知多少》，《彩虹商旅》（*Rainbow Explorer*）创刊号（1997年1月1日）。

② 陈晓红：《AGOA法案对中国在非投资的影响》，http://wenku.baidu.com/link?url=-9TAi40Q4uJlpNi5XwyhQ49_6rgXcI41QIwRpcmBBThF1rK6JNJVdXFKYSpOGNvfoxCcuqUhe-ydLv5AaJ_zA-LpGVdyDm6b_M82u53y9VS；陈晓红：《〈非洲增长与机遇法案〉对黑非洲国家贸易和投资的影响——以斯威士兰和莱索托为例》，《西亚非洲》，2006年第4期。

土地,预备种植葵花,经营榨油厂、饮料厂、塑胶厂及休闲中心。陈大权在利隆圭经营白铁皮建材厂,资本100万美元。庄福禄经营食品加工厂,从事香肠、中式食品加工及酿造酱油和饮料制造等。黄胜一、黄胜裕兄弟的东方兄弟公司经营碾米厂,苏水木经营原木加工厂及家具制造业,黄昭煌生产烤漆制品如锅、盘等。此外,苏水木和黄胜一还分别经营农场。①

不容置疑,台商的投资为南部非洲的制造业输入了新鲜血液,成为当地工业化的重要力量。这一点不应忘记。

(四) 有关家族企业的观点

1. 对家族企业的质疑

我们注意到,在谈到非洲的华商企业时,绝大部分都是家族企业,如毛里求斯的朱氏集团和阙氏集团、留尼汪的侯氏集团和刘氏集团、尼日利亚的李氏集团和查氏集团。这是有原因的:一方面,家族企业往往从头做起,靠打拼立身,靠地气创业,他们脚踏实地,发现商机,在企业家精神的继承、投资方向的选择、团体意识、风险意识和成本意识等方面都占有独特的优势;另一方面,我们经常听到不少对家族企业的批评和指责,如排外心理、任人唯亲、拉帮结派、人情管理、滥用权力、居功自傲、不求上进、贪污腐败、抱怨太多、缺乏激励、缺乏企业文化、缺乏员工管理等。然而,令人不解的是,纵观非洲华人经济发展史,我们看到家族企业不仅十分活跃,而且做得大的也是家族企业。换言之,所有著名的非洲华人本土企业都是家族企业。不可否认,家族企业中确实存在着一些制度性缺失,也需要不断改革与创新。②

---

① 华侨经济年鉴编委会:《华侨经济年鉴1994年》,台北,1994年,第929页;中华经济研究院编:《华侨经济年鉴欧非篇2002—2003年》,第285—386页。

② 例如,商务部原副部长魏建国在分析非洲华商存在的诸多问题之一是"多采取家族式管理,内部管理不规范"。魏建国:《此生难忘是非洲——我对非洲的情缘和认识》,北京:中国商务出版社,2011年,第127页;刘伟才:《华人私营企业在非洲:问题与对策》,《上海商学院学报》,第12卷第1期(2011年),第22—26页。

2. *为家族企业辩护*

实际上，我们应该辩证地看待家族企业，上述的所谓缺陷从根本上来说都不是家族企业所独有的，可以说是企业管理上的通病。排外心理的指责并不恰当，在竞争激烈的商战中，任何企业都有排他性。任人唯亲和拉帮结派也并非家族企业独有，在家族企业中亲缘也往往成为一种沉重的负担。对人情管理的指责更是毫无道理，有的企业正是引入了人情管理而成为企业竞争中的优势，这种例子不胜枚举。谁可以肯定滥用权力不会发生在其他企业？至于居功自傲、不求上进、缺乏激励等其他方面的指责更缺乏根据。可以说，这些所谓缺陷并非家族企业所独有，而是诸多企业的通病。

家族企业确实存在着一些固有的习俗，如家族里形成制度的长子继承、利益均沾（分成）、容易产生内部矛盾等。但这种制度也是双刃剑：长子继承可以整合家族的力量，也可以使家族成员失去凝聚力；利益分成既可以分散家庭的财富，也可以使整个家族团结一致形成合力。内部矛盾也并非家族企业的专利。尼日利亚卡诺的一家早期建厂的香港华人企业十分注重利用家族的人力资源。其公司在尼日利亚有 20 余家工厂，有自己的总部，在香港也有地区办公室。创始人的儿子在身边管理工厂，女儿、女婿和媳妇或是管理公司总部，或是在香港管理地区办公室。① “家族企业，在企业家精神、风险意识与成本意识上具有无与伦比的优势；在组织结构上则是双面刃，利刃所向，无坚不克，因而在企业与家族的关系上，要么是使二者凝聚为坚强的生命共同体，要么是催发二者双双解体的刺激素”。②

我们注意到，留尼汪的家族企业中有成功者（侯氏集团和刘氏企业），也有失败者（曾绍敏与陈绍宏），而且其失败往往与时机（如全球石油危机、银行利率过高）和商业伙伴的选择（伙伴背信弃义）等经营中遇

① Giles Mohan, Ben Lampert, May Tan-Mullins and Daphne Chang, *Chinese Migrants and Africa's Development: New Imperialists or Agents of Change*, pp. 76 - 77.

② 龙登高：《海外华商经营管理探微》，香港社会科学出版社有限公司，2003 年，第 153 页。

到的自己难以操控的因素有关。毛里求斯也有失败者和成功者，朱梅粦的家族企业现在一分为二，阙氏集团也分为两份。然而，这种分工与合作的关系蕴藏在众多复杂的社会与经济关系之中，我们很难断定其优劣。笔者认为，家族企业一个最大的问题是继承问题。我们还记得，留尼汪的刘文波先生曾雇用了三任副经理，但都觉得不满意，这才决定将远在法国的大儿子刘锡辉召回来。换言之，他把最后的希望放在儿子身上。试想一下，如果刘锡辉当时不愿意放弃自己在巴黎的工作呢？这种情况确实在留尼汪发生过。1979 年，李木良先生买下了一家经营状况良好的运输公司，这家公司拥有多辆又新又大的货车，运营情况也非常好。那么，为什么公司老板要出让呢？关键因素是他的儿子不愿意接班。[①] 目前非洲的华人企业家中确实存在着第二代继承的问题。[②] 如果能够将经营权与所有权分离，应该是一种比较明智的选择。

① 汤曼莉编著：《海上传奇：留尼汪华人华侨志》，第 55 页。

② 刘伟才：《华人私营企业在非洲：问题与对策》，《上海商学院学报》，第 12 卷第 1 期(2011 年)，第 22—26 页。

第二十三章　20世纪90年代以来的非洲华商经济（二）

中国人在非洲已不再只是地缘政治专家研究的主题，而是国际关系中的中心话题，并成为非洲大陆日常生活的一部分。

——塞尔日·米歇尔、米歇尔·伯雷(法国记者)

我最大的遗憾是父亲无法享受少小离家老大回的快乐。如果有的话，相信他一定非常兴奋。他于1986年去世，比我第一次去中国早了一年。我曾去探望他住过的小屋子，那个印象让我永难忘怀。

——让·平(前非盟委员会主席)

我们是20世纪新一代的华侨，我们要学习在南非的老华侨吃苦耐劳、艰苦创业的精神。这些老华侨虽在南非已落户几代，但他们至今不忘祖国，仍然热爱中华民族。我们必须与他们融为一体。

——陈裔桥(南非新移民)

前章阐述了20世纪90年代以来非洲本土的华人如何继承传统与开拓创新以及香港和台湾华商在非洲的投资创业。本章的华商主要指从中国大陆移民非洲的华侨华人。

一、华商对促进中非贸易的贡献

(一) 承包工程中的劳务大军:华商的先遣队

1.《中国的非洲——中国正在征服黑色大陆》

下面一段话看上去很像是中国外交官对中非关系的自我辩护或自信表述:

> 非洲不是缺能源吗? 中国就在刚果、苏丹和埃塞俄比亚建水电站,并且着手帮助埃及重启民用核计划。非洲不是缺电话吗? 中国就在非洲铺设光缆,架设无线网络。当地人不是对中国持怀疑态度吗? 中国就开设医院,诊所和孤儿院。白人不是傲慢无礼、喜爱自我吹嘘吗? 中国人却表现得十分谦恭,处处务实。非洲人最终被中国人的所作所为所打动。目前,有好几百万非洲人能讲汉语或正在学习汉语,并且还有一些人对中国人锲而不舍、坚毅勇敢及高效行事的风格赞叹不已。在这场竞争中,整个非洲都是受益者,……①

然而,这段话并非中国人所言,而是出现在两位对中国多少抱有偏见的法国记者出版的有关中非关系的著作之中。法国《世界报》常驻西非达喀尔记者、阿尔贝·隆德尔新闻奖获得者塞尔日·米歇尔(Serge Michel)和瑞士《周刊》杂志国外部负责人米歇尔·伯雷(Michel Beuret)为了完成题为《中国的非洲——中国正在征服黑色大陆》的著作,为"中国落户非洲,会威胁西方的利益吗? 中国会为黑暗的非洲送来神灵之光吗? 中国会帮助非洲最终自己掌握命运吗?"这些一直困扰着他们以及他们在西方的朋友们的问题寻找答案,他们花了一年多的时间,走访了

---

① [法]塞尔日·米歇尔、米歇尔·伯雷:《中国的非洲——中国正在征服黑色大陆》(孙中旭、王迪译),北京:中信出版社,2009年,第Ⅹ—Ⅺ页。

15个国家的50多个城市，最后完成了他们的著作。他们相对客观地分析了中国人给非洲带来的种种变化，正如书中的一个小标题：“人民间的友谊，有酸有甜”。可贵的是，作者看到了中国在非洲所从事的事业的有利因素。他们在采访一位安哥拉人时，安哥拉人夸赞中国人：“中国人带来了竞争，但同时，物价也降了下来。中国人十分有干劲。西方人给我们带来了精神方面的教养，而中国人来了就开始做事。他们从不停歇，总能找到解决问题的办法。如果需要建桥的材料，他们就开个铁矿。跟您这样说可能不太合适，但从来没有人为这个国家做这么多，而且速度如此之快！”两位记者问了他一个很直接的问题：“您真的认为中国人是来帮助你们的？”这位安哥拉人的回答又给他们上了一课：

> 不，中国人是为了石油而来。但你们又为何而来，你们法国人、美国人？你们声称是来给我们讲道德、讲政治透明的，但这40年来，你们在榨取我们的石油，贿赂所有人，你们让战争继续！尤其是美国人，他们整天跟我们讲“家族价值观”，但他们一到罗安达，就什么都不说了，直接去找妓女。中国人则不然，他们很谦逊，守纪律，尊重别人。一旦他们碰一个安哥拉妇女，他们就会被遣返回国。事实上，他们也真是这么做的。

他们著作中有这样一段话发人深省：“尽管西方有上百所非洲问题研究所，还有很多展示非洲文化艺术的博物馆，但中国有的就是前面讲述的多种有利因素，所以它可以在这个西方遭遇失败的地方获得成功。”他们的结论中这样写道：

> 中国人尽心尽力地满足非洲人的要求，并通过10多个大型基础设施项目为非洲发展奠定了基础。如果没有这些，尤其是没有公路和电力生产设施，一切都无从谈起。渐渐的，外界就得到这样一个消息，非洲并非注定停滞不前。当然，中国也不是大公无私的，再也没有人关注它那些有关友谊的论调，但它仅用了10年的时间，在努力达到自己目标的同时也为非洲创造了一个不可思议的未来。

事实上，它把一个偏移正轨的大陆又拉了回来，它让一个在全球化进程中被遗忘的大陆重新获得人们的关注。①

这种利己又助人的结果凝聚着在非洲打拼的中国人的心血，华商是其中极其重要的一支力量。可以说，大批中国人移民非洲与中国在非洲承包业务的增加和对非洲的认识不断加强紧密相连，或者说前者是以后者为基础的。因此，我们可以说，20世纪90年代中期出现的中国移民非洲的潮流与此前中国在非洲的承包工程密切相关。

2. 承包业务与移民非洲的逻辑联系

1982年，中国的对外服务贸易经营和管理机构进行了调整，传统的以经援项目为主的中非经济合作模式发生了转变，这种结构上的调整和改革促使中国对外特别是对非洲的承包与劳务合作事业逐步成熟。1976—1982年，中国在非洲的工程承包和劳务合作合同额和营业额分别为1.4亿美元和4 439亿美元。1982—1985年，中国对非洲工程承包和劳务合作合同总额是1982年之前累计合同总额的近9倍。中国在非洲的劳务人员7 862人，占同期中国在外劳务人员总数的14.7%。进入20世纪90年代，中国对非洲承包业务和劳务合作呈现迅猛发展的态势，工程承包经营模式也由原来的以政府为主导转变为以企业为主体。

这种转变与中国当时提出的“市场多元化”“以质取胜”“大经贸”和“科技兴贸”四大外贸发展战略，以及以承包、劳务等多种办法扩大合作领域、支持非洲国家发展经济的努力、拓宽贸易渠道以增加从非洲的进口等一系列措施直接相关。② 截至2002年，工程承包项目累计合同总额达到近35亿美元。2006年，中国与非洲新签工程承包合同额高达289.69亿美元，营业额约为95.49亿美元，中国在非洲的劳务人员已接近10万人。此后，这一数额不断增长。2010年，中国向非洲派出的劳务

① [法]塞尔日·米歇尔、米歇尔·伯雷:《中国的非洲——中国正在征服黑色大陆》，第170，171，198，204页。

② 张宏明主编:《中国和世界主要经济体与非洲经贸合作研究》，北京:世界知识出版社，2012年，第374页。

人数为 101 568 人，年末在外的人数为 195 584 人。① 这些劳务人员有机会认识了非洲，他们中的一部分决定再赴非洲创业，他们的亲戚朋友也从此与非洲结下了不解之缘。

3. 华侨华人与对非贸易额的增长

中非关系快速发展的一个最明显的标志是双方之间贸易额的增长。中非之间的贸易额 1950 年只有 1 200 万美元，2000 年的双方贸易额为 100 亿美元，2005 年数额几乎是 2001 年的 4 倍。2010 年已达 1 269 亿美元，2013 年突破 2 000 亿美元。一个明显特点是，中国向非洲的出口额持续增长，唯一的例外是 2009 年。

中国与非洲的贸易额(2005—2010 年)

单位：亿美元

	类别	2005 年	2006 年	2007 年	2008 年	2009 年	2010 年
非洲	出口	186.8	266.9	372.9	508.4	477.4	599.59
	进口	210.6	287.8	362.8	560	433.3	669.53
	合计	397.4	554.7	735.7	1 068.4	910.7	1 269.1

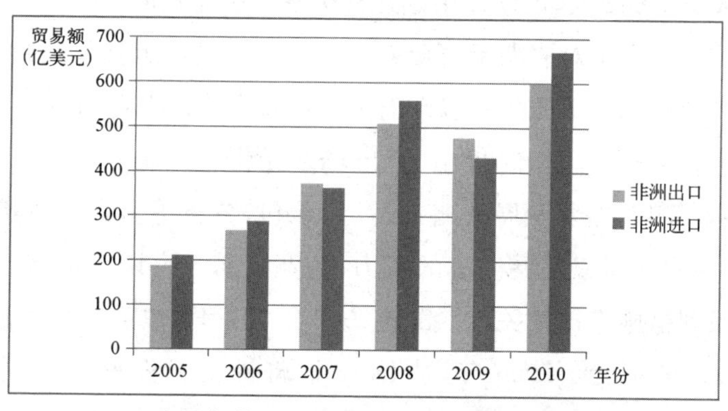

中国与非洲的贸易额(2005—2010 年)

资料来源：中国商务部西亚非洲司《中国与非洲国家贸易统计》相关年份数据编制，转引自张宏明主编：《中国和世界主要经济体与非洲经贸合作研究》，北京：世界知识出版社，2012 年，第 382 页。

① 杨立华等著：《中国与非洲经贸合作发展总体战略研究》，北京：中国社会科学出版社，2013 年，第 187—189 页。

中国向非洲十大对象国出口统计表(2005—2010 年)

单位:亿美元

2005—2010 年		2010 年		
国家	累计金额	国家	金额	占总额(%)
南非	438.1	南非	108.3	18.1
尼日利亚	278.8	尼日利亚	66.96	11.2
埃及	226.3	埃及	60.42	10.1
阿尔及利亚	179.1	利比里亚	43.97	7.3
摩洛哥	118.8	阿尔及利亚	40	6.7
贝宁	109.1	摩洛哥	24.85	4.1
安哥拉	98.2	贝宁	22.74	3.8
苏丹	97	利比亚	20.61	3.4
利比里亚	89	安哥拉	20.04	3.3
加纳	78	苏丹	19.53	3.3

资料来源:张宏明主编:《中国和世界主要经济体与非洲经贸合作研究》,第 379—383 页。

我们注意到,根据一些研究者得出的非洲国家的华人估计数,几个被认为华人人口较多的国家也在上表所列非洲国家之中。例如,南非是目前华人最多的非洲国家(20 万—40 万人),还有尼日利亚(10 万人)、安哥拉(2 万—4 万人)、苏丹(2 万—7.4 万人)、阿尔及利亚(2 万人)、埃及(6 000—1 万人)等国。①

中国与北非国家的贸易额(2010—2011 年)

单位:亿美元

国家	从中国进口		向中国出口	
	2010 年	2011 年	2010 年	2011 年
北非	175.36	186.27	139.62	158.29
阿尔及利亚	40	44.72	11.76	19.51

① Yoon Jung Park, "Chinese Migration in Africa", *Occasional Paper*, *No. 24*, *China in Africa Project*, SAIIA, January 2009, p. 4.

续 表

国家	从中国进口		向中国出口	
	2010 年	2011 年	2010 年	2011 年
埃及	60.42	72.83	9.18	15.81
利比亚	20.61	7.20	45.15	20.63
摩洛哥	24.85	30.44	4.50	4.76
苏丹	19.53	19.95	66.78	95.39
突尼斯	9.95	11.13	1.25	2.19

资料来源：中国商务部西亚非洲司，转引自姚桂梅：《中国与北部非洲经贸合作》，载张宏明、姚桂梅主编：《非洲发展报告 No. 15(2012—2013)：中国与非洲区域经济合作的机遇与路径》，北京：社会科学文献出版社，2013 年，第 32 页。

中国与南部非洲国家的贸易额(2011 年)

单位：亿美元

地区、国家	进出口额	出口额	进口额
非洲	1 663.21	731	932.21
南非	454.28	133.63	320.65
安哥拉	277.06	27.84	249.21
赞比亚	33.95	6.17	27.78
莫桑比克	9.57	7.00	2.57
津巴布韦	8.74	4.10	4.64
博茨瓦纳	7.17	6.16	1.01
马达加斯加	6.07	5.04	1.03
纳米比亚	5.07	2.83	2.24
毛里求斯	5.07	4.97	0.10
马拉维	1.58	1.12	0.46
莱索托	0.81	0.73	0.07
斯威士兰	0.31	0.31	0.00
南部非洲总额	809.68	199.91	609.77
南部非洲占非洲比例	48.7%	27.3%	65.4%

资料来源：中国商务部西亚非洲司，转引自张春宇：《中国与南部非洲经贸合作》，载张宏明、姚桂梅主编：《非洲发展报告 No. 15(2012—2013)：中国与非洲区域经济合作的机遇与路径》，第 97 页。

以上表格基本上说明了中国与非洲的贸易情况。伴随着贸易额的增长,中国移民非洲的人数日益增多,为当地华人经济和社会发展创造了新的环境。1996年,非洲的华侨华人只有13.6万人。[①] 笔者当时指出:由于中国经济发展需开拓新的市场,非洲发展具有巨大潜力,东亚快速发展以及华侨华人在世界各国树立的吃苦耐劳的形象,欧美国家开始实施严格的移民政策以及非洲国家相对宽松的移民政策,这些因素将促使中国人走向非洲,中国人移民非洲将形成势头。[②] 2002年非洲华侨华人是25万人,[③]2006—2007年为55万人。[④] 根据新华社报道,2007年多达75万中国人在非洲"超期"居住或工作。[⑤] 2009年,在非洲的中国人的估计数在58.3万—82万人。[⑥] 非洲华商对中国经济的贡献是多方面的,如促进双方经济信息的交流,拉动中国企业走向非洲,增进非洲对中国经济的了解。然而,他们在早期对中国经济最直接的贡献是促进了中国商品在非洲打开市场。

(二) 非洲华商对中国经济的贡献

1. 民营企业与对非贸易

魏建国先生在担任商务部副部长时,一直负责中国对非洲经贸方面的工作。当他在南方沿海省市考察工作时,外贸部门的同志告诉他,当地有个体商人将数量不小的鞋帽、箱包、纺织服装和日用百货运往非洲。

---

① 李安山:《非洲华侨华人史》,附录六:非洲国家(地区)华侨华人人数统计表(五)非洲国家(地区)华侨华人的分布,第568—569页。

② 同上书,第513—514页。

③ 丘进主编:《华侨华人蓝皮书》,北京:社科文献出版社,2011年,第24页。

④ 王望波、庄国土编著:《2008年海外华侨华人概述》,北京:世界知识出版社,2010年,第7页;李鹏涛:《中非关系的发展与非洲中国新移民》,《华侨华人历史研究》,2010年,第4期。

⑤ Giles Mohan, Ben Lampert, May Tan-Mullins & Daphine Chang, *Chinese Migrants and Africa's Development: New imperialists or agents of change*, p. 3;吴晓琪:《一百万中国人在非洲摸爬滚打》,http://data.163.com/12/1017/01/8DVTB39G00014MTN.html,查阅日期:2015年9月15日。

⑥ Yoon Jung Park, "Chinese Migration in Africa", *Occasional Paper*, *No. 24*, *China in Africa Project*, SAIIA, January 2009, p. 4.

他意识到，中国的个体商人已经走进非洲，他们的生意做得不错。他认为“华商在扩大我国对非出口方面是有重要贡献的”。一位几内亚华商的姐夫是几内亚驻华使馆的二等秘书，正是通过姐夫的关系，他到了几内亚，又在姐夫的帮助下认识了几内亚政商界的知名人士并与他们建立了友好关系，并开始经营进口兼批发中国商品的业务，生意火红。后来，他每年进口中国商品的金额远远超过中国国有企业对几内亚出口金额的总和。[①] 在中非经贸发展中，民营企业建功卓著。鹿王集团1998年在马达加斯加设立了公司，主要目的是以马达加斯加为加工中转地，生产羊绒衫、丝绒及棉毛衫等产品，然后销往欧美市场。在我国，出口羊绒衫配额有限而且价格很高，每件达16—17美元，而在非洲生产，对欧盟和美国出口的话，可以享受优惠待遇，而且非洲劳动力价格相对低廉。这种例子俯拾皆是。

除了直接参与对非洲的经商贸易和投资外，在非洲当地常驻的华侨华人往往从各个方面与国内互通信息，促进中国商品进入非洲或企业投资非洲。剑虹于2000年抵达莫桑比克，长期在当地从事贸易活动，后又参与水泥厂、矿山开发等领域的投资活动。最难能可贵的是，他自创《中莫商桥》杂志，极力向国人推介莫桑比克的投资环境。他在《中莫商桥》创刊号上列举了投资莫桑比克的十五大优势，分别为政治稳定，经济发展迅速，社会睦邻友好，原生态自然环境得天独厚，地理港口优势，汇率稳定，电力优势，劳动力价格低廉，物价高昂，中国商人人少，与中国传统友谊深厚，国际关系良好，投资回报率高，进入欧美市场的绝佳跳板，区位大市场优势。[②]

2001年，民营企业（包括个体商人）对非洲出口额为8.3亿美元，2005

① 魏建国：《此生难忘是非洲——我对非洲的情缘和认识》，第123—125页。

② 《剑虹原创：投资莫桑比克十五大优势》，《中莫商桥》，2013年创刊号，第5—6页。2013年11月12日笔者应邀在国家行政学院为国务院侨办举办的非洲侨领研讨班做题为“非洲华侨华人：历史与现实”的讲座，当时剑虹在座。笔者感谢他送给我的《中莫商桥》2013年创刊号。2015年12月初，笔者在南非参加完中非峰会前的“中非圆桌会”后转莫桑比克进行调研，当时他正忙于组织葡萄牙华人企业家参观莫桑比克，以鼓励他们投资说葡语的莫桑比克。

年达到70亿美元,仅比国有企业少6亿美元,占我国对非洲出口总额的38%,对中国向非洲出口增长的贡献率达到了48%,几乎占了半壁江山。2006年,民营企业对非出口额首次超过国有企业,达到111亿美元,同比增长58%,占我对非出口总额的41%,成为中国对非洲出口最重要的力量。从2000年到2006年,中国民营企业对非洲出口连续6年实现跳跃式增长,年均增长近72%,比同期国有企业对非出口增幅高出55%。[①] 可以这样说,在对非贸易出口中,中国在非洲的华商无疑做出了自己的贡献。

2. 遍布非洲的华商

我们一般都对西印度洋地区、南非和尼日利亚的华人情况比较熟悉。实际上,很多非洲小国的华人也一直在从事经济活动。在纳米比亚,华侨华人早在独立前就在温得和克开了一家餐馆。1999年,从中国大陆来的华商在奥西康戈(Oshikango)开了第一家商店。2004年,这里的华人店铺已有22家;2006年,纳米比亚的华人商店增加到75家,包括两家大型仓储店。[②] 在贝宁,中国人在20世纪90年代中期已在当地从事贸易、餐饮,开诊所、办工厂。华侨华人多为小本经营,以批发国产轻纺产品为主,个别兼营零售,工厂因地制宜,多生产凉席、塑料袋等。在首都科托努就有6家中餐馆,还有华人开的娱乐中心,设施包括桑拿、卡拉OK、酒吧。[③] 1995年,佛得角出现了第一家华人商店,华侨有35人,1996年为50人;仅仅几年的时间里,在有人居住的9个小岛上都出现了华商的店铺。以圣维森特岛为例,1997年华人开了第一家商店,两年后已有6家华人店铺,2006年,华人商店增加到50多家。2005年有关移民在佛得角所做贡献的民调表明,对中国人的评价最高。85%的佛得角

① 魏建国:《此生难忘是非洲——我对非洲的情缘和认识》,第123—125页。

② Gregor Dobler, "Solidarity, Xenophobia and the Regulation of Chinese Businesses in Namibia", Chris Alden, Daniel Large and Ricardo Soares de Oliveira, eds., *China Returns to Africa: A Rising Power and a Continent Embrace*, London: Hurst & Company, 2008, p. 246.

③ 李安山:《非洲华侨华人史》,第476—477页。资料主要引自外交部官员朱京先生致笔者私人通信(1999年4月11日)。

人对亚洲移民(实际上主要指中国人)的贡献持正面评价,比对欧洲移民的评价(74%)要高。调研者发现,当地人对中国来的移民表明了"一种惊人的正面看法"(a strikingly positive view)。为何如此?中国进口商品对当地生产未造成影响,商品价格便宜使当地购买力提高,未对佛得角人职业产生负面影响。当然,确实存在着一些抱怨,当地居民对来自中国的商品质量和劳资关系有所不满。① 这大概是一种普遍现象。在马里首都巴马科,华人经营的旅馆和餐馆在2010年已有75家。塞内加尔的情况更是突出。2010年,达喀尔已有160家中国店铺。② 2013年1月,该市的中国商店已增加到215家;而加纳首都阿克拉也有150家华人商铺。③ 以马达加斯加的注册中国企业为例,其增长速度非常快。

中国在马达加斯加的注册企业(2001—2010年)

年份	注册企业数目	年份	注册企业数目
2001	36	2006	133
2002	26	2007	142
2003	54	2008	236
2004	79	2009	178
2005	96	截至2010年7月20日	215

资料来源:Cornelia Tremann, "Temporary Migration to Madagascar: Local perceptions, economic impacts and human capital flows", *African Review of Economics and Finance*, 5:1(December 2013), p. 10.

3. 华商与非洲民众的需求

中国商品遍布整个非洲大陆。一方面,提高了非洲当地民众的生活

① Jorgen Carling and Heidi Ostho Haugen, "Mixed fates of a popular minority: Chinese migrants in Cape Verde", in C. Alden, D. Large, R. S. de Oliveira, eds., *China Returns to Africa: A Rising Power and a Continent Embrace*, pp. 319 - 337.

② Antoine Kernen, "Small and Mediun-sized Chinese Business in Mali and Senegal", *African and Asian Studies*, 9(2010), p. 258.

③ 展易(Karsten Giese):《无心插柳柳成荫——西非中国新移民商人与当地草根社会创新的关联互动分析》,《华人研究国际学报》,第8卷第1期(2016年6月),第40页。

水平,使他们有机会用上各种商品。两位法国记者在安哥拉采访一位名叫保罗·迪亚拉的生意人,他当时正在指挥工人卸货,卸的是中国的海信手机。他解释,这些手机是通过敦豪航空快递的方式运过来的。“每公斤10美元,但这是唯一的运输方式。这批货总值80万美元。其他飞机几个月以后都已经排满了。这里有那么多钱,所有人都在进口,港口已经被塞得满满的,货船要在外海等上三四个星期。要知道,一艘船在外海停留一天就要花2.5万美元。你说怎么办?我们不是有办法的。但正如你们所见,在中国人的帮助下,所有货物将井然有序地进入这个国家。”①我们可以看看马达加斯加的商品与中国产品价格的比较。

马达加斯加商品与中国产品价格比较(2010年)

	单位	马达加斯加产品(美元)	从中国进口的产品(美元)
毯子	1	2.47	0.50
电池	1	0.25	0.12
润滑剂	1	1 350	533
饼干	1	2.20	0.59
家用肥皂	1	0.69	0.29
水泥	1	14.0	9.0

资料来源:Cornelia Tremann, “Temporary Migration to Madagascar: Local perceptions, economic impacts and human capital flows”, *African Review of Economics and Finance*, 5:1(December 2013), p. 12.

原商务部副部长魏建国在书中也写道:“非洲不少国家的市场上和商店中,各类中国产品琳琅满目,种类繁多。从高档服装到各种鞋类,从普通日用品到家用电器,从摩托车到汽车,应有尽有。品种一年比一年多,档次也在不断提高。我也向我国驻非洲国家使馆经商处了解情况,他们告诉我,2000年首次中非[合作]论坛召开后,个体华商和民营企业

① [法]塞尔日·米歇尔、米歇尔·伯雷:《中国的非洲——中国正在征服黑色大陆》,第95,171页。

到非洲的人数急剧增加，他们带去了各种价廉物美、适销对路的中国产品。”[①]这种中国商品遍布非洲的印象可以在各种描述或研究中非经贸关系的文献中找到。当然，这正是发生在非洲的现实情况。

(三) 市场“饱和状态”与应对策略

华商在非洲国家分布较广，有的国家甚至有人满为患的感觉。一些华人在南非、尼日利亚、安哥拉、加纳等国捞到“第一桶金”后，其他国人蜂拥而至。这就形成了我们所说的市场“饱和状态”。以布基纳法索为例，虽然人不多，但由于大家都是做贸易的，使人感觉已经达到“饱和状态”，这种情况不仅加剧了竞争，也影响了华商之间的互相合作。一位企业家告诉在当地进行调研的季夫·汉·穆罕默德，“我去瓦加杜古拜访一些华人，他们不太欢迎我。他们觉得我是去打探他们的商店的”。[②] 在这种情况下，往往会产生多种对应策略以解决“饱和状态”的问题。

1. 地理拓展

即进行空间上的业务扩张。这种策略有一个基本条件，即必须有可以扩张且市场尚未饱和的区域。我们从佛得角华人的店铺分布似乎可以体会到某种与这一策略相关的做法。同样，一位华商从 1998 年开始在多哥经商。2005 年，他决定拓展业务，在布基纳法索设立分公司。[③]

2. 价格战

这种是商战的一种惯用手段，即通过低价格来压垮对手。这也需要具备两个条件之一：一是有充足的资金可以长期坚持降低利润的方式；二是

---

① 魏建国：《此生难忘是非洲——我对非洲的情缘和认识》，第 123 页。

② Guive Khan Muhammad, “The Chinese Presence in Burkina Faso: A Sino-African Cooperation from Below”, *Journal of Current Chinese Affairs*, No. 1, 2014, p. 82.

③ Jorgen Carling and Heidi Ostho Haugen, “Mixed fates of a popular minority: Chinese migrants in Cape Verde”, in C. Alden, D. Large, R. S. de Oliveira, eds., *China Returns to Africa: A Rising Power and a Continent Embrace*, pp. 321 - 322; Guive Khan Muhammad, “The Chinese Presence in Burkina Faso: A Sino-African Cooperation from Below”, *Journal of Current Chinese Affairs*, No. 1, 2014, p. 82.

如果涉及降低员工工资则必须有良好的劳资关系并得到员工的理解,这一点十分困难。毛里求斯在战后困难时期出现过这种两败俱伤的策略。

3. 行业拓展

即从一个行业扩展到其他行业。这种拓展需要勇气、人力资源、相关技术(技能)、资本和相关网络。一些具有长远眼光的企业家往往在市场出现饱和的情况下拓展新路。①

4. 创新

这是指通过创新来吸引顾客从而挤压对手。这种创新需要有信息、技术、资本和人才。留尼汪的刘氏集团通过创建独价超市即是对应措施之一。② 又如南非商贸城曾经竞争激烈。由一位香港人经营的中国城批发市场建成后,租金上涨300%,华商苦不堪言。对于这种行为,吉林来的徐长斌想到自己出来另起炉灶建立非洲商贸中心,但最头疼的是资金问题。危难时刻,帝国银行施以援手。这有两个原因:其一是帝国银行信贷经理的弟弟和中国人做生意,了解中国人是怎么回事;其二是因为徐长斌的一揽子计划打动了帝国银行,其中最重要的一条是商贸城内商铺的产权出售。这样的经营模式在长春虽常见,但在2003年的南非则是一个创新。徐长斌说:“我们此前在中国城批发市场就是吃了这方面的亏,现在产权属于商户本人,他们没有后顾之忧。”如今的非洲商贸中心不仅成为约堡最大、南非最大,也是整个非洲最大的中国商贸城。这种创新举措使得非洲商贸中心的生意特别好,经营的商家达210多家。③

---

① 常江、袁卿:《再见巴别塔——当中国遇上非洲》,北京大学出版社,2013年,第61页。

② 有关对应饱和状态的策略,参见 Heidi Ostho Haugen and Jorgen Carling,“On the edge of the Chinese diaspora: The surge of Baihuo business in an African city”, *Ethnic Racial Studies*, 28:4(2005), pp. 639 - 662.

③《吉林人开设非洲最大中国商城已成南非购物天堂》,2010年7月10日,新文化网—新文化报,file:///C:/Users/user/Downloads/%E5%90%89%E6%9E%97%E4%BA%BA%E5%BC%80%E8%AE%BE%E9%9D%9E%E6%B4%B2%E6%9C%80%E5%A4%A7%E4%B8%AD%E5%9B%BD%E5%95%86%E5%9F%8E%20%E5%B7%B2%E6%88%90%E5%8D%97%E9%9D%9E%E8%B4%AD%E7%89%A9%E5%A4%A9%E5%A0%82—%E6%90%9C%E7%8B%90%E4%BD%93%E8%82%B2.pdf.

（四）示范效应与链条效应

实践表明，非洲的华商在推进中非双边经贸合作的整体利益方面做出了巨大的贡献。大陆的华商移民非洲往往呈现两种效应：示范效应与链条效应。

1. 华商经营的示范效应

示范效应原来是经济学家用于消费行为的一个概念，指人们的消费行为不但受收入水平的影响，而且受那些收入相近者消费行为的影响。这些人的行为具有示范效应：当消费者看到这些人因收入水平或消费习惯的变化而购买高档消费品时，尽管自己的收入没有变化，也可能仿效他人扩大自己的消费开支，或者在收入下降时也不愿减少自己的消费支出。笔者借用这一概念，主要指当某人取得了成功后，为他人提供了榜样，引起他人效仿。示范效应的对象有两种：一是对当事人自己身边的中国人，二是对当地的非洲人。不少人在非洲赚取了“第一桶金”的消息扩散开来，引发连锁反应，其他的个体商人或民营企业纷纷效仿。

在非洲销售的中国商品大部分由浙江、福建和广东等地生产，经销者也多是来自这些地区的华商。这些华商往往有自己的特殊渠道或社会关系，从而使他们的进货渠道得到保证。换言之，这些华商的成功往往是某些偶然因素起了作用。他们有的在非洲国家有亲戚，有的原来是外贸公司的翻译或业务员，还有的是国内企业的外派人员，还有的则是通过非正常渠道获得信息或物品。华商在掌握了进货渠道后，往往在非洲一些国家设公司、租仓库、建店铺。华商店铺往往集中在三种地区，其特点是人口较为集中。第一种是市中心或是市区繁华街区，这里商铺云集，生意兴旺；二是港口码头、火车站或汽车站等交通枢纽，这里是人口交会之处，也是商品需求之地；三是住宅区，不论是高档社区还是劳动阶级集中区，这些地方的顾客都需要日用品。

塞尔日·米歇尔和米歇尔·伯雷在他们的书中描绘了华商在塞内加尔达喀尔建立仓储和商铺的一种策略：

> 对这个街区的改造是根据中国模式进行的:审慎,不引人注目。先买下一家商铺,然后再买下旁边的那家,再买下对面的那家,以此类推。起初的手法总是相同的:以高价租下房主年久失修的车库,把它们重新布置装修,将之变成能给他们带来滚滚财源的商铺。在商铺里卖各种各样的小商品,从塑料玫瑰花到墙上挂着的泳裤。①

展易(Karsten Giese)对达喀尔华人的调研使他对这一地区华人店铺的情况较为了解,这一地区的变化说明了华商如何逐步渗入并形成了自己的商业区和住宅区。当然,这一切都是作为房主的塞内加尔人和作为租户的华人双方在自愿的基础上达成的默契。

> 由于缺乏其他收入来源,一些户主不得不将车库翻修成小型店面,租给华商。当其他许多中国人很快追随先行者的脚步,复制着他们熟悉的模式,集群经营同类商品批发店,经过改建的车库和前院便正好满足他们对铺面的需求。到了2000年代中期,世纪小区[戴高乐大街](Centenaire)两侧超过80%过去塞国公务人员的住房都变成了中国商人的店铺。不少塞国户主还将其二层楼住房的一楼整层出租给华商作为仓库,或是举家迁居,将住房完全出让给华商家庭。相邻的直布罗陀和麦地那两个城区,从世纪小区[戴高乐大街]延伸出的街巷步行可以很快抵达,于是逐渐成为达喀尔的华商家庭之主要居住区。在这些街巷里,下班时间常常可以看到中国人的身影,这里有两家中餐馆和一家旅游公司,专门为华商提供迎合其社会及经济需求的服务。②

华商创业初期,往往将仓库、店铺和住宅合而为一。随着业务的拓

---

① [法]塞尔日·米歇尔、米歇尔·伯雷:《中国的非洲——中国正在征服黑色大陆》,第98页。

② 展易(Karsten Giese):《无心插柳柳成荫——西非中国新移民商人与当地草根社会创新的关联互动分析》,《华人研究国际学报》,第8卷第1期(2016年6月),第44页。关于达喀尔的华人商铺区,还可参见 Antoine Kernen, "Small and Mediun-sized Chinese Business in Mali and Senegal", *African and Asian Studies*, 9(2010), pp. 257-258.

展和资本的积累，他们才逐渐将不同功能的不同区域进行划分。这种华商聚集现象在其他国家也十分明显。马里首都巴马科车站附近华商比较集中。根据安东尼·克南的调研，在车站对面3—4层的写字楼里有6—7家中国商铺，在附近的街道巷子里还有几家。他们各自经营的商品并不相同。

巴马科车站附近的中国商铺(2010年)

店主(名)	来源	经营品种	备注
叶先生(Mr. Ye)	福建	男鞋	生意兴隆
李先生(Mr. Li)	北京	女鞋	新近抵达
某进出口商	上海	纺织品	雇用当地店员加5—6名华人
徐先生(Mr. Xu)		假发	
徐太太(Mrs. Xu)		塑料花与花瓶等	
朱先生(Mr. Zhu)		洗照片、复印	
王女士(Mrs. Wang)		机器	能说一点班巴拉语
王先生(Mr. Wang)		纺织品	王女士的丈夫
王女士的表兄		祈祷垫及著名毛拉的照片	
东京颜色		超市	同一街区稍偏僻
刘女士		三轮滑板车、空调	同一街区稍远

资料来源：Antoine Kernen, "Small and Mediun-sized Chinese Business in Mali and Senegal", *African and Asian Studies*, 9(2010), pp. 255 - 256.

2. 无处不在的链条效应

这种华商聚集现象体现出另一个特点：链条效应。这种链条效应包括两个层面：一是指从中国产品的出产地到作为消费市场的非洲国家形成了一个完整的链条。另一层意思是当一个人成功后，他会利用自己的优势有意识或无意识地导致与他有某种关系的人走上同一条路；这种关系可以是家人或亲戚，也可以是同一社区(村庄、县城)的老乡或同事。

展易注意到,达喀尔华商的中心人物是五个河南家族和两个福建家族。其主要原因是 20 世纪 90 年代末期来到塞内加尔的河南国际经济技术合作公司的两名在达喀尔工作的中国翻译人员,他们建议国内部分乡亲到塞内加尔来从事经商贸易。① 迪根也注意到达喀尔的华商与原河南国际经济技术合作公司二者的关系。②

科南的研究表明,在巴马科和达喀尔的华商并非来自中国的边远农村,也非无缘无故选择了这两个国家。根据中国驻塞内加尔大使馆的信息,达喀尔的华人 80%来自河南,这里唯一的最大的建筑公司也是来自河南。河南华人与河南公司间的关系不言而喻。最有意思的是,塞内加尔曾在 1996—2005 年与中国断绝了外交关系,而来自中国大陆的移民却仍然继续。他们均有各种不同的社会关系,或是亲戚,或是前同事,或是朋友,这些人早在该国工作或定居。可以设想,如果没有任何社会关系,他们怎么可能来到这个国家?③

浙江诸暨的一位纺织生产商先是将自己的产品销往贝宁,当出口达到一定规模后,他在贝宁注册了一家公司,进口自己的纺织产品,兼营批发业务。后来,他干脆在贝宁开了商店,将零售也接过来。这种一条龙经营"把产品从生产到零售各环节的利润都尽收囊中"。海外工程公司派驻博茨瓦纳的一名翻译在当地工作几年后开始自己做生意。2000 年他开了一家服装厂,生产的产品销往南非、欧洲和美国。他的工厂投产

---

① 展易(Karsten Giese):《无心插柳柳成荫——西非中国新移民商人与当地草根社会创新的关联互动分析》,《华人研究国际学报》,第 8 卷第 1 期(2016 年 6 月),第 42 页。他关于塞内加尔华商起源的观点有误。"华商登陆塞内加尔,始于 1990 年代末期。"上引文,第 42 页。中国台湾当局侨务委员会的资料表明,早在 1993 年,塞内加尔已有华人 10 名,同时,"据驻几比(几内亚比绍)大使馆 1992 年 10 月报告,华侨经营大成公司杂货业一家,资本 50 万美元。"《华侨经济年鉴 1993 年》,台北,1993 年,第 875 页。当时,塞内加尔与中国台湾没有外交关系,几内亚比绍与中国台湾有外交关系。

② Romain Digggen, "From Isolation to Integration? A Study of Chinese Retailers in Dakar", SAIIA China in Africa Project Occasional Paper, No. 57, March, 2010, p. 6.

③ Antoine Kernen, "Small and Mediun-sized Chinese Business in Mali and Senegal", *African and Asian Studies*, 9(2010), pp. 260 - 262.

两年后就拥有各种设备 600 多台、雇用当地工人 500—600 人，每年要从国内进口价值四五万元人民币的原辅材料。上海的一位华商 20 世纪 90 年代去了南非，开始做名牌运动鞋的批发生意，每年从国内进十几个集装箱的货，很快赚了一笔钱。后来，当南非当局发现他进的是冒牌货，便吊销了他的营业执照，并禁止他在南非做生意，他于是转到邻国莱索托发展。他在莱索托发现美容美发等日用品很受欢迎，而且价格与国内新产品差价大，利润高，便开始做这些商品的批发生意。由于他去得早，卖的货物质量不错，价格比较便宜，很快成为当地最大的进口批发商。①

同样的情况发生在佛得角、津巴布韦和布基纳法索等其他非洲国家。开始时，佛得角的华人来自北京、上海，但很快这里的华商大部分成了温州人。温州人开了店铺后很快拓展业务，他们为了雇用帮手，便从家乡招来亲戚朋友。② 根据佛得角移民局 2010 年的统计，1 057 名中国移民中 973 人已经有了居留证。这些人在佛得角都有某种关系，或是有亲戚朋友，或是在这里工作过。③ 津巴布韦的新移民多与 20 世纪 80 年代中期在这里参与援建项目的中国成套设备进出口(集团)总公司④、中国北方工业公司、江西国际经济技术合作公司和江苏国际经济技术合作集团公司有关系，这些公司员工中少部分人特别是翻译在熟悉了当地情况并发现商机后留了下来。这些留下来的翻译和技术人员由此便成为

① 魏建国:《此生难忘是非洲——我对非洲的情缘和认识》，第 124—125，381 页。

② Carling, Jørgen, and Heidi Østbø Haugen, "Mixed Fates of a Popular Minority: Chinese Migrants in Cape Verde", Chris Alden, Daniel Large and Ricardo Soares de Oliveira, eds., *China Returns to Africa: A Rising Power and a Continent Embrace*, p. 323.

③ Césarine do Rosario, "Les Chinois au Cap-Vert", Jean-Jacques Gabas et Jean-Raphaël Chaponniè, *Le Temps de la Chine en Afrique—Enjeux et Réalités au sud du Sahara*, Paris: Gemidev, 2012, pp. 107 - 117.

④ 根据沈晓雷 2015 年 1 月 22 日在哈拉雷对华陇建筑津巴布韦公司总经理李绪斌的采访，1984 年，中国成套设备进出口(集团)总公司援建津巴布韦国家体育场，具体援建工作由其所属甘肃分公司负责，此为中津建交后最早进入津巴布韦的中国公司。1992 年，中国成套甘肃分公司独立注册华陇建筑津巴布韦公司，既承担援建项目，又承包当地工程项目。

第一批进入津巴布韦的中国新移民。他们随后邀请亲戚和朋友来津巴布韦,形成了华商社区。[①] 在莱索托的福建人占华商的 70%,博茨瓦纳占 50%以上,南非超过 45%,安哥拉占 20 以上。[②] 最突出的例子是福建陈姓(Chen)家族,共有 172 位陈姓家族成员分布在莱索托的各个地区做各种贸易业务。[③]

3. 两种效应合二为一

布基纳法索的情况则是集示范效应和链条效应于一体的典范。

这里的第一位独立的中国企业家来自中国药品重要产地上海。他于 1984 年来到布基纳法索做中国药品生意,获得"第一桶金"后于 1990 年离开。随之而来的 15 名企业家均来自上海,也都是从事中国药品生意。在这里,两个层次的链条关系十分清楚。在中国与布基纳法索断交(1994 年)之前,大约先后有 30 位商人,这批人后来在双方断交后全部撤走,2010 年 2 月最后 5 人回国(有 1 名医生决定留下)。第二批中国移民于 1995 年以后抵达。虽然知情人认为布基纳法索有大约 600 名中国人,但根据当地政府国土安全部的数据,在 2008—2010 年签证续签的中国人只有 380 名,另外还有 30 名从台湾来的企业家。这之间的差距可能与这里的中国公司的人员流动情况有关。尽管中布之间没有外交关系,但华商们通过自己的途径来到这个国家,或是借道邻国,或是利用既有关系获得签证,后者主要是通过亲戚关系。季夫·汉·穆罕默德给了我们一个很好的例子。

> M 女士是一位来自上海的商店老板。当她 30 岁时,好的姊妹嫁给了布基纳法索首都瓦加杜古的一位店老板,并鼓励 M 女士入

---

① 沈晓雷:《试析中国新移民融入津巴布韦的困境》,《国际政治研究》,2015 年第 5 期,第 129—152 页。

② Terence McNamee, with Greg Mills, et al., *Africa in Their Words: A study of Chinese traders in South Africa, Lesotho, Botswana, Zambia and Angola*, The Brenthurst Foundation, 2012.

③ "The Chinese are everywhere: Lesotho meets China", *The Economist*, August 7, 2010.

> 伙。这对新婚夫妇名下已有一家商店,并正在扩大自己的生意,需要M女士帮忙打理。很多“访客”在移民过程中似乎都是走这一条路。M女士却有着自己的打算,她将此次机会看作是解决就业的一个机会,并希望在积累足够的资本后再自行创业。当然,不少“访客”都有这种愿望,但是否能够积累足够的资金则依个人而定。在M女士这个案例中,邀请信只对她一个人发出,但东道主向更多的人发出邀请的情况并不少见。这是形成“链条”的一种常见现象。从浙江省来的移民数量说明这一现象,一位企业主发出的一份邀请,竟有100人涌入境内。①

如果认真分析非洲华商的历史,我们会发现,这种链条效应实际上是一种历史现象,也是华人移民海外的一种普遍现象。这从另一个角度解释了为什么在海外会出现温州帮、潮州帮、福清帮,为什么梅县的客家人会集中在毛里求斯和留尼汪南部并遍布世界。

这些华商的业务往往将批发与零售结合在一起。他们一方面从事中国商品的批发生意,一方面在自己的店铺出售商品。展易注意到,在塞内加尔和加纳两个国家的华商以薄利多销的做法从事批发生意,明显降低了当地小商小贩进入市场的门槛。为了能打进当地市场,让手上的存货尽快脱手,华商总是在报价上胜过对手。虽然已经在当地颇有根基的商人(包括在当地经商的其他国家的商人)对华商的竞争力非常反感,甚至集体对政府施压,但这里的年轻人或小生意人却获益良多。因为他们可以绕过当地的批发商,按每天的销售量直接从华商店铺里进货。如果没有华商,这些既缺乏足够资金又无适当社会资本的一大批年轻人或小生意人根本无法获得商品来从事自己的营业活动。②

中国商品打开非洲市场除了非洲的客观需要外,主要与三种因素相

① Guive Khan Muhammad, “The Chinese Presence in Burkina Faso: A Sino-African Cooperation from Below”, *Journal of Current Chinese Affairs*, No. 1, 2014, pp. 75 - 82.

② 展易(Karsten Giese):《无心插柳柳成荫——西非中国新移民商人与当地草根社会创新的关联互动分析》,《华人研究国际学报》,第8卷第1期(2016年6月),第49—50页。

关:首先,中国企业前赴后继开拓非洲这一市场;其次,中国驻非洲各国的使馆人员努力推动;第三,当地华人的密切配合。中国使馆的领事往往尽最大努力来推进双边贸易,包括联络当地华商,这些人往往是他们倚重的主要力量。这一点后面将论及。

二、中国华商投资非洲的路径分析

华商的活力四射,他们的经济触角不断延伸,创新精神不断被激活,他们中的相当一部分最终均能走上投资制造业的创业之路。华商在非洲成功的路径往往是三部曲,即他们的事业发展过程中往往要经过三个阶段:经商贸易、投资建厂和成立集团。

在剖析这一相对固定的成功路径之前,我们来看看两位因偶然或特殊情况来到非洲大陆并干出了一番事业的华人。故事的主角有两位:非洲联盟前主席之父、温州人程志平和在乌干达打拼的连云港人李淼。

(一) 华商的创业与继承:程志平与李淼

人生的路十分奇特,有时是一个偶然因素成就了一个人的人生。温州商人程志平就是因一场海上风暴而他永远将自己的根留在了非洲大陆的中国人。

1. 因海难流落到非洲扎根——程志平的奇特经历

非洲联盟委员会前主席让·平是华裔,这已是国内尽人皆知的事实。然而,知道他父亲来历的人不多。程志平原籍浙江温州的藤桥镇,早年旅居法国。1933年,程志平与同乡洪松青驾船出海,准备将一批瓷器运到突尼斯去卖。不料,在海上航行时突起风暴,船被打翻,落入海中的程志平挣扎漂浮到了加蓬海岸,被当地人救上岸。① 当时,他身无分

① 另一说法是程志平1933年来到加蓬的让蒂尔港贩卖瓷器,原本打算返回欧洲,却因误了船而留在了当时仍是法国殖民地的加蓬。袁南生:《走进非洲》,第239页。

文,然而,温州人的顽强拼搏不言失败的精神使他生存了下来。他没有工作,刚好一家法国面包店的师傅病故,他便去烤制面包。老板觉得程志平三字发音拗口,便按照法国人的习惯称他为"平"。三年后,程志平图谋发展,搬迁到让蒂尔港以南150公里的埃丁布埃州首府翁布埃镇。他先是靠出海捕鱼维生,后来又靠着给法国军队供应粮食挣钱。在赚取了一笔资本后,他开始从事木材生意,并成为当地富商。后来,他娶了当地米耶内族首领的女儿为妻,正式在加蓬安家落户。

1942年让·平出生时,程志平的木材生意十分兴旺。他尊重妻子天主教的习俗,带着儿子去教堂接受洗礼。神父为孩子起了一个教名"让"。第二次世界大战结束后,他成为当地最大的木材业老板。他拥有自己的直升机和四艘轮船。由于程志平为加蓬经济发展做出的贡献,他连续两届选为州议会议长。他在非洲奋斗了大半生,他体会到人生最值得做的是两件事:挣钱和救人。虽然他希望自己的儿子能够成为一名医生,但因为让平从小晕血,所以从医的理想没法实现。后来,他在法国获得学位后,正式成为政府官员。程志平对儿子的教育十分重视,但十分注意方法。让·平将他父亲的教育方式总结为"愉快加沉默"和"慈爱加谦虚"。遗憾的是,程志平再也没有机会重返他的故乡,他于1986年去世。第二年,让·平第一次访问中国。他伤感地说:

> 我最大的遗憾是父亲无法享受少小离家老大回的快乐。如果有的话,相信他一定非常兴奋。他于1986年去世,比我第一次去中国早了一年。我曾去探望他住过的小屋子,那个印象让我永难忘怀。我因为工作忙碌,不能抽太多时间回乡,后来很多家乡新人去世,都是妻子带着孩子以我的代表人身份出席。我妻子回乡的次数比我多。回到父亲的故乡,感觉像是父亲复活一样。我的父亲把我和中国联系了起来,我又为父亲重新找到了根……如果父亲能再多活两年,我一定陪他来温州,我想这会是他一生中最美好的

时光。①

2. 从继承产业到自己创业——李淼的非洲人生

故事的另一位主角是李淼——常江和袁卿著作中的采访对象,一位从肯尼亚转到乌干达的青年华商。李淼于1982年出生在江苏的连云港。为了选择在父亲的家族企业工作,他决定放弃上大学的机会。19岁那年,他第一次来到肯尼亚。当时,他是作为家族企业的代表来非洲驻扎的,父亲经营的企业需要开拓非洲市场,这一艰巨的任务交给了他。虽然初到非洲有这样和那样的不习惯,但李淼心里很清楚:"来这里就是为了赚钱,既然是为了赚钱,就不要一味地怨天尤人。"为了在非洲立足,他首先要突破的是语言关,这对于没有读过大学的他而言不是一件容易的事。然而,他的聪明好学使他很快掌握了日常生活英语的基本表达。然而,一次被抢劫的经历使他下决心离开肯尼亚。他在繁华市区被两个持刀的肯尼亚年轻人拦下,钱物、护照被洗劫一空。李淼从惊恐中清醒过来后,立刻给使馆打电话,希望抓紧时间补办护照。使馆回复,按照规定,丢失护照的人先要向警察报案并登报声明后才可补办。李淼对这种毫无人情味的官腔十分反感,他对着电话与使馆人员大吵一顿,压抑已久的怨恨如山洪般爆发出来。

李淼就这样在非洲折戟而归。父亲的家族企业逐渐陷入衰退期,他与父亲在经营理念上发生了严重的分歧,不愿意继续为父亲工作。经过一段时间的游荡、失落和思考,他决定复返非洲。李淼拒绝了家里的一切支持,只身一人来到非洲。这次,他决定选择东非小国乌干达为一家中国公司打工,这里秩序更稳定,生活更安全。他因熟悉中非之间贸易流程而受到公司器重,不到一年就成为公司的中坚力量。这家公司利用非洲较低廉的劳动力在非洲国家生产皮鞋出口欧美,从中赚取较高的利润。李淼很快熟悉了在乌干达经商所需的一整套手续和流程,包括如何与腐败官员打交道以获取更优质的服务。他与父亲的矛盾一直存在,丝

① 魏建国:《此生难忘是非洲——我对非洲的情缘和认识》,第358—364页。

毫没有因为分离而得到缓解。创业初期，他不得不咬紧牙关拼命赚钱，只吃最简陋的食物，不参与任何有消费的娱乐活动。他始终清楚自己不远万里来到非洲这个贫穷国家的梦想：不是为了做一个打工仔，而是建立一个自己的商业王国。

当他积攒了 15 万元人民币时，他辞去了原来的工作，与另一个年龄相仿的中国商人合作，在乌干达首都坎帕拉建立了自己的第一家商铺。25 岁那年，他已经成为乌干达华商中“冉冉上升的新星”。随着生意逐渐顺畅，李淼决定放弃传统的低端货物进出口贸易，开始涉足利润更丰厚的能源开采与出口行业。他承包了坎帕拉市郊一处贮量丰富的矿山，开采有色金属并销往中国。这位没有上过大学的中国青年，在自己并不熟悉的非洲国家创业，现已成为乌干达的富商，并计划将自己的分公司开到周边非洲国家。当然，他也有自己的苦恼：何时能找到一位志同道合并有意在非洲扎根的终身伴侣？①

这两位在非洲闯荡的中国人有着完全不同的经历：一位是知名人物的父亲，一位是名不见经传的青年；一位已在非洲落地生根，另一位虽然已在非洲打拼十余年，但今后的道路何去何从尚未定夺。然而，他们有一个共同的特点：非洲在他们的人生已经打下了深深的烙印。

（二）华商创业“三部曲”之一和之二：从贸易到投资

中国从 20 世纪 80 年代后期起在非洲开展一些承包项目，普通民众对非洲的情况开始熟悉。中国大陆移民开始注意非洲，有相当一部分私营小企业看好非洲市场，前来投资经商、办厂。中国移民在非洲主要从事贸易、餐饮等行业，也有的医生以前有过在非洲从事援非医疗队工作的经历，对非洲产生了好感，回国后或退休后又回到非洲。上面提到华商在非洲创业的三部曲：经营贸易、投资办厂和组建集团并走向国际化。

---

① 常江、袁卿：《再见巴别塔——当中国遇上非洲》，第 53—61，67—71 页。

1. 从“老三样”到轻纺鞋帽日用品

华商在非洲创业的第一个阶段是经营贸易，这也是华商在非洲创业最重要的阶段。他们初到非洲，将中国的产品带到非洲，或是批发，或是零售，最重要的目标是寻找市场。这个过程虽然有进货渠道、入关手续、找寻仓储地址、成功租赁铺面(有的甚至直接在街上摆摊)等，十分麻烦，但因为成本小，风险低，相对比较容易。有的华商早期靠着中国的“老三样”(茶叶、瓷器和丝绸产品)在非洲开拓业务。随着改革开放，华商的经营范围已从“老三样”扩展到鞋帽、箱包、服装等百货商品以及日用消费品方面。早期或首批开店的华商正是依靠小规模的经营模式，靠着鞋类、纺织品等轻工业产品在非洲盛行赚了“第一桶金”，完成了最初的原始资本积累。因为这个阶段相对比较容易，操作过程比较简单，生活比较安稳，扩大业务后也可以继续从事这一行业，非洲华商中有相当多的人止步于这个阶段。当然，在批发业扩大业务，这也是一个可以不断发展的领域。

个案 1:南非叶北洋的生财之道

叶北洋的从商事例很能说明问题。他是福建古田人，出生在世代务农的家庭。1974 年高中毕业后回乡插队，包种过蜜橘，栽培过食用菌。1978 年到广东贩卖白木耳。当时中国与南非没有外交关系，因此直接办理南非签证几乎不可能。1992 年，朋友告诉他，莱索托发生政变，南非从人道主义角度考虑让外国人进入南非避难。这样进入南非正是一条捷径。12 月，叶北洋从莱索托进入南非。他在约翰内斯堡办理投资移民身份，并进行市场调查，决定针对南非轻工业薄弱，本地商品价格高，大部分依靠进口的情况，做进出口中国鞋的买卖。1993 年 5 月，他带着香港制鞋专家回国联系，花 17 万美元订购两个集装箱的真皮运动鞋。在约翰内斯堡和比勒陀利亚之间租赁仓库和办公楼，花 10 万兰特押金办理保税仓库，先出货后上税，以全球经营。1994 年 4 月大选期间，形势紧张，很多商人都不敢做生意,叶北洋却依靠过人的胆识和敏锐的观察力,仍然回国订货,安排出运事宜。南非在政治动荡和经济低迷的艰难时期后,5月局势明朗,市场活跃,出现新的采购高潮,也给公司带来巨大商机,进口鞋供不应求,中国鞋在南非市场上独占鳌头,由其领导的南方国际公司占据南非市场上进口中国鞋的一半份额,1995年营业额约1 000万美元。后来他的生意越做越大,但从事中国鞋贸易使他获取了在南非的"第一桶金"。①

个案2:"拖鞋大王"孙晓平

无独有偶,活跃在塞内加尔的"拖鞋大王"孙晓平也是靠卖鞋起家的。江苏人孙晓平1998年在国内失业,2001年前往塞内加尔首都达喀尔工作。孙晓平注意到塞内加尔工业基础薄弱,大部分生活用品从欧洲进口。他认为,中国的生活用品以廉价著称,出口到塞内加尔很有竞争力。孙晓平发现,当地民众穿着的是手工加工的人造皮革拖鞋,鞋底很重,且质料和鞋底都从欧洲进口,价格较贵。他判断,塞内加尔天气炎热,中国的塑胶拖鞋轻便舒适,价格便宜,出口到塞内加尔一定会受欢迎。就这样,孙晓平进口的6万多双塑胶拖鞋,不到10天就被当地经销商批发一空。尽管每双批发价人民币4元的拖鞋被加价到8元,但批发商仍惊呼"中国拖鞋物美价廉",孙晓平由此赚到20多万元人民币的利润。②

个案3:南非中华门商业中心

南非中华门商业中心总资产约1 200万美元,由南非城堡有限公司和中国浙江义乌华丰实业有限公司于1998年共同投资组建。中华门商业中心位于南非约翰内斯堡,中心占地9万平方米,建筑面积3.2万平方米,配套1 200个停车位、一个汽车修

---

①《南非华人介绍——叶北洋》,http://www. 360doc. com/content/11/0128/18/5043743_89624938. shtml.

②《华人在非洲的传奇创业故事》,2014年12月18日,http://www. 201980. com/lzgushi/xueshu/6775. html

理厂、一个加油站和车辆清洗场、一处垃圾中转站及一应水电设施,是一家集销售、仓储、展销、信息及服务于一体的全方位的现代化市场主体。中华门商业中心汇集中国各地名优新特商品于一堂,力图成为规模最大、商品最齐、价格最优、服务最全的中国商品选购场所。中华门中心主要通过出租商铺的形式引进中国的企业和产品到场经营和展示,并由中心提供完善的配套服务,共同培育非洲市场,形成规模集约效应,最终打响"中华门"品牌,使之成为"中国企业走向非洲市场的桥梁,非洲人民了解中国产品的窗口"。

商业中心的经营原则:

(1) 优质适价的原则。

(2) 零售与批发相结合的原则。

(3) 立足商业、拓展实业的原则。

(4) 商场经营销售与展示销售相结合的原则。

(5) 立足南非、辐射非洲的原则。①

个案4:南非中国贸易投资发展有限公司

南非中国贸易投资发展有限公司是经南非共和国正式批准注册的贸易投资公司,拥有雄厚经济实力,并开创多家实体企业,一直为中南两国的经贸、文化交流在努力。其公司总部设在约翰内斯堡,并有幸成为南非约翰内斯堡工商会成员。公司宗旨是促进南非与中国之间的经济、贸易往来,并积极开展了很多力所能及的工作。南中贸投公司愿与中国企业家在共同感兴趣的项目上精诚合作,并愿为中国广大商家、企业家提供如下服务:

(1) 提供有关南非贸易、投资环境与需求信息及南非最新经贸信息。

---

① 引自《南非中华门商业中心》。在此感谢南非中华门商业中心中国招商部周根成副总经理和南非中华门驻京办事处主李钢先生向笔者提供有关资料。还可参见张忠祥《开拓非洲市场的大胆尝试——南非中华门商业中心个案研究》,《西亚非洲》,2002年第4期。

(2) 促进南非与中国经济、贸易、技术、文化的交流。

(3) 为在南非投资办厂的企业提供有关市场咨询、协助寻找厂址及政府津贴申请。

(4) 代理中国名优产品在南非市场的开发与销售。

(5) 提供有关南非问题的咨询：如商务签证、永久居留、公司开户、税收等。

(6) 为南非与中国企业之间提供信息交流与联络。①

2. 海外投资建厂

华商非洲创业“三部曲”的第二个过程是海外建厂。这个过程比较困难，除了以上各项都不能少之外，还有三个重要的节点：原料来源、产品生产过程和供货渠道。因为是自己生产，原料是来自本土，还是来自外国，都得自己操心。供销渠道也极其重要，一旦出现问题，就不是一批货或一次失败，而是整个公司停工停产的问题。产品生产过程是三个节点中最重要的。一是工人本身，包括素质、技术和为人；雇用过程也十分重要，包括合同、待遇、工会等因素。二是生产过程，包括水、电、生产秩序、业务流程等。由于这一阶段有诸多因素关系到公共服务系统，个人很难把握。三是涉及产品的出产，产量是多是少，质量是否合格，营销是否对路，这些都是必须认真考虑或事先有所谋划的。投资办厂的有国企，也有民营，规模有大有小。例如，北京惠利实业有限公司在尼日利亚的卡诺与尼日利亚公司合资创办了一个基础技术工业有限公司；北京人民机器厂和北京机械局于 1992 年 10 月与尼日利亚的华人签订了合资办企业的意向书，在卡诺兴办一家铝板厂和一家电焊条厂。

进入 21 世纪，中国企业在非洲投资建厂的力度加大，投资主体呈现出多元化，国有、民营、个体企业在对非投资中都发挥了各自独特的作

① 引自《南非中国贸易投资发展有限公司》。在此感谢南非中国贸易投资发展有限公司董事经理徐静女士向笔者提供有关资料。遗憾的是，徐静女士已因车祸去世，在此谨表哀悼。

用。2010 年,中国对外投资企业共 16 000 家,其中在非投资企业 1 955 家,占比 12.1%(见下表)。

中国对外投资企业数量的地区分布

地区	境外企业数量(个)	比重(%)
亚洲	8 591	53.4
非洲	1 955	12.1
欧洲	2 386	14.8
拉美	791	4.9
北美	1 867	11.6
大洋洲	517	3.2
合计	16 107	100.00

资料来源:2010 年《中国对外直接投资统计公报》,转引自张宏明主编:《中国和世界主要经济体与非洲经贸合作研究》,第 413 页。

3. 21 世纪华商投资规模的扩大

进入 21 世纪,中国对非投资由国家指导下的国有企业行为为主导转变为国有、民营和个体的多主体格局。虽然国有企业在投资金额方面比重较大,但在对非投资的数量上,民营企业占绝对优势。以南部非洲为例,中国国有企业在这一地区的投资主要集中在能源、交通基础、水电设施和市政工程、工业制造、农业合作五个方面。① 然而,民营企业对纺织等方面也有投资。以莱索托为例,2003 年这里“中国制衣”就有 5 家工厂。②

① 智宇琛:《中国中央企业走进非洲》,北京:社会科学文献出版社,2016 年,第 108—118 页。

② 根据中国台湾方面的资料,“中国制衣”在莱索托有 5 家厂,生产美国知名品牌牛仔裤,员工达 8 000 人。“中国制衣”在厂区全部使用电脑系统管理,如出现不合格产品,马上可以查出问题根源及负责人员。员工进出工厂也采用刷卡制度。该厂也是莱索托第一家设立污水处理设备的成衣厂,以降低制衣过程中的污水对于环境的破坏。这些成衣厂都受惠于美国实行的《非洲增长与机遇法案》(*AGOA*)。参见中华经济研究院编《华侨经济年鉴欧非篇 2002—2003 年》,第 263 页。

中国对外投资覆盖率(2011年)

地区	国家地区总数(个)	中国境外企业覆盖国家数(个)	投资覆盖率(%)
亚洲	49	44	90
非洲	60	51	85
欧洲	59	42	71
拉美	49	28	57
北美	4	3	75
大洋洲	25	10	44
合计	246	178	72.7

资料来源:杨立华等著:《中国与非洲经贸合作发展总体战略研究》,第146页。

中国在非洲投资的覆盖地域也不断拓展。2003年中国对非投资覆盖率为73%,到2011年,中国在非洲投资的企业分布于51个国家或地区,投资覆盖率为85%。从全球看,中国对非洲在直接投资覆盖率上仅低于亚洲。① 投资主体中民营企业不断增加是一个趋势,这不论在绝对数量还是相对数量上都带来了非洲华商的增长。魏建国先生也注意到在贸易的带动下,华商在非洲的投资情况:

他们从国内进口设备,生产一些当地适销的轻纺产品,如卫生巾、火柴、针织服装,甚至钢铁产品等。有的逐步发展成为较大的企业。如远东木业在刚果(布)提交7000万元人民币,进行林木采伐与加工,每年向国内提供4万立方米的板材和2万立方米的原木。一部分华商还涉足公路、房地产、工业园区的建设,与非洲国家开展了较深层次合作,树立了华商的新形象。浙江有个华商90年代中期开始在博茨瓦纳做纺织品生意,当时年销售额只有30多万美元,后来发展到8000多万美元,并在当地投资设厂。2008年,他又出

① 杨立华等著:《中国与非洲经贸合作发展总体战略研究》,第146页。

资5 000万美元在博茨瓦纳建立纺织工业园。①

尽管华商投资经营的行业应有尽有，无所不包，但实事求是地说，他们的投资主要属于投资少、见效快的项目。当然，这也符合初期投资者的行为逻辑。

(三) 集团化经营

1. 集团化或国际化

华商在非洲创业"三部曲"的第三个阶段是集团化。一部分人在第二个阶段取得了成功，随着公司的拓展和资金的积累，他们希望扩大业务规模或拓展业务范围。有的将业务从经商贸易扩展到餐饮业，从纺织品拓展到塑胶产品；有的与其他志同道合的人组建集团，大力拓展业务，将餐馆、娱乐、博彩和旅游整合在一起，从多方面组合资源，扩大经营领域；有的投入巨资，搭建境外产业园，将房地产与产业园结合；还有的引进高科技或投身金融业。这一过程由于包括企业管理、战略规划、人力资源、市场开拓和产品营销等方面，是一个极复杂的系统工程，加之所需资金庞大(或国际化)、技术领先和人才争夺等因素的制约，因此必须要有战略眼光、雄厚资金、用人策略和商业胆识等一般人不具备的禀赋。

尽管有各种各样的困难，但华商的经营领域持续拓展。河南国基建设集团在塞拉利昂建立了以国基工贸园为主体的企业集群，园区内有20多家企业，为当地创造了200多个就业机会。这一园区受到塞拉利昂政府和社会各界的一致好评。塞拉利昂总统和副总统还一起参加了国基贸易展览会的开幕式，BBC等一些国际知名媒体也前往园区采访，这无疑提高了该企业在当地的形象。

2. 徐志明执掌的越美集团

越美集团在中国纺织行业里是全球化企业的典型：十多家纺织企业

---

① 魏建国：《此生难忘是非洲——我对非洲的情缘和认识》，第126页。

遍布国内外，在非洲的尼日利亚还拥有一个纺织工业园区。在产业链上，从棉花种植到纺纱，从织布到印染，环环紧扣。这一切始于2000年。当时徐志明第一次来到尼日利亚，这里由中国香港华商从20世纪60年代起建立的传统纺织业抵不住从中国大陆进口的廉价纺织品的竞争，纷纷下马，这里的纺织业已经相当薄弱。① 徐志明开办了贸易公司，把诸暨生产的提花布、绣花布卖给当地客商，生意好得出乎意料，经常引发当地批发商大量抢购。为保护当地产业，尼日利亚政府很快开始限制纺织品进口。2004年，徐志明最终下定决心在当地投资建厂。越美投资100万美元，在尼日利亚卡拉巴保税区设立了第一家境外加工贸易生产企业，随后几年，不断追加投资。

2006年8月，徐志明又在西非塞内加尔投资500万美元，创建了第二家境外加工贸易企业。四年后，从这家工厂衍生出一个纺织工业园，总投资近6 000万美元，徐志明成为国内单个产业集群式输出第一人。这个产业园集纺纱、织造、绣花、针织、印染、成品服装于一体，目前有12家企业入园，每年产值5亿—6亿美元。越美海外投资的脚步不断加快。2011年，越美集团向纺织品源头挺进，收购马里国有棉花公司；接下来，收购了坦桑尼亚友谊纺织公司……这些投资帮助他完成了从非洲西部到东南部的布局，建立了完善的产业链。徐志明透露，最近他正在筹备另一项目——拟斥资5 000万美元，在非洲建立一个金融服务平台，为来非投资的中资企业服务。

现在的徐志明坚信，"跨出资本国际化这一步，就是海阔天空。"②我们必须承认，新一代非洲华商企业的集团化和国际化还有待时日。

---

① Elisha P. Renne, "The Changing Contexts of Chinese-Nigerian Textile Production and Trade, 1900—2015", *TEXTILE*, 13:3(2015), pp. 212 - 233, http://dx.doi.org/10.1080/14759756.2015.1054105; Salihu Maiwada and Elisha Renne, "The Kaduna Textile Industry and the Decline of Textile Manufacturing in Northern Nigeria, 1955—2010", *Textile History*, 44:2(November 2013), pp. 171 - 196.

②《浙商，闯荡非洲新传奇》，2014年5月7日，http://biz.zjol.com.cn/system/2014/05/07/020010735.shtml.

(四) 华商成功的范例:公众人物与创业群体

人类历史不是教条的拼凑,也不是理论的演绎,而是鲜活的个人经历的总和。在非洲大陆这个舞台上,各种各样的华人在这里上演着一场场丰富多彩的活剧。他们中有的因祸得福,有的脱颖而出,有的历经磨难,有的顺利接班,有的成为舆论争执的焦点,有的成为记者追逐的对象。然而,更多的是艰苦打拼的芸芸众生。他们是在非洲一步一个脚印踏踏实实生活工作的华人,他们可能默默无闻,却有着自己独特的故事。

1. 继承父业独辟蹊径的胡介国

胡介国的父亲于1953年从香港来到尼日利亚,当时尼日利亚还是英国的殖民地。胡介国生于1948年,一直和兄弟姐妹跟随母亲在上海生活。和许多"老三届"一样,他下过乡,成为1972年毕业的第一届工农兵学员。毕业后,他到上海南海中学教英语。他的父亲在尼日利亚与他人合作开设了纺织加工厂,融入当地社会,在当地享有很好的声誉,与社会高层关系相当不错。由于他致力于发展中国与尼日利亚之间的友好关系,中国政府对他也很重视。20世纪70年代,他提出希望儿子胡介国能来尼日利亚继承他的事业。中国驻尼日利亚大使回国述职时专门到上海看望胡介国,传达了他父亲的意思。这样,他于1978年来到尼日利亚。

虽然父亲有一份现成的事业可以承继,可是胡介国更希望依靠自己的努力打拼出一份事业。他在中国学的是英语专业,语言上不成问题。他专门到加拿大去学习酒店管理,学成后回到了尼日利亚。他自己到一家五星级宾馆的餐厅打工,并凭借自己所具备的酒店管理知识、踏实认真的精神和勤勉敬业的性格脱颖而出,随后担任了酒店总经理。后来,酒店股东对他的管理能力和敬业精神十分欣赏,他也因此获得了酒店的股份,从而从一个打工仔成为股东。这为他后来从事酒店业积累了丰富的经验和宝贵的资金。经过认真的市场分析,胡介国感觉到酒店业有很大的发展空间,决定投资建造酒店。他所建的酒店是当地最大的酒店,由贝聿铭的学生设计，非常前卫时尚，一下子就打响了。很多国家的政要访问尼日利亚时，都下榻在他的酒店。靠着经营酒店，胡介国赚到了他人生的“第一桶金”。

1997 年，他又斥资 800 万美元兴建金门大酒楼，“这次是我自己设计，自己装修”。为了让酒楼更具中国特色，从建筑公司到装修材料，胡介国都从国内选择。然而，就在酒楼工程过半的时候，尼日利亚政局发生变化。西方一些国家因尼日利亚人权问题恶化撤走全部投资，并对其实施经济制裁，当地经济一度陷入困境。一些朋友见此情形，也劝胡介国赶紧撤资，但他审时度势，决定坚持下来。他还是尼日利亚总统顾问，主管尼日利亚中小企业发展，经他牵线搭桥落户尼日利亚的中国企业已有上百家。由于他的地位重要，尼日利亚政府将保护他的人身安全当作一件大事。他出行时前后总有两辆警车，还有六名荷枪实弹的警察护卫。2007 年 11 月，胡介国获得尼日利亚 2010—2011 年度“国家荣誉奖”，以表彰他对促进中尼两国人民友好和尼日利亚经济发展所做出的贡献。获奖后胡介国表示，“国家荣誉奖”并不是颁发给他个人的，而是对扎根于尼日利亚的几代华人促进当地经济社会发展的肯定。①

2. *摆摊设点创业南非的陈裔桥*

陈裔桥 1954 年出生在四川省宜宾市文兴县的一个穷山沟里。16 岁那年，陈裔桥在武汉当一名汽车兵，转业后在铁路部门的中国土木建设集团有限公司武汉分公司工作。1980 年，陈裔桥被公司派驻阿尔及利亚修铁路，项目因故没搞成。1983 年，陈裔桥第二次出国，被派往利比里亚。陈裔桥转机时在瑞士一家餐馆吃饭，见到一个女招待竟然会讲英语、法语、意大利语、德语和当地语言五种语言，开始决心学外语。随后，

① 毛蓉君、周彤：《我把中国和平统一当作自己的事业——访西非中国和平统一促进会秘书长胡介国》，《统一论坛》，2004 年第 4 期，第 32—33 页；刘利君、于龙波：《华人酋长胡介国的非洲传奇》，2006 年 12 月 10 日，http://www.chinaqw.com/news/200612/10/54397.shtml；[法]塞尔日·米歇尔、米歇尔·伯雷：《中国的非洲——中国正在征服黑色大陆》，第 28—32 页；[德]弗朗克·泽林：《中国冲击：看中国如何改变世界》，北京：社会科学文献出版社，2013 年，第 152—163 页。

陈裔桥在利比里亚待了下来，在一家新加坡人开的橡胶公司的工厂工作。1988 年圣诞节，利比里亚发生内战，陈裔桥经历了与死神擦肩而过的日子，逃脱后在朋友的帮助下来到南非。①

1990 年 5 月 23 日，陈裔桥两手空空辗转逃到了南非，开始了打工生涯。他当过服装厂的领班，做过鞋厂的监工，还在业余时间摆地摊，卖些香港产的电子表等小物品。在摆摊的过程中，陈裔桥敏锐地发现了商机：南非轻工业产品奇缺，生意非常好做。于是他就从中国内地批发鞋子、被子、床垫、牙膏、牙刷等小商品回南非，周末摆地摊卖出去。1992 年，他花两万美元从朋友处购买一辆二手宝马车，开始经商。他从大商店批发一些商品，如电子表、服装、鞋帽等，再转批发给零售商，一天大约赚 1 000 美元。陈裔桥的生意越做越大，他的事业领域开始向多元化发展。在南非，他大力投资冻鸡产品；在加拿大，他与朋友合伙投资房地产业。在不到六年的时间里，凭借着勤劳与智慧，陈裔桥的财富积累达到可观的数目，他陆续在美国、英国、加拿大等国扩大投资，逐渐成为国际化企业家。此外，他还成立乔治高科技(中国)有限公司，致力于将国际上先进的手部护理技术和产品引进中国。

1996 年，陈裔桥与在南非的华人们共同创建了南非中华工商联合

① “叛军打来后，老板跑了，只剩下 4 个马来西亚人，2 个新加坡人和 2 个中国人看厂。8 月 16 日，陈裔桥刚起床，就看见黑人叛军蜂拥而至，整个院子都被叛军挤满。叛军士兵用枪顶住陈裔桥，进行搜身抢劫。这帮叛军什么都抢，连拖鞋都不放过。幸好陈裔桥早有准备，偷偷把 1 200 美元塞在自己的袜子里面没有被搜出来，这 1 200 美元以后就成了陈裔桥在南非发展的‘启动资金’。陈裔桥 8 人被叛军押解到距工厂 60 公里的一个橡胶交易市场。叛军用铁丝网圈成一个临时集中营，他们在哪里被关了 56 天，叛军根本不理他们的死活，没吃、没喝，他们只能靠挖地里的玉米芯、红薯以及抓老鼠充饥，可谓苦不堪言。后来厂里的新加坡老板认识叛军的后勤部部长，通过这位后勤部长的疏通，陈裔桥见到了叛军头子加斯泰勒。最让陈裔桥吃惊的是，当他见到加斯泰勒(即查尔斯・泰勒)时，加斯泰勒正点着油灯，津津有味地在看英文版的毛泽东著作《论持久战》，原来这位叛军首领非常崇拜毛主席，他也想‘枪杆子里出政权’。最后新加坡老板答应向叛军提供食品和药品，加斯泰勒才开出通行证，派了一辆车送走这批‘俘虏’。汽车开了 20 多个小时，到达象牙海岸边境岗哨，叛军士兵又要向陈裔桥他们敲诈，最后他们送上避孕套作为交换品，才得以逃出生天。”参见《遇政变成“俘虏”脱身竟靠避孕套》，2010 年 7 月 10 日，大洋网—广州日报，http://news.sina.com.cn/o/2010-07-10/040617783503s.shtml.

会，并被推选为会长。他一直将诚信作为企业的立身之本，他认为诚信是一项无形资产，建立在诚信基础上的企业文化向顾客传递的信息不仅是产品的形象、价值理念，它更能使顾客体会到被尊敬的愉悦，进一步提高企业的竞争力。①

3. “南非华侨的领头人”李新铸

李新铸于1962年出生于福建连江著名侨乡琯头镇，不到20岁就到福州做国际贸易，将水产品打入日本市场。1992年，李新铸选择来到南非。“我和所有来南非打拼的福建人一样，手里拿着一个小包，兜里只揣着几百块美金就踏上了未知的国度。”当时，中国与南非尚未建立外交关系，在南非开店建厂的多为台湾的企业家。他先是在南非的比勒陀利亚市开了一家商店，经营中国的服装、鞋帽。后来，李新铸决定将商业触角延伸到南非偏远的黑人城镇。他的批发和零售兼营的中国服装连锁店逐步扩展到了北开普、自由州等地，他重质量、讲信誉，任何有质量问题的产品都可免费退换的灵活做法，受到黑人朋友的欢迎和信任。他在南非9个省开了近20家连锁店。中国与南非建交后，来南非的中国新移民和邻国商人不断增多，零售业竞争日益激烈，李新铸急流勇退另谋出路。生意越做越大的李新铸，开始将经营范围逐步拓展至制造业、矿产开发等方面。他创办的运盛鞋厂，从福州进口注塑拖鞋设备，生产当地紧俏的拖鞋。他创建的恒隆塑料彩印有限公司与福建省华侨实业集团合资，办得风生水起，曾经每月15个货柜从南非出口美国。后来他又投资钻石加工，成立喜彩飞临钻石公司，加工南非钻石。

凭借着坚忍不拔的拼搏精神，李新铸在南非创下了一片新天地。他认为经商和做人一样，有两样东西要坚守：努力与诚信。李新铸积极参与当地社交活动，和当地政府结下了深厚的友谊。“现在，我的主要项目

---

①《陈裔桥》，载周南京主编：《华侨华人百科全书》，第85页；《南非人物介绍——陈裔桥》，2011年2月24日，http://www.360doc.com/content/11/0224/06/5043743_95591631.shtml；《前沿人物：访陈裔桥 他把LQ带进中国市场》，人民网，http://www.people.com.cn/GB/keji/1059/1921115.html.

是给当地政府建设安置房。曼德拉上台后，口号是'要改变黑人的居住条件'"。因为南非新政府非常重视改造住房，政府出钱建房，免费给那些住房条件差的当地人居住，很受当地百姓欢迎。1997年，南非中华福建同乡会正式成立，李新铸作为创会的副会长，积极投身于同乡会的各项活动。2003年，李新铸担任会长。福建同乡会现已发展成为南非侨界及当地社会具有相当影响力的社团。在就职典礼上，他充满深情地表示："南非中华福建同乡会，就应该是全体旅居南非的福建籍侨胞温馨的家；就应该成为帮助福建老乡在海外打拼的有力靠山；就应该是侨居南非的福建乡亲与本地居民、华人社区其他社团沟通的良好渠道。"后来，在中国驻南非大使馆的协助下，他与其他侨领一起成立了南非警民合作中心。他们不仅为身在南非的10万福建同乡服务，所有在南非的华人遇到麻烦，"警民合作中心"都会鼎力相助。①

4. 默默无闻改变非洲的普通华人

能够得到媒体注意或吸引人眼球的毕竟只是个别人。一般而言，他们资本雄厚，贡献卓著，在非洲打下了一片自己的天地。然而，在非洲有所作为并不断改变着非洲现实的绝不仅仅是这些知名人物，荣誉同样属于那些在非洲默默无闻辛勤耕耘的广大华人。

笔者每年总要去非洲几趟，在机场和飞机上认识了一大批在非洲闯荡的华人。他们中有在津巴布韦从事旅游业的已在当地安家落户的东北小伙小赵，有在莫桑比克落户多年并创办《中莫商桥》杂志以热情宣传莫桑比克投资优势的剑虹，②有原在郑州开出租车公司却专程来加纳北部参与金矿开采的河南的白师傅，有在尼日利亚持有七个矿山开采权和特殊警官证件(可解决任何问题、避免一切麻烦)、与舅舅一起开钽铌矿的曹姓浙江小伙，有在马达加斯加开餐馆并娶了一位当地漂亮女人且生了一个混血儿子的连云港青年，有从天津汽车进口业务转到毛里求斯旅

① 《李新铸：南非华侨的领头人》，中国网，2013年9月27日，http://people.china.com.cn/2013-09/27/content_6335204.htm.

② 剑虹：《剑虹原创：投资莫桑比克十五大优势》，《中莫商桥》，2013年创刊期，第5—6页。

游业的沈阳乐天派青年 Leo,有在莫桑比克首都马普托从事市场调查想来非洲投资的义乌商人,有在坦桑尼亚调查市场的上海郊区青年……他们都是在非洲创业,或是希望靠自己力量谋生的华人。我尊重他们,敬佩他们,同时也以他们为荣:中国人在非洲打天下,有种!

我们一般主要关注西印度洋地区(毛里求斯、马达加斯加、留尼汪、塞舌尔、科摩罗)、东非、西非或南部非洲的华侨华人,却较少关注北非的华侨华人。实际上,从 20 世纪 80—90 年代以来,随着中国进一步改革开放,中国到中东北非地区做生意的人日益增多。① 利比亚的撤侨惊动了全世界,当时撤出来的中国人多达 3 万人以上。摩洛哥华侨华人约 2 000人,②埃及华侨华人约 5 000 人。2000 年以来,来自浙江、福建、东北的新移民通过多种渠道来到埃及,从事商贸、投资活动。

埃及华侨华人经营活动一览表

姓名	来源地	公司	产品	备注
阎瑞祥(哈尼)	埃及	北京餐厅	餐饮	在埃及有 10 余家连锁店
沈先生	中国	星光旅行社	商务考察	在北京、上海有分公司
杨少航	福建	石料开采公司	石料开采	最早从事此行业
李传法	捷克	兄弟鞋业	制鞋	再移民
李雄端	汕头	明娟纺织毛衣有限公司	生产毛衣	香港人投资,李雄端经营,产品全部销往欧洲
李静林	浙江	尼罗纺织集团有限公司	生产服装	产品销往欧美
田磊	中国	银河实业织造股份公司		
高文龙	中国	埃及阿力克斯塔贸易公司	亚麻、海产品进出口	

① 相关研究可参见冀开运《中东华侨华人若干问题研究》,《中东问题研究》,2015 年第 1 期。

②《摩洛哥华人华侨》,http://www.360doc.com/content/15/0106/11/11567645_438578424.shtml.

续 表

姓名	来源地	公司	产品	备注
马强	山东	贸易、大理石	鞋子、大理石等	中埃文化交流协会常务副会长
王虎	山东	大理石厂、钢铁厂	大理石、炼钢	中埃文化交流协会会长 已有7家大理石厂、3家炼钢厂

资料来源:欧亚非:《埃及华侨华人经济发展现状》,载吕伟雄主编:《海外华人社会新透视》,第122—128页。还可参见欧亚非:《埃及的华侨华人经济》,侨务工作研究网络版,第2期,2006,http://qwgzyj.gqb.gov.cn/hwzh/129/59.shtml;宋方灿:《在埃及办阿拉伯语报纸的中国人:应有自己的话语权》,《中国新闻周刊》,转引自中国侨网,2016年12月2日,http://www.chinaqw.com/hqhr/2016/12-02/115816.shtml;《埃及华人"钢铁大王"是怎样炼成的?》,华人世界,http://bbs.tiexue.net/post2_11084020_1.html.

下面再来看三个典型案例。

罗伊·张,26岁,生于中国湖南省,目前担任有着200名会员的拉各斯华人生产者协会秘书长。"我从南非来到这里已7年了。最初,我和其他人一样,卖些从中国进口的小商品。后来尼日利亚政府限制从国外进口小商品,我又开了一个小鞋厂,现在雇了70个工人。"后来,罗伊扩大投资,2007年在拉各斯主要的商业街奥沃洛夫大街上开了一家名为"张记"的高档酒楼。酒楼的建筑材料都非常讲究,并且还专门从上海请业内著名的室内设计师负责装潢,厨师以做湖南菜见长,手艺精湛。所以开业不久,这家酒楼就成为尼日利亚政客、富豪云集的场所。①

1993年,H医生随友好医院(Hospital de l'Amitie)的健康合作项目计划从上海来到库杜古。当1994年两国断交时,H医生决定留下来,声称,"一名医生是没有国界的。我们绝不应该将政治和关

① [法]塞尔日·米歇尔、米歇尔·伯雷:《中国的非洲——中国正在征服黑色大陆》,第24页。

照他人的责任混为一谈。在这里,他们[布基纳法索人民]需要我”(匿名1,2010)。1994年,他在库杜古开了一间办公室,后在1998年决定迁到瓦加杜古。到1999年时他的生意蒸蒸日上,于是H医生叫即将从中国某所医学院毕业的儿子到布基纳法索来一起干。他们的医疗咨询业务常常需要他们至瓦加杜古以外出差,因此他们的法语能力得到持续提升,同时还习得一些莫雷语和迪乌拉语。其间,他们与公务员和布基纳法索政府成员之间建立了联系。最后,H医生还是在2010年回到中国退休,为他的儿子留下了一间办公室和两家药店。现在,H医生的儿媳也在布基纳法索,H医生的儿子觉得没什么理由不终身生活在瓦加杜古了。①

我们中国人家族观念很强,大家都活得很累,就是为了家庭。像我现在如果回国去了,只要我不乱花钱,现在赚的钱还是够我用几十年的。但是为了下一代有更好的发展起点,我还要在这里继续打拼。我们(中国)那里的人都是这样的。像我这样在南非待十几年的,谁没钱?我们在老家了会做慈善,如果老家要修建寺庙,或者其他慈善性质募款,我都会捐钱的。毕竟我是从那里走出来的,最终都要落叶归根的。在这里的(中国)人都这么想,老了以后肯定要回去,守着一亩三分地养老去。然后把自己的财富给子女,他们就可以不要像我们这么辛苦,每天起早贪黑地工作。中国人满脑子都是想着赚钱,大家出国不都是为了赚钱吗?②

由南部非洲上海工商联谊总会编纂的《追梦——上海人在非洲》更是记录了一批到南部非洲来实现自己梦想的普通上海人艰苦创业的真实故事。正如南部非洲上海工商联谊会总会会长姒海先生在“序”中所

① Guive Khan Muhammad, “The Chinese Presence in Burkina Faso: A Sino-African Cooperation from Below”, *Journal of Current Chinese Affairs*, No. 1, 2014, pp. 77 - 78.

② 访谈陈先生(零售店老板,到南非11年),2010年12月22日,于约翰内斯堡香港城。转引自陈凤兰:《文化冲突与跨国迁移群体的适应策略——以南非中国新移民群体为例》,《华侨华人历史研究》,2011年第3期,第44页。

言:“书中的主人公大多是平凡人家,即使在我们取得了一定的个人成就之后,我们也不过是五千万在海外打拼、奋斗的华侨华人中的普通一员。”①塞尔日·米歇尔和米歇尔·伯雷是这样形容华人这批在非洲的自由创业者:“这些华人就像一支浩浩荡荡的蚂蚁大军,没人知道他们姓甚名谁,也不知道长相如何,他们毫无声息,所以常听到记者们抱怨,抱怨他们不配合,不愿意接受采访为自己说话。现在文章又总是把他们描写成不安分的群体,甚至干脆直接污蔑他们,好像中国这支新兴力量来到非洲,仅仅就是给非洲增加一重灾难,反正非洲现在经受的苦难也不算少。”②

然而,正是这样一群人在改变着非洲,改变着中国,改变着中非关系。这些活跃在非洲各国的华商来自中国的各个省份,分布在非洲的城乡各地,从事各方面的职业,生活有酸有甜,遭遇有好有坏。他们也许对中国的非洲政策不闻不问,对中国在非洲的战略不感兴趣,然而,他们却是中非交往和双方合作的亲历者,也是用行动改变着非洲现状的实践者。

三、华商成功的原因与存在的问题

(一) 华商成功的原因分析

1. 经营方式灵活多样

魏建国分析了非洲华商在非洲成功的三个原因,即经营方式灵活多样、有吃苦耐劳的精神和善于运用国家的政策。③ 当然,这里他主要谈的是主观方面。如前所述,非洲国家的客观条件对华商成功具有至关重要的作用。

上述各种案例已经分析了华商在非洲的经营方式往往是根据当地国家的发展和民众的需求来决定的。大部分非洲国家民众的消费力不

---

① 南部非洲上海工商联谊总会编:《追梦——上海人在非洲》,无出版地,2014年,“序”。这本书中记录了40余名上海人的口述,记录了他们在南部非洲创业的经历。

② [法]塞尔日·米歇尔、米歇尔·伯雷:《中国的非洲——中国正在征服黑色大陆》,第Ⅷ页。

③ 魏建国:《此生难忘是非洲——我对非洲的情缘和认识》,第126—127页。

高,需求相对单一,市场比较分散,往往具有多品种、小批量、个性化的特点。华商可以直接进入市场,直接与顾客交流,直接获取商品信息,①这样,他们可能以最小的风险、最快的速度、最大的效益来适时调整自己的经营策略以谋取利润最大化。

2. 脚踏实地吃苦耐劳

关于华人吃苦耐劳的精神已得到公认,这在那些与华人有所接触的非洲人或是在非洲工作的欧洲人中间已是共识。南非约翰内斯堡香港商城的黑人保安直言:"中国人真的非常勤奋非常能吃苦,无论是周末还是节假日,他们几乎不休息。其实他们很多人已经很有钱了,但还是很节俭很努力,南非人跟他们比,确实很不一样。"②受安哥拉政府委托担任中国承担的基建项目的监察工作的德国人赫尔穆特·高夫(Helmut Gauff)指出:"在这里,我们从中国人那里重新学会了如何对待工作。中国人每周工作7天,每天工作12个小时,他们非常勤奋,又很知足。这让我们的员工受到很大感染。"③沙伯力和严海蓉于2005—2008年在非洲的七次调研(八国)的调查清楚地说明了非洲广大民众对中国人这一禀性的共识。

你对你们国家的中国人的印象是什么?*

国家	勤奋(%)	守纪律(%)	友好(%)	总调查人数
博茨瓦纳	64.1	5.4	4.0	223
埃及	61.7	15.3	17.3	196

① 一位在加纳首都阿克拉经营鞋子生意的华商描绘在他店铺前摆摊的加纳女商贩时说:"这些小贩最早开始做生意的时候只卖我们的产品。但是很快我们发觉,她们也向别人进货来增加他们卖的款式。……这些女人卖我们对手的鞋子其实等于是直接在我们眼前为我们做市场调查。"见展易(Karsten Giese):《无心插柳柳成荫——西非中国新移民商人与当地草根社会创新的关联互动分析》,《华人研究国际学报》,第8卷第1期(2016年6月),第48页。

② 访谈南非人Johan(香港城保安),2010年12月22日,于约翰内斯堡香港城。转引自陈凤兰:《文化冲突与跨国迁移群体的适应策略——以南非中国新移民群体为例》,《华侨华人历史研究》,2011年第3期,第45页。

③ [德]弗朗克·泽林:《中国冲击:看中国如何改变世界》,第107页。

续　表

国家	勤奋(%)	守纪律(%)	友好(%)	总调查人数
埃塞俄比亚	87.2	15.3	17.3	196
肯尼亚	70.1	6.2	13.9	194
尼日利亚	77.0	8.7	8.2	196
南非	74.0	6.6	18.9	196
苏丹	72.7	20.2	4.3	253
赞比亚	75.4	5.3	4.8	187
占百分比	72.6	9.2	9.3	100
总人数	1192	151	152	1 641

资料来源：Barry Sautman and Yan Hairong, "African Perspectives on China-Afric Links", Julia C. Strauss and Martha Saavedra, eds., *China and Africa: Emerging Partners in Globalization and Development*, Table 10 "What is Your Impression of the Chinese Present in Your Country", The China Quarterly Special Issues, New Series, Cambridge University Press, 2009, p. 194.

* 调查选项共有九项，除上述三项外，还有不友好(unfriendly)、种族主义的(racist)、机会寻求者(opportunity seeker)、自私(selish)、不合群(not social)、无纪律(not disciplined)等六项。因篇幅问题，加之其他选项所占比例极小，与此处的论点关系不大，故在此省略。

至于善于运用国家的政策，这牵涉到华商与中国的关系，下面将详谈。

3. *老张的成功之道——灵活、勤奋和适时调整*

为什么大部分华商能在非洲取得成功？一位在非洲打拼了大半辈子的台商张先生在总结自己经商的经验时用三句中国的俗话来总结他成功的道理：

> 第一，"树挪死，人挪活"。一个地方待不下去了，没钱可赚了，你还赖在那里做什么？等着天上掉馅饼吗？做生意的男人，必须得折腾，不能图安逸。现在的小青年，以为非洲遍地是黄金，来了之后整天待在房间里睡大觉，能赚到钱才怪。第二，"早起的鸟儿有虫

吃”。你早上6点起床,我就早上5点起床。一个地区的市场状况如何,我总是所有人中第一个亲临实地考察的。别人玩的,永远是我玩剩下的,我就永远走在行业的最前面。第三,“吃一堑,长一智”。要吸取经验和教训,不能一意孤行。我们比西方人强的一点,除了勤劳,就是脑袋活络,遇到问题想办法解决,解决不了就想办法回避,实在回避不了,就硬着头皮上,完了以后总结教训,避免再犯。①

这三点实际上是企业经营的真谛:灵活机动、勤奋努力和适时调整。任何成功的企业家的行为都不可能离开这三条原则。

4. 华人的适应能力

当然,华商的成功还有其他方面的原因。自从非洲国家普遍独立以后,在没有战乱的国家里,虽然有一些歧视政策(几乎在所有存在华侨的国度里均是如此),华人经济仍然迅速发展。其中有一个很重要的缘由,就是华人的适应能力。这种适应性包括对生存环境的适应、对居留国文化的适应、对当地居民的适应、对来自不同方面的竞争的适应、对居留国各项政策的适应、对变化中的国际市场的适应和对不断发展变化的国际形势的适应。对形势的适应既引发了创新,同时也更好地顺应了时代的要求。正是这种以变应变的适应能力保持了华人经济的持续生命力。如果我们分析一下以上那些成功的华人企业家,可以发现他们具有一些共同之处:第一,他们都十分强调对当地环境和市场的了解;第二,他们都非常注意与当地人士的合作;第三,他们都与当地居民相处十分融洽。这些特点都是他们在异国他乡适应性的具体体现,华人经济因为有了这种适应性而保持着顽强的生命力。

① 常江、袁卿:《再见巴别塔——当中国遇上非洲》,第85页。

(二) 华商中存在的问题

1. 中国官员的态度:"爱恨交加"?

与社会任何群体一样,在非洲经营的华商中存在的问题也不少,有些与华商自身的经营策略有关,有的与其自身的文化素养(包括法制意识)和行为方式有关,有的与整个华商群体的内部机制和协调有关。魏建国先生从政府官员的角度表达了自己的意见。

> 非洲华商也存在着一些问题。我国在非洲各国的使馆经商处对他们的心情比较复杂,既爱又恨,爱恨交加。爱的是他们去到非洲,推动了中非经济的发展步伐,在双边经贸活动中发挥了难以替代的积极作用。恨的是他们老给使馆惹麻烦,经常因为不法经营被当地政府抓去关起来,要使馆去交涉才能放人。不但丢人现眼,还增加了使馆工作负担和难度。

他还列举了非洲华商中存在的一些问题,如普遍缺乏文化积淀,在人才培养、战略规划等方面有先天不足;偏重以数量扩张为主的粗放增长,缺乏品牌意识,销售网络薄弱;无序竞争情况较为普遍;忽视生产技术的提高与创新,研发能力很薄弱;不注意保护当地环境和劳工权益,缺乏履行社会责任的意识。[①] 实际上,这些问题并不是非洲华商所特有,在逐渐融入竞争激烈的国际市场的所有中国企业中普遍存在。此外,他用"爱恨交加"来形容中国政府驻外使馆对非洲华商的态度,虽然形象且客观,但却忽略了很多因素。例如,中国经济的快速发展致使很多措施不到位,政府官员的责任意识不强,政府对中国人出国前的教育既无计划也无培训等。如果我们吹毛求疵,既无法解释华商及民营企业在非洲市场所取得的骄人业绩和逐渐超越国企的趋势,同时对以个人打拼为起点却能在各种环境中生存发展的非洲华商也是极不公正的。当然,这并不

① 魏建国:《此生难忘是非洲——我对非洲的情缘和认识》,第127—128页。

应妨碍我们对现存的问题进行分析。

2. 问题的存在:多方面与多层次

所谓华商存在的问题,这里主要是指因华商内部各种因素所导致的问题。这些问题分为多个方面和多个层次,既有基本层次的问题,也有如何提升企业竞争力的问题,还有与其他企业和谐共存的问题。有的是所有企业面临的问题,如遵守当地法律,认真履行交税,保护劳工权益与维护劳资关系,加强环保措施与履行社会责任等;有的是华商自己应重视的问题,如内部恶性竞争问题、保证产品质量问题、共同面对华人安全的问题。由于存在各种问题,且局势不断变化,笔者在这里只想提出一个典型问题:恶性竞争。

以南非为例。约翰内斯堡是华人最多的城市,对该城华人社会的研究不仅是南非学者十分感兴趣的,也是国际学者的兴奋点,这是一个十分突出的文化现象。正是在这块土地上,华人经济不断发展开拓。华人在这里生存和发展的策略既有聚集的趋向,又有扩散的过程,既有通过文化符号彰显自身存在的现象,也有不动声色稳步推进和悄然拓展的势头。① 从 1995 年起,各个华人集团不断建造各种商城,到 2011 年已经达到 18 个之多。

约翰内斯堡的华人批发商城(1995—2011 年)

	英文名称	中文名称	建立年份*
1	China City(Ellis Park)	中国城	1995
2	Oriental City(Bruma)	东方商城	1998
3	China Mart(Crown Mines)	百家商城	1999
4	Dragon City(Fordsburg)	香港城	2000
5	Wenzhou City(Fordsburg)	温州商城	2003

① Philip Harrison, Khangelani Moyo & Yan Yang, "Strategy and Tactics: Chinese Immigrants and Diaporic Spaces in Johannesburg, South Africa", *Journal of Southern African Studies*, 38:4(December, 2012), pp. 899 - 925.

续　表

	英文名称	中文名称	建立年份*
6	Ormonde China Mall(Ormonde)	红马商城	2004
7	China Mall(Main Reef Road)	非洲商贸城	2006(2003)
8	China Shopping Centre(Crown Mines)	中国商贸城	2006
9	Goldreef Wholesale(Crown Mines)	被红马商城并购	2009
10	Afrifocus Centre(Crown Mines)	中非商贸城	2010
11	China Plaza (Highgate, Main Reef Road)	中国广场	2010(2003)
12	China Shopping Centre II—Yiwu(Crown Mine)	中国商贸城二期	2010
13	China Mart II(Crown Mine)	百家商城二期	2010
14	China City Mall(Westgate)	非洲商贸城	2010
15	Bruma Orient City(Bruma)	东方商城	2003
16	Stellar Wholesale Mall(Crown Mines)	星河概念商城	2011
17	Dragon City II(Fordsburg)	香港城二期	2011
18	China Goldcrown Mall(Crown)	皇冠商城	2011

资料来源：Philip Harrison, Khangelani Moyo & Yan Yang, "Strategy and Tactics: Chinese Immigrants and Diaporic Spaces in Johannesburg, South Africa", *Journal of Southern African Studies*, 38:4(December, 2012), p. 920.

*有关年份的信息仅供参考。(　)为查证后的年份。

除约翰内斯堡之外，在南非的其他城市也有中国商品批发城，如德班中国城、开普中国商贸城、东伦敦华人商贸城及位于南非北部边境城镇穆希纳的南非第一个边贸商城——中国商品批发中心。据不完全统计，2010年华商投资于商城的建设资金达到近20亿兰特。① 虽然这些商城并不一定全卖中国商品，但批发中国商品应是主要经营业务。根据报道：

① 陈肖英：《南非中国新移民面临的困境及其原因探析》，《华侨华人历史研究》，2012年第2期，第28—35页。

> 走进南非任何一家中国商城，你都会觉得这里就应该叫做“China City”，因为这里实在是太中国了。有人开玩笑说：“如果门口的保安不是持枪的黑人，你就会以为这就是在中国。”每家中国商城的牌匾都是硕大无比的汉字，且多为简体汉字。商城的总体建筑风格与国内很相似，基本没有非洲特色，商城沿街商铺还有很多中餐馆，老板都是黄皮肤、黑头发的中国人。进入商城内，更是让我惊奇。无论进入哪一家店铺，都可以找到走进长春各大商场的感觉，装饰物都是一个个中国红灯笼和中国结……不少商户已从单纯的零售转变为批发。中国老板和他们的黑人服务员说着中国人都能听懂的“中国式英语”，而中国人和中国人则说着一些中国人都听不懂的方言。他们的商品是清一色的“Made in China”，这里不少商品的标签甚至是中文的，不知道南非人是否可以看懂。一个卖鞋的广东老板对此做出了如下解释：“卖鞋的时候我会告诉他到底怎么保养，可黑人一般不问。”周末是这里人流最大的时候，如果是南非的法定假日，这里甚至会达到接踵摩肩的程度。顾客中有黑人、白人、印度人，中国商城现在已经不只是廉价商品的集散地，更是南非人信赖的购物天堂。此外，因为顾客太多，难免会出现偷盗现象。每一个顾客必须要保留好购物小票，不然你别想出门。可拿着东西的中国人黑人保安不会拦截，“因为中国人都是老板！”中国商城门口的保安说。①

这些商城的建立及其规模说明了以下几个基本事实：第一，当地的中国人很多，各方面的条件很“中国化”，不讲英语完全可以生存。第二，当地华商的经济实力在不断增强，在南非生活的中国不同省份的华商之

① 《吉林人开设非洲最大中国商城已成南非购物天堂》，2010 年 7 月 10 日，新文化网—新文化报，file:///C:/Users/user/Downloads/%E5%90%89%E6%9E%97%E4%BA%BA%E5%BC%80%E8%AE%BE%E9%9D%9E%E6%B4%B2%E6%9C%80%E5%A4%A7%E4%B8%AD%E5%9B%BD%E5%95%86%E5%9F%8E%20%E5%B7%B2%E6%88%90%E5%8D%97%E9%9D%9E%E8%B4%AD%E7%89%A9%E5%A4%A9%E5%A0%82—%E6%90%9C%E7%8B%90%E4%BD%93%E8%82%B2. pdf.

间仍然存在着某种隔阂。第三,这些商城的消费者并不都是中国人,黑人、白人、印度人和华人都有。这种现象证明中国商品因其价廉物美而受人喜爱,也说明南非民众对中国商品的需要相当大。第四,由于商城甚多,商品基本上都来自中国,这种现象说明了南非华商中存在的恶性竞争和商品同质化的问题。第五,这些蜂拥而来的中国商品肯定会对当地产业造成威胁,从而引起政府的担忧。2005年8月15日和17日连续出现的约翰内斯堡警察在未通知中国使领馆的情况下突然封锁中国商城,拘捕近百人、扣押数亿元货物的事件曾经引起过华商中的恐慌和骚动。①

(三) 华商面临的挑战

除了协调华商的内部规范,避免恶性竞争之外,作为在异国他乡生活的华人,真正要长期生活且活得自在,必须与当地社会融合在一起。从诸多的研究看,尊重当地习俗,适应当地文化,融入社会似乎是学者们一直强调的。② 当然,也存在着外部因素。布伦瑟斯特基金会(The Brenthurst Foundation)在对南部非洲五个国家华人中小商贩状况的调研报告中指出了他们经营困难的主要问题,其中最重要的是腐败和犯罪问题。

---

① 谭克华:《南非两个中国商城遭封锁》,2005年8月18日,法制日报,file:///C:/Users/user/Downloads/%E5%8D%97%E9%9D%9E%E4%B8%A4%E4%B8%AA%E4%B8%AD%E5%9B%BD%E5%95%86%E5%9F%8E%E9%81%AD%E5%B0%81%E9%94%81－%E6%90%9C%E7%8B%90%E8%B4%A2%E7%BB%8F.pdf.

② 陈肖英:《民族聚集区经济与跨国移民社会适应的差异性——南非的中国新移民研究》,《开放时代》,2011年第5期;陈凤兰:《文化冲突与跨国迁移群体的适应策略——以南非中国新移民群体为例》,《华侨华人历史研究》,2011年第3期;陈凤兰:《南非中国新移民与当地黑人的族群关系研究》,《世界民族》,2012年第4期;陈肖英:《南非中国新移民面临的困境及其原因探析》,《华侨华人历史研究》,2012年第2期;陈凤兰:《南非华人族群的内部关系研究》,《八桂侨刊》,2013年第2期;徐薇:《华侨华人在非洲的困境与前景展望:以博茨瓦纳的中国移民为例》,《东南亚研究》,2014年第1期;周海金:《非洲华侨华人生存状况及其与当地族群关系》,《东南亚研究》,2014年第1期;沈晓雷:《试析中国新移民融入津巴布韦的困境》,《国际政治研究》,2015年第5期。

腐败是一个严重的问题吗?

	博兹瓦纳	安哥拉	莱索托	南非	赞比亚
是	62%	9%	22%	36%	10%
不是	38%	91%	78%	64%	90%

资料来源:Terence McNamee, with Greg Mills, et al., *Africa in Their Words: A study of Chinese traders in South Africa, Lesotho, Botswana, Zambia and Angola*, The Brenthurst Foundation, 2012, p. 23.

中国商人多因不熟悉当地语言而受到腐败官员的骚扰。遭遇犯罪的原因一是中国人在外习惯带现款。二是非洲人态度的变化。中国商人开始因为提供了非洲人买得起的商品而受到欢迎。由于商品低价利润薄,缺乏售后服务又不能退货,中国商贩的名声每况愈下。三是日益增多的非洲人自己到中国来订货。四是中国人的内部竞争。在回答"与谁竞争"这一问题时,68%的受访者的回答是华人内部的竞争。

中国商人在五个国家遇到的主要问题

	犯罪	对于外国人的政策	语言	生活费用与质量	技术工人的短缺	萧条	竞争	没有严重的问题
赞比亚	47%	53%	63%	58%	5%	5%	16%	5%
南非	57%	39%	59%	11%	2%	7%	16%	0%
莱索托	90%	30%	40%	50%	5%	10%	10%	0%
博兹瓦纳	22%	57%	50%	13%	9%	6%	9%	22%
安哥拉	70%	13%	30%	52%	9%	4%	4%	0%

资料来源:Terence McNamee, with Greg Mills, et al., *Africa in Their Words: A study of Chinese traders in South Africa, Lesotho, Botswana, Zambia and Angola*, The Brenthurst Foundation, 2012, p. 37.

中国人与当地非洲人的关系日益恶化也是该报告发现的一个重要现象。在一些非洲人居住区,中国商人与当地人的关系开始变得紧张。这种紧张关系一部分是由于误解所致,包括双方的价值观不同。虽然中国商人都认识到竞争加剧,但只有10%的受访者认为竞争是主要问题,

50%的人认为犯罪、语言是更麻烦的问题。中国商人对消费者权利毫无认识也是一个重要问题。①

随着非洲的中国移民不断增多，如果当地人就业情况没有改善，排外情绪的增长是必然的。此外，华商的安全问题一次又一次成为媒体报道的焦点。以南非为例，2003年曾连续出现了三次治安问题。根据侨领徐侃毅的叙述：

> 南非治安一向严峻，到了2003年，治安状况日趋恶化。由于，一批早期来南华人新移民基本上赚到了第一桶金。在南非治安大环境下，抢匪也瞄准了华人这第一桶金，与此同时，华人内部的一些人渣，也瞄准了正常经商华人兜里的钱。当时，有三个案例，让我震惊，一位较有名气的台籍女侨胞，在家被闯入歹徒毒打，并用绳子勒其颈部，逼其交出钱财，最后，钱财被抢，可能缺血关系，头部肿胀得像个大头娃娃；还有一位侨胞，抢匪用烧热电熨斗烫，烧滚开水浇，逼其交钱；另一个案例，也是歹徒入室抢劫，在搜不到钱财的情形下，歹徒用枪顶入十岁不到的小孩口内，逼大人交出钱财。所以，当时大多数侨胞相传，在家准备一些备"抢"金，免得受极刑。②

2015年4月南非出现的针对外国劳工的排外骚乱充分说明了这一趋势的现实存在。虽然那一次骚乱的对象不是中国人，但南非令人担忧的安全形势也是一个重要因素。近期针对华人的恶意诽谤的势头也是所谓的民粹主义倾向的一个注脚。2017年1月28日，杜省中华公会组织了庆祝中国春节的活动。1月29日，Carte Blanche播出了华裔社区涉嫌非法驴皮贸易和虐待动物的事件。随后，在南非多个网站以及杜省中华公会的脸书主页上都出现了针对华裔社区的攻击性或者威胁性的

---

① Terence McNamee, with Greg Mills, et al., *Africa in Their Words: A study of Chinese traders in South Africa, Lesotho, Botswana, Zambia and Angola*, The Brenthurst Foundation, 2012, pp. 22-24, 38-43.

② 徐侃毅：《风雨十年坎坷路——回忆南非华人警民合作中心成长历程》，南非侨网，2014年11月24日，http://www.sa2cn.com/a/zhongguoxinwen/zhongguojingji/27383.html.

言论以及各种侮辱和谩骂华人的声音，例如“中国人在南非有合法身份的只是一小撮。但是就是中国人，干尽了坏事。从杀驴到政府部长光顾的按摩院，从糖果店到走私犀牛角。我觉得他们现在最好还是不要出声”。为此，杜省中华公会的代表 2 月 17 日在约翰内斯堡的布拉姆芳丹(Braamfontein)对南非人权委员会表示：“这已经不是华裔社区第一次遭到仇视言论的侵袭；但是现在，这种情况愈演愈烈，而且开始将未成年人卷入其中，这是我们决定采取措施的原因。”杜省中华公会专门发表声明，声明表示：“这些评论是种族主义、煽动性、尖酸刻薄、侮辱性、煽动仇恨和针对华裔社区暴力的。更令人震惊的是，这些言论直接煽动对华裔未成年人的暴力。”①这种矛盾和冲突固然与文化习俗和价值观的不同有关，但它与经济发展、政治局势和社会环境有着密切的关系。尽管非洲人相对而言比较宽容，但随着华人的增多和经济形势的恶化，不能排除这种排外心理会一次次地出现，华人也可能会成为非洲国家国内矛盾和政治冲突的“减压阀”，笔者将这种现象称为“替罪羊”现象，②对此应该有充分的思想准备。

① 《南非华人社区正式针对排华言论展开申诉》，2017 年 2 月 19 日，非洲华侨周报，http://mp.weixin.qq.com/s?__biz=MzA3NDI5MzQzMg==&mid=3016652538&idx=1&sn=b101e6f90cd638c7dd11c8e229427122&chksm=a938df2d9e4f563bfa18eef2a8c64754d2f24cead44594c36fd3d48965a37fc23d08bbf71905&scene=0#rd。

② 李安山等：《双重国籍问题与海外侨胞权益保护》，2016 年。